스마트한 Mbed로 시작하는

# Cortex-M 프로그래밍

기초부터 프로젝트까지

스마트한 Mbed로 시작하는

# Cortex-M 프로그래밍

기초부터 프로젝트까지

박희재 지음

INFINITYBOOKS
인피니티북스

**국립중앙도서관 출판시도서목록(CIP)**

이 도서의 국립중앙도서관 출판예정도서목록(CIP)은 서지정보유통지원시스템 홈페이지(http://seoji.nl.go.kr)와 국가자료종합목록 구축시스템(http://kolis-net.nl.go.kr)에서 이용하실 수 있습니다.

(CIP제어번호 : CIP2020021391)

# 머리말



저자는 오랜 기간 동안 자동화, 제어, 로봇, 드론과 관련된 많은 프로젝트와 강의를 통하여 축적해왔던 다양한 경험과 지식들을 가급적 하나의 흐름으로 모으면 좋겠다는 생각을 하게 되었다. 이런 융합적 분야의 문제점 중 하나는 관련 지식과 노하우가 여러 분야의 책들로 파편화되어 있다는 것이다. 인터넷으로 검색을 해도 너무 기초적이거나 너무 복잡한 내용들이라 공부하는 학생이나 마니아들이 힘들어 하는 것이 사실이다. 그래서 저자는 융합적 분야에서 오랜 기간 동안 터득한 것을 새로운 트렌드에 맞도록 차분하게 정리하는 일들을 시작하게 되었다.

이 책이 다루는 대상은 ARM 프로세서 코어로 만들어진 32비트 마이크로컨트롤러인 Cortex-M 프로세서와 이 프로세서를 효율적으로 사용할 수 있도록 개발된 Mbed OS이다. 아두이노라는 초보자를 위한 플랫폼이 개발되어 비전공자나 청소년까지도 쉽게 MCU 프로그램이 가능하도록 하여 메이커 활동 및 코딩 교육에 지대한 기여를 하였고 고립된 전문가들의 MCU 프로그램 분야의 대중화를 이끌었다. 그런데 8비트 MCU에 비하여 ARM 코어의 32비트 MCU가 막강한 성능을 제공하면서도 더 저렴해지면서 2010년을 기점으로 판매 금액에서 32비트 MCU가 8비트를 압도하게되었다. 비슷한 시기에 ARM사의 지원을 받은 개발자 커뮤니티에서 Mbed OS가 개발되어 체계적이며 편리하게 32비트 Cortex-M 프로세서 프로그래밍이 가능하도록 하였다. 특히 Mbed는 IoT관련 기능을 충실하게 지원하여 연결성이 필요하거나 RTOS 기능이 필요한 프로젝트에 잘 적용될 수 있을 것이다.

이 책은 크게 4개의 부분으로 나누어진다. **제1부**에서는 Mbed OS의 배경과 기본적 API 함수의 기능과 활용에 대하여 학습하여 기초를 다진다. 여러 장에 걸쳐 Mbed가 지원하는 기본 입출력 기능들을 학습하는데 먼저 기초적 개념을 살펴보고 해당 기능을 활용한 실습을 통하여 활용 능력을 키워 나가도록 구성되어 있다. 특히, 클래스화 된 다양한 타이머의 기능을 여러 각도로 학습하면서 프로그램의 구조에 대하여 많은 생각을 할 수 있도록 도와줄 것이다. **제2부**에서는 임베디드 시스템을 구현하는 데 필수적인 통신에 대하여 학습한다. 그 중요성에 비하여 꼼꼼하게 학습하지 못한 통신 분야인 UART, I2C 그리고 SPI 통신에 대하여 학습한다. 이 통신을 활용한 주변장치와의 인터페이스는 물론이고 콜백 함수를 활용한 효율적인 통신에 대한 주제들도 살펴본다. **제3부**는 고급 프로그래밍을 주제로 버스 입출력, RTOS 기능의 활용, CircularBuffer 등에 대하여 학습한다. 특히 RTOS에서 스레드, 뮤텍스, 큐와 같은 기능을 다양한 예제를 통하여 학습할 것이다. **제4부**에는 Mbed의 여러 기능과 개념을 복합적으로 적용한 프로젝트들이 소개되어 있어 응용력을 키울 수 있도록 한다. 대표적으로 초음파 거리 측정, Lidar 센서, 스텝 모터 구동, 인코더 읽기, Lidar 스캐너 그리고 IMU 센서를 활용한 AHRS 프로젝트를 직접 코딩하고 체험하여 종합 응용 능력을 증진 시키고 나아가서 실무적 시스템 구성 능력을 얻을 수 있도록 하였다.

이 책에서는 새로운 개념과 이론에 대한 독자들의 이해를 돕기 위하여 간략한 설명은 물론 표와 그림을 최대한 많이 삽입하였다. 프로그래밍에 있어서는 전문가들이 만든 Mbed 라이브러리들을 사용하는 것에 만족하지 않고 C++ 기반으로 스스로의 라이브러리를 만들어 쓸 수 있는 실력을 키울 수 있는 예제들을 많이 포함하였다. 이 책에서 다루고 있는 프로그래밍 기법을 완벽하게 소화하기 위해서는 C++에 대한 사전 지식이 필요하지만 그렇지 않더라도 큰 문제가 없도록 하기 위하여 중간에 C++의 주요 포인트를 설명하였고 본문에서 다루지 못한 중요 주제는 부록에서 다루도록 하였다.

Mbed를 학습하다 보면 기계적, 전기 · 전자적 그리고 컴퓨터 관련 주제들이 많이 언급되고 예제나 프로젝트에 센서나 모터에 대한 내용도 다수 포함되면서 융합적 지식이 필요한 공학도들은 이 책을 공부하면 많은 도움이 될 것이다. Mbed는 IoT장치를 위한 Bluetooth, WiFi 등에 연결성도 지원하기 때문에 이런 장치를 지원하는 적절한 보드를 구하여 이 책에서 배운 Mbed OS의 기능을 확장하여 적용하면 IoT장치를 개발하는 프로젝트를 쉽게 진행할 수 있을 것이다.

2020년 3월

박희재

# 목차



머리말 ······ v

PART 01 기초 다지기 ······ 2

CHAPTER 01 시작하기

1.1 마이크로컨트롤러 ······ 5
1.2 ARM 프로세서 ······ 7
1.3 마이크로컨트롤러 프로그래밍 ······ 8
1.4 32비트 프로세서의 붐 ······ 9
1.5 결언 ······ 11
1.6 이 책의 특징 ······ 11

CHAPTER 02 Mbed 알아보기

2.1 Mbed 개요 ······ 13
2.2 Mbed의 장점 ······ 13
2.3 Nucleo 보드 소개 ······ 17
2.4 Nucleo F401RE 보드 소개 ······ 18
2.5 Mbed 개발 환경 구축하기 ······ 23
2.6 무조건 프로그램 시작하기 ······ 26

CHAPTER 03 Mbed OS API의 개요

3.1 OS API의 구조 ······ 33
3.2 주요 API 살펴보기 ······ 34
3.3 꼭 알아둬야 할 객체지향 프로그래밍 개념 ······ 38

CHAPTER **04**

## 디지털 출력 프로그래밍


**4.1** DigitalOut 개요 ······ 43
**4.2** DigitalOut 클래스 ······ 43
**4.3** LED 제어 예제 ······ 47
**4.4** 확률로 켜기 실습 ······ 49
**4.5** DigitalOut 소스 들여다보기 ······ 51


CHAPTER **05**

## 디지털 입력 프로그래밍


**5.1** 디지털 입력 개요 ······ 57
**5.2** DigitalIn 클래스 ······ 58
**5.3** DigitalIn 푸시 버튼 실습 ······ 60
**5.4** DigitalIn 푸시 버튼 토글 실습 ······ 61
**5.5** 주사위 실습 ······ 64


CHAPTER **06**

## PWM 출력 프로그래밍


**6.1** PWM 개요 ······ 67
**6.2** PwmOut 클래스 ······ 69
**6.3** 점진적 LED 밝기 조절 실습 ······ 72
**6.4** RC 서보모터 실습 ······ 73


CHAPTER **07**

## 아날로그 입력 프로그래밍


**7.1** 아날로그 디지털변환(ADC)이란? ······ 83
**7.2** AnalogIn 클래스 ······ 84
**7.3** 가변저항 실습 ······ 86
**7.4** 가변저항을 이용한 RC 서보모터 제어 실습 ······ 89


CHAPTER **08**

## 인터럽트 프로그래밍


**8.1** 인터럽트의 개요 ······ 95
**8.2** InterruptIn 클래스 ······ 96
**8.3** 인터럽트를 활용한 카운터 실습 ······ 102
**8.4** 카운터 클래스 만들기 실습 ······ 104
**8.5** 업다운 카운터 실습 ······ 108

CHAPTER **09**
Ticker 활용하기

**9.1** 타이머 개요 ···································· 115
**9.2** Ticker, Timeout, Timer 클래스의 기능 ···················· 115
**9.3** Ticker 클래스 ···································· 116
**9.4** Ticker를 이용한 다른 주기로 LED 점멸 ···················· 119
**9.5** Blinker 클래스 만들기 실습 ···································· 121

CHAPTER **10**
Timer와 Timeout 활용하기

**10.1** Timer 클래스 ···································· 127
**10.2** Timer 이용 시간 간격 측정 실습 ···································· 131
**10.3** Timer를 이용한 샘플 시간 구현 실습 ···································· 132
**10.4** Timeout 클래스 ···································· 134
**10.5** Timeout을 이용한 Off 타이머 실습 ···································· 137
**10.6** Timeout을 이용한 디바운싱 실습 ···································· 138

PART 02 통신 프로그래밍 ···································· 146

CHAPTER **11**
UART 통신

**11.1** UART의 개요 ···································· 149
**11.2** Serial 클래스 ···································· 151
**11.3** Loopback 실습 ···································· 157
**11.4** 콜백 함수를 이용한 Loopback 실습 ···································· 158
**11.5** 원격 제어 실습 ···································· 160
**11.6** 기본 프로토콜 실습 ···································· 162

CHAPTER **12**
I2C 통신

**12.1** I2C 통신 개요 ···································· 171
**12.2** I2C 클래스 ···································· 174
**12.3** I2C 장치 검색기 실습 ···································· 177
**12.4** I2C RTC 모듈 실습 ···································· 180
**12.5** OLED 디스플레이 Hello world 실습 ···································· 186
**12.6** OLED 디스플레이 그래픽 실습 ···································· 190
**12.7** OLED 시계 만들기 실습 ···································· 194

CHAPTER **13**

SPI 통신

13.1 SPI 통신 개요 ······ 199
13.2 SPI 클래스 ······ 203
13.3 SPI 실습 ······ 206
13.4 SPI가 내장된 클래스로 만들기 실습 ······ 211

PART 03 고급 프로그래밍 ······ 216

CHAPTER **14**

BusOut과 BusIn 클래스 활용

14.1 개요 ······ 219
14.2 BusOut 클래스 ······ 219
14.3 BusIn 클래스 ······ 222
14.4 RGB LED 실습 ······ 225
14.5 FND 실습 ······ 232

CHAPTER **15**

RTOS 활용

15.1 지원 RTOS API ······ 243
15.2 Thread 클래스 ······ 246
15.3 Mutex 클래스 ······ 254
15.4 Queue 클래스 ······ 259

CHAPTER **16**

Circular 버퍼 활용

16.1 Circular 버퍼 개요 ······ 271
16.2 CircularBuffer 클래스 ······ 273
16.3 CircularBuffer 실습 ······ 276

PART 04 프로젝트로 완성하기 ········ 282

CHAPTER 17
초음파 거리계 프로젝트

17.1 초음파 거리 센서 ········ 285
17.2 초음파 센서 클래스 만들기 ········ 288
17.3 초음파 거리계 프로젝트 ········ 292

CHAPTER 18
Lidar 센서 라이브러리 만들기

18.1 VL53L0x Lidar 센서 ········ 295
18.2 라이브러리 만들기 ········ 296
18.3 VL53L0x 거리 측정 프로젝트 ········ 302

CHAPTER 19
스텝 모터 구동 프로젝트

19.1 스텝 모터 개요 ········ 305
19.2 스텝 모터 구동 클래스 설계 ········ 311
19.3 스텝 모터 구동 프로젝트 ········ 314

CHAPTER 20
인코더 읽기 프로젝트

20.1 인코더의 개요 ········ 319
20.2 인코더 라이브러리 만들기 ········ 325
20.3 인코더 프로젝트: 한 개의 인코더 읽기 ········ 329
20.4 인코더 프로젝트: 두 개의 인코더 읽기 ········ 332

## CHAPTER 21

## Lidar 스캐닝 프로젝트

21.1 라이다 센서 ··· 335
21.2 Lidar 라이브러리 제작 ··· 338
21.3 라이다 측정 예비 실험 ··· 343
21.4 라이다 스캐너 프로젝트 ··· 346

## CHAPTER 22

## MPU9250으로 AHRS 만들기

22.1 AHRS 개요 ··· 353
22.2 MPU9250의 주요 레지스터 ··· 357
22.3 MPU9250 라이브러리 만들기 ··· 367
22.4 MPU9250 AHRS 프로젝트 ··· 370

부록 A: C++ 복습 ··· 378
부록 B: 소요 부품 목록 ··· 400
부록 C: 유용한 도구 소개 ··· 402

**스마트한 Mbed로 시작하는 Cortex-M 프로그래밍:**
기초부터 프로젝트까지

PART

# 01 기초 다지기

## 학습목차

CHAPTER **01** 시작하기
CHAPTER **02** Mbed 알아보기
CHAPTER **03** Mbed OS API의 개요
CHAPTER **04** 디지털 출력 프로그래밍
CHAPTER **05** 디지털 입력 프로그래밍
CHAPTER **06** PWM 출력 프로그래밍
CHAPTER **07** 아날로그 입력 프로그래밍
CHAPTER **08** 인터럽트 프로그래밍
CHAPTER **09** Ticker 활용하기
CHAPTER **10** Timer와 Timeout 활용하기

**스마트한 Mbed로 시작하는 Cortex-M 프로그래밍:**
기초부터 프로젝트까지

# CHAPTER 01 시작하기

Mbed를 본격적으로 시작하기 전에 마이크로프로세서, 마이크로컨트롤러, ARM 프로세서에 대하여 알아보고 이를 통하여 Mbed를 왜 시작해야 하는지 실마리를 찾아보고자 한다.

## 1.1_ 마이크로컨트롤러

이 절에서는 마이크로컨트롤러의 근간이 되었던 마이크로프로세서에서부터 마이크로컨트롤러의 탄생과 발전에 대하여 간략하게 살펴보도록 한다.

### 마이크로프로세서란?

마이크로프로세서(MPU: Microprocessor)는 프로그래밍이 가능한 아주 작은 연산 처리기로서 개인용 컴퓨터의 CPU(Central Processing Unit)에 해당하는 칩이다. 과거에는 개별 TTL 소자 등의 논리 칩들을 이용하여 원하는 논리 동작을 구성하는 방식으로 디지털 장치를 만들었으나, 무수히 많은 부품과 배선이 필요하기 때문에 제작이 어렵고 논리의 수정 또한 매우 힘들었다. 이러한 문제를 극복하기 위하여 비로소 원하는 논리를 프로그램에 의해 기술하는 방법을 갈구하게 되었고 여러가지 노력 끝에 마이크로프로세서가 출현하게 되었다. 프로그램을 언제든 수정할 수 있었기 때문에 매우 신속하고 유연한 작업을 할 수 있게 된 것이다. 1970년대 초에 4비트 단위의 계산만이 가능한 4비트 마이크로프로세서가 등장하였고, 이후 8비트로 발전하였다. 그 후 개인용 컴퓨터에 적극 사용되면서 점차 16, 32, 64비트로 발전을 거듭하게 되었다. 오늘날의 마이크로프로세서는 개인용 컴퓨터에 사용되면서 그 꽃을 피우고 있다.

### 마이크로프로세서로 구성한 임베디드 시스템

마이크로프로세서를 적용하는 분야는 컴퓨터뿐만이 아니다. 다양한 디지털 정보기기나 제어장치와 같은 임베디드(embedded) 장치에도 마이크로프로세서가 널리 사용된다. 그런데 마이크로프로세서는 주로 연산을 전담하는 장치이기 때문에 메모리, 센서, 디스플레이, 작동기 등의 주변장치를 인터페이스 하려면 그림 1-1처럼 메모리(ROM, RAM)와 입출력 인터페이스 등의 주변 회로를 별도로 구성해야만 했다.

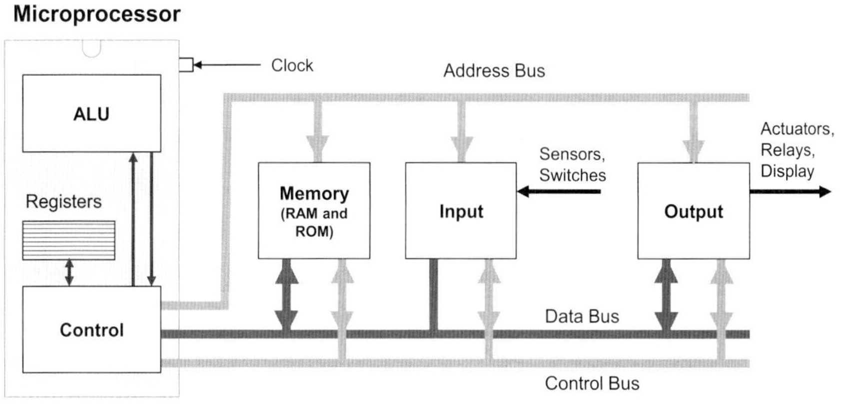


**그림 1-1** ▸ 마이크로프로세서를 사용한 제어장치

마이크로프로세서 이외의 부가 장치가 필요해졌기 때문에 회로의 크기가 커지고 복잡해질 수 밖에 없었고 자연스럽게 전력 소모 또한 커져서 배터리로 동작하는 임베디드 시스템의 개발에 한계를 가져오게 되었다. 이것이 마이크로컨트롤러(MCU: Microcontroller)가 탄생하기 위한 동기가 되었다.

## 마이크로컨트롤러의 탄생

1980년 부근에 Intel사는 8051 마이크로컨트롤러를 발표했는데, 이것은 그림 1-2처럼 8비트 마이크로프로세서와 GPIO 포트, 타이머, RAM, ROM, 시리얼 통신 등의 블럭을 하나의 패키지에 내장시킨 획기적인 구조를 가지고 있었다. 이 8051 마이크로컨트롤러의 등장으로 본격적인 마이크로컨트롤러 시대가 열리게 되었다.

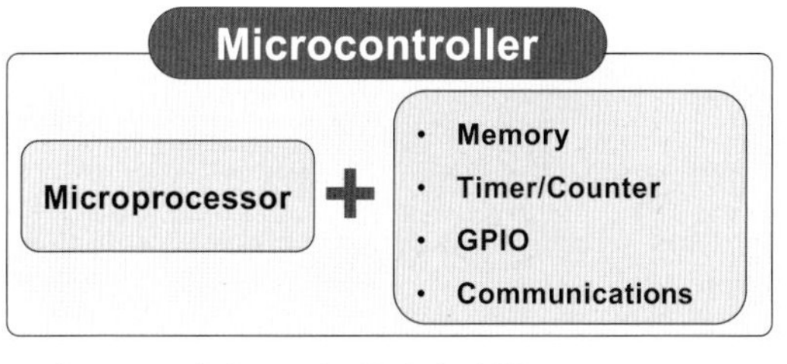


**그림 1-2** ▸ 마이크로컨트롤러의 탄생

MCU에는 마이크로프로세서는 물론, 필요한 주변 소자와 회로가 전부 하나의 칩 안에 들어있다. 많은 기능을 탑재시킨 콤팩트한 MCU의 사용은 회로 설계를 간소화하여 개발 기간이 짧아지고 사이즈가 작아졌으며 소비전력도 현격하게 낮아지는 효과를 가져왔다. 그 이후에 고성능화, 저전력화를 강화한 Microchips사의 PIC 시리즈, ATmel사의 AVR 등이 경쟁적으로 개발되어 오늘날의 마이크로컨트롤러 위상이 확립되었다.

## 1.2_ ARM 프로세서

이 절에서는 회사의 이름이면서 프로세서의 이름이기도 한 ARM에 대하여 알아본다.

### ARM이란?

영국의 Acorn 컴퓨터즈라는 교육용 컴퓨터를 제조하던 회사가 1990년에 미국 Apple사 등의 투자를 받아 Advanced RISC Machines라는 팹리스(fabless) 반도체 회사를 조인트 벤처로 설립하면서 ARM의 역사가 시작되었다. ARM사에서 만든 RISC 프로세서 아키텍처는 IBM과 애플에 점령당한 개인용 데스크탑 컴퓨터용 CPU 시장보다는 당시 틈새 시장인 임베디드 시스템에 특화되어 발전과 진화를 거듭해 나갔다. 그런 이유로 ARM 프로세서는 모바일 장치에 걸맞는 저전력 고성능 프로세서로서 확고부동한 자리를 잡게 되었으며 2000년대에는 스마트폰 시장의 붐을 타고 절대강자의 지위를 얻게 되었다. 그림 1-3처럼 ARM사의 프로세서는 ARM7에서 ARM11까지 개발되어 오다가 코어 버전 7부터는 Cortex 시리즈로 브랜드가 바뀌고 용도에 따라 특화하여 Cortex-M, −R, −A라는 3개의 시리즈의 프로세서로 분화시킨 라인업을 갖추게 되었다.

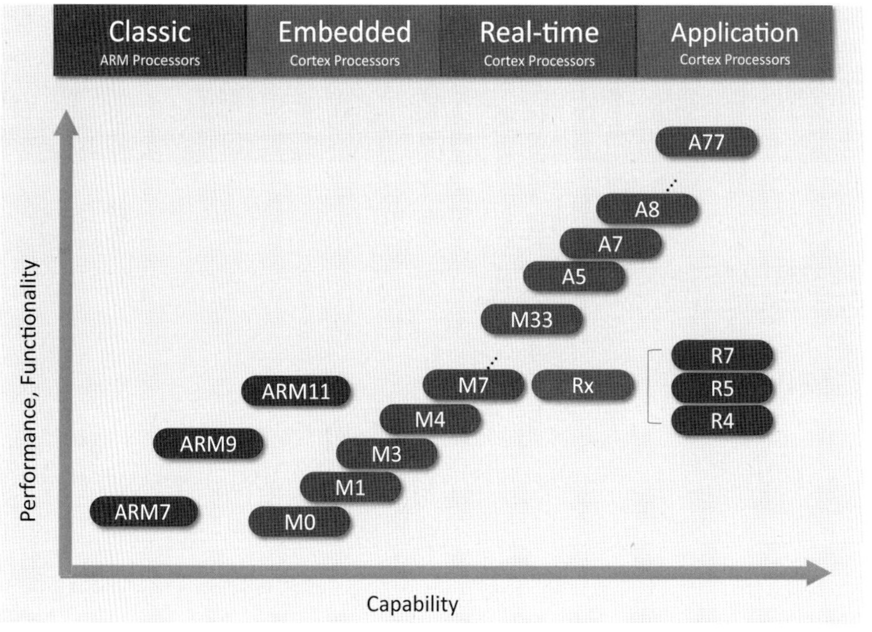


**그림 1-3** ▸ ARM 프로세서의 분류

그림 1-4에서 보는 바와 같이 Cortex-M(Microcontroller) 시리즈는 마이크로컨트롤러의 일반적 응용에 대응하고 있고 R(Real) 시리즈는 실시간 성능이 필수적인 첨단의 임베디드 시스템

을 지향하고 있으며 Cortex-A(Application) 시리즈는 고성능 애플리케이션 플랫폼을 지향하고 있다. ARM사는 Fabless 반도체 회사이므로 프로세서의 라이선스를 판매하기 때문에 삼성, 퀄컴, NXP, STMicroelectronics 등 세계적인 많은 회사들이 ARM 코어의 라이선스를 받아 자신의 칩들을 생산하고 있다.

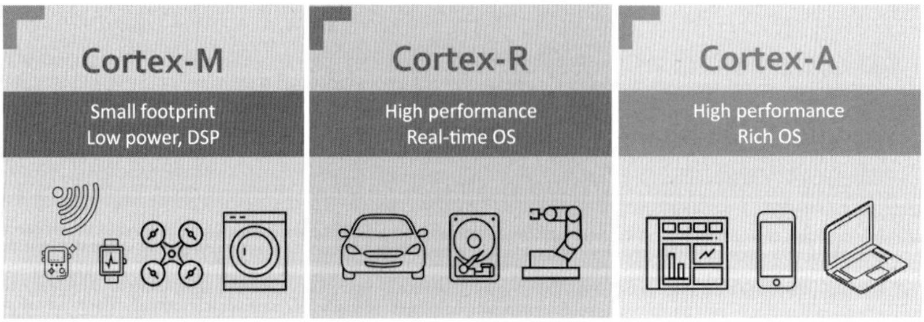


**그림 1-4** ▸ ARM 프로세서의 특징과 용도

**참고**

**RISC(Reduced Instruction Set Computer)**

CISC(Complex Instruction Set Computer)에 대응되는 개념으로서, 명령어를 단순화하고 개수를 줄인 프로세서의 방식을 의미한다. 장점은 명령어가 단순하고 길이가 일정하여 하드웨어가 효율적이고 파이프라인 등의 병렬 수행을 적용할 수 있다는 것이다. 단점은 단순한 명령의 조합으로 원하는 동작을 수행해야 하기 때문에 컴파일러의 코드 최적화가 복잡해지고 프로그램의 길이가 길어진다는 것이다.

## 1.3_ 마이크로컨트롤러 프로그래밍

### 어셈블리어에서 고급언어로

마이크로프로세서가 처음 개발된 후 프로그래머의 의도를 프로그램으로 작성하기 위하여 기계어 명령을 단순한 알파벳 코드로 바꿔놓은 어셈블리(Assembly)어가 사용되었다. 이 언어는 아주 간단한 작업이라도 여러 개의 명령(instruction)을 사용하고 있기 때문에 프로그래머의 고차원적 의도를 반영하기에는 매우 지루하고 비효율적인 방법이었다. 따라서 고급언어(High-level Language)인 C언어를 마이크로프로세서에도 사용할 수 있는 크로스-컴파일러가 개발되면서 C언어가 MCU 프로그래밍의 가장 대표적인 고급언어가 되었다. 다만 C언어도 초창기에는 컴파일러의 최적화에 기술적 한계로, 성능에 민감한 프로그램의 일부분은 프로그래머가 직접 어셈블리어로 코딩을 하는 일이 빈번하였다. 이후 프로세서의 속도가 빨라지고 컴파일러 기술의 발전으로 어셈블리어의 사용이 거의 없어지고 객체지향의 C++ 언어로 프로그램을 하는 시대가 도래하였다. 최근에는 인터프리터 방식으로 Python을 지원하는 MicroPython과 Zerynth 그리고 Javascript를 지원하는 Espruino 등의 새로운 언어를 지원하는 플랫폼들도 생겨나고 있다.

**참고**

https://micropython.org/ , https://www.zerynth.com/ , https://www.espruino.com/

### 전문가 영역의 개방

이전까지는 마이크로컨트롤러 프로그래밍을 한다는 것은 MCU의 상태, 제어, 입출력을 담당하는 여러 레지스터들에 접근하여 읽고 쓰는 작업이 대부분을 차지하였다. 따라서 C언어로 어떤 MCU 프로그램을 코딩한다 하더라도 그 MCU 내부의 방대한 양의 레지스터들을 잘 알고 있어야 하기 때문에 전문가가 되는 길이 험난하였고 매우 많은 시간을 투자해야 했다. 전문가들만 할 수 있었던 MCU 프로그래밍의 문턱을 낮추기 위하여 2005년경에 아두이노가 개발되었다. 주로 8비트 AVR MCU이기는 하지만 레지스터에 직접 접근할 필요 없이 하드웨어에 종속적이지 않은 객체나 함수들만으로 프로그램이 가능하도록 만들었다는 점이 획기적이었다. 아두이노의 등장은 MCU의 비전공자나 청소년까지도 MCU 프로그래밍에 입문할 수 있는 계기를 마련해주어 MCU 프로그래밍의 대중화를 이끌었다고 볼 수 있으며 프로들이 만든 공개 라이브러리를 적절하게 사용하면 전문가적인 프로그램까지도 코딩할 수 있게 되었다. 따라서 아두이노를 통하여 고립적이던 전문가 영역이 개방되었다고 할 수 있는 것이다.

## 1.4_ 32비트 프로세서의 붐

### 32비트 프로세서의 도입

ARM사의 32비트 MCU 버전인 Cortex-M 시리즈는 기존 8비트 MCU에 비하여 훨씬 고성능이면서도 가격 경쟁력이 있어 NXP, STMicroelectronics, Microchips 등의 여러 벤더가 앞다투어 출시하였다. 성능으로나 비용으로나 8 또는 16비트 MCU를 사용하던 장치를 32비트 MCU로 변경해야 할 당위성은 충분하다고 볼 수 있다. 그러나 8비트 프로세서의 개발자 층이 두텁기 때문에 그간 축적된 많은 경험을 버리고 새로운 프로세서로 바꾸는 것은 쉽지 않은 결단이다. 어떤 브랜드의 어떤 칩을 써야 할지의 고민뿐만 아니라 각 사의 32비트 프로세서마다 개발 환경이 모두 다르기 때문에 새로운 프로세서를 도입할 경우 개발에 투입되는 노력과 비용이 만만치 않다. 그럼에도 불구하고 아래 그림 1-5의 그래프를 보면 2010년을 기점으로 4~8비트, 16비트 MCU에 비하여 32비트의 시장이 급격하게 증가하는 것을 볼 수 있다. 따라서 추세적으로 볼 때 32비트 MCU의 도입을 적극 추진해야 할 때인 것은 분명하다.

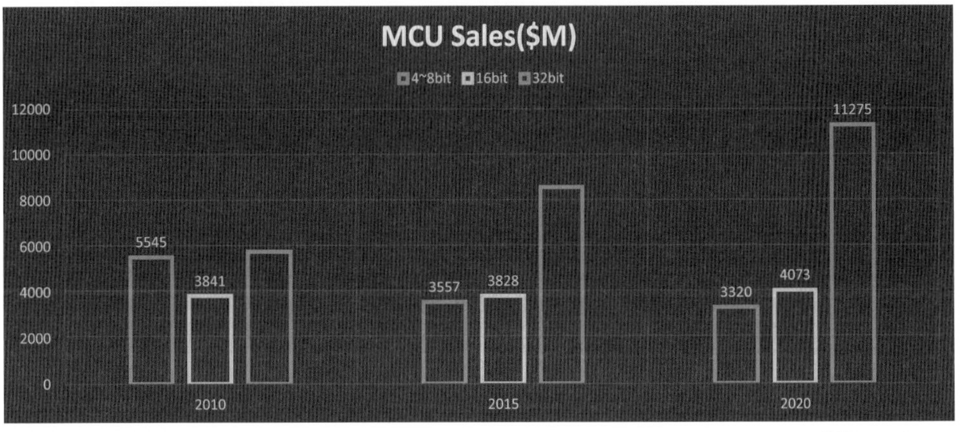


출처 IC Insight

**그림 1-5** ▶ 비트별 MCU 판매금액의 추이

## Mbed의 출현

IoT가 세간의 화두로 떠오르기 시작하던 2009년에 32비트 ARM Cortex-M 플랫폼을 위한 Mbed 운영체제가 ARM사의 지원을 받는 Mbed 개발자 커뮤니티에서 처음 발표되었다. Mbed OS는 C++ 기반의 소프트웨어 API와 ARM Cortex-M MCU를 쉽게 프로그래밍할 수 있는 개발 툴을 포함하고 있다. 필자가 Mbed를 처음 시도하였을 때 첫 번째로 놀란 사실은 데모 보드만 있으면 별도의 프로그램 장비 구입이나 개발 환경 구축에 시간을 쓸 필요 없이 곧바로 웹브라우저와 USB 케이블만으로도 간단한 예제 프로그램을 시작할 수 있다는 점이었다. 두 번째로 놀란 점은 프로세서의 레지스터를 잘 모르는 상태에서 추상적인 개념의 라이브러리만으로도 두 개의 서로 다른 보드에 프로그래밍하는데 문제가 없었다는 것이다. Mbed는 하위 계층에 HAL(Hardware Abstract Layer) 라이브러리를 가지고 있어 칩에 따라 달라지는 정보들을 모두 매핑을 하고 있다. 따라서 프로젝트를 시작하기 전에 정확한 칩 또는 보드를 지정하기만 하면 자동으로 하드웨어에 맞는 HAL이 포함되어 프로그래머는 사용자 프로그램 구성과 고차원적인 알고리즘에만 집중하면 된다. 따라서 Mbed를 공부하면 아주 적은 노력으로도 새로운 프로그래머가 될 수 있을 것이다.

## 1.5_ 결언

- Mbed는 다양한 용도의 일반 MCU의 기능은 물론, RTOS 기능을 지원하며 IoT 시대에 필수불가결한 다양한 연결성을 지원하여 미래 전망이 매우 밝다.
- 32비트 ARM 프로세서가 대세로 자리를 잡은 MCU 관련 산업의 흐름에 부응하기 위하여 Mbed는 꼭 배워야 할 도구가 될 것이다.

## 1.6_ 이 책의 특징

이 책은 다음과 같은 특징을 가지고 있다.

- 이 책에서는 여러 장에 걸쳐 Mbed가 지원하는 기능들을 학습한다. 먼저 각 기능에 대한 기초적 개념과 이론을 학습하고 프로그래밍 방법에 대하여 설명한 후 해당 기능을 활용한 실습을 통하여 활용 능력을 키워나가도록 한다.
- 각 장의 중간에 나오는 새로운 개념이나 용어가 있으면 이해를 돕기 위하여 간략한 설명을 수록하였으며 학습자들의 이해를 돕기 위하여 표와 그림을 최대한 많이 삽입하였다.
- Mbed를 학습하다 보면 기계적, 전기 · 전자적 그리고 컴퓨터 관련 주제들이 많이 언급되는데 이 책을 공부하면 융합적 지식이 필요한 공학도에게 많은 도움이 될 것이다.
- 이 책의 후반부에는 Mbed의 여러 기능과 개념을 복합적으로 사용한 프로젝트들이 소개되어 있어 응용력을 키울 수 있다.
- 다른 책과는 달리 Mbed 라이브러리를 사용함에 만족하지 않고 C++ 기반으로 스스로의 라이브러리를 만들어 쓸 수 있도록 실력을 키울 수 있는 많은 예제를 포함하였다.
- 이 책에서 다루고 있는 프로그래밍 기법을 완벽하게 소화하기 위해서는 C++에 대한 사전 지식이 필요하다. 하지만 그렇지 않더라도 큰 문제가 없도록 하기 위하여 중간에 C++의 주요 포인트를 설명하였고 본문에서 다루지 못한 중요 주제는 부록에 포함하였다.

**스마트한 Mbed로 시작하는 Cortex-M 프로그래밍:**
기초부터 프로젝트까지

CHAPTER 02

# Mbed 알아보기

## 2.1_ Mbed 개요

IoT의 바람이 불기 시작하던 2009년에 32비트 ARM Cortex-M 플랫폼을 위한 Mbed 운영 체제가 ARM사의 지원을 받는 Mbed 개발자 커뮤니티에서 처음 발표되었다. Mbed는 ARM Cortex-M 시리즈에 적용 가능한 OS이며 platform이다. 일반적인 8비트 마이크로컨트롤러가 하던 작업을 DSP, FPU, RTOS 등의 막강한 기능을 활용하여 한층 우월한 성능을 낼 수도 있고 IoT 시스템에서 요구하는 다양한 연결성, 즉 WiFi, Ethernet, Bluetooth, NFC 그리고 LoRa 등을 사용할 수 있는 API도 지원하고 있다. 시대적 흐름에 맞게 개발 환경이 웹브라우저 기반의 IDE를 제공하여 별도의 설치가 필요 없다. 또한 클라우드에 작업 공간을 두고 사용자의 프로그램을 편집, 관리, 저장할 수 있어 시간과 장소에 구애받지 않고 프로그래밍 작업을 할 수 있다.

## 2.2_ Mbed의 장점

### 개발의 용이성 측면

- Mbed를 사용하면 개발 환경 구축에 시간이 거의 들지 않고 직관적인 라이브러리를 지원받을 수 있어 진입장벽이 상대적으로 낮다.
- Mbed를 사용하면 부가 기능 추가 또는 성능 향상 때문에 칩의 벤더나 파트 번호를 변경해도 Mbed에서 공식 지원하는 Cortex-M 프로세서이기만 하면 약간의 수정으로 코드 재활용이 가능하기 때문에 프로세서 변경에 따르는 부담이 거의 없다.
- Mbed를 사용할 때는 복잡한 레지스터 수준의 고려가 필요가 없고 표준 C++ 기반의 Mbed 라이브러리를 활용하여 프로그램을 작성할 수 있다.
- Mbed API 전반에 일관성이 존재하여 몇몇 기능에 대한 API를 이해하면 나머지는 비교적 무난하게 학습할 수 있다.

- 인터넷과 클라우드에서 프로 개발자들이 만든 방대한 소스 레벨의 라이브러리와 프로그램을 공유받을 수 있어 언제든지 쉽게 참조 수정할 수 있다.

### 성능적 측면

- Mbed를 사용하면 8비트 프로세서 수준의 비용으로 FPU(Floating Point Unit)와 DSP 기능을 갖는 32비트의 고성능 시스템을 구축할 수 있다.
- Mbed는 원래 IoT를 지향하여 출발하였기 때문에 Ethernet, WiFi, USB, Bluetooth, LoRa, NFC 그리고 CAN 등의 다양한 연결성 인터페이스는 물론이고 암호화 프로토콜에 대한 라이브러리를 적극적으로 지원하고 있어 IoT 장치를 쉽게 만들 수 있다.
- RTOS의 실시간 프로그래밍에 관련된 라이브러리들을 지원하고 있어 여러 스레드의 동시 작업이 필요한 프로젝트도 무난하게 진행할 수 있다.

### Mbed를 시작해야 하는 이유

이 세상에서 필요한 대부분의 작업은 아두이노로도 할 수 있다. 다만 계산 속도가 빨라지면 성능이 향상되는 주파수 분석이나 고도의 운동 제어 등에서 부동소수점 연산이 많아지면 품질에 제한을 받게 되거나, 시스템의 규모가 커져 처리해야 될 작업이 늘어나는 경우에는 한계를 느낄 수 있다. 게다가 인공지능, 자율주행, 드론, 로봇 등과 같이 계산량이 부담되는 응용들이 점점 늘어나기 때문에 8비트 프로세서의 한계는 분명이 존재한다. 일부 Cortex-M 시리즈의 칩은 부동소수점 연산기(FPU)와 DSP기능까지 갖추고 있음에도 8비트 프로세서보다 저가이니 진지하게 생각해봐야 할 문제이다. 필자가 느낀 바로는 Mbed는 사용하기가 쉽고 Cortex-M 칩의 벤더나 파트 넘버가 달라져도 쉽게 코드를 재활용할 수 있다는 점이 큰 장점이다.

결론적으로 Mbed를 선택해야 하는 경우들을 정리해보면 다음과 같다.

- 8비트 프로세서의 처리 능력에 한계를 느끼는 경우
- 센서 융합, 인공지능, 무인 자동차 등 미래의 신기술을 적용하고 따라가고자 하는 경우
- 동시에 여러 작업을 실시간으로 실행시켜야 하는 경우
- 저렴하고 안정적인 솔루션이 필요한 경우
- Bluetooth, WiFi, Ethernet, LoRa, NFC 등의 연결성을 활용하는 IoT장치를 만들고자 하는 경우

## Mbed를 지원하는 보드와 부품

Mbed OS가 지원하는 모듈, 부품, 보드는 꾸준히 증가하고 있으며 그 수는 그림 2-1과 같다.

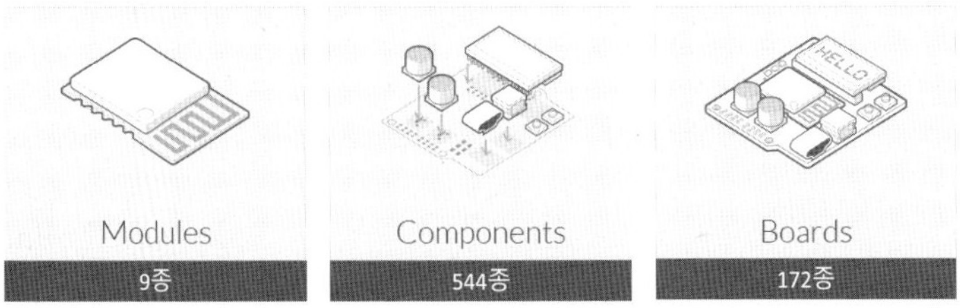


**그림 2-1** ▸ Mbed OS가 지원하는 모듈, 부품, 보드의 수 (http://www.mbed.com)

### 지원 보드

대표적 브랜드인 NXP, STMicroelectronics, NORDIC 등의 회사들이 출시한 총 172종의 보드를 Mbed OS가 지원하고 있으며 Mbed 사이트에서 상세한 내용을 검색할 수 있다. 대표적인 지원 보드의 예는 그림 2-2와 같다.

**그림 2-2** ▸ Mbed 지원 보드 예시 (http://www.mbed.com)

### 지원 모듈

모듈이란 WiFi, Blutooth, LoRa, Cellular radio 등의 특화된 기능을 수행할 수 있도록 Mbed를 지원하는 Coretex-M 기반의 콤팩트한 보드를 말한다. 총 9종의 모듈을 Mbed OS에서 지원하고 있으며 그 예는 그림 2-3과 같다.

> **참고**
>
> **LoRa**
>
> Long Range의 약자로 저전력 광역 네트워크를 의미한다. 상대적으로 낮은 433MHz, 868MHz, 915MHz 등을 사용한 장거리 무선 통신망이며 IoT의 발전과 다양한 산업에 응용되고 있다. 정리하자면 전송 거리가 수 Km 정도로 길면서 빠른 전송 속도가 필요 없는 저전력 무선 통신망이다.

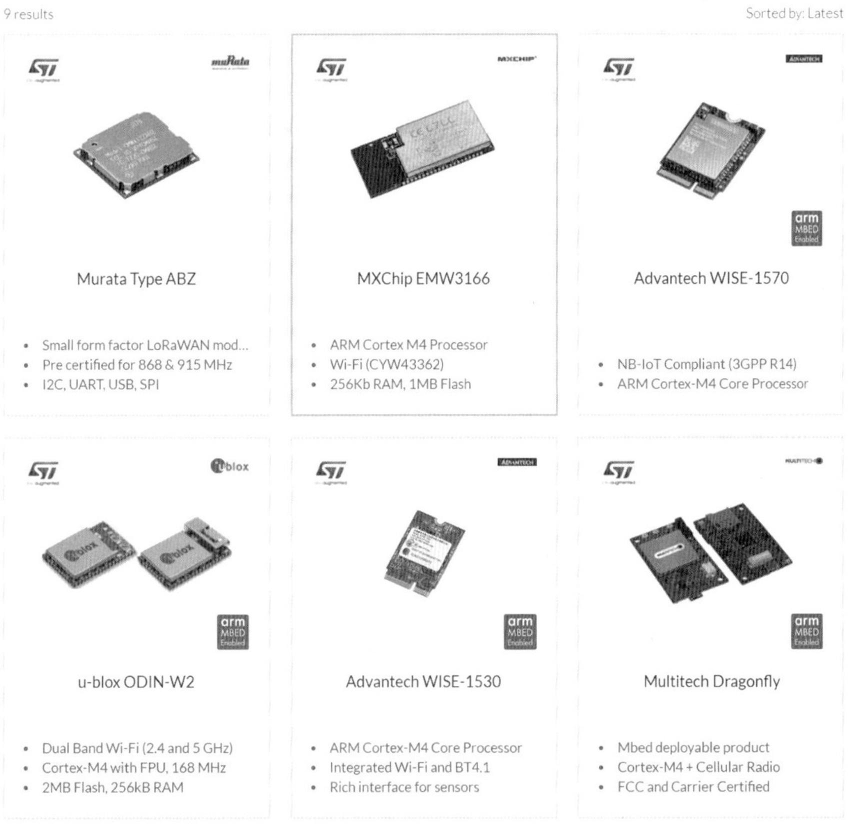


**그림 2-3** ▸ Mbed 지원 모듈 예시 (http://www.mbed.com)

### 지원 부품

Mbed OS의 공식 지원을 받는 센서, 디스플레이 등의 부품은 총 544종으로, Mbed의 프로세서가 해당 부품을 완벽하게 사용할 수 있는 공식 라이브러리를 제공하고 있다. 그 일부 예가 그림 2-4에 나열되어 있다.

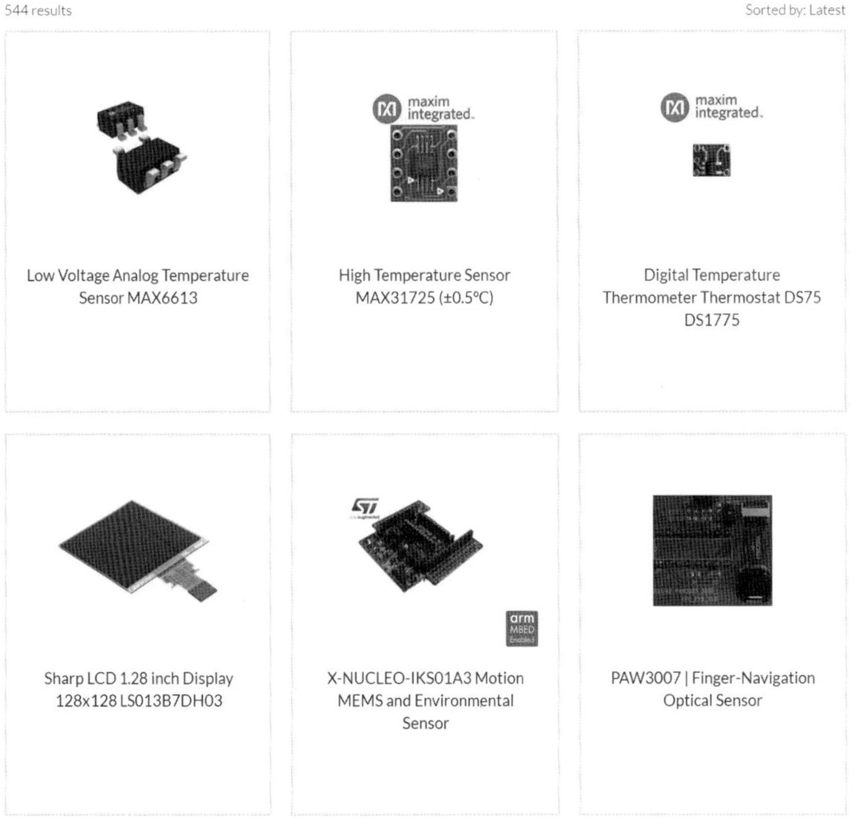


**그림 2-4** ▸ Mbed 지원 부품 예시 (http://www.mbed.com)

## 2.3_ Nucleo 보드 소개

Nucleo보드는 STMicroelectronics사의 Cortex-M 프로세서들의 개발 보드 제품군이다. 그림 2-5에서 보는 바와 같이 고성능이면서도 저렴한 가격대가 매력인 보드로서 M0에서부터 M7까지 다양한 선택이 가능하다. 아두이노가 선풍적 인기를 얻고 있고 관련 쉴드(shield)들이 많이 출시되었다는 점을 고려하여 아두이노 우노 또는 아두이노 나노의 핀과 호환되도록 하였다. 또한 IAR사의 EWARM, Keil사의 MDK-ARM은 물론이고 Mbed 환경에서도 프로그래밍이 가능하도록 하였다.

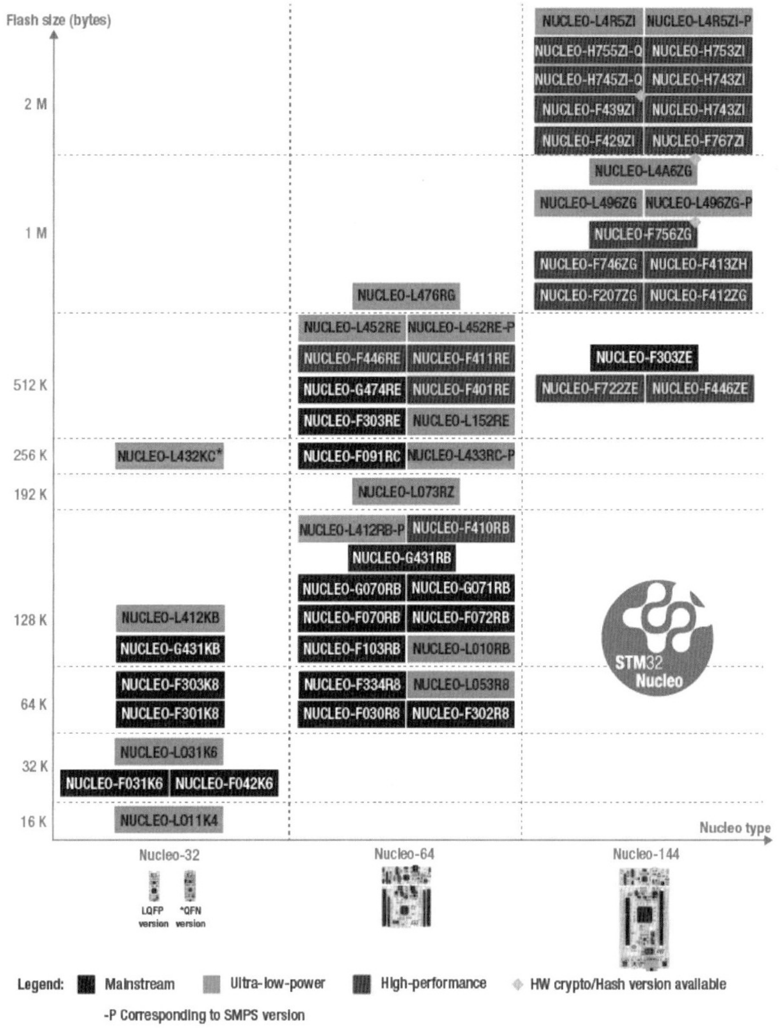


**그림 2-5** ▸ Nucleo 보드의 종류 (www.st.com)

## 2.4_ Nucleo F401RE 보드 소개

Nucleo F401RE 보드를 선택한 이유는 가격이 비교적 저렴(약 17,000원 정도)하여 초보자도 쉽고 다양한 실험을 할 수 있기 때문이다. 또한 Cortex-M4 32bit 프로세서로 84Hz로 동작하며 부동소수점 연산을 처리하는 FPU가 내장되어 막강한 성능을 낼 수 있다. 주요 사양은 다음과 같다.

### 프로세서

Nucleo F401RE 보드는 STM32F401RET6 프로세서를 사용하고 있다. 이 프로세서는 LQFP64

패키지를 가지고 있으며 그 주요 사양은 표 2-1과 같다. 참고로 이 표에서는 8비트 AVR 계열의 아두이노 중 최고 사양인 아두이노 Mega2560에 사용된 ATmega2560 프로세서와 비교하였다.

**표 2-1** ▶ STM32F401RE6의 주요 사양과 ATmega2560와의 비교

| 사양 항목 | | STM32F401RE6 | ATmega2560 | 설명 |
|---|---|---|---|---|
| CPU | CPU코어 | 32비트 Cortex-M4 | 8비트 AVR | |
| | 최대 CPU 주파수 | 84MHz | 16MHz | |
| | 부동소수점 연산기(FPU) | 내장 | - | |
| | 처리 속도 | 105MIPS | 16MIPS | Dhrystone 2.1 |
| 메모리 | 플래시 | 512KB | 256KB | |
| | SRAM | 96KB | 8KB | |
| 타이머 | 일반 | 16비트 × 5<br>32비트 × 2 | 16비트 × 4<br>8비트 × 2 | |
| | 고기능 | 16비트 × 1 | - | 3상 PWM 발생 |
| 통신 | USART | 3 | 4 | |
| | I2C | 3 | 1 | |
| | SPI/I2S | 3/2(양방향) | 1 | |
| | SDIO | 1 | - | SD카드 인터페이스 |
| ADC | | 12비트 × 16 | 10비트 × 16 | |
| GPIO | 외부 인터럽트 지원 | 50 | 86 | |
| USB | 12Mbps | USB OTG FS | - | Host/Save모드 전환 |
| 동작 전원 | | 1.7V~3.6V | 4.5V~5.5V | |

STM32 F4는 ATmega2560에 비하여 명령어 처리 속도가 대략 6.5배가 되고 부동소수점 연산기(FPU)를 가지고 있기 때문에 부동소수점이 많이 포함된 고도의 알고리즘 연산에서는 그 차이가 더욱 커질 것으로 예상된다.

## 보드의 특징

Nucleo 보드가 갖는 주요 특징을 살펴보자.

### 두 가지의 확장 핀

- 기본적으로 STM32 프로세서의 모든 I/O핀들을 위한 확장 헤더핀(Morpho headers)을 가지고 있으며, 여러 가지 쉴드와 모듈을 가진 아두이노 보드와의 호환성을 위하여 아두이노 우노 R3의 핀 배치와 호환되는 커넥터 핀을 별도로 구비하고 있다.

### ST-LINK/V2-1 디버거 프로그래머 탑재

- 디버거/프로그래머인 ST-LINK/V2-1 기능이 내에 포함되어 편리하며 필요하면 다른 ST-Micro 보드의 프로그래밍 툴로서 활용이 가능하다.

### 유연한 전원 공급

- 전원 공급 방식이 유연하다. USB전원을 사용하는 것은 물론 외부의 3.3V 또는 5V로 전원 공급이 가능하며 별도의 7V에서 12 V 사이의 전원으로도 동작이 가능하다.

### 실험용 기본 LED와 푸시 버튼 제공

- 별도의 회로 연결 없이 기본 테스트가 가능하도록 1개의 LED와 1개의 푸시 버튼이 보드에 장착되어 있다.

### 3가지의 접속 방법을 제공하는 USB 포트

- 보드가 USB 디스크 드라이브(Mass Storage Disk)로 인식되기 때문에 파일 탐색기를 사용하여 컴파일된 바이너리 파일을 드래그 앤 드롭으로 손쉽게 보드에 업로드할 수 있다.
- 가상 통신 포트(Virtual COM Port)로 동작하기 때문에 USB를 통한 UART 시리얼 통신이 가능하여 PC와 정보를 주고받을 수 있다.
- 디버그 포트(Debug Port): USB 포트를 프로그램의 디버그용으로 사용할 수 있다.

> **참고**
>
> https://www.st.com/en/evaluation-tools/Nucleo-f401re.html

## Nucleo F401RE 핀 이름 및 배치

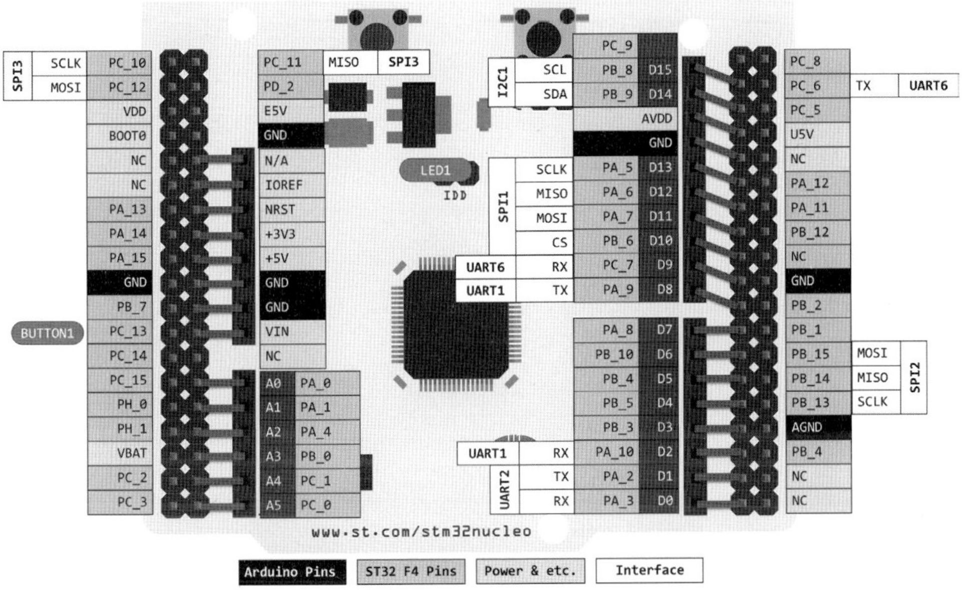


**그림 2-6** ▸ Nucleo F401RE의 Mbed에서의 핀 이름 및 배치

위 그림 2-6 Nucleo F401RE의 Mbed에서의 핀 이름 및 배치에는 Nucleo F401RE 보드의 커넥터 핀에 해당하는 핀 이름이 표시되어 있다.

### STM32F401RE 프로세서 GPIO핀 이름

기본적으로는 Nucleo F401RE 보드는 STM32F401RE 프로세서를 장착하였기 때문에 Mbed에서는 이 프로세서의 핀 번호를 사용하는 것이 원칙이다. STM32F401RE 프로세서는 PA0~PA15, PB0~PB15, PC0~PC15, PD2, PH0, PH1 등 A, B, C, D, H 포트에 총 51개의 핀이 보드와 연결되어 있다. Mbed에서 핀 이름을 정하는 규칙은 포트 알파벳과 번호 사이에 _를 넣어서 A_0, C_12 처럼 사용한다.

### 아두이노 호환 GPIO핀 이름

그런데 Nucleo F401RE보드는 아두이노와 호환되는 커넥터를 가지고 있고, 이 커넥터에 연결되는 핀의 이름은 아두이노 우노와 유사하게 A0~A5, D0~D15로 정의되어 있다. 이 호환 커넥터의 경우 아두이노 핀 이름이나 STM32 프로세서 핀 이름 모두 쓸 수 있다. 그 외의 핀들의 경우는 STM32 프로세서 핀 이름을 사용해야 한다.

### 전원 및 기타 핀들

GPIO핀 이외에 다음 표 2-2와 같은 핀들이 있다.

**표 2-2** ▸ Nucleo F401RE의 전원 및 기타 핀 목록

| 분류 | 핀 | 기능 | 비고 |
|---|---|---|---|
| CPU 전원 핀 | VDD | 프로세서 디지털 전원 | 1.7~3.6V |
| | AVDD | 아날로그 회로용 전원 | |
| 외부에서 공급하는 전원 | VBAT | RTC와 백업레지스터용 배터리 전원 | 1.65~3.6V |
| | U5V | USB로부터의 5V 전원 | |
| | VIN | 외부 공급전원 | 7V~12V |
| | E5V | 외부 5V 공급전원 | 4.75V~5.25V |
| 외부로 제공하는 전원 | +5V | Nucleo에서 제공하는 5V | 외부 회로에 공급해주는 전원 |
| | +3V3 | Nucleo에서 제공하는 3.3V | |
| 기타 핀 | IOREF | 쉴드 또는 옵션 보드에게 I/O 핀들의 기준전압을 알려주는 핀 | 아두이노 호환 |
| | NRST | 보드 리셋 | |
| | BOOT0 | 부트 옵션 선택 핀 | |
| 그라운드 | GND | 모든 디지털 핀들의 GND | |
| | AGND | 아날로그 회로용 GND | |

이 표에서의 설명처럼 CPU 전원 핀은 CPU 칩에 공급되고 있는 디지털 전원 VDD와 아날로그 회로를 위한 전원 AVDD가 있다. VDD는 고속 클럭에 따라 스위칭되는 회로들에 의한 고주파 잡음이 상시 존재하기 때문에 ADC등의 아날로그 회로에는 별도의 전원인 AVDD를 공급하여 잡음을 분리하는 효과가 있다. 기본은 VDD와 AVDD가 솔더 브릿지(Solder bridge)로 연결되어 있는데 외부 아날로그전원을 원하는 경우에는 다음 자료를 참조하여 보드 뒷면의 솔더 브릿지라는 저항을 제거해야 한다.

**참고**

https://www.st.com/content/st_com/en/products/evaluation-tools/product-evaluation-tools/mcu-mpu-eval-tools/stm32-mcu-mpu-eval-tools/stm32-Nucleo-boards/Nucleo-f401re.html#resource

## 2.5_ Mbed 개발 환경 구축하기

Mbed의 특징 중 하나는 웹브라우저 상의 개발 환경인 웹 IDE를 제공한다는 것이다. 웹 IDE를 이용하면 자연스럽게 작업 공간이 Mbed에서 제공하는 클라우드에 백업된다. 이를 위하여 가장 먼저 회원 가입을 해야 한다.

### 회원 가입 및 로그인

먼저 Mbed.com에서 그림 2-7과 같이 이메일과 이름을 기준으로 회원 가입(Sign up)을 한다.

**그림 2-7** ▸ Mbed 로그인 화면 (http://www.mbed.com)

### web 컴파일러 실행

가입이 완료되면 로그인을 하고 화면 우측 상단에 있는 Portal과 Compiler 중에서 Compiler 버튼을 클릭한다.

그러면 다음 그림 2-8과 같은 컴파일러 창이 뜬다.

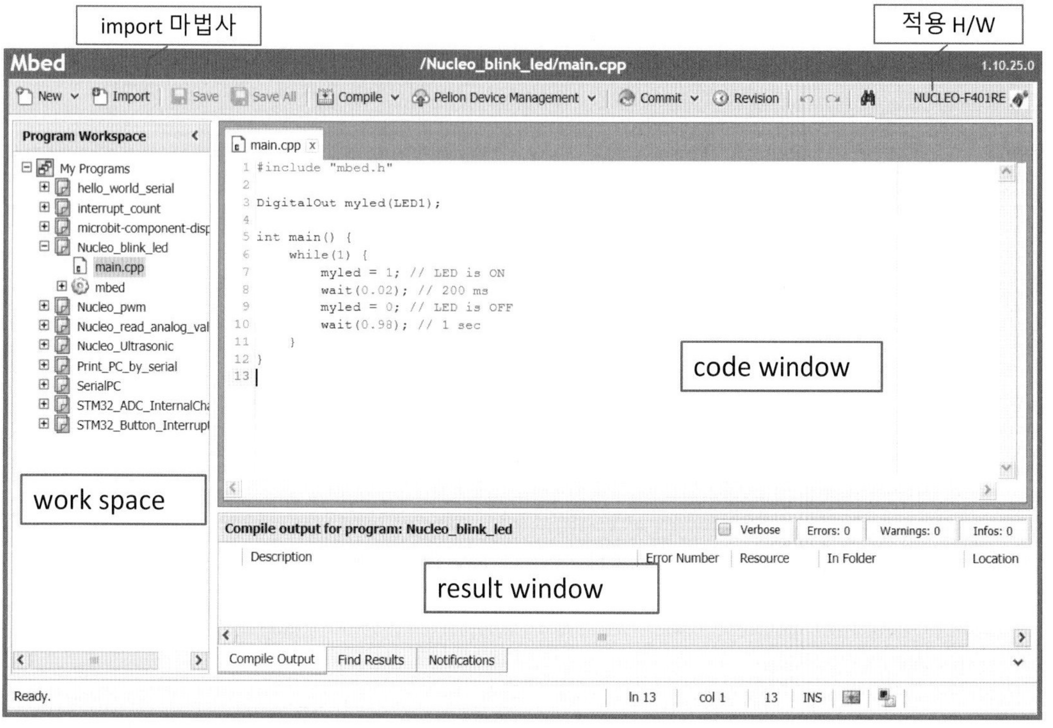


**그림 2-8** ▸ 컴파일러 창

컴파일러 창의 주요 기능은 다음과 같다.

**코드 창(Code window)**

Mbed 기반으로 보드에서 실행할 코드를 입력하고 수정하는 에디터 창이다.

**작업 공간(Work space)**

파일 탐색기처럼 프로그램들의 목록을 트리 구조로 볼 수 있고 특정 파일을 선택하여 복사, 삭제, 수정 등을 할 수 있다.

**결과 창(Result window)**

컴파일한 결과를 요약하여 보여주는 창으로서 성공, 오류, 경고 등을 확인할 수 있다.

**Import 마법사**

온라인 상에서 다른 사람이 작성한 프로그램 또는 라이브러리를 키워드로 검색하여 바로 불러올 수 있는 마법사이다. Import 마법사의 실행은 메뉴 바의 Import 버튼을 누르면 된다.

버튼을 누르면 다음 그림 2-9와 같은 화면이 나온다.

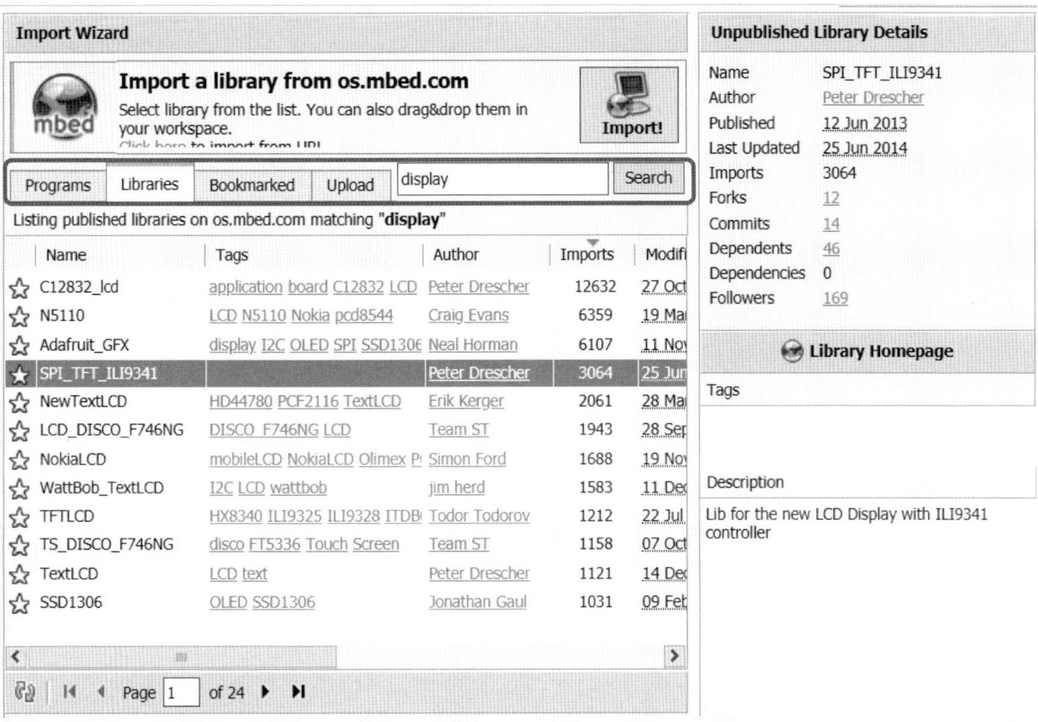


**그림 2-9** ▸ Import 마법사 창

참고로 본인의 코드를 온라인에 공개하려면 publish라는 과정을 거치면 된다.

## 적용 하드웨어 표시

Mbed는 172개의 다양한 보드를 지원하기 때문에 작업하고자 하는 타겟 보드를 선택해주면 자동으로 해당 보드의 프로세서와 맞는 하드웨어 라이브러리들을 가져오고 설정해준다. 보드를 잘못 설정하면 코드가 컴파일이 되어도 다른 보드로 설정되어 예상했던 결과를 얻을 가능성이 없으니 주의해야 한다.

설정을 마치면 우측 상단에 위 그림과 같이 선택된 보드가 표시된다. 당연하지만 프로젝트마다 다른 보드를 선택하는 것도 가능하다.

## 2.6_ 무조건 프로그램 시작하기

### 프로그램 폴더 구축

프로그램을 작성하고 컴파일하고 보드로 업로드하려면 cpp파일인 소스 파일과 라이브러리 폴더가 프로그램 폴더 안에 준비되어야 한다. 이 환경을 간단하게 만드는 방법으로 Import 마법사를 이용하는 방법과 새 프로그램 메뉴에서 시작하는 방법이 있다.

#### Import 마법사 이용

메뉴 바의 Import 버튼을 누르고 프로그램 탭을 선택한 뒤 검색 창에 blink라고 입력한 후 Search 버튼을 누르면 그림 2-10과 같이 검색 결과가 나열된다.

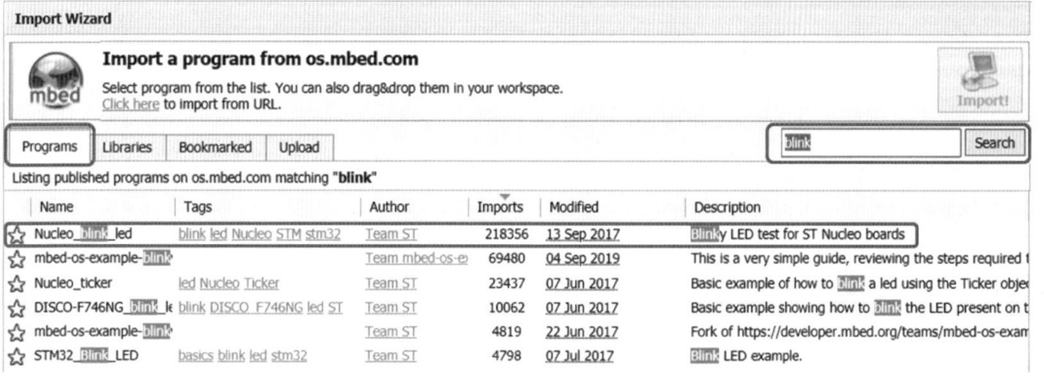

**그림 2-10** ▸ Import 마법사의 검색 결과

검색 결과 리스트 중 Nucleo_blink_led 항목을 더블클릭하면 내 작업 공간으로 프로그램이 다운로드된다. 그러면 작업 공간에 Nucleo_blink_led라는 이름의 폴더가 생긴다. 이 때 main.cpp를 더블클릭하면 다음 코드 2-1과 같은 코드가 코드 창에 나타난다.

**코드 2-1** | 무조건 따라해보는 코드

```
#include "mbed.h"
DigitalOut myled(LED1);

int main() {
    while(1) {
        myled = 1; // LED is ON
        wait(0.2); // 200 ms
        myled = 0; // LED is OFF
        wait(1.0); // 1 sec
```

```
    }
}
```

이 코드는 보드에 기본 장착된 LED1이라는 LED가 0.2초 동안 켜지고 1초 동안 꺼지는 것을 계속 반복하는 깜빡이 프로그램이다. 이 코드에 대한 설명은 다음으로 미루고 여기에서는 우선 코드를 컴파일하고 보드에 업로드하는 과정만을 살펴볼 것이다.

**새 프로그램으로 시작하기**

먼저 메뉴 바의 첫 번째 New 버튼을 누른다.

그러면 그림 2-11과 같이 Create new program 다이얼로그가 나타나는데 여기서 Platform은 사용하고 있는 보드의 이름이다. Template는 여러 예제 중 하나를 선택하여 프로그램을 시작할 수 있는 기능으로서 목록에서 하나를 선택하면 된다. 마지막으로 Program Name은 이미 설정된 조건으로 만들 프로그램의 이름을 지정하는 항목이다. 모두 설정하고 OK 버튼을 누르면 프로그램이 생성된다.

여러 예제 중 만들고자 하는 프로그램과 가장 유사한 프로그램을 Templete으로 선택해도 되지만 여기서는 빈 프로그램(Empty Program)을 선택하고 Mbed 라이브러리를 별도로 다운로드해보려 한다.

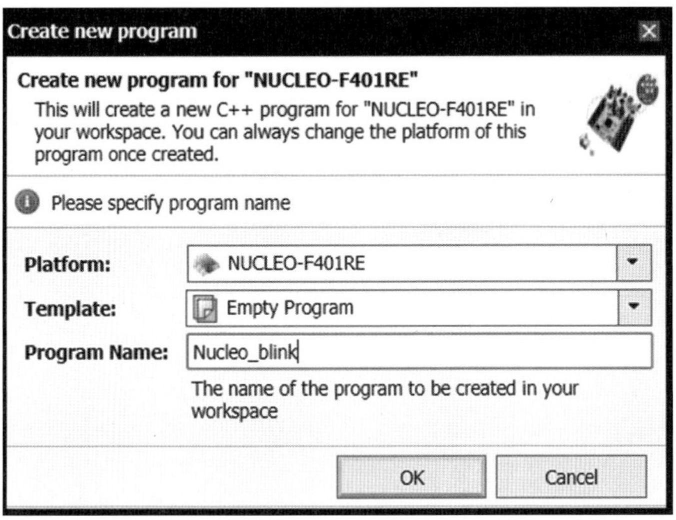


**그림 2-11** ▸ 새 프로그램 생성

따라서 그림 2-11과 같이 Empty Program으로 시작하고 Program Name을 Nucleo_blink로 하여 프로그램을 생성한다. 이 경우 프로그램 폴더에는 아무 파일도 존재하지 않는다. 따라서 작업 공간에서 해당 프로그램 폴더를 마우스 오른쪽 버튼으로 클릭하면 다음 그림 2-12와 같은 메뉴가 나타난다.

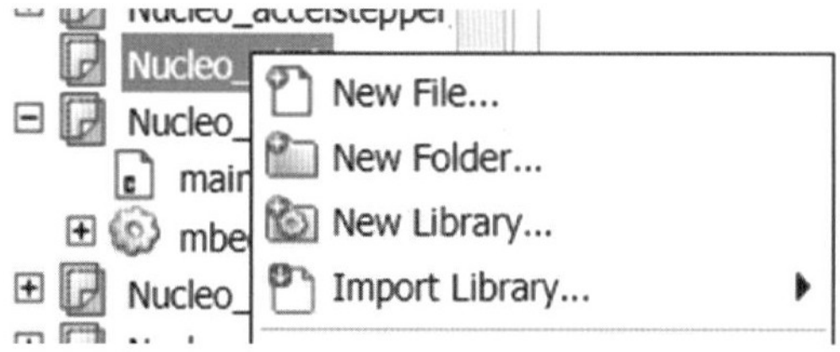


**그림 2-12** ▸ New File 메뉴

먼저 New File... 항목을 선택하고 그림 2-13처럼 main.cpp라는 파일 이름을 입력해보자.

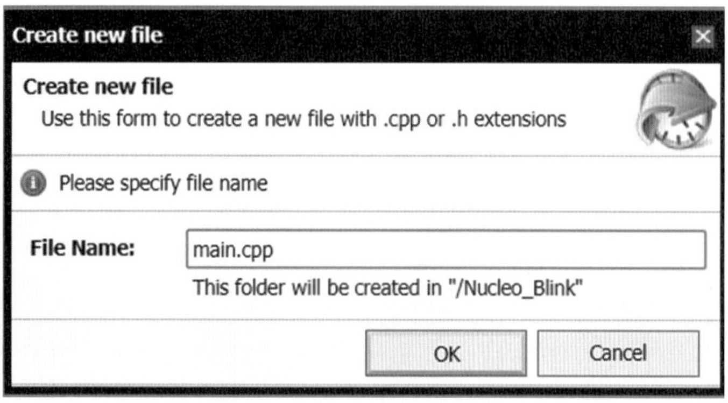


**그림 2-13** ▸ New File에서 파일명 지정

그러면 작업 공간에 main.cpp 파일이 나타난다. 이 파일을 더블클릭하면 그림 2-14처럼 코드 창이 뜨는데 여기에 앞의 예제와 동일한 내용을 입력해보자.

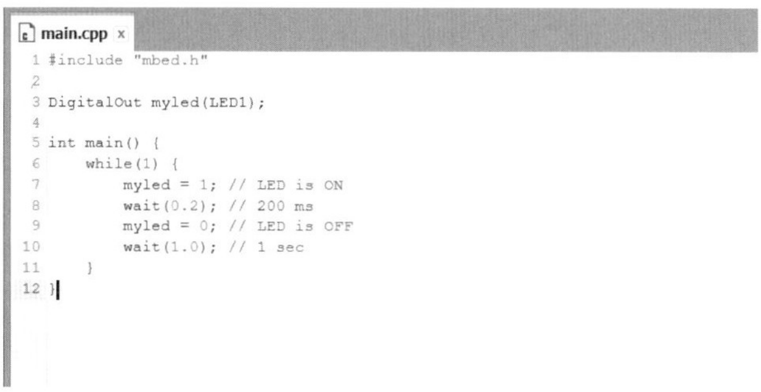


**그림 2-14** ▸ 코드 창

그런데 작업 공간을 보면 아직 이 프로그램 폴더에는 main.cpp만 있고 Mbed 라이브러리가 없기 때문에 라이브러리를 설치해야 한다. 다시 작업 공간에서 이 프로그램 폴더 위에서 마우스 오른쪽 버튼을 클릭하면 그림 2-15처럼 메뉴가 나타나는데 Import Library...를 선택하고 그 다음으로 From Import Wizard를 클릭한다.

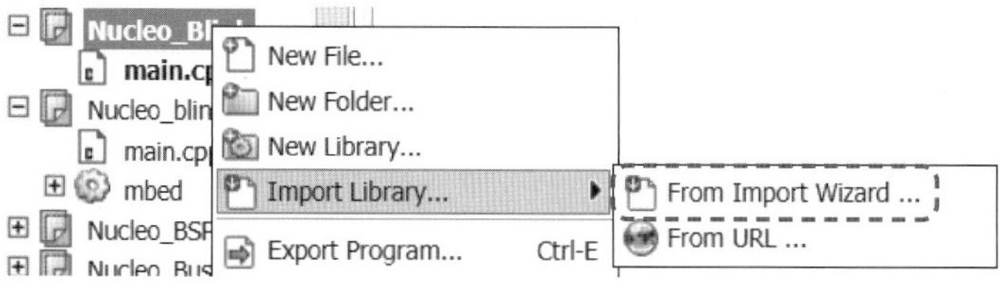


**그림 2-15** ▸ Import Library

Import 마법사가 나타나면 mbed를 입력하고 Search 버튼을 누르면 많은 라이브러리들의 목록이 나온다. 그리고 혹시라도 개인이 라이브러리를 변형한 경우가 있을 수도 있기 때문에 저자가 Mbed official이면서 최근 것을 선택한다. 라이브러리 다운로드가 성공했다면 작업 공간의 프로그램 폴더에 그림 2-16과 같이 mbed라는 폴더가 생길 것이다.

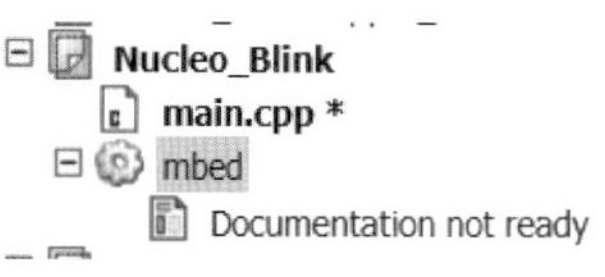


**그림 2-16** ▸ mbed 폴더

이 때 파일명에 *이 표시된 것은 파일이 수정된 후 저장되지 않았다는 표시이다.

> **참고**
>
> Import 마법사에서 mbed를 검색하면 mbed OS 2 버전 라이브러리를 받게 된다. 대신에 mbed-os를 검색하고 가장 많이 내려받은 버전을 사용하면 mbed OS 5 버전이 된다. 일반적인 용도의 프로그래밍에는 어떤 것을 받아도 상관없다. 다만 RTOS의 여러 기능을 이용할 때는 mbed-os를 사용해야 하지만 용량이 커지고 컴파일 시간이 더 오래 걸린다.

## 컴파일

프로그램의 main.cpp를 선택하고 상단 메뉴 바의 컴파일 버튼을 누른다.

만일 코드에 오류가 없고 라이브러리가 적절하다면 컴파일이 성공할 것이고 그림 2-17처럼 출력창에 "Success!"라고 표시된다.

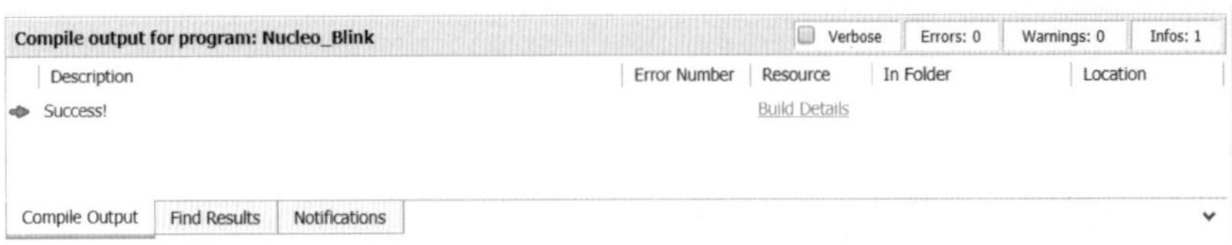


**그림 2-17** ▸ 컴파일 결과창

컴파일이 성공한 경우 그림 2-18처럼 웹브라우저 좌측 하단에(크롬의 경우) 프로그램 이름.bin 이라는 이진 파일이 자동으로 다운로드된다.

**그림 2-18** ▸ 컴파일 후 다운로드된 이진(bin) 파일

## 보드에 업로딩

Nucleo 보드를 PC의 USB 포트에 꽂으면 PC에서는 USB 메모리처럼 디스크 드라이브로 인식된다. 보드에 업로드하기 위해서는 파일 탐색기를 열어 컴파일된 .bin 파일을 이 드라이브에 복사하면 된다. 물론 아래 그림 2-19와 같이 드래그 앤 드롭을 할 수도 있다.

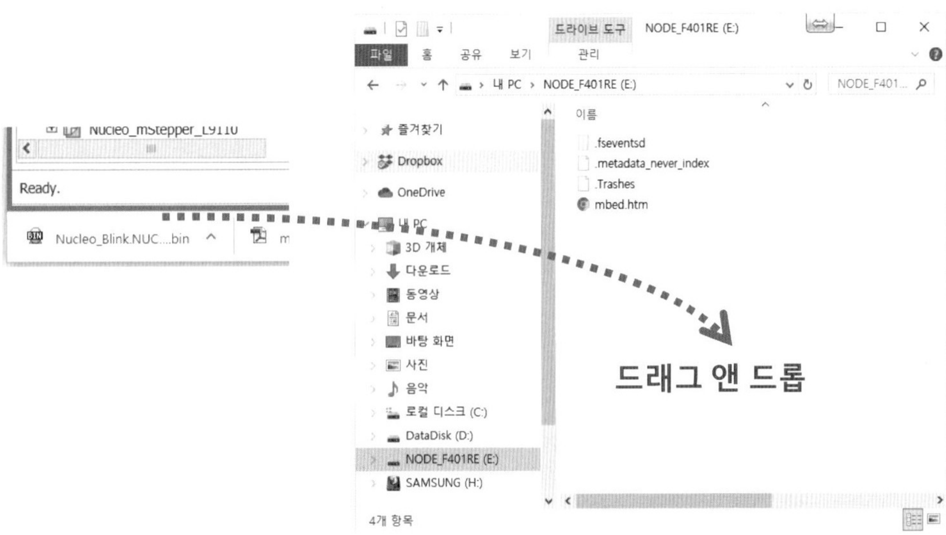


**그림 2-19** ▸ 드래그 앤 드롭으로 보드에 업로드

## 실행

.bin 파일이 보드에 업로드되면 프로그램이 자동으로 실행된다. 프로그램의 목표대로 LED가 0.2초 동안 켜지고 1초 동안 꺼지는 패턴으로 깜박일 것이다.

**스마트한 Mbed로 시작하는 Cortex-M 프로그래밍:**
기초부터 프로젝트까지

CHAPTER 03

# Mbed OS API의 개요

Mbed OS는 Cortex-M을 사용한 플랫폼을 위한 오픈소스 운영체제로서 장치가 저전력이고 리소스가 제한되어 있음에도 기본적인 MCU 기능은 물론 RTOS를 지원하며 인터넷 등의 연결성이 필요한 IoT 장치를 구축하는 용도에 적합하게 설계되어 있다.

## 3.1_ OS API의 구조

그림 3-1은 Mbed OS API의 계층 구조를 보여주고 있다.

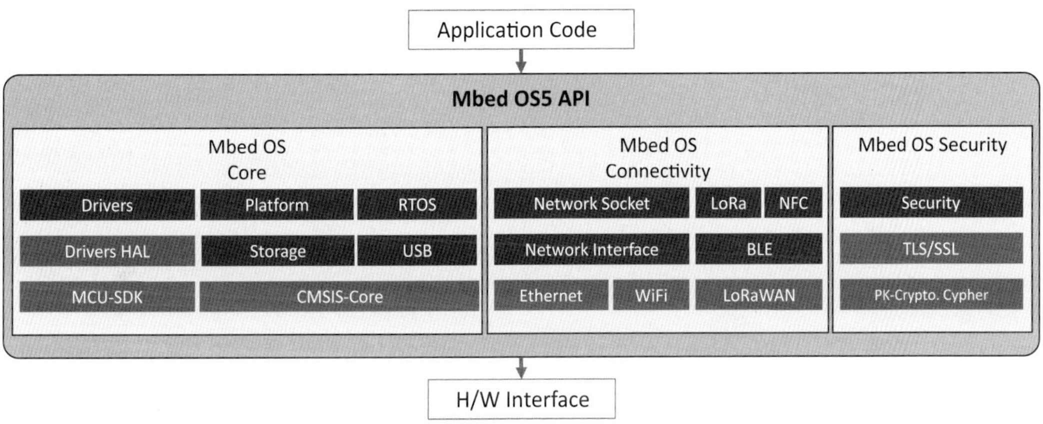


**그림 3-1** ▸ Mbed OS API의 주요 계층 구조

Mbed OS는 크게 코어(Core), 연결성(Connectivity) 그리고 보안(Security)의 3가지 기능 블록으로 분류할 수 있다. 코어 블록은 OS의 핵심이 되는 기능을 담당하고 있으며 그 기반으로 ARM사에서 제작한 CMSIS(Cortex Microcontroller Software Interface Standard) 라이브러리를 공통적으로 사용하고 있다. 타겟 칩에 따라 차이가 나는 부분은 SDK와 HAL 라이브러리 등의 중간 레이어에서 보완하고 있다. 코어에서 제공하는 API의 구성은 Platform, Drivers, RTOS, USB 그리고 Storage 등이 대표적이며 그 주요 기능을 표 3-1에서 간략히 설명하였다. 다음으로 연결성 블록은 MCU의 기본 동신 기능 이외에 연결성이 강조된 IoT에 대응하기

위하여 널리 사용되고 있는 Ethernet, WiFi, BLE(Bluetooth Low Energy), LoRaWAN(Long Range Wide Area Network) 그리고 NFC 등의 연결 수단에 대한 API를 제공하는 블록이다. 마지막으로 보안 블록은 장치와 소프트웨어의 보안뿐만 아니라 연결성에 수반되는 데이터의 보안을 위한 TLS(Transport Layer Security)/SSL(Secure Socket Layers) 등의 암호화 프로토콜들을 제공하고 있다.

**표 3-1** ▸ Mbed OS의 3가지 기능 블록의 대표 API

| 블록 | 그룹 | 설명 |
|---|---|---|
| Core | Platform | MCU 기능에 대한 기초 인프라를 제공한다. |
| | Drivers | MCU의 다양한 장치에 대한 API를 지원한다. |
| | RTOS | Thread, Mutex 등 실시간 운영체제 관련 API를 지원한다. |
| | USB | USB 인터페이스를 통하여 마우스, 키보드, HID 장치, 오디오 장치 등 다양한 주변장치를 연결할 수 있다. |
| | Storage | SD 카드, 플래시 메모리 등의 다양한 저장 장치의 파일 시스템을 포함한 다양한 기능을 제공한다. |
| Connectivity | Network Socket | TCP, UDP를 근간으로 하는 소켓을 만들어 데이터를 주고 받는다. |
| | Network interface | Ethernet, WiFi, Cellular 등의 네트워크 인터페이스를 제공한다. |
| | Bluetooth | BLE(Bluetooth Low Energy) 관련 기능을 제공한다. |
| | LoRaWAN | LoRaWAN의 네트워크 인터페이스와 LoRa radio의 기능을 제공한다. |
| | NFC | NFC(Near-Field Communication) 통신 기능을 제공한다. |
| Security | Security | 장치의 보안, 통신 또는 연결의 데이터 보안 관련 SSL/TLS 등의 기능을 제공한다. |

## 3.2_ 주요 API 살펴보기

Mbed OS에는 여러 그룹의 API가 존재하지만 이 책의 실습에서 주로 사용할 API인 Platform, Drivers 그리고 RTOS 그룹의 내부만을 소개한다.

### Platform 그룹

Platform 그룹의 주요 API들은 표 3-2에 간략하게 설명되어 있다. Wait의 경우 간단한 지연 함수들을 제공하고 있으며 Callback은 콜백 함수 지정에 관련된 API들을 지원한다. Time은 시스템의 시간을 설정하거나 읽어오는 등의 기능을 제공하며 CircularBuffer 클래스는 링(ring)버퍼의 기능의 API를 제공하여 사용자가 간단하게 버퍼를 구현할 수 있도록 한다. RT-

C(Real Time Clock)에서는 전원이 제거되어도 항상 정확한 시간을 제공하는 API들을 제공한다. Power Management는 MCU가 절전모드 또는 Sleep 모드로 들어가는 조건 설정과 모드를 제어하는 API들을 제공하고 있다.

**표 3-2** ▸ Platform 그룹의 주요 API

| 그룹 | 주요 API | 설명 |
|---|---|---|
| Platform | Wait | 지연 관련 함수들을 제공한다. |
| | Callback | 콜백 함수 지정에 관련된 API들을 제공한다. |
| | Time | 표준 C에서 제공하였던 Time관련 함수를 제공한다. |
| | CircularBuffer | 이 클래스를 이용하여 링버퍼의 기능을 구현할 수 있다. |
| | RTC | 실시간 클럭 관련 API들을 제공한다. |
| | Power Management | 슬립(Sleep)모드를 제어하는 API들을 제공한다. |
| | 그 외 다수 | MCU와 관련된 기초 인프라 함수 및 클래스들을 제공한다. |

### Drivers 그룹

Driver 그룹은 MCU의 다양한 입출력 장치를 설정하고 응용할 수 있는 API들을 제공한다. 표 3-3과 같이 GPIO, ADC, DAC, PWM, 인터럽트, 타이머, UART, SPI, I2C, CAN 등의 장치에 대한 클래스들을 제공하여 편리하게 사용할 수 있도록 하는 다양한 API를 제공한다.

아날로그 관련 클래스로서 AnalogIn과 AnalogOut이 있는데 AnalogIn은 아날로그 전압을 측정하는 ADC와 관련된 클래스이고 AnalogOut은 DAC와 관련된 전압을 출력하는 기능을 제공한다. GPIO핀의 디지털 입력과 출력에 관계된 클래스는 DigitalOut, DigitalIn 그리고 DigitalInOut이 있어 하나의 핀을 입력 또는 출력으로 지정하고 상태 값을 읽거나 쓸 수 있게 한다. 임의의 핀들을 최대 16개까지 하나의 버스로 정의하고 그 상태를 한꺼번에 읽거나 쓸 수 있는 클래스로서 BusIn, BusOut 그리고 BusInOut이 있다. 이들 클래스는 여러 개의 핀에 동시에 접근하여 제어할 때 편리하다. 그 다음으로 PortIn, PortOut, PortInOut은 MCU의 기본 16비트 포트에 접근하여 제어하는 것으로 Nucleo 보드의 경우 PA, PB, PC 등의 포트를 포트 단위로 접근하여 입출력할 수 있는 기능을 제공한다. 정리하면 BusX는 임의의 핀의 조합에 대한 것이고 PortX는 MCU의 고유 포트 단위로 접근한다는 개념이다. InterruptIn 클래스는 임의의 핀을 지정하여 핀에 상승 또는 하강 에지가 발생하면 지정된 콜백 함수를 실행시킬 수 있으며 거의 모든 GPIO핀에 적용이 가능하다. 타이머 관련 클래스로는 Ticker, Timcout,

Timer가 있다. Ticker는 지정한 콜백 함수를 원하는 주기로 실행할 수 있는 기능이다. 반면에 Timeout은 지정한 콜백 함수를 원하는 시간 이후에 한 번만 실행하게 한다. Timer 클래스는 스톱 워치처럼 타이머를 시작하거나 정지하며 그 값을 읽는 등의 기능을 제공하여 어떤 시간 간격을 측정할 때 편리하게 이용할 수 있다. 이외에 MCU의 기본 통신과 관련하여 Serial, SPI, SPISlave I2C, I2CSlave 그리고 CAN 클래스가 제공된다. Serial은 UART의 기능을 사용할 수 있는 클래스이고 SPI와 SPISlave는 각각 SPI의 마스터와 슬레이브 모드의 통신 기능을 지원하는 클래스이다. SPI와 마찬가지로 I2C와 I2CSlave는 각각 I2C통신의 마스터와 슬레이브 모드를 지원하고 있다. 마지막으로 CAN(Car Area Network)클래스는 CAN 방식의 통신을 지원한다.

**표 3-3** ▸ Drivers 그룹의 주요 클래스

| 그룹 | 주요 클래스 | 설명 | 분류 |
|---|---|---|---|
| Drivers | AnalogIn | 지정한 아날로그 입력 핀의 전압을 측정한다. | 아날로그 입출력 |
| | AnalogOut | 지정한 아날로그 출력 핀으로 원하는 전압을 출력한다. | |
| | DigitalIn | 디지털 핀의 상태를 읽는다. | 디지털 입출력 |
| | DigitalOut | 지정한 디지털 핀으로 원하는 상태를 출력한다. | |
| | DigitalInOut | 지정한 디지털 핀을 입력 또는 출력으로 설정하고 입출력을 할 수 있다. | |
| | PwmOut | 지정한 핀에 설정한 주기와 듀티의 PWM을 발생시킬 수 있다. | PWM |
| | BusIn | 16개 이내의 핀들로 버스를 구성하여 한꺼번에 상태를 읽을 수 있다. | 버스 제어 |
| | BusOut | 16개 이내의 핀들로 버스를 구성하여 한꺼번에 상태를 출력할 수 있다. | |
| | BusInOut | 16개 이내의 핀들로 버스를 구성하여 한꺼번에 읽거나 쓸 수 있다. | |
| | PortIn | MCU의 GPIO로 할당된 포트를 한꺼번에 읽을 수 있다. | 포트 제어 |
| | PortOut | MCU의 GPIO로 할당된 포트를 한꺼번에 출력할 수 있다. | |
| | PortInOut | MCU의 GPIO로 할당된 포트를 한꺼번에 읽거나 쓸 수 있다. | |
| | InterruptIn | 지정한 핀에 상승 또는 하강 에지가 발생하면 콜백 함수를 호출한다. | 인터럽트 |
| | Ticker | 설정한 시간 간격으로 콜백 함수를 호출할 수 있다. | 타이머 관련 |
| | Timeout | 설정한 시간이 지난 후 콜백 함수를 한 번 호출한다. | |
| | Timer | 타이머를 시작하거나 정지시킬 수 있어 시간 간격을 계측할 수 있다. | |
| | Serial | UART통신이 가능하도록 한다. | 통신 기능 |
| | SPI, SPISlave | SPI는 마스터 모드로, SPISlave는 슬레이브 모드로 SPI 통신을 한다. | |
| | I2C, I2CSlave | I2C는 마스터 모드로, I2CSlave는 슬레이브 모드로 I2C 통신을 한다. | |
| | CAN | CAN 통신을 수행한다. | |

## RTOS 그룹

Mbed OS는 표 3-4와 같이 RTOS 그룹의 다양한 클래스를 통하여 실시간 운영체제와 관련된 기능을 지원하고 있다. 먼저 Thread 클래스는 main 함수가 실행되는 main 스레드 외에 또 다른 코드들이 동시에 실행될 수 있도록 하는 기능을 제공한다. 이와 같이 main 스레드를 포함하여 동시에 실행되는 프로그램의 흐름을 모두 스레드라고 부르며 이는 병렬처리의 기본이 된다. 하나의 프로그램에서 여러 개의 스레드가 동작할 때 전역 변수로 잡힌 변수들을 서로 공유하게 되는데 Mutex와 Semaphore는 서로 다른 스레드가 공유하는 데이터의 충돌을 막아주는 기능을 제공하고 있다. 즉 하나의 스레드가 공유 변수에 값을 쓰고 있는 도중에는 다른 스레드가 동시에 이 변수를 쓰거나 읽어가지 못하도록 하는 기능을 하는 것이다. Queue는 한 스레드에서 순차적으로 생산한 데이터를 다른 스레드가 빠짐없이 순서대로 사용할 수 있는 기능을 제공한다. Queue가 시간 순으로 생성된 데이터를 저장한다면 EventQueue는 사건(event)을 보관하여 이들이 순차적으로 처리될 수 있도록 하는 기능을 제공한다. MemoryPool은 고정 크기의 여러 메모리를 할당하고 관리하여 편리하게 큐를 생성할 수 있도록 하는 역할을 한다. Mail은 Queue와 MemoryPool 기능을 모두 내장하고 있는데 큐를 편리하게 설정하고 관리할 수 있다. EventFlags 클래스는 조건과 사건을 여러 스레드에서 공유할 수 있도록 하는 역할을 한다. 마지막으로 Event 클래스는 사건들의 지연 시간이나 주기 등을 설정하고 EventQueue에 사건을 등록하거나 취소하는 기능을 수행한다.

**표 3-4** ▸ RTOS 그룹의 주요 클래스

| 그룹 | 주요 클래스 | 설명 |
|---|---|---|
| RTOS | Thread | 병렬 작업을 정의하고 제어하는 기능을 제공한다. |
| | Mutex | 스레드 간의 공유 데이터에 대한 동시 접근을 관리한다. |
| | Semaphore | 공유하는 자료의 접근을 관리한다. |
| | Queue | 하나의 스레드가 시간에 따라 생산한 자료를 다른 스레드가 빠짐 없이 사용할 수 있게 한다. |
| | EventQueue | 사건들을 큐로 관리하여 이후에 처리할 수 있도록 한다. |
| | MemoryPool | 고정 크기의 자료를 풀(pool)로 만들어 관리할 수 있도록 한다. |
| | Mail | Queue와 MemoryPool 기능을 내장하고 있어 두 기능 모두를 편리하게 사용할 수 있다. |
| | EventFlags | 조건과 사건을 여러 스레드에서 공유하게 하는 기능을 가지고 있다. |
| | Event | 사건들의 지연 시간, 주기 등을 설정하고 EventQueue에 사건을 등록하거나 취소하는 기능을 수행한다. |

이 절에서 살펴본 다양한 API의 자세한 내용은 이후의 장에서 자세하게 다룰 예정이다.

> **참고**
>
> **Mbed OS2와 OS5**
>
> Mbed OS2가 2009년 9월에 발표되고 2016년 8월에 OS5가 릴리즈되었다. OS5는 OS2를 포함하고 있으면서도 RTOS와 IoT관련 기능이 보강되어 있다. 프로젝트를 생성할 때 mbed 라이브러리를 import하면 OS2를 사용하는 것이고 mbed-os를 import하면 OS5를 사용하게 된다. RTOS와 IoT기능을 사용하지 않는 일반적인 프로젝트에서는 OS2를 사용하는 것이 프로그램 용량이나 컴파일 시간 단축에 유리하다. 그리고 타겟 보드에 따라 OS2만 지원하는 경우가 있으니 지원 OS 정보를 Mbed사이트에서 확인해야 한다.

## 3.3_ 꼭 알아둬야 할 객체지향 프로그래밍 개념

Mbed OS의 API들은 모두 C++기반의 객체지향 프로그래밍(OOP: Object Oriented Programming)을 근간으로 한다. 기존의 절차적(procedural) 프로그래밍과 달리 어떤 **'객체'**에 관련된 코드가 클래스라는 틀 안에서 객체를 중심으로 작성되도록 하고 있다. 대부분의 Mbed OS API는 클래스 형태로 제공되기 때문에 이 절에서는 객체와 클래스의 기본 개념을 설명하고자 한다.

### 클래스의 개념

C언어의 구조체(struct)는 여러 종류의 데이터를 가질 수 있다. 그러나 클래스는 데이터뿐만 아니라 관련된 함수도 포함될 수 있는 개념이다. 이러한 클래스의 개념을 이해하고자 여러 가지 주제와 비유를 들어 설명하고자 한다.

**클래스는 설계도와 같고 객체는 설계도로 만들어진 상품과 같다.**

클래스의 성격에 대하여 알아보자.

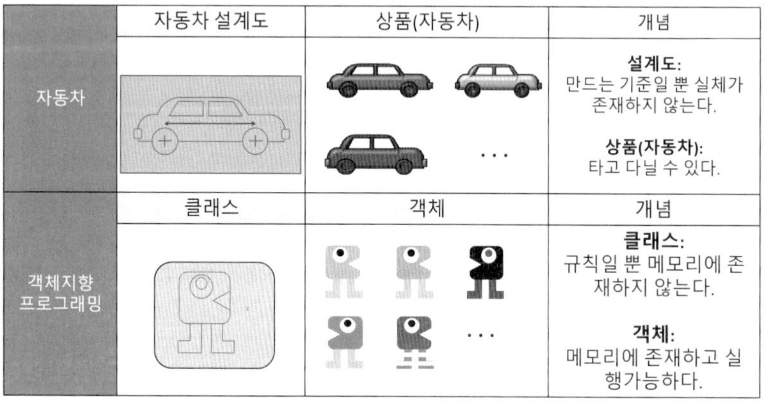


**그림 3-2** ▸ 클래스와 객체의 비유

그림 3-2와 같이 자동차의 설계도는 자동차를 만드는 추상적인 기준일 뿐 실체가 없다. 하지만 설계도로 만든 상품, 즉 자동차는 실체가 있으며 타고 다닐 수 있다. 비슷한 개념으로 객체 지향 프로그래밍에서 클래스는 설계도에 해당하고 객체는 이 클래스를 기준으로 만든 상품과 같다. 따라서 클래스는 추상적 규칙 또는 규정일 뿐이고 실제 메모리에 존재하지 않는 반면에 객체는 메모리에 존재하여 구체적 값들을 가지고 함수를 실행할 수도 있다.

### 클래스는 내부에 데이터는 물론 함수까지도 가질 수 있다.

클래스의 내부 구성 요소인 데이터와 함수에 대해 알아보자. 클래스 내부의 데이터는 멤버 데이터(property, attribute)라 부르고 내부의 함수는 멤버 함수 또는 메서드(method)라고 부른다. 그림 3-3은 Car라는 클래스의 내부를 보여주고 있다.

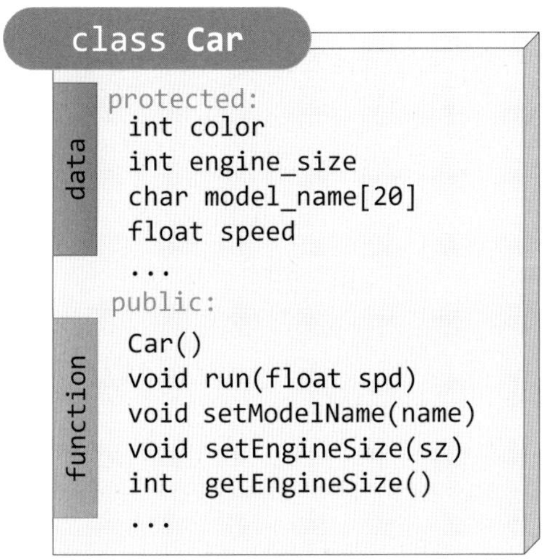


**그림 3-3** ▸ Car 클래스의 구조

멤버 데이터는 color, engine_size, model_name 그리고 speed 등이 있고 멤버 함수는 Car, run, setModelName, setEngineSize 그리고 getEngineSize 등이 있다. 특히 클래스의 이름과 같은 함수 Car는 생성자 함수로서 객체를 생성할 때 자동으로 호출되는 함수이다.

### 객체의 생성과 멤버 함수 호출 방법

객체의 생성과 멤버 함수의 호출 방법에 대하여 알아보자. 클래스의 객체를 생성하는 방법은 기본 자료형 변수를 선언할 때 '**자료형 변수이름;**'을 사용하는 것과 마찬가지로 '**클래스이름 객체이름;**' 형식이다. 만일 생성자에 매개변수가 있다면 객체 이름 뒤에 괄호를 치고 인수를 지정하면 된다. 즉 '**클래스이름 객체이름(인수1, 인수2,...);**' 형식을 사용한다. 생성된 객체의 멤버를 호출할 때는 '**객체이름.멤버이름**' 형식이 된다. 코드 3-1은 그림 3-3에서 정의된 Car 클래스의 객체 생성과 멤버 함수 호출에 대한 예이다.

**코드 3-1** | Car 클래스의 객체 생성과 멤버 함수 호출

```
Car mycar;                                    // 객체 생성
mycar.setModelName("Mercedes Benz S350");     // 멤버 함수 호출
mycar.setEngineSize(3000);                    // 멤버 함수 호출
```

### 클래스는 자식 클래스로 자산을 상속시킬 수 있다.

클래스의 상속에 대한 개념을 간단히 알아보자. 부모 클래스에서 많은 데이터와 함수를 선언하였다고 할 때 자식 클래스는 상속을 통하여 부모가 가진 많은 멤버 데이터나 함수와 같은 자산을 그대로 물려받을 수 있으며 자식 클래스만의 새로운 멤버들을 추가로 가지기 때문에 코드의 재활용을 극대화할 수 있다. 예를 들자면 그림 3-3에서 정의된 Car 클래스를 상속받아 그림 3-4와 같이 Truck이라는 자식 클래스를 만들었다고 하자. 그러면 부모 클래스 Car에 있는 color, engine_size, model_name, run, stop, getSpeed, getEngineSize 등의 멤버들을 자식 클래스에 정의하지 않아도 상속받았기 때문에 Truck에서 사용할 수 있게 된다. 따라서 자신만의 고유한 멤버들, 즉 max_load, load, unload 등만 정의하면 되기 때문에 매우 효율적이고 생산성이 높아진다.

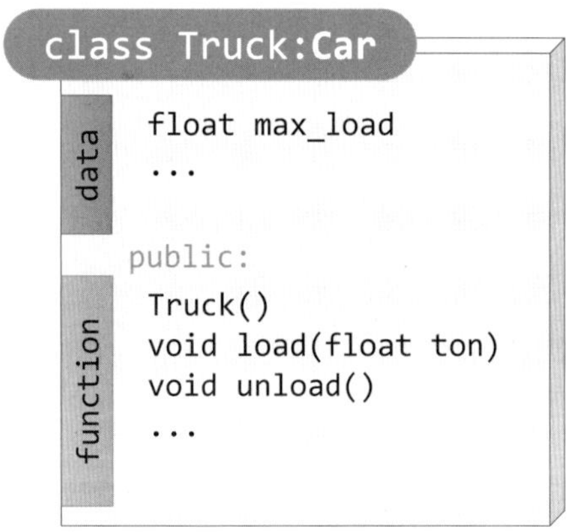


**그림 3-4** ▸ 자식 클래스 Truck

### 클래스 내부의 데이터나 함수에 대하여 외부의 접근한정자로 제한할 수 있다.

접근한정자는 private, protected, public이 있으며 접근 가능 범위는 그림 3-5와 같다.

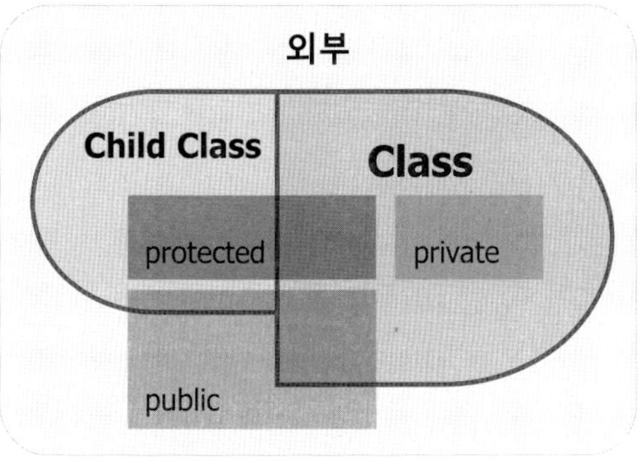


**그림 3-5** ▸ 접근한정자의 접근 범위

public은 외부, 자식 클래스 그리고 자신 모두에서의 접근을 허락하는 멤버 앞에 붙이는 접근 한정자이며 protected는 자식 클래스와 자신에서 접근이 허락되고 외부에서의 접근은 제한되는 것이다. 마지막으로 private는 자신에서만 접근이 허락된다. 접근 한정자를 생략하면 원칙적으로 private가 되어 자신 이외의 접근은 제한된다.

Mbed를 공부하기 위해서 C++ 객체지향 프로그래밍 관련하여 많은 사항들을 알아야 하지만 너무 앞서서 배우면 이해도 어렵고 시작도 늦어지게 된다. 따라서 설명은 이상으로 줄이고 Mbed의 여러가지 클래스를 공부하면서 보충하도록 하며 조금 난이도가 있는 주제는 부록에서 별도로 다루고자 한다.

**스마트한 Mbed로 시작하는 Cortex-M 프로그래밍:**
기초부터 프로젝트까지

CHAPTER 04

# 디지털 출력 프로그래밍

Mbed에 많은 API가 있지만 그 중에서 가장 기초가 되는 디지털 출력에 관련된 클래스를 공부하면서 Mbed와 친숙해지도록 한다. 먼저 2장에서 따라해보았던 DigitalOut 클래스를 다시 살펴보기로 한다. Mbed 라이브러리는 C++ 기반으로 구축되어 코드도 C++로 작성해야 한다. 이 책에서는 독자들이 C언어의 기본 개념을 알고 있다고 전제하였으며 유명한 아두이노 역시 C++ 기반이기 때문에 이해에 큰 무리가 없을 것이라 생각한다.

## 4.1_ DigitalOut 개요

DigitalOut 클래스는 GPIO의 특정 핀을 출력으로 하고자 할 때 사용된다. 따라서 이 클래스를 이용하여 LED를 켜거나, 트랜지스터나 릴레이를 이용하여 모터를 돌리거나, 밸브를 여닫는 등의 동작을 구현할 수 있다. Digital은 아날로그에 대비되는 개념으로 값을 0과 1로만 표시하는 시스템이라고 이해하면 될 것이다. 여기에 output, 즉 출력에 해당하는 Out이 붙어서 클래스의 이름이 DigitalOut이 되었고 디지털 출력이라는 의미를 가진다. 그러니 이 클래스를 이용하면 우리의 타겟 보드인 Nucleo의 임의의 핀을 0 또는 1로 자유롭게 바꿀 수 있을 것이라는 느낌이 올 것이다.

**TIP**

Mbed의 클래스 이름은 첫 글자는 대문자로 하는 것을 원칙으로 하며, 여러 단어가 합쳐질 때는 각 단어의 첫 글자를 대문자로 쓰고 단어들을 결합시킨다(예: EventFlags, MemoryPool).

## 4.2_ DigitalOut 클래스

이 절에서는 DigitalOut 클래스의 생성자, 멤버 함수, 연산자 오버로딩(Overloading) 등의 주제를 다루고 있다.

### 생성자

생성자는 DigitalOut 클래스의 객체를 생성할 때 쓰이는데 그 용법은 표 4-1과 같다.

**표 4-1** ▸ DigitalOut 생성자

| 생성자 | 객체를 생성한다. |
|---|---|
| `DigitalOut (PinName pin[, int value])` | |
| pin | 디지털 출력핀 이름 |
| value | 초기 출력값 [0/1] |
| [예제] | `DigitalOut led(D2);` 또는 `DigitalOut led(D2,0);` |

DigitalOut 클래스의 객체를 생성하려면 **'클래스이름 객체이름;'** 형식을 이용하면 되며 객체가 생성될 때 생성자가 호출된다. 표에서 보는 바와 같이 생성자 함수의 매개변수는 출력핀의 이름 pin과 초기에 출력될 값 value가 있다. 매개변수 중 value는 생략이 가능하기 때문에 대괄호 []를 사용하였다. 예제의 DigitalOut led(D2);는 DigitalOut 클래스의 디지털 핀 이름인 D2가 할당된 led라는 객체를 생성하는 코드이며 초기 출력값을 생략한 경우가 된다. 다음의 DigitalOut led(D2,0)는 D2핀을 할당하고 생성 시의 초기 출력값을 0으로 지정하여 생성과 동시에 D2핀에 Low가 출력될 것이다.

### 쓰기 함수

DigitalOut 클래스의 객체를 생성하고 그 객체에 할당된 핀에 출력값을 쓰려면 멤버 함수 write 또는 연산자 오버로딩을 사용해야 한다.

먼저 멤버 함수 write를 살펴보는데 그 사용법은 표 4-2와 같다.

**표 4-2** ▸ DigitalOut의 쓰기 함수 write

| 쓰기 함수 write | 객체에 할당된 핀에 원하는 값을 출력하는 멤버 함수이다. |
|---|---|
| `void .write(int value)` | |
| value | 출력값 [0/1] |
| [예제] | `DigitalOut led(D2);`<br>`led.write(1);` |

객체의 멤버 함수인 write는 객체에 할당된 핀에 원하는 값 0 또는 1을 출력한다. 예제는 핀 이름 D2를 할당하여 객체 led를 생성하고 그 객체의 멤버 함수인 write를 이용하여 1을 출력하는 코드이다.

**주의**

디지털의 입출력에서 주의할 사항은 1을 출력한다는 것은 High를 출력한다는 것과 동일하며 실제로 핀에서는 보드의 논리 전압에 따라 3.3V 또는 5V가 출력되는 것이다. 마찬가지로 0을 출력한다는 것은 Low를 출력한다는 것과 같은 말이고 전기적으로는 0V를 출력한다는 것이다.

## 대입 연산자 오버로딩

대입 연산자 =의 오버로딩은 피연산자의 형에 따라 2가지 경우가 있다. 우측 피연산자가 정수인 경우와 DigitalOut 객체인 경우이다.

우선 피연산자가 정수인 경우를 살펴보는데 그 사용법은 표 4-3과 같다.

**표 4-3** ▸ DigitalOut의 객체 = 정수

| **객체 = 정수** | write 함수의 단축형이며 우변의 정수값을 받아 출력한다. |
|---|---|
| `DigitalOut& operator = (int value)` | |
| value | 원하는 출력값 [0/1] |
| [예제] | `DigitalOut led(LED1);`<br>`led=1;` |

멤버 함수 write를 간단하게 사용할 수 있도록 대입 연산자 오버로딩을 정의하였다. 여기서 오버로딩이란 말은 원래 '**정수 = 일반 자료형**'에서 사용하던 대입 연산자의 기능 중 '**객체 = 정수**'의 경우에는 이 코드를 사용하겠다 또는 대체하겠다라고 이해하면 될 것이다. 대입 연산자의 피연산자에 정수 0 또는 1을 사용하면 그 값을 내부적으로 write 함수에 적용하여 출력한다. 따라서 예제에서 led=1;은 = 연산자 오버로딩을 이용하여 내부적으로는 led.write(1)을 실행하기 때문에 write()의 단축형으로 사용된다.

대입 연산자 우변이 DigitalOut 객체일 때의 사용법은 표 4-4와 같다.

**표 4-4** ▸ DigitalOut의 객체 = 객체

| **객체 = 객체** | 우변이 객체일 때 그 출력값을 받아와 좌변 객체에 적용한다. |
|---|---|
| `DigitalOut& operator = (DigitalOut &rhs)` | |
| rhs | DigitalOut 객체 |
| [예제] | `DigitalOut led1(LED1), led2(D3);`<br>`led1=led2;` |

좌변과 우변이 모두 DigitalOut 객체인 경우에는 우변의 객체가 현재 출력하고 있는 값을 읽어서 좌변의 객체에 전달하게 된다. 예제에서는 led1과 led2 객체를 생성하고 led1=led2;를 실행했는데 led2의 현재 출력값을 읽어서 led1의 출력에 같은 값으로 적용하는 것이다. led1.write(led2.read());와 동일한 결과이기 때문에 코드가 간결해진다.

**참고**

**연산자 오버로드(Overload)**

C++에서는 피연산자가 기본 자료형인 경우에 대한 연산자들의 기능은 이미 정의되어 있다. 그런데 임의의 클래스의 객체를 피연산자로 하고 연산자를 적용하면 정의되어 있지 않은 경우가 되기 때문에 오류가 발생할 것이다. 그래서 적극적으로 객체에 대한 연산자의 적용을 별도로 정의하여 기존 연산자의 동작에 추가할 수가 있는데 이를 연산자 오버로딩이라고 한다. 연산자 오버로딩을 이용하면 클래스에 새로운 기능을 만들 수 있게 된다. 오버로딩은 무언가를 많이 싣는다는 뜻이지만 하나의 이름으로 여러 가지 의미 또는 기능이 겹쳐져 있다라는 의미로 해석하면 된다. C++에서는 연산자뿐만 아니라 함수의 오버로드도 가능하며, 유사한 용어로 클래스의 함수 관련 용어인 오버라이딩(Overriding)도 있는데 이는 자식 클래스의 함수가 부모 클래스의 함수를 덮는다 또는 가린다는 의미이다.

## 읽기

DigitalOut에서 현재 출력되고 있는 값을 읽는 방법은 멤버 함수 read를 사용하는 방법과 형변환 연산자 int()의 오버로딩을 사용하는 방법이 있다.

### 읽기 함수

표 4-5는 읽기 멤버 함수 read의 용법이다.

**표 4-5** ▸ DigitalOut 읽기 함수 read

| **읽기 함수 read** | 현재 출력되는 값을 읽는다. |
|---|---|
| `int .read()` | |
| return | 현재값 [0/1] |
| [예제] | `DigitalOut led(D2);`<br>`printf("led=%d\n", led.read());` |

멤버 함수 read를 사용하여 현재 출력되고 있는 값을 읽어 들인다. 예제는 핀 이름 D2를 할당하여 객체 led를 생성하고 현재 객체가 출력하고 있는 값을 read 함수로 읽은 뒤 PC 터미널로 전송하는 것이다.

### 정수 형변환 연산자 int()

형변환 연산자 int()를 사용한 읽기의 용법은 표 4-6에 나와있다.

**표 4-6** ▸ 정수 형변환 연산자 int()

| 형변환 연산자 int() | 객체가 정수로 변환될 때 동작하며 출력값을 반환한다. |
|---|---|
| `operator int( )` | |
| return | 현재 출력값 [0/1] |
| [예제] | `DigitalOut led(LED1);`<br>`printf("%d",led);` |

연산자 오버로딩(overloading)을 이용하여 객체에 명시적 또는 자동 형변환 연산이 실행되면 객체의 출력값을 반환한다는 의미이다. 따라서 read() 함수에 비하여 더욱 프로그램을 간결하게 만들 수 있다. 예제처럼 printf 문으로 led 객체를 정수 형태로 출력하면 정수로 자동 형변환이 일어나는데 이때 현재 출력값이 반환되는 것이다.

## 4.3_ LED 제어 예제

2장에서 실행해 보았던 Nucleo_blink 코드를 4.2절에서 정의된 DigitalOut의 용법에 따라 다시 살펴보자.

**코드 4-1** | LED 점멸 코드

```
#include "mbed.h"
DigitalOut myled(LED1);
int main() {
    while(1) {
        myled = 1; // LED is ON
        wait(0.2); // 200 ms
        myled = 0; // LED is OFF
        wait(1.0); // 1000 ms
    }
}
```

코드 4-1을 보면 먼저 mbed.h 라이브러리를 include하여 그 API를 사용할 수 있도록 하였다. 그리고 생성자를 이용하여 LED1을 할당한 객체 myled를 생성하였다. 이는 어떤 자료형의 변수를 선언하는 것과 형식이 비슷하다. 예를 들어 정수형 k를 선언하는 문장 **int k;**처럼 '**클래스 이름 객체이름;**' 형식인 것이다.

```
DigitalOut 객체이름(출력핀 이름);
```

main 함수 내부에는 while(1)을 사용한 무한 루프가 있고 그 안에 반복하고자 하는 코드가 있다.

여기서 **대입 연산자 오버로딩**을 적용하여 myled라는 객체에 myled.write(1) 대신에 정수 1을 대입하기만 해도 출력할 수 있으므로 코드가 매우 단순하고 직관적이 된다는 것에 주목하자. 마치 myled가 int 정수형 변수로 보일 정도이다. 그리고 wait(s)는 초 단위의 지연 함수이다.

> **참고**
>
> Nucleo F401RE 보드에는 아래 그림과 같이 기본 led인 **LED1**과 기본 푸시 버튼인 **BUTTON1**이 각각 1개씩 있다. 프로그램에서 기본 led를 사용하려면 핀 이름을 **LED1**이라 적으면 되고 푸시 버튼은 **BUTTON1**이라 핀 이름을 쓰면 된다.

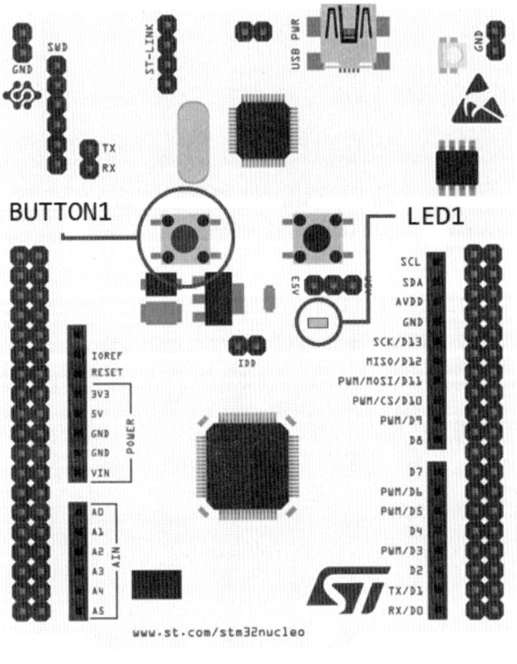


**그림 4-1** ▸ 기본 LED LED1과 푸시 버튼 BUTTON1

### 지연 함수

지연 함수는 지정한 시간 동안 프로그램의 진행을 지연하는 기능을 한다. 표 4-7과 같이 Mbed에서는 wait, wait_ms 그리고 wait_us라는 세 개의 함수를 제공하여 지연 시간 단위에 따라 선택해 사용하도록 하고 있다.

**표 4-7** ▸ 지연 함수

| wait 관련 | 프로그램 실행을 지연시킨다. |
|---|---|
| wait(float s) | s초 동안 대기 (주의: float) |
| [예제] 0.02초대기 | `wait(0.02);` |
| wait_ms(int ms) | ms 밀리초 동안 대기 |
| [예제] 200ms 대기 | `wait_ms(200);` |
| wait_us(int us) | us 마이크로초 동안 대기 |
| [예제] 20us 대기 | `wait_us(20);` |

## 4.4_ 확률로 켜기 실습

### 실습 목표

난수를 이용하여 보드의 LED1이 10ms 마다 10%의 확률로 켜지고 나머지는 꺼지게 하는 프로그램을 작성한다.

**참고**

#### 난수 발생법

Mbed에서 난수를 발생시키는 방법은 C에서와 마찬가지로 srand와 rand 함수를 사용한다. 별도의 헤더 파일을 include 할 필요는 없다.

**void srand(unsigned int seed)**

매개변수인 seed를 참조하여 난수 발생기를 초기화한다. 이 함수를 사용하지 않으면 seed값이 항상 기본값이 되어 난수값이 항상 같은 순서로 발생되는 문제가 있다. 그래서 srand 함수로 seed값을 예측하기 힘든 값이 들어가도록 해야 한다. 예측이 어려운 값을 seed로 사용할 수 있는 방법은 아날로그 입력 핀의 값을 읽어서 사용하거나 또는 time 함수로 구한 시간 값 등을 사용하는 것이다.

**int rand(void)**

0에서 RAND_MAX 사이의 균등분포 난수 정수 하나를 발생시킨다. RAND_MAX는 Mbed의 경우 2147483647(0x8FFFFFFF)이다.

**time_t time(time_t *timer)**

time 함수는 1970년 1월1일 0시부터 지금까지의 초를 time_t 자료형으로 반환한다. time_t는 시스템마다 차이가 있지만 Mbed에서는 uint_32_t가 된다. timer는 포인터 변수를 통하여 시간을 반환받을 수도 있고 함수의 반환 값으로도 받을 수 있는데 포인터를 사용하지 않으려면 NULL을 인수로 사용하면 된다.

**참고**

### 또다른 정수 자료형 표현 int#_t, uint#_t

정수 자료형을 지칭할 때 char, short, int, unsigned int, long ... 등의 자료형을 int#_t 또는 uint#_t 형식으로 표현할 수 있다. int와 long 등의 정수는 컴퓨터, 마이크로컨트롤러마다 그 크기가 다르기 때문에 작성된 코드를 다른 플랫폼에서 재사용할 때 뜻하지 않은 결과가 나올 수 있다. 예를 들어 int는 아두이노에서 2바이트지만 PC와 Mbed에서는 4바이트이다. 따라서 자료의 크기와 부호 등을 명확하게 나타낼 수 있는 int#_t, uint#_t 같은 자료형을 많이 사용한다. 여기서 #는 해당 자료형의 비트수를 나타내고 맨 앞의 u는 unsigned의 의미이다. 표 4-8에서 보는 바와 같이 uint8_t는 unsigned char와 같은 자료형이고 int는 기본적으로 int32_t가 된다.

**표 4-8** ▸ int#_t, uint#_t 형식의 정수 자료형

| Sign | Type | Bytes in Mbed | int#_t, uint#_t |
|---|---|---|---|
| | char | 1 | int8_t |
| | short int | 2 | int16_t |
| | int | 4 | int32_t |
| | long | 4 | int32_t |
| | long long | 8 | int64_t |
| unsigned | char | 1 | uint8_t |
| | short int | 2 | uint16_t |
| | int | 4 | uint32_t |
| | long | 4 | uint32_t |
| | long long | 8 | uint64_t |

## 실습 장치

Nucleo F401RE 보드만 있으면 된다.

## 실습 코드

**코드 4-2** 확률로 켜기 실습 코드

```
#include "mbed.h"
DigitalOut led(LED1);
int main() {
    srand(time(NULL));
    while (true) {
        float v = (float)rand()/RAND_MAX;
        led= (v<0.1f)? 1:0;
        wait(0.01);
    }
}
```

코드 4-2와 같이 먼저 DigitalOut 객체 led를 생성하고 main 함수에서는 time 함수로 얻은 현재 시간을 srand 함수의 seed로 제공하여 난수 발생기를 초기화하였다. 그 다음 while 루프에서는 rand 함수로 0~RAND_MAX까지의 균등분포인 정수를 발생시키고 있다. 이 값을 RAND_MAX로 나누면 정수 연산이 되어 항상 0이 되기 때문에 실수 연산을 하도록 (float)를 붙여 형변환을 하였다. 그 결과 0.0~1.0 사이에 균등분포하는 난수 v가 얻어진다. 그 다음에는 조건 연산자 '?'를 이용하여 v가 0.1 이하인 경우는 led에 1을, 그렇지 않으면 0을 대입하게 하였다. 잠깐 생각해보면 v는 0.0과 1.0 사이에 균등분포하기 때문에 그 10%에 해당하는 0.0과 0.1 사이의 v값이 나올 확률도 10%가 된다는 원리를 이용하고 있다는 것을 알 수 있다.

**참고**

### 조건 연산자

조건 연산자는 아래와 같은 형식으로 사용된다.

```
변수 = (조건) ?  v_true : v_false
```

조건이 참이면 변수는 v_true 값을 갖게 되고 조건이 거짓이면 변수에 v_false 값이 대입된다. 예를 들어 a = (a>=0)? a: –a;는 조건 연산자를 사용하여 a를 절대값으로 만드는 코드가 된다.

## 4.5_ DigitalOut 소스 들여다보기

호기심이 많은 독자를 위하여 4.2절에서 설명한 DigitalOut 클래스의 소스 파일인 코드 4-3에서 DigitalOut.h를 살펴보기로 한다.

```
https://github.com/ARMMbed/Mbed-os/tree/master/drivers
```

**코드 4-3** Mbed의 DigitalOut.h의 코드

```
#include "platform/platform.h"
#include "hal/gpio_api.h"
#include "platform/Mbed_critical.h"
class DigitalOut {
    public:
        DigitalOut(PinName pin): gpio() {                   // 생성자
            gpio_init_out(&gpio, pin);
        }
        DigitalOut(PinName pin, int value): gpio(){         // 생성자
            gpio_init_out_ex(&gpio, pin, value);
        }
        void write(int value)    {
            gpio_write(&gpio, value);

        }
        int read()    {
            return gpio_read(&gpio);
        }
        DigitalOut &operator= (int value)  {                // = 연산자 우변 정수
            write(value);
            return *this;
        }
        DigitalOut &operator= (DigitalOut &rhs) {           // = 연산자 우변 객체
            core_util_critical_section_enter();
            write(rhs.read());
            core_util_critical_section_exit();
            return *this;
        }
        operator int()    //int() 연산자
            return read();
        }
    protected:
        gpio_t gpio;
};
```

코드 4-3을 보면 클래스의 멤버 데이터로는 gpio가 있고 멤버 함수는 생성자인 DigitalOut(),

write, read 그리고 연산자 오버로딩이 3개가 있다. 접근 한정자 public은 외부에 멤버를 공개한다는 것이고 protected는 내부와 자식클래스에만 공개한다는 것을 상기하자.

이 코드에서 주목할 점은 HAL(Hardware Abstract Layer) 라이브러리에 있는 길고 복잡한 함수 gpio_init_out(...), gpio_init_out_ex(...), 등을 Mbed가 DigitalOut 클래스의 멤버 함수로 감싸서 일관성 있고 간결하게 사용할 수 있도록 한다는 것을 알 수 있다. 또한 대입 연산자 두 개와 정수 변환 연산자 int()를 오버로딩시켜 4.2절에서 언급한 것처럼 객체를 일반 변수처럼 쓰기 쉽도록 만들었다는 것을 알 수 있다. 이러한 기법을 잘 연구하면 자기만의 라이브러리를 만들 때 큰 도움이 될 것이다.

**참고**

### HAL(Hardware Abstract Layer)이란?

다양한 하드웨어에 무관하게 소프트웨어 작업을 할 수 있도록 추상화하여 만든 계층이다. 하드웨어 내용을 추상화시켰기 때문에 그 상위의 레이어에서는 하드웨어의 구체적인 사항을 몰라도 프로그래밍이 가능하도록 도와주는 역할을 한다. 예를 들어 Mbed가 공식 지원하고 있는 보드나 칩은 100종이 넘는데 각 칩의 특성을 반영한 HAL 레이어가 미리 준비되어 있다. 그래서 사용하고자하는 칩이나 보드를 지정하면 해당 HAL 코드들이 Mbed 라이브러리의 일부로서 작업 공간에 들어온다. 따라서 사용자는 자신의 알고리즘과 논리에만 집중하여 프로그래밍할 수 있게 된다. 어떤 프로젝트를 끝내고 다른 칩이나 보드로 포팅할 때 Mbed에서 작성한 상위 코드만 가져가서 핀 이름 등만 바꾸면 큰 무리 없이 이식이 가능하다.

# 연/습/문/제



**A. 다음 빈 칸을 채우시오.**

**1** 다음 코드처럼 객체에 직접 정수값을 대입할 수 있는 것은 (                    )을/를 사용한 것이다.

```
DigitalOut out(D2); out=1;
```

**2** 다음 두 줄의 코드와 같이 객체를 정수처럼 값을 읽어올 수 있는 것은 (                    )을/를 사용한 것이다.

```
DigitalOut out(D2); if (out) out=0;
```

**3** Nucleo F401보드에 기본 장착된 led를 쓸 때는 핀 이름을 (                    )라고 하면 된다.

**4** Nucleo F401보드에 기본 장착된 푸시 버튼을 쓸 때는 핀 이름을 (                    )라고 하면 된다.

**5** Mbed에서 난수를 만들 때 (                    ) 함수를 쓰는데 인수의 seed를 이용하여 난수 발생을 초기화한다.

**6** unsigned long long에 대한 콤팩트한 자료형으로 (                    )을/를 사용할 수 있다.

**7** (                    )은/는 다양한 하드웨어에 무관하게 소프트웨어 작업을 할 수 있도록 추상화하여 만든 계층으로서 하드웨어 내용을 추상화시켰기 때문에 하드웨어의 구체적인 사항을 몰라도 프로그래밍이 가능하도록 도와주는 역할을 한다.

**8** DigitalOut 객체 led가 있을 때 연산자 오버로딩을 사용하지 않고 현재 led의 상태를 반전시키는 한 줄은 (                    )이다.

**B. 다음 설명에 따라 적절한 코드를 작성하시오.**

**1** Mbed에서 지원하는 시간 지연 함수 3가지를 이용하여 0.0039초를 지연시키기 위한 3가지의 코드를 모두 적어라.

**2** float 자료형 변수 v에 -100과 100 사이의 난수를 대입하는 한 줄을 완성하라.

```
float  v= ____________________
```

**3** D10, D12핀을 각각 할당하여 DigitalOut 객체 pump와 valve를 생성하는 코드를 작성하라.

**4** 3번 문제에서 pump의 출력값을 읽어와 value의 출력값을 정하는 코드를 작성하라.

**5** v 값이 30보다 작으면 DigitalOut 객체 pump를 켜고 크면 pump를 끄는 코드를 조건 연산자를 이용하여 작성하라.

**스마트한 Mbed로 시작하는 Cortex-M 프로그래밍:**
기초부터 프로젝트까지

CHAPTER 05

# 디지털 입력 프로그래밍

이 장에서는 디지털 입력 프로그래밍에 대하여 알아보기 위하여 Digital과 Input이 결합된 클래스인 DigitalIn 클래스를 살펴보기로 한다. 이름이 암시하듯이 이 클래스는 보드의 핀에 가해지는 신호를 0 또는 1로 입력받는 클래스이다. 이 클래스의 객체에 사용하고자 하는 핀을 지정하고 적당한 멤버 함수를 사용하면 해당 핀의 상태를 프로그램이 알 수 있는 것이다.

## 5.1_ 디지털 입력 개요

디지털 입력이란 하드웨어 핀을 통하여 외부의 변화를 디지털 값 0 또는 1 둘 중 하나의 값으로 읽어들이는 것을 말한다. 그런데 일반적으로 이 외부의 변화는 다음과 같은 두 가지의 상황이 있을 것이다. (1) 센서 등 다른 장치에서 오는 전압 레벨의 변화와 (2) 스위치 또는 센서의 오픈 콜렉터(open collector) 출력처럼 접점 형태의 변화이다. (1)의 경우는 전압 레벨을 입력 포트에 맞도록 변환하여 읽으면 될 것이고 (2)의 경우는 신호가 전압 레벨이 아니기 때문에 적절한 입력 회로가 필요할 것이다. 아래 그림 5-1은 (2)의 경우에 사용되는 입력 회로의 예로 스위치 입력 회로를 보여주고 있다.

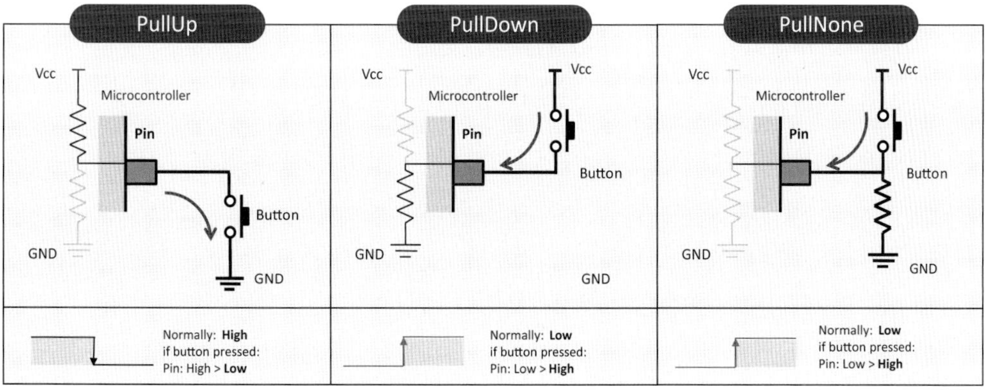


**그림 5-1** ▸ 내부 풀업, 내부 풀다운, 외부 풀다운

그림 5-1의 첫 번째 회로는 내부 풀업 회로이고 이는 프로그램에 의하여 마이크로컨트롤러 내

부에 풀업 저항을 활성화하고 풀다운 저항은 비활성화한 것이다. 따라서 푸시 버튼 스위치가 눌리지 않은 상태에서는 풀업에 의하여 HIGH 상태이다가 버튼이 눌리면 GND와 연결되어 LOW 상태로 바뀐다. 따라서 핀의 상태로 버튼이 눌렸는지 아니면 눌리지 않았는지 상태를 알 수 있도록 한 회로이다. 두 번째 회로는 내부 풀다운 회로로서 설정에 의하여 내부적으로 풀다운 저항을 통하여 GND와 연결된 상태이다. 외부에 푸시 버튼을 연결하고 버튼의 나머지 한 쪽을 Vcc에 연결하였다. 이 경우 평상시에는 풀다운 회로에 의하여 핀의 상태가 LOW가 되고 스위치가 눌리면 Vcc와 연결되기 때문에 HIGH가 된다. 마지막 회로는 마이크로컨트롤러 내부에 풀업 또는 풀다운 회로가 연결되지 않은 상태이다. 이 경우에는 외부에 직접 풀업 또는 풀다운 회로를 구성해야 하는데 그림에서는 외부에 풀다운 회로를 구성하였다. 이 경우는 풀다운에 의하여 평상시에는 핀이 LOW 상태가 되고 버튼을 누르면 HIGH가 된다.

## 5.2_ DigitalIn 클래스

### DigitalIn 생성자

DigitalIn 객체를 생성하는 생성자는 다음 표 5-1과 같다.

**표 5-1** ▸ DigitalIn 생성자

| 생성자 | DigitalIn 객체를 생성한다. |
|---|---|
| DigitalIn (PinName pin[, PinMode pull]) | |
| pin | 디지털 입력 핀 이름 |
| pull | 입력 핀의 pull회로 지정<br>PullUp / PullDown / PullNone |
| [예제] | `DigitalIn sw(D2,PullUp);` |

생성자는 입력으로 사용할 핀 이름인 pin을 지정하고 선택사항으로 해당 핀 입력의 내부 풀 회로를 지정할 수 있다. 5.1절에서 설명한 스위치 회로와 같이 PullUp, PullDown, PullNone 중 하나를 선택하면 된다. 예제는 DigitalIn 객체 sw를 D2 핀을 할당하면서 생성하였고 PullUp 이라는 상수를 통하여 내부 풀업을 선택하였다.

### 입력 모드 설정

생성자에서 내부 풀업 또는 풀다운을 설정하는 방법이 있었으나 별도로 풀업/풀다운 모드를 설정하는 멤버 함수 mode가 있다. 그 사용 방법은 표 5-2에 설명되어 있다.

**표 5-2** ▸ DigitalIn 입력 모드 설정

| 입력 모드 | 내부 풀업 관련 입력 회로를 선택적으로 활성화한다. |
|---|---|
| `void .mode(PinMode pull)` | |
| pull | 입력 핀의 pull회로 지정. PullUp / PullDown / PullNone 중 하나를 선택 |
| [예제] | `DigitalIn switch(D2);`<br>`switch.mode(PullDown);` |

생성자와 마찬가지로 mode 함수에서도 매개변수 pull을 PullUp, PullDown, PullNone 중 하나로 지정하여 원하는 모드를 활성화할 수 있다. 예제에서는 D2핀을 지정하여 객체 switch를 생성하고 이후에 mode 함수로 PullDown 옵션을 지정하였다. 이 경우 내부 풀다운 회로를 활성화시킨다.

## 읽기

DigitalIn 객체에서 입력 핀의 값을 읽기 위한 방법은 read 함수를 사용하는 방법과 형변환 연산자 int()를 사용하는 두 가지 방법이 있다.

### 읽기 함수

읽기 함수 read를 사용하는 방법이 표 5-3에 설명되어 있다.

**표 5-3** ▸ DigitalIn 읽기 함수 read

| 읽기 함수 read | 입력 핀의 현재 상태 값을 읽는다. |
|---|---|
| `int .read()` | |
| return | 입력 핀의 현재 값 [0/1] |
| [예제] | `DigitalIn sw(D2);`<br>`int a = sw.read();` |

read 멤버 함수는 입력 핀의 현재 상태를 읽어서 반환해주는 함수이며 반환 값은 항상 0 또는 1이다. 예제에서는 D2핀을 지정하여 객체 sw를 생성하고 read 함수로 그 핀의 상태를 반환받아 정수 변수 a에 저장하였다.

### 형변환 연산자 int()

형변환 연산자 int()를 사용하여 입력 값을 읽는 방법이 표 5-4에 설명되어 있다.

**표 5-4** ▸ DigitalIn 형변환 연산자 int()

| **연산자 int()** | 형변환 int() 연산자의 오버로딩이며 현재 상태 값을 반환한다. |
|---|---|
| `operator int( )` | |
| return | 입력 핀의 현재 값 [0/1] |
| [예제] | `DigitalIn but(D2);`<br>`DigitalOut led(LED1);`<br>`led = but;` |

정수형으로 변환하는 연산자 int()를 오버로딩한 것으로 멤버 함수 read의 단축형으로 많이 사용된다. 객체가 정수로의 형변환이 되는 경우 객체에 지정된 핀의 상태를 읽어 그 값을 정수로 반환한다. 예제는 DigitalIn 객체 but와 DigitalOut 객체 led를 각각 생성하였다. 그 다음 led = but;를 실행하면 led 객체 왼쪽의 대입 연산자 '='가 우변 but의 정수값을 받아들이게 되어 정수 형변환이 일어난다. 따라서 이 간결한 문장이 led.write(but.read());와 동일한 동작을 하게 된다는 것을 알 수 있다.

## 5.3_ DigitalIn 푸시 버튼 실습

### 실습 목표

이 프로젝트는 Nucleo 보드에 기본적으로 장착된 푸시 버튼 스위치 BUTTON1과 기본 LED인 LED1을 이용하는 프로젝트이다. 다음 그림 5-2의 타이밍 차트와 같이 버튼을 누르면 LED1이 켜지고 놓으면 꺼지는 프로그램을 작성해보자.

단, BUTTON1핀은 보드에 풀업 회로를 가지고 있어 평상시에 1이고 누르면 0이 된다.

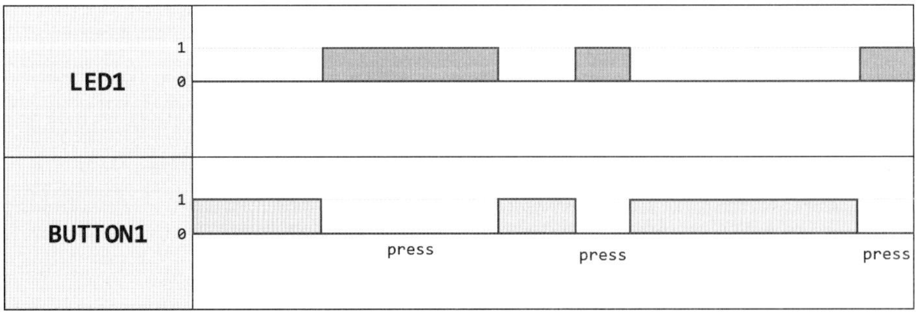


**그림 5-2** ▸ 푸시 버튼 실습 타이밍 차트

### 실습 장치

Nucleo F401RE 보드는 LED1과 BUTTON1이 보드에 기본적으로 장착되어 있기 때문에 프로그램을 업로딩하는데 필요한 USB 케이블만 있으면 실험 장치 구성이 완료된다.

### 실습 코드

다음 코드 5-1의 코드를 웹 IDE의 코드 창에 입력하고 컴파일하여 얻은 이진 파일을 파일 탐색기에서 Nucleo F401RE 보드 드라이버에 넣어주면 자동 실행된다.

**코드 5-1** 푸시 버튼 실습 코드

```
#include "mbed.h"
DigitalOut led(LED1);
DigitalIn but(BUTTON1);
int main() {
    while(1) {
        led = !but;
    }
}
```

코드 5-1을 보면 DigitalOut의 객체 led에 기본 LED인 LED1을 할당했으며 DigitalIn의 객체 but에 기본 푸시 버튼인 BUTTON1을 할당하였다. 이미 언급한 바와 같이 Nucleo의 기본 버튼은 보드에 풀업 회로가 포함되어 있기 때문에 mode에서 별도로 내부 풀업을 지정하지 않아도 동작한다. 따라서 but 객체는 평상시에 1이었다가 누르면 0이 된다. main 함수의 while문 내부에 led = !but;이 핵심이 되는 문장이다. 우변 but에 '!' 연산자를 적용하면 int로 자동 형 변환을 하기 때문에 int 연산자 오버로딩에 의하여 버튼의 값을 읽어오게 된다. 버튼을 누르면 but가 LOW가 되는데, '!' 연산자를 사용하여 논리를 반전시켰으므로 버튼을 누르면 1이 반환된다. 그 값을 DigitalOut 객체의 '=' 연산자에 의하여 led 객체에 전달되어 출력에 반영되기 때문에 누르면 LED1이 켜진다.

## 5.4_ DigitalIn 푸시 버튼 토글 실습

### 실습 목표

Nucleo 보드의 기본 LED를 사용하고 외부에 별도의 푸시 버튼 스위치를 연결하는 프로젝트이다. 푸시 버튼을 누르면 LED가 토글(toggle)되는 프로그램을 작성해보자. 그림 5-3의 타이밍 차트처럼 푸시 버튼을 누르는 순간 LED1의 상태가 반전되도록 한다.

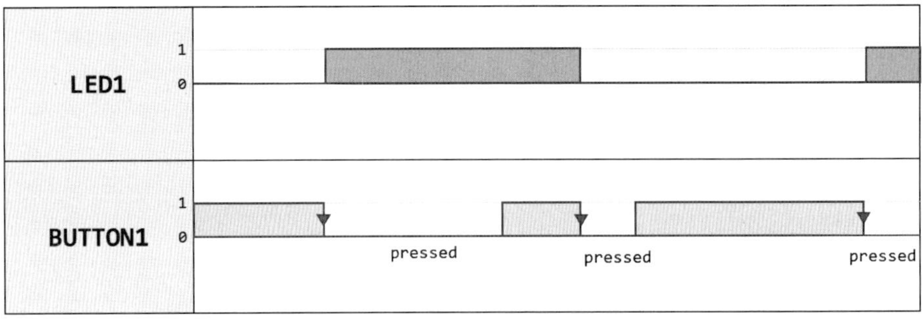


**그림 5-3** ▸ DigitalIn 푸시 버튼 토글 실습의 타이밍 차트

## 실습 장치

### 재료

Nucleo F401RE 보드와 별도의 푸시 버튼 스위치 1개가 필요하다.

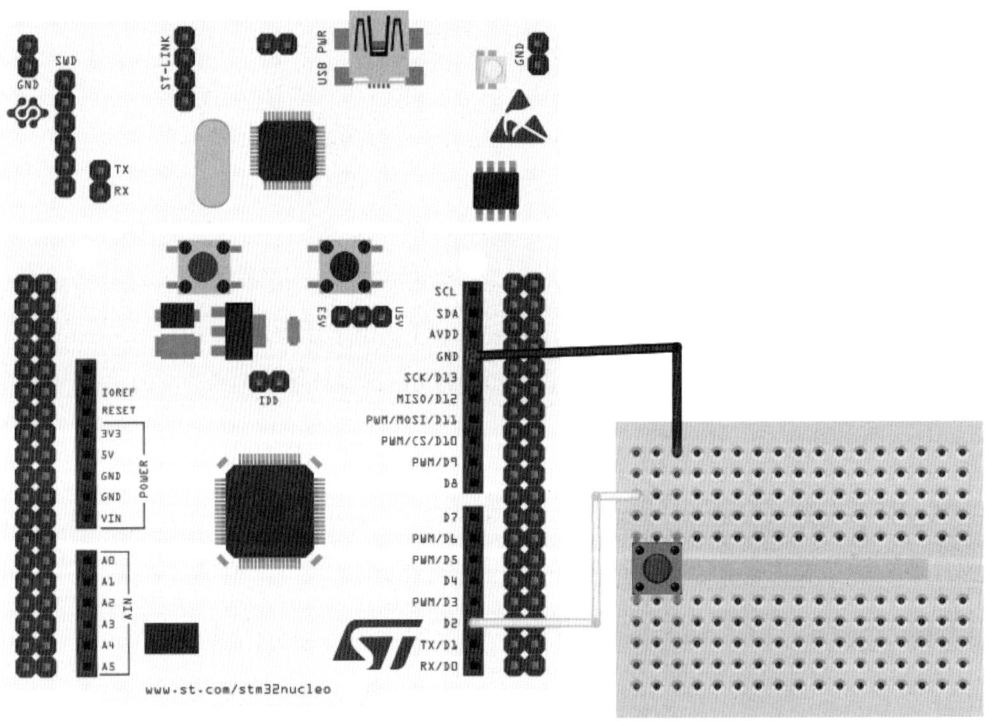


**그림 5-4** ▸ DigitalIn 푸시 버튼 토글 실습 장치

### 결선

그림 5-4와 같이 푸시 버튼 스위치의 한쪽 핀을 Nucleo 보드의 GND에 연결하고 푸시 버튼 스위치의 나머지 핀을 D2핀에 연결한다.

### 실습 코드

푸시 버튼 토글 실습 예제는 코드 5-2와 같다.

**코드 5-2** DigitalIn 푸시 버튼 토글 실습 코드

```
#include "mbed.h"
DigitalOut led(LED1);
DigitalIn but(D2,PullUp);

int main(){
    while(1){
        if (!but){
            led=!led;
            wait(0.3);
        }
    }
}
```

이 코드는 5.3절의 푸시 버튼 실습과 마찬가지로 DigitalOut의 객체 led에 기본 led인 LED1을 할당했으며 별도로 D2에 연결한 버튼1을 DigitalIn의 객체 but에 할당하였다. 이 경우는 우리가 외부에 풀업 회로를 만들지 않았기 때문에 생성자에서 풀업/다운 회로를 지정하여 내부의 풀업 저항을 활성화해야 한다는 것에 주의하자. 생성자에서 PullUp 상수로 내부 풀업을 활성화했기 때문에 but 객체의 입력값은 평상시에 HIGH를 유지하다가 버튼을 누르면 LOW가 된다.

main 함수의 while문 내부에 스위치의 상태를 체크하는 if문이 있는데 조건에 Not 연산자 '!'를 사용하여 스위치가 눌리면 !but가 참이 된다. 따라서 스위치가 눌렸을 때 조건문 내부의 **led = !led;**가 실행된다. 우변은 led 객체의 정수 형변환으로 현재 LED의 점등 여부를 읽어오고 이 값을 Not 연산자 '!'로 반전시켜 다시 led 객체에 반영하는 문장이며 **led.write(!led.read());**와 같은 의미를 갖게 된다. 연산자 오버로딩을 활용하면 코드가 매우 간결해진다는 것을 실감할 수 있을 것이다. 마지막으로 wait(0.3)을 사용하여 인위적으로 0.3초의 시간 지연을 추가하였다. 이는 스위치의 바운싱(bouncing) 현상을 억제하기 위한 것이다. 이 지연이 없다면 while 루프가 매우 빠른 속도로 진행되어 한번 눌렀는데도 여러 번 눌려진 것으로 간주되어 예측이 불가능한 결과가 나올 수 있다. 이를 좀 더 효율적으로 처리하는 방법인 디바운싱에 대하여 9장에서 상세하게 설명할 예정이다.

## 5.5_ 주사위 실습

### 실습 목표

Mbed에서 제공하는 난수 발생 함수로 주사위를 만든다. BUTTON1을 누를 때마다 주사위 번호 한 개씩을 PC에 출력하는 프로그램을 작성해보자.

### 실습 장치

Nucleo F401RE 보드만 있으면 된다.

### 실습 코드

주사위 실습 예제는 코드 5-3과 같다.

**코드 5-3** | 주사위 실습 코드

```
#include "mbed.h"
DigitalIn but(BUTTON1);
int main() {
    srand(time(NULL));
    while (true) {
        if (!but){
            printf("%u \n", rand()%6+1);
            wait(0.2);
        }
    }
}
```

이 예제에서는 4.4절에서 학습한 난수 발생 방법을 참조한다. 코드를 보면 먼저 푸시 버튼 BUTTON1에 대한 DigitalIn 객체 but을 생성하였다. main 함수에서는 time 함수를 사용하여 seed를 만들고 srand 함수로 난수 발생을 초기화 하였다. while 루프에서 if문의 조건에 !but을 사용하여 스위치의 상태를 판별한다. 스위치를 누르면 if문 안에 있는 printf 함수에서 rand()%6+1을 실행한 결과를 PC로 전송한다. 이는 6으로 나눈 나머지는 항상 0에서 5사이의 정수가 되고 여기에 1을 더하면 1과 6사이의 정수를 얻을 수 있다는 원리를 이용하여 주사위를 만든 것이다.

**A. 다음 빈 칸을 채우시오.**

**1** 일반적으로 디지털 입력의 경우 외부의 상태를 HIGH 또는 LOW에 해당하는 전압 레벨의 변화로 읽어들이는데 스위치는 자체적으로 전압 변화를 만들 수 없기 때문에 (                    )와 (                    ) 같은 회로가 필요하다.

**2** DigitalIn 클래스의 (                    ) 함수는 내부 입력 회로를 설정하는데 상수 (                    )를 인수로 입력하면 내부 회로를 사용하지 않게 한다.

**3** DigitalIn 클래스에서 입력 핀의 상태를 읽을 때는 read 함수를 사용하거나 (                    )를 오버로딩한 형식을 사용한다.

**4** DigitalOut객체 led에 대하여 led = !led;를 실행하면 두 개의 (                    )을 이용하여 현재 led 객체의 상태가 반전된다.

**B. 다음 설명에 따라 적절한 코드를 작성하시오.**

**1** 다음과 같은 코드에서 밑줄을 채워 푸시 버튼 스위치를 누르면 led가 꺼지고 떼면 켜지는 프로그램을 완성하라.

```
#include "mbed.h"
DigitalOut lamp(LED1);
DigitalIn sw(BUTTON1);
int main() {
    while(1) {
        ______________;
    }
}
```

**2** 푸시 버튼 스위치를 한번 누르면 led1이 켜지고 led2가 꺼지며 다시 누르면 반대로 led1이 꺼지고 led2가 켜지는데 이 동작은 계속 반복된다. 이 프로그램을 작성하라. 단 led1은 D2 그리고 led2는 D3에 연결되어 있고 푸시 버튼은 기본 스위치에 할당한다. 단, 스위치의 바운싱 현상을 고려하라.

**스마트한 Mbed로 시작하는 Cortex-M 프로그래밍:**
기초부터 프로젝트까지

CHAPTER 06

# PWM 출력 프로그래밍

PWM은 Pulse Width Modulation의 약자로서 펄스 폭 변조라고 한다. 일반적으로 변조라는 것은 정보를 전달하기 위하여 여러가지 방법으로 신호를 정보에 따라 변형하는 것을 일컫는 말이다. 참고로 유명한 변조 중 하나로는 주파수 변조 FM이 있다. 이는 원하는 정보를 주파수의 변화로 바꾸어 전달하는 것이다. FM 라디오의 경우 방송국에서 아나운서의 목소리 정보를 전송 전파의 작은 주파수 변화로 바꾸어 송출한다. 이 장에서는 Mbed의 PwmOut 클래스에서 제공하는 PWM 출력 기능과 그 응용 방법을 살펴보고자 한다.

## 6.1_ PWM 개요

먼저 PWM에 관하여 간략하게 살펴보자. PWM의 사용 용도는 크게 정보 전달용과 근사 아날로그 출력용이 있는데 이를 각각 설명한다.

### 정보 전달용 PWM

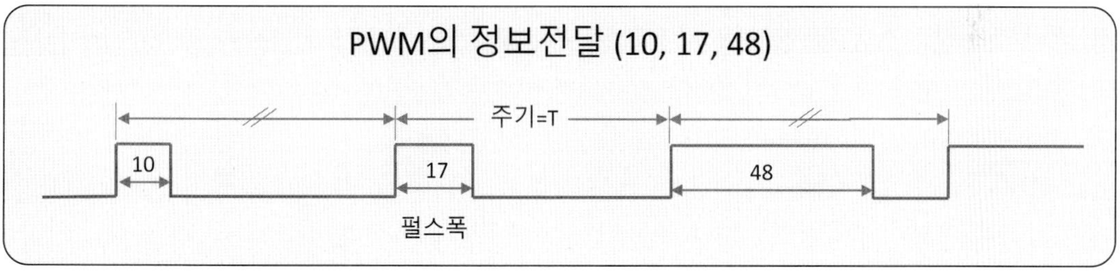


**그림 6-1** ▸ 정보 전달용 PWM 신호

정보 전달용 PWM은 일정한 주기로 발생되는 사각파에서 펄스 폭을 바꾸어 원하는 정보를 전달하는 것을 말한다. 그림 6-1에서 보는 바와 같이 주기는 항상 일정한 T이지만 펄스 폭이 10, 17, 48로 바뀌는 것을 알 수 있다. 수신하는 측에서 이 폭을 측정하면 10, 17, 48을 복원할 수 있으니 정보를 전달하는 한 방법이 된다. 대표적으로 무선 송수신기와 RC 서보모터에서 이 방법을 사용하고 있다.

### 근사 아날로그 출력용 PWM

근사 아날로그 출력용 PWM은 정보 전달로 사용되는 PWM과 같은 원리이지만 주기를 매우 짧게 하여 아날로그 전압 신호를 근사적으로 발생하는 방식이다. 펄스의 HIGH에 해당하는 구간을 On-duty라 부르고 LOW에 해당하는 구간을 Off-duty라고 할 때 On-duty가 커지면 전체 평균 전압이 높아진다. 이 원리를 이용하여 원하는 전압을 근사적으로 만들어낼 때 사용한다.

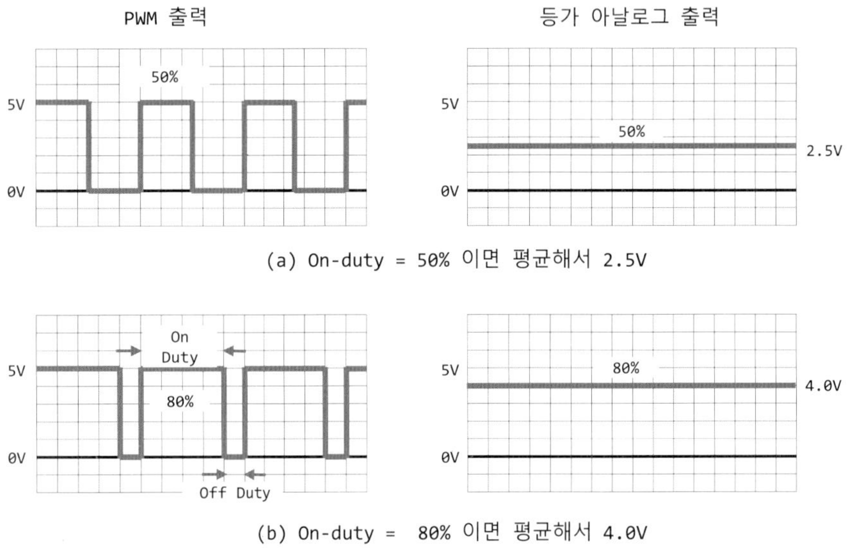


**그림 6-2** ▸ PWM의 평균 전압

예를 들어 그림 6-2의 (a)와 같이 On전압이 5V이고 PWM이 50%의 On-duty로 출력된다면 출력의 절반은 5V, 절반은 0V이기 때문에 평균 2.5V가 된다. 마찬가지로 그림의 (b)처럼 On-duty가 80%라면 80%가 5V이고 20%가 0V이므로 평균 4.0V가 출력되는 것과 같다. PWM의 주기를 짧게하고 부하의 임피던스를 고려하면 출력의 파동이 더욱 줄어들어 평균 효과가 커질 것이다.

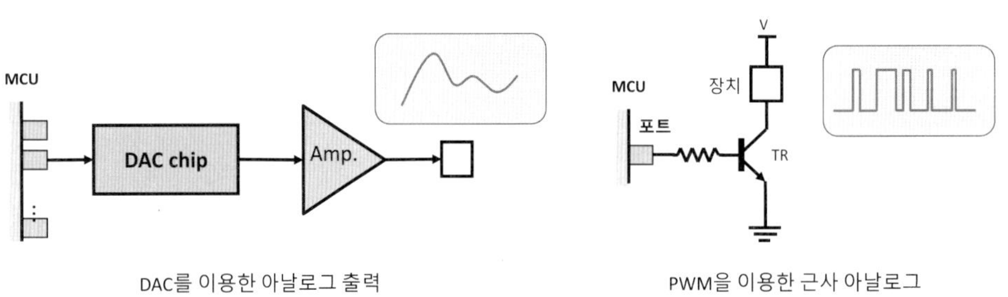


**그림 6-3** ▸ 근사 아날로그 출력용 PWM

원하는 전압을 만들기 위해서는 원칙적으로는 그림 6-3의 왼쪽과 같이 DAC(Digital to Analog Converter)를 사용한다. 하지만 DAC가 비싸고 앰프 등의 복잡한 부가 회로가 필요한 데 비하여 PWM을 사용하면 On과 Off 스위칭만 하면 되기 때문에 비교적 저렴한 스위칭 소자를 이용해 간단하게 대용량 전력 제어가 가능하다는 장점이 있다. 이러한 장점으로 근사 아날로그 출력용 PWM은 모터 제어, 전원 제어, 히터 온도 제어, 오디오 앰프 등에 널리 사용되고 있다.

## 6.2_ PwmOut 클래스

### 생성자

PwmOut 생성자의 사용법은 표 6-1에 설명되어 있다.

**표 6-1** ▸ PwmOut 생성자

| 생성자 | PwmOut 객체를 생성한다. |
|---|---|
| `PwmOut (PinName pin)` | |
| pin | PWM 출력 핀 이름 |
| [예제] | `PwmOut rc(D2);` |

이 생성자는 지정한 출력 핀이 할당된 PwmOut 객체를 생성한다. 예제는 D2 핀을 할당하여 PwmOut 객체인 rc를 생성시키는 문장이다.

### 주기 설정 함수

PWM은 그 펄스 열의 주기를 일정하게 유지하면서 펄스 폭만을 바꾸는 방식인데 아래 표 6-2와 같이 period, period_ms 그리고 period_us 세 개의 멤버 함수 중 하나를 이용하여 pwm의 주기를 지정한다.

**표 6-2** ▸ PwmOut 주기 설정

| 주기 설정 | PWM의 주기를 설정한다. |
|---|---|
| void .period(float s) | s초로 PWM 주기 설정 |
| [예제] pwm.period(0.02); | 0.02초 주기 |
| void .period_ms(int ms) | ms 밀리초로 PWM 주기 설정 |
| [예제] pwm.period_ms(10); | 10ms 주기 |
| void .period_us(int us) | us 마이크로초로 PWM 주기 설정 |
| [예제] pwm.period_us(300) | 300us 주기 |

간단하게 설명하면 초 단위의 주기 설정이 필요하다면 period 함수를 이용해 float형으로 지정하면 된다. 또한 주기를 밀리초 단위의 정수로 지정하려면 period_ms 함수를, 마이크로초 단위의 정수로 지정하려면 period_us 함수를 사용하면 된다. 예제는 각각 pwm 객체의 PWM 주기를 0.02초, 10ms, 300us로 설정하는 문장이다.

## 쓰기 함수

PwmOut을 이용하여 PWM의 On-duty 펄스 폭 값을 지정하는 함수로는 write와 pulsewidth 함수가 있다.

### write 함수

PWM의 On-duty 펄스 폭 값을 지정하는 함수 write의 용법은 표 6-3과 같다.

**표 6-3** ▸ PwmOut 쓰기 함수 write

| 쓰기 함수 write | PWM 출력값을 0.0과 1.0 사이의 수로 지정한다. |
|---|---|
| `void .write(float value)` | |
| value | float형의 PWM 출력값 [0.0~1.0] |
| [예제] | `PwmOut pwm(D2);`<br>`pwm.write(0.5);` |

주기가 일정하다고 할 때 PWM의 출력값은 펄스 폭을 말하기 때문에 정확하게 말하면 펄스를 On-duty로 유지하는 시간이 된다. write 함수는 다음에 설명할 pulsewidth 함수와 달리 출력값을 설정한 주기에 대한 비율로 지정한다. 예를 들어 주기가 100ms일 때 write 함수에서 출력값을 0.5로 지정하면 On-duty를 50%로 설정한 것이므로 펄스 폭은 50ms가 된다.

### 펄스 폭 지정 함수 pulsewidth

PWM의 On-duty 펄스 폭을 지정하는 함수 pulsewidth의 용법은 표 6-4와 같다.

**표 6-4** ▸ PwmOut 펄스 폭 지정 함수 pulsewidth

| 펄스폭 지정 | 펄스 폭으로 출력을 지정한다. |
|---|---|
| void .pulsewidth(float s) | s초로 PWM 펄스 폭 설정 |
| [예제] pwm.pulsewidth(0.02); | 0.02초 펄스 폭 |
| void .pulsewidth_ms(int ms) | ms 밀리초로 PWM 펄스 폭 설정 |
| [예제] pwm.pulsewidth_ms(10); | 10ms 펄스 폭 |
| void .pulsewidth_us(int us) | us 마이크로초로 PWM 펄스폭 설정 |
| [예제] pwm.pulsewidth_us(300) | 300us 펄스 폭 |

PWM의 펄스 폭을 시간 단위로 설정하는 함수는 세 개가 있는데 pulsewidth, pulsewidth_ms 그리고 pulsewidth_us이다. 결과적으로는 단위만 다를 뿐이지 write 함수와 같은 기능을 한다. 예를 들어 PWM의 주기가 1ms이고 30%의 On-duty를 만들고자 한다면 write(0.0003)을 사용할 수도 있고 펄스 폭이 300us이기 때문에 pulsewidth_us(300)를 사용해도 마찬가지가 된다.

### 읽기

현재 출력되고 있는 PWM On-duty의 펄스 폭 값을 읽는 함수 read의 용법은 표 6-5와 같다.

**표 6-5** ▶ PwmOut 읽기 함수 read

| **읽기 함수 read** | 현재 출력되고 있는 값을 읽어 반환한다. |
|---|---|
| `float .read()` | |
| return | PWM핀의 현재 출력값을 float형으로 반환 [0.0~1.0] |
| [예제] | `PwmOut pwm(D2);`<br>`float v=pwm.read();` |

read는 현재 출력되고 있는 pwm값을 0.0에서 1.0 사이의 float형으로 반환받는 함수이다. 이 값은 pwm 주기에 대한 비율이므로 0.7이 반환되었다면 주기의 70%가 HIGH이고 30%가 LOW인 파형이 생성되고 있는 것이다.

### 연산자 오버로딩

PwmOut에는 대입 연산자 '='와 형변환 연산자 float()의 연산자가 오버로딩되어 있다. 대입 연산자 =는 출력값 쓰기에 해당되어 write 함수의 축약형이 되고 형변환 연산자 float()는 현재 출력되는 값을 읽는 read 함수 대용으로 사용된다.

#### 대입 연산자 오버로딩

대입 연산자 =의 오버로딩에서 우변이 float인 경우의 용법은 표 6-6과 같다.

**표 6-6** ▶ 대입 연산자 = float 오버로딩

| **대입 연산자 =** | 우변의 float 값을 출력으로 지정한다. |
|---|---|
| `PwmOut& = (float value)` | |
| value | 원하는 PWM 출력값 [0.0~1.0] |
| [예제] | `PwmOut pwm(D2);`<br>`pwm = 0.5;` |

객체에 = 연산자로 float 값을 대입하려 하면 연산자 오버로드에 의하여 그 값을 write 하는 것과 같아진다. 예제에서 pwm 객체에 0.5를 대입했는데 원래는 좌변이 객체라 원래는 대입이 불가능하지만 연산자 오버로딩에 의하여 pwm.write(0.5)와 같은 결과가 된다.

**형변환 연산자 float() 오버로딩**

형변환 연산자 float()의 용법은 표 6-7과 같다.

**표 6-7** ▸ PwmOut 형변환 연산자 float() 오버로딩

| **형변환 연산자 float()** | 객체를 float로 형변환하면 현재 출력을 반환한다. |
|---|---|
| `operator float( )` | |
| return | 현재 출력되고있는 PWM핀의 값 [0.0~1.0] |
| [예제] | `PwmOut pwm(D2);`<br>`float v = pwm;` |

객체를 명시적이든 자동이든 float로 형변환시키면 현재 출력되고 있는 PWM 값이 0.0에서 1.0사이의 float값으로 반환된다. 예제의 경우 float 변수 v에 객체 pwm이 대입될 때 좌변의 형에 맞추기 위하여 우변이 자동 형변환되는데 이 때 float 형변환 오버로딩이 동작한다. 결과적으로는 v=pwm.read()와 같은 동작을 하므로 이를 read 함수의 단축형이라 볼 수 있다.

## 6.3_ 점진적 LED 밝기 조절 실습

PWM의 근사 아날로그 출력 기능을 이용하면 평균 출력 전압을 조절할 수 있기 때문에 다양한 전력 제어에 활용할 수 있다. 이번 실습은 PWM을 LED에 적용한 것으로, LED에 인가되는 평균 전력을 바꾸어 밝기 조절을 하고자 한다.

### 실습 목표

실습은 PwmOut 클래스를 이용하여 보드에 장착된 LED1의 밝기를 100ms마다 1%씩 점진적으로 증가시키다 100%에 도달하면 다시 0%로 돌아가는 동작을 반복하는 프로그램을 작성한다.

단, PWM의 주파수는 40kHz(주기=1/40,000초)로 한다.

### 실습 장치

4.3절의 실습 예제와 같이 Nucleo 보드에 장착된 기본 LED1을 사용한다.

### 실습 코드

점진적 LED 밝기 조절 실습에 사용되는 코드는 코드 6-1과 같다.

**코드 6-1** | 점진적 LED 밝기 조절 실습 코드

```
#include "mbed.h"
PwmOut pwm(LED1);  //LED1
int main() {
    int count =0;
    pwm.period_us(25); // 40kHz
    while(1){
        pwm = count/100.;
        count++;
        count%=101;
        wait(0.1);
    }
}
```

코드 6-1을 살펴보면 먼저 기본 LED인 LED1을 할당하여 PwmOut 객체 pwm을 생성하였다. main 함수에서는 pwm 출력값을 순차적으로 변화시키기 위해 정수 count를 선언하였다. 이 실습에서는 pwm 주파수를 40kHz로 지정하였기 때문에 이를 주기로 환산하면 1/40000s = 25us이므로 주기 지정에 period_us 함수를 사용하였다. 다음의 while 루프에서는 count가 0에서 100까지 반복되도록 하기 위하여 루프를 돌 때마다 count++로 1씩 증가시키고 나머지 연산자를 이용하여 count%=101 연산을 하였다. 이 연산은 count를 0과 100 사이의 수로 제한하는 역할을 한다. 100ms 마다 1%씩 증가시키기 위하여 매 루프마다 wait 함수로 0.1초만큼 지연시켰다.

## 6.4_ RC 서보모터 실습

### RC 서보모터란?

RC 서보모터는 RC(Radio Control), 즉 모형 무선 조정용으로 사용하기 위해 DC모터를 기반으로 만든 특별한 모터이다. 저렴하면서도 원하는 각도로의 회전시키는 제어가 간편하여 취미, 교육, 로봇, makers 활동 등에 다양하게 활용되고 있다. 그림 6-4는 염가형 RC 서보모터의 예이다.

**그림 6-4** ▸ RC 서보모터 (https://commons.wikimedia.org/w/index.php?curid=19867075)

### RC 서보모터의 내부 구조

RC 서보모터의 내부에는 그림 6-5와 같이 감속기가 달린 DC 모터와 출력 축인 토크 암(Torque arm)의 각도를 측정할 수 있는 가변저항(POT), 목표 각도와 POT에서 측정한 각도를 비교하여 모터를 제어하는 제어 회로가 들어있다. 따라서 토크 암의 각도를 피드백(feedback) 제어하고 있기 때문에 제어가 되는 도중에 손으로 암을 돌려도 다시 목표 각도를 유지하는 위치 제어의 특징을 가지고 있다.

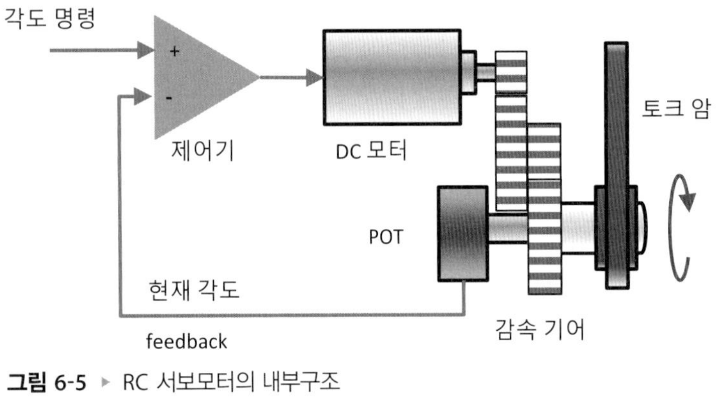


**그림 6-5** ▸ RC 서보모터의 내부구조

### RC 서보모터의 각도 명령 방법

RC 서보모터를 원하는 각도로 돌리기 위해서는 적절한 각도 명령을 모터로 보내야 하는데, RC 서보모터는 PWM을 이용한 명령을 받도록 설계되어 있다. 이 경우는 PWM을 정보 전달용으로 사용한 경우가 된다.

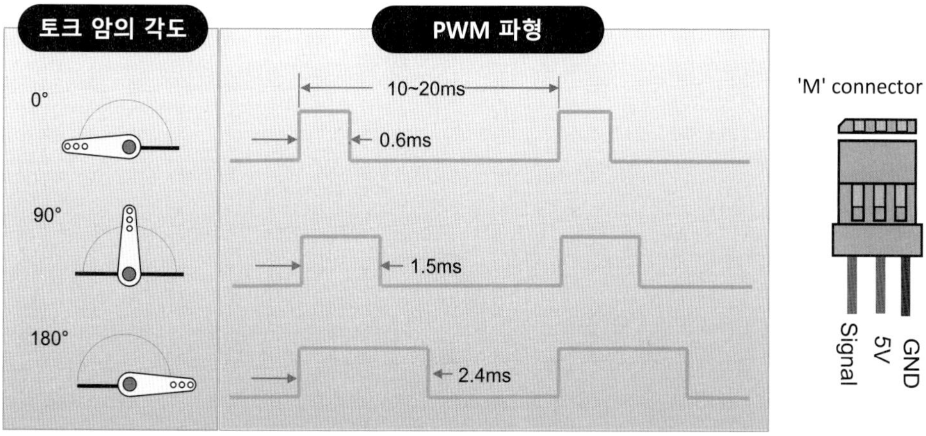


**그림 6-6** ▸ RC 서보모터의 각도 명령 방법

그림 6-6과 같이 모터에 각도 명령을 주기 위해서는 주기가 10~20ms인 PWM을 발생시켜야 한다. 이 PWM의 펄스 폭을 0.6~2.4ms 사이로 정하면 토크 암의 각도가 0°에서 180°사이에서 비례적으로 바뀐다. ang를 °단위의 각도라고 할 때 PWM의 펄스폭인 pulse_width를 ms 단위로 구하는 식은 다음과 같다.

$$\text{pulse\_width[ms]} = \frac{2.4 - 0.6}{180}\text{ang} + 0.01\text{ang} + 0.6$$

예를 들어 70°로 토크 암을 회전시키려면 PWM의 펄스 폭을 $0.6 + 0.01 \times 70 = 1.3$ms로 만들면 된다.

## 실습 목표

그림 6-7과 같이 RC 서보모터의 토크 암의 각도를 0°에서 180° 사이에서 10ms에 0.1°씩, 즉 10°/s의 속도로 움직이게 하려 한다. 단, 180°에 도달하면 역방향으로 같은 속도로 회전하며 0°에 도달하면 다시 방향을 반전한다. 이와 같은 과정을 무한 반복한다.

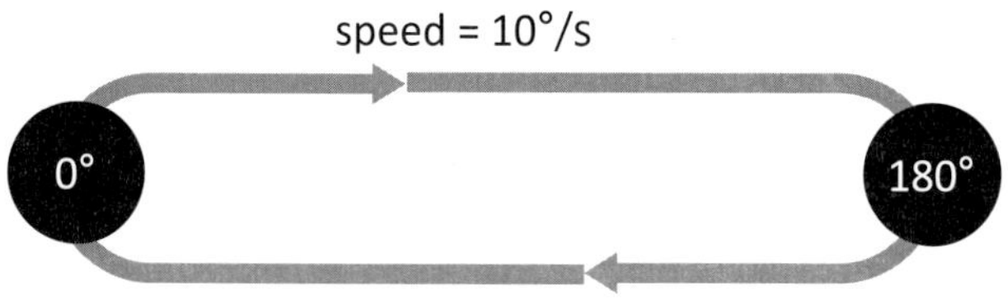


**그림 6-7** ▸ RC 서보모터의 반복 동작

## 실습 장치

### 재료

Nucleo F401RE 보드, RC 서보모터

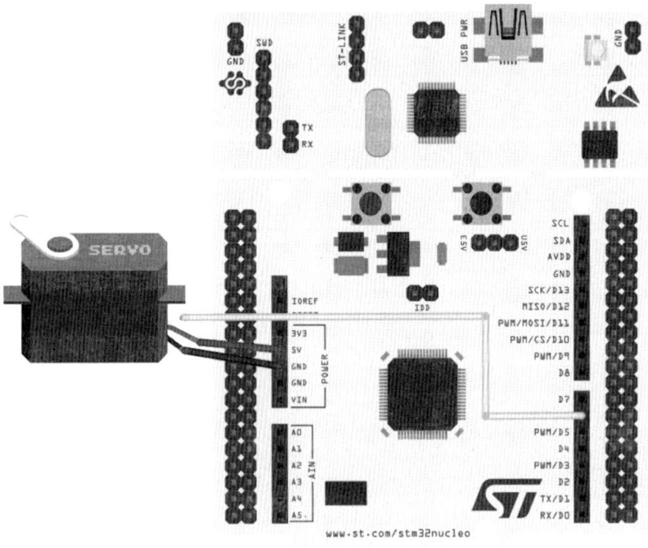


**그림 6-8** ▸ RC 서보모터 실습 장치

### 연결

그림 6-8과 같이 RC 서보모터의 적색 전원 선을 5V에, 갈색 또는 검정색 선을 GND에 연결하고 오렌지 또는 노란색인 신호 선을 D6핀에 연결한다.

## 실습 코드

RC 서보모터의 실습에는 turn과 map 함수로 구성된다.

### main과 turn 함수 코드

RC 서보모터 실습에는 사용된 코드는 아래의 코드 6-2와 같다.

**코드 6-2** | RC 서보모터 실습 코드: main과 turn 함수 [1/2]

```
#include "mbed.h"
PwmOut rcServo(D6);
void turn(PwmOut &rc,float deg);
template <class T>
T map(T x, T in_min, T in_max, T out_min, T out_max);
```

```
int main() {
    float ang=0., inc=0.1;
    rcServo.period_ms(10);
    turn(rcServo,0);
    while(1) {
        turn(rcServo,ang);
        wait_ms(10);
        ang+=inc;
        if (ang>180.f || ang<0.f) inc=-inc;
    }
}
void turn(PwmOut &rc,float deg){
    uint16_t pulseW=map<float>(deg,0.,180.,600.,2400.);
    rc.pulsewidth_us(pulseW);
}
```

먼저 PwmOut 객체 rc를 만들고 D6핀을 할당하였다. 이 프로그램에서는 turn과 map 함수를 사용하기 때문에 함수 원형을 정의하였다. main에서는 각도 변수 ang와 각도의 증분 inc를 선언하였다. 그 다음 period_ms 함수를 이용해 rcservo 객체의 주기를 10ms로 설정하였고 turn 함수를 호출하여 서보모터의 초기 각도를 0°로 회전시켰다. while 루프에서는 turn 함수로 모터를 ang만큼 회전시키고 10ms동안 지연시킨다. 그리고 ang를 inc만큼 증가시킨다. 그리고 if 문에서는 ang가 180보다 크거나 0보다 작으면 증분 inc의 부호를 반전시킨다. 이 문장 하나가 0°에서 180°를 왕복하도록 하는 핵심 코드이다.

turn은 서보모터를 원하는 각도로 회전시키는 함수인데 pwm 객체와 각도 deg를 매개변수로 받는다. 먼저 map 함수를 이용하여 0°~180° 범위인 각도 deg를 600~2400us의 펄스 폭으로 변환시킨다. 이 펄스 폭을 rc객체의 pulsewidth_us 메서드로 us 단위의 해당 펄스 폭을 갖는 pwm 출력을 발생시켜 deg만큼 모터가 회전하게 한다.

### map 함수

RC 서보모터 실습에 사용된 map 함수는 코드 6-3와 같다.

**코드 6-3** RC 서보모터 실습 코드: map 함수 [2/2]

```
template <class T>
T map(T x, T in_min, T in_max, T out_min, T out_max){
  return (x - in_min) * (out_max - out_min)  / (in_max - in_min) + out_min;
}
```

map 함수는 그림 6-9와 같이 in_min과 in_max 사이의 어떤 x 값을 out_min과 out_max 사이의 값으로 변환하여 반환하는 함수이다. 아두이노에서 map 함수는 기본 함수로 정의되어 있는데 파라미터가 정수인 경우만 해당되었다. 반면 이 코드에서는 원하는 다양한 자료형에 모두 대응하고자 template를 적용하여 함수를 제작하였다. template에 관해서는 아래의 참고 사항에 간단하게 설명하였다.

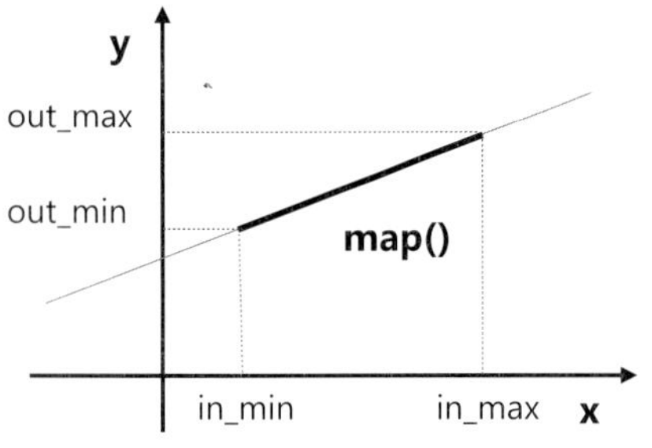


**그림 6-9** ▸ map 함수의 동작 원리

**참고**

### template란?

우리가 쉽게 생각할 수 있는 template은 그림 6-10와 같은 템플릿 자이다. 원하는 모양을 고르고 종이 위에 올려 펜으로 모양을 따라 그리면 쉽고 깔끔하게 도형을 그릴 수 있다. 함수를 정의할 때는 매개변수와 반환 값의 자료형을 지정해야 하기 때문에 함수의 내용이 같아도 여러 자료형에 대응하려면 함수를 많이 만들어야 한다. 이러한 불편함을 해소하기 위하여 C/C++에서는 template문을 사용한다. 두 수를 더하는 sumTwo라는 함수를 만든다고 가정해보자. 프로그램에서 수를 담을 수 있는 기본 자료형만 따지더라도 int, long, char와 같은 정수, float, double과 같은 부동소수점수 등 다양한 자료형이 있다. 따라서 어떤 자료형의 수에서도 동작하는 sumTwo 함수를 만들려면 코드 6-4와 같이 같은 이름의 함수를 여러 개 만들어야 하기 때문에 코드가 매우 길어지고 비효율적이다.

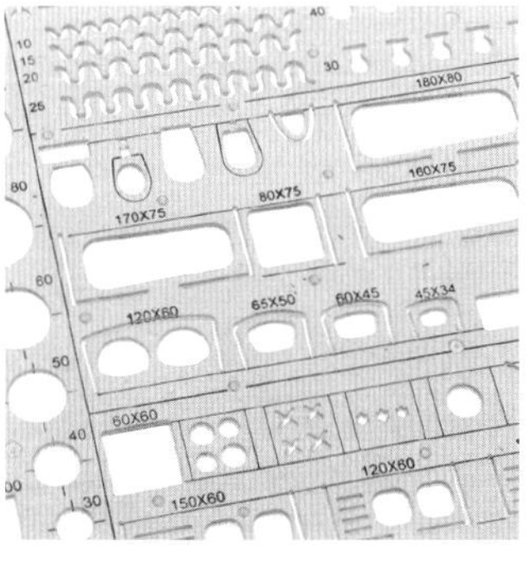

**그림 6-10** ▸ 템플릿 자

**코드 6-4** | 자료형에 따라 함수를 오버로드시킨 예

```
int sumTwo(int a, int b){
   return a+b;
}
float sumTwo(float a, float b){
   return a+b;
}
...// too many !!
```

이러한 문제를 해소하기 위하여 C++에서는 코드 6-5와 같이 클래스와 함수의 매개변수나 반환 값의 자료형을 나중에 결정하게 하는 template문을 사용할 수 있다.

**코드 6-5** | 여러 자료형에 대응되는 template 예

```
template <typename T>
T sumTwo(T a, T b){
   return a+b;
}
...
float s1= sumTwo<float>(3.2,4.5);
int   s2= sumTwo<int>(33,45);
unsigned int s3= sumTwo<unsigned int>(33,45);
```

이 코드에서 볼 수 있듯이 sumTwo 함수는 하나인데 template문을 사용하였기 때문에 나중에 이 함수를 호출할 때 자료형을 지정하여 계산을 한다. 함수를 호출할 때는 아래와 같이 함수 이름 다음 '<>' 안에 자료형을 명시한다.

```
호출 함수명<자료형>(인수1,..., 인수n);
```

# 연/습/문/제



**A. 다음 빈 칸을 채우시오.**

1 PWM의 용도는 크게 ( )용과 ( )용이 있다.

2 PWM 신호는 주파수 또는 주기를 일정하게 하고 ( )라는 펄스가 HIGH가 되는 구간을 조정하여 원하는 결과를 만드는 방식이다.

3 PwmOut 클래스에서 ( )와 ( ) 함수는 PWM의 주파수를 정하는 것이다.

4 PwmOut 클래스의 객체를 pwm이라고 할 때 PWM 주기를 20ms로 설정했다면 pwm.write(0.2)를 한 경우 PWM 신호의 펄스 폭은 ( )ms 이다.

5 PwmOut 클래스의 ( ) 함수는 펄스 폭을 us 단위로 지정하는 것이다.

6 RC 서보모터 토크 암의 각도 0°와 180°는 PWM의 펄스 폭 ( )us와 ( ) us에 대응된다.

**B. 다음 설명에 따라 적절한 코드를 작성하시오.**

1 D4핀을 사용하고 이 핀에 주기 10kHz인 PWM을 사용하여 40% 출력을 만들 수 있는 프로그램을 작성하라.

2 D7핀에 RC서보모터가 연결되었다고 할 때 모터의 토크 암이 1초마다 45°와 135° 각도를 왕복하게 하는 프로그램을 작성하라.

3 2번 문제를 업그레이드 하는데, 기본 푸시 버튼을 누르면 왕복 동작을 시작하고 다시 한번 누르면 0°로 돌아가는 프로그램을 작성하라.

4 template을 사용하여 임의의 자료형의 변수 x의 값을 하한 min과 상한 max이내로 제한하는 constrain 함수를 작성하고 이 함수를 호출하는 문장을 한 줄로 작성하라.

단, y=constrain(x,min,max) 형식이다.

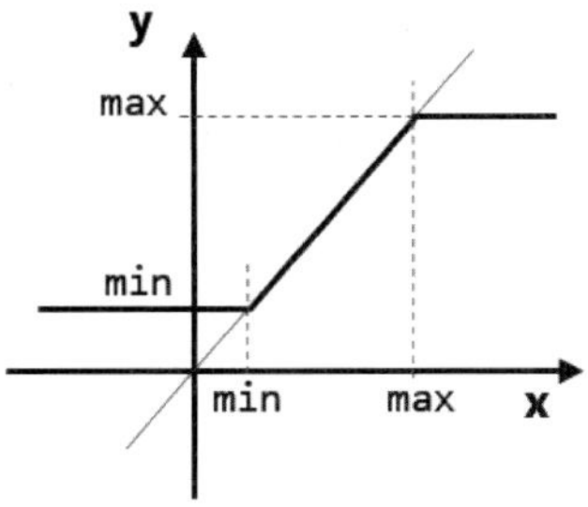

**스마트한 Mbed로 시작하는 Cortex-M 프로그래밍:**
기초부터 프로젝트까지

CHAPTER 07

# 아날로그 입력 프로그래밍

## 7.1_ 아날로그 디지털 변환(ADC)이란?

ADC(Analog to Digital Conversion/Converter)는 아날로그 입력 전압을 디지털 데이터로 변환하는 것을 말한다. 그림 7-1과 같이 디지털 시스템은 항상 모든 동작이 정해진 시간 간격으로 진행되며 아날로그 전압 신호를 읽어 들이는 주기를 샘플링 주기(sampling period)라고 부른다. 샘플링된 전압은 일시적으로 그 아날로그 전위를 일정하게 유지(hold)한 후 유한한 비트의 디지털 데이터로 변환되는데 이를 양자화(Quantization)라고 한다.

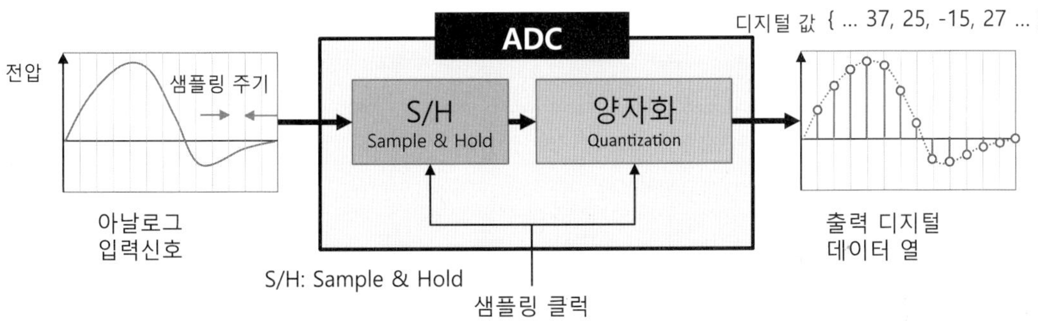


**그림 7-1** ▸ AD 변환 과정

양자화에서 핵심이 되는 것이 변환의 비트 수인데 전압 범위를 몇 비트의 이진 수로 표현하느냐를 말한다. 이 값에 의하여 분해능(resolution)이 결정된다. Nucleo 보드의 경우 MCU가 12비트 ADC를 내장하고 있어 0~3.3V 범위의 입력 전압을 0~4095 사이의 수로 양자화한다. 따라서 이 경우 출력값의 1비트 변화는 3.3/4095 = 0.8mV의 전압 변화를 의미하므로 분해능은 0.8mV가 된다. 표 7-1은 ADC의 비트 수에 대한 출력의 표시 범위를 보여주고 있다.

표 7-1 ▸ ADC 비트 수와 출력의 표시 범위

| ADC의 비트 수 | 표시 범위 | 비고 |
|---|---|---|
| 4 | 0~15 ($2^4$-1) | |
| 8 | 0~255 ($2^8$-1) | 1바이트 |
| 10 | 0~1023 ($2^{10}$-1) | 아두이노 |
| 12 | 0~4095 ($2^{12}$-1) | Nucleo |
| 16 | 0~65535 ($2^{16}$-1) | 2바이트 |

## 7.2_ AnalogIn 클래스

### 생성자

AnalogIn 클래스의 생성자의 용법은 표 7-2와 같다.

표 7-2 ▸ AnalogIn 생성자

| 생성자 | AnalogIn 객체를 생성한다. |
|---|---|
| `AnalogIn(PinName pin)` | |
| pin | 아날로그 입력의 핀 이름 |
| [예제] | `AnalogIn pot(A0);` |

생성자는 아날로그 입력의 핀 이름을 지정하면서 AnalogIn 객체를 생성할 때 사용된다. 모든 핀에서 아날로그 입력이 가능한 것은 아니다. 아두이노의 호환성을 유지하기 위하여 같은 핀 이름으로 지정된 A0에서 A5까지 6개의 핀이 아날로그 입력이 가능하다. 그 외에도 사용 가능한 핀이 있는데, STM32 F401RE 프로세서의 데이터 시트를 보고 찾아야 한다. 예제는 A0핀을 할당하면서 AnalogIn 객체 pot를 생성하는 문장이다.

### 읽기

AnalogIn 클래스에서 AD 변환된 데이터를 읽을 때에는 read 또는 read_u16 함수를 사용하는 방법과 형변환 연산자 float()를 사용하는 방법이 있다.

### 읽기 함수 read

read 함수를 이용하여 AD 변환 데이터를 읽는 용법은 표 7-3과 같다.

**표 7-3** ▸ AnalogIn의 읽기 함수 read

| 읽기 함수 read | 현재 ADC값을 float형으로 읽는다. |
|---|---|
| `float .read()` | |
| return | 지정된 아날로그 입력 핀의 현재 ADC값 [0.0~1.0] |
| [예제] | `AnalogIn pot(A0);`<br>`float v = pot.read();` |

read 함수는 객체에 지정된 아날로그 입력 핀의 현재 ADC 값을 0.0과 1.0사이의 float형 값으로 읽어온다. 이 값은 아날로그 기준 전압인 3.3V에 대한 비율이다. 예를 들어 반환 값이 0.5라면 전압으로는 0.5 × 3.3V = 1.65V이 된다. 예제는 A0핀이 지정된 pot에서 ADC값을 읽어 그 반환 값을 float 변수 v에 대입하고 있다.

### 읽기 함수 read_u16

read_u16 함수를 이용하여 AD변환 데이터를 읽는 용법은 표 7-4와 같다.

**표 7-4** ▸ AnalogIn의 읽기 함수 read_u16

| 읽기 함수 read_u16 | 현재 ADC값을 uint16_t 정수로 읽는다. |
|---|---|
| `uint16_t .read_u16()` | |
| return | 지정된 아날로그 입력 핀의 현재 ADC값 [0~65535] |
| [예제] | `AnalogIn pot(A0);`<br>`uint16_t v=pot.read_u16();` |

read_u16 함수는 객체에 지정된 아날로그 입력 핀의 현재 ADC 값을 읽는다는 점이 read 함수와 동일하지만 그 반환 값이 uint16_t 형의 0에서 65535사이(또는 0x0000~0xFFFF)의 값으로 차이가 있다. 여기서 주의할 것은 실제 MCU의 ADC는 12비트이지만 16비트로 정규화한 값이 반환된다는 것이다. 즉, 아날로그 기준 전압이 3.3V일 때 3.3V가 입력되는 경우 4095가 아니고 65535값이 반환되는 것이다. 예제는 AnalogIn 객체 pot의 입력 핀의 전압을 uint16_t로 읽어서 그 반환 값을 변수 v에 대입하는 문장이다.

#### 형변환 연산자 float()

형변환 연산자 float()의 오버로딩을 이용하여 AD변환 데이터를 읽는 용법은 표 7-5와 같다.

**표 7-5** ▸ AnalogIn 형변환 연산자 float()

| 연산자 float() | 객체가 float로 형변환 될 때 ADC값을 반환한다. |
|---|---|
| `operator float( )` | |
| return | 지정된 아날로그 입력 핀의 현재 ADC값 [0.0~1.0] |
| [예제] | `AnalogIn pot(A0);`<br>`float v = pot;` |

객체에 명시적 또는 자동 형변환이 일어나면 아날로그 입력에 의한 ADC값이 0.0에서 1.0사이의 값으로 반환된다. 따라서 read 함수와 동일한 결과가 나오지만 코드는 훨씬 간결하다. 예제는 객체 pot를 float변수 v에 대입할 때 float으로 자동 형변환되기 때문에 객체에 지정된 입력 핀의 ADC값이 반환, 변수 v에 대입된다.

## 7.3_ 가변저항 실습

### 가변저항이란?

그림 7-2 (가)는 가장 일반적인 가변저항(POT: potentiometer)의 외관이다. 그 구조를 살펴보면 그림 7-2 (나)처럼 가변저항 내부에는 탄소피막이나 권선저항과 같은 저항체로 만들어진 원호의 트랙이 있다. 손잡이를 회전시키면 손잡이와 연결된 슬라이더가 전기적 접점을 유지하며 트랙 위를 미끄러지며 움직일 수 있는 구조이다. 슬라이더가 이동하며 변하는 접점 위치에 따라 좌우의 저항값이 바뀌는 것이다. 대표적으로 그림 7-2 (다)처럼 오디오 장치의 음량 조절에 많이 사용된다. 가변저항은 회전형뿐만 아니라 직선형도 존재하며, 간단하게 설정값을 바꾸기가 편리하기 때문에 널리 사용되고 있다.

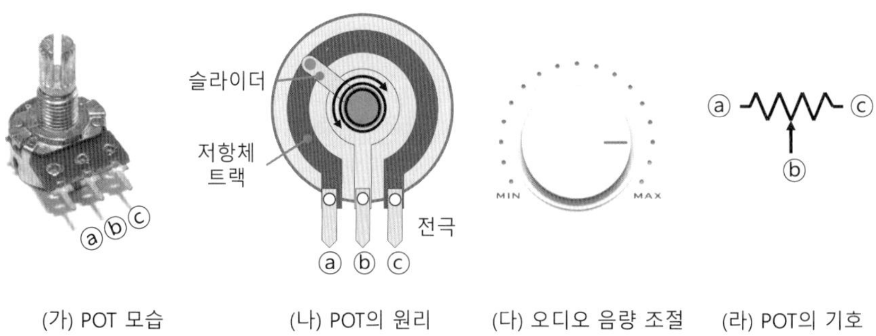


**그림 7-2** ▸ 가변저항 (POT: potentiometer)

그림 7-2 (라)는 POT의 기호이다. 그림에 (a), (b), (c) 단자가 표시되어 있는데, 앞에서 설명한 바와 같이 단자 (a)와 단자 (c) 사이에 원호의 저항체 트랙이 연결되어 있다. 손잡이에 연결되어 있어 회전하는 (b) 단자는 달려있는 전도체의 슬라이더가 트랙과 접촉하고 있다. POT 기호에서 보는 바와 같이 손잡이를 회전시키면 단자 (a), (b) 사이와 단자 (b), (c) 사이의 저항이 회전 각도에 따라 변화한다. 단자 (a)에 GND, (c)에 5V를 연결했다면 단자 (b)의 전압은 손잡이의 회전에 의하여 0에서 5V 사이의 전압이 비례적으로 출력됨을 알 수 있다. 그래서 POT를 이용하면 간단하게 범위 내의 전압을 임의로 발생시킬 수 있다.

## 실습 목표

POT의 손잡이를 돌림에 따라 변화하는 POT 전압을 AnalogIn 클래스를 사용하여 측정하고 100ms 간격으로 측정값을 PC에서 표시한다. 단, 측정값은 전압과 16비트 정수 모두를 표시한다.

## 실습 장치

### 실습 재료

Nucleo F401RE 보드와 1k~100kΩ 정도의 가변저항(POT)이 필요하다.

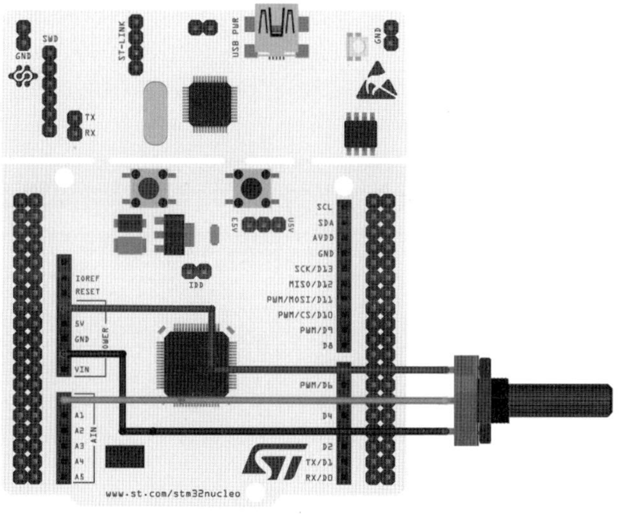

**그림 7-3** ▸ 가변저항 실습 장치

### 연결

그림 7-3에서 보는 바와 같이 POT의 양단을 3.3V와 GND에 연결하고 (b) 단자를 A0에 연결한다.

### 실습 코드

가변저항 실습에 사용된 코드는 아래의 코드 7-1과 같다.

**코드 7-1** | 가변저항 실습 코드

```
#include "mbed.h"
AnalogIn POT(A0);
int main() {
    while(1) {
        float voltage=POT*3.3f;
        uint16_t value=POT.read_u16();
        printf("POT Value = %u, Voltage= %f \n",value,voltage);
        wait(0.5);
    }
}
```

먼저 아날로그 입력 핀인 A0핀을 할당하여 AnalogIn 객체인 POT를 생성하였다. main의 while 루프에서는 클래스의 형변환자 float 오버로드에 의하여 POT 객체를 float 변수 voltage에 대입하면 자동적으로 ADC값을 반환하는데 그 범위는 0.0에서 1.0 사이의 값이다. 이 값은 ADC의 전압 범위에 대한 비율으로 전압 범위가 3.3V이기 때문에 반환 값에 3.3을 곱하면 곧바로 측정 전압을 얻을 수 있다. ADC 변환 값을 uint16_t형 정수로 읽으려면 read_u16 함수를 사용한다. Mbed는 프로그램 디버깅을 위하여 별도 선언이 없어도 기본적으로 9600bps의 USB 시리얼 통신을 지원하기 때문에 printf 함수를 사용하여 간단하게 데이터 값을 PC에 출력할 수 있다. 그러기 위해서는 적절한 시리얼 터미널 프로그램을 이용하면 된다. 가장 간단한 방법은 아두이노 IDE의 시리얼 모니터이다. 이 경우 Nucleo 보드의 포트에 맞는 통신 포트를 지정하고 통신 속도는 9600으로 맞추어야 한다. 기타 다른 시리얼 터미널 프로그램에 대해서는 설명을 생략한다.

### 실습 결과

그림 7-4는 아두이노의 시리얼 모니터를 사용하여 출력한 가변저항 실습 결과이다.

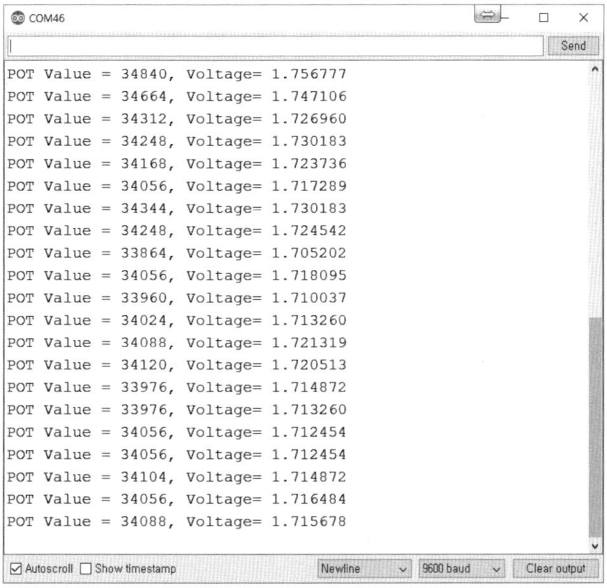


**그림 7-4** ▸ 가변저항 실습 결과

## 7.4_ 가변저항을 이용한 RC 서보모터 제어 실습

이 실습은 이전 절에서 배운 POT와 6.4절의 RC 서보모터 부분을 참조하여 진행하기를 권장한다.

### 목표

가변저항의 회전 범위의 중간을 0.0으로 잡고 전체 레인지를 −1.0~+1.0으로 정의한다. 0.0을 기준으로 + 방향으로 돌리면 그 각도에 비례하여 RC 서보모터의 양의 방향의 속도가 상승하고 − 방향으로 돌리면 그 각도에 비례하여 서보모터의 음의 방향의 속도가 상승하도록 프로그램을 작성한다.

> **TIP**
>
> 가변저항(POT)의 위치를 −1.0~+1.0로 정의하고 POT의 현재 위치를 모터 속도라고 생각하면 된다. 이 속도값을 매 10ms마다 RC 서보모터의 목표 위치에 더하고 이를 모터에 전달하는 방식으로 속도를 제어한다. 원하는 서보모터의 각도를 servo_pos라고 하고 POT의 값을 POT_val이라고 하면
>
> ```
> servo_pos + = POT_val;
> ```
>
> 라는 문장을 매 10ms마다 실행시킨다.

## 실습 장치

### 실습 재료

Nucleo F401RE 보드, 가변저항 (1K ~100K) 그리고 RC 서보모터가 필요하다.

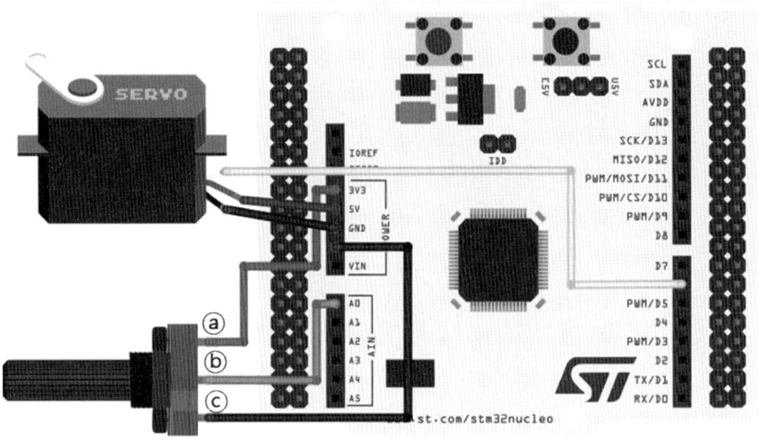


**그림 7-5** ▸ 가변저항을 이용한 RC 서보모터 제어 실습 장치

### 연결

그림 7-5처럼 RC 서보모터의 signal 선을 D6에 연결하고 POT의 (a)와 (c) 단자를 3.3V와 GND에 연결하고 (b) 단자를 A0에 연결한다.

## 실습 코드

가변저항을 이용한 RC 서보모터 제어 실습에 사용된 코드는 코드 7-2와 같다.

**코드 7-2** 가변저항을 이용한 RC 서보모터 제어 실습

```
#include "mbed.h"
PwmOut rcServo(D6);
AnalogIn POT(A0);
void turn(PwmOut &rc,float deg);
template <class T>
T map(T x, T in_min, T in_max, T out_min, T out_max);
int main() {
    float ang=0., inc=0.1;
    rcServo.period_ms(10);     // 주기 10ms
    turn(rcServo,0);
    while(1) {
```

```
        inc=2.0f*POT-1.0f;   // [0,1] => [-1,1]
        ang+=inc;
        if (ang>180.0f) ang=180.0f;   // 회전범위 제한
        else if (ang<0.0f) ang=0.0f;
        turn(rcServo,ang);
        wait_ms(10);
    }
}
void turn(PwmOut &rc,float deg){
    uint16_t pulseW=map<float>(deg,0.,180.,600.,2400.);
    rc.pulsewidth_us(pulseW);
}
template <class T>
T map(T x, T in_min, T in_max, T out_min, T out_max){
  return (x - in_min) * (out_max - out_min) / (in_max - in_min) + out_min;
}
```

이 프로그램의 모터 구동에는 6.4절의 PwmOut 관련 실습의 turn과 map 함수를 그대로 사용하고 있으며 ADC 부분은 7.3절의 AnalogIn 객체 POT를 그대로 사용하고 있다. main 함수에서 period_ms를 이용하여 pwm의 주기를 10ms로 지정하고 곧바로 모터를 0°로 초기화하였다. while 루프 안에서는 가변저항의 전압을 객체 POT로 읽는다. 이 값은 0.0에서 1.0 사이의 값인데 값으로 간단한 수식을 이용하여 −1.0과 1.0 사이의 값을 갖도록 inc라는 변수에 매핑하였다. 물론 이 부분에 template로 정의된 map 함수를 사용해도 무방하다. 다음은 POT에서 구한 inc값을 목표 각도에 해당하는 ang 변수에 누적시킨다. 그 다음에 있는 if문은 모터의 각도가 범위를 벗어나지 않도록 제한시키는 역할을 한다. 즉 각도 ang가 항상 0°에서 180°사이가 되도록 제한하는 것이다. 산출된 각도 ang로 모터를 회전시키기 위하여 turn 함수를 사용하였다. 이 과정이 항상 10ms 주기로 일어나게 하기 위하여 wait_ms(10)으로 지연을 만들어 사용하였다.

프로그램의 설명이 끝났지만 가장 기본적인 질문을 해보자. 왜 POT의 설정 각도에 해당하는 inc를 모터의 목표 각도에 누적 시켰는가?

이 실습에서 POT의 각도는 일종의 모터 속도 명령으로 사용한 것이다. 즉 POT가 0이면 모터를 정지하라는 것이고 +0.01이면 10ms마다 각도를 0.01만큼씩 증가시키라는 의미가 된다. 반대로 −0.01이면 반대 방향으로 각도를 0.01씩 줄이라는 의미가 된다. 따라서, POT로 설정한 속도 지령을 적분하여 위치 지령을 구한 후 이를 모터의 PWM 값으로 환산하여 모터에 명령을 내려 목표 각도로 움직이게 하는 것이다. 이를 식으로 표현하면 다음과 같을 것이다.

기본적으로 각속도를 적분하면 각도가 되기 때문에

$$\theta_d = \int_0^t \omega_d(\tau) d\tau$$

이다. 여기서 $\theta_d$는 원하는 목표 각도이고 $\omega_d$는 목표 속도이다. 이를 디지털로 근사화하면

$$\theta_d = \sum_0^k \omega_d(i) \Delta t$$

이 된다. 여기서, $k$는 샘플링 인덱스이고, $\Delta t$는 샘플링 주기이다. inc가 $\omega_d$에 해당하고 ang이 $\theta_d$로 보는 것이다.

**참고**

### 객체를 배열로 만들기

객체를 일반 배열처럼 초기화하는 방법으로 배열로 만들 수 있다.

```
클래스이름 객체이름 [N]={ 초기값0, 초기값1, ... , 초기값N };
```

아래 코드 7-3를 보면 쉽게 이해할 수 있다.

**코드 7-3** | 객체를 배열로 만들기 코드

```
#include "mbed.h"
AnalogIn adc[4]={A0,A1,A2,A3};
int main() {
    while(1) {
        for(int i=0; i<4;i++){
            float voltage=adc[i]*3.3f;
            printf("A%d = %5.3f V, ",i,voltage);
        }
        printf("\n");   wait(0.1);
    }
}
```

이 코드는 A0에서 A3까지 4개의 아날로그 핀으로부터 전압을 읽어 PC에 출력하는 프로그램이다. 객체 4개를 따로 생성해도 되지만, main 함수의 while 루프에서 for문으로 표현하기 불편하기 때문에 AnalogIn 객체 adc를 4개의 원소를 갖는 배열로 선언하였다. 이 코드를 실행한 결과는 그림 7-6과 같다.

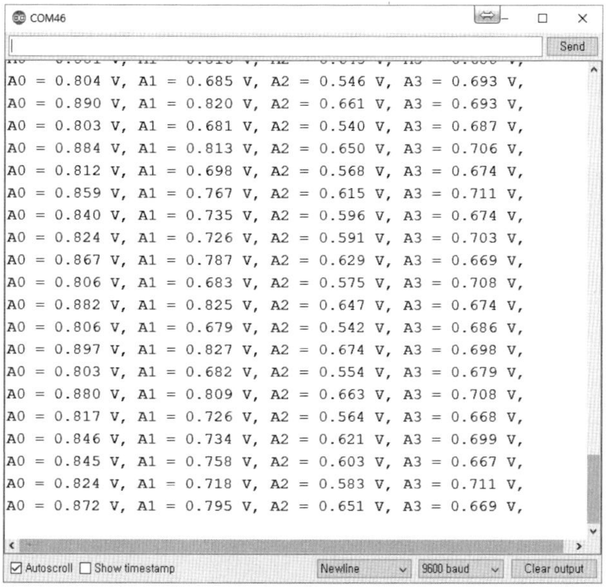


**그림 7-6** ▸ AnalogIn 객체를 배열로 만든 결과

# 연/습/문/제



**A. 다음 빈 칸을 채우시오.**

1 Nucleo 보드에 내장된 ADC의 경우 ( )비트의 분해능을 갖기 때문에 0~3.3V 사이의 전압이 0에서 ( ) 사이의 정수로 변환된다.

2 AnalogIn 클래스의 객체 adc를 사용한다고 하자. float a=adc.read();를 실행한 뒤 a값이 0.333이라고 할 때 해당 아날로그 핀에 전압이 ( )V로 들어오고 있는 것이다.

3 AnalogIn 클래스의 객체 adc를 사용한다고 하자. uint16_t a=adc.read_u16();를 실행한뒤 a값이 32767이라고 할 때 해당 아날로그 핀에 전압이 ( )V로 들어오고 있는 것이다.

4 AnalogIn 클래스의 객체 adc를 사용한다고 하자. if (adc>0.3)과 같은 if문을 사용하였다면 이 클래스의 ( )을 적용한 것이다.

5 가변저항(POT)의 (a) 단자에는 GND, (c) 단자에는 3.3V를 연결하였다. POT의 손잡이가 총 회전할 수 있는 각도를 300°라고 할 때를 (a) 단자에서부터 100°도 만큼을 돌렸을 때 (b) 단자의 전압은 ( )V이고 이 (b) 단자의 전압을 AnalogIn 클래스의 함수 read로 읽으면 반환되는 값은 ( )이다.

6 RC서보모터 – POT 실습에서 POT의 각도를 모터 토크 암의 ( ) 명령으로 간주하였기 때문에 모터의 회전 각도를 구하려면 POT값을 ( )시켜야 한다.

**B. 다음 설명에 따라 적절한 코드를 작성하시오.**

1 가변저항의 회전에 따라 RC 서보모터가 비례적으로 회전하도록 한다. 단, POT의 최소와 최대 회전각도가 RC서보의 0°과 180°에 대응하도록 한다.

2 Nucleo의 A0에서 A5핀의 전압을 0.5초마다 차례로 ADC하여 PC에 16비트 정수로 표시하는 코드를 작성하라. 단, 객체의 배열을 사용한다.

CHAPTER 08

# 인터럽트 프로그래밍

## 8.1_ 인터럽트의 개요

이 장에서는 InterruptIn 클래스를 학습할 것이다. InterruptIn 클래스는 Polling과 대비되는 Interrupt와 Input의 결합이다. 이름에서 알 수 있듯이 입력 핀의 변화를 인터럽트로 감지하여 인터럽트 서비스 루틴에서 원하는 작업을 하는 것이다. 일반적인 마이크로컨트롤러에서는 핀의 상태 변화를 감지하는 인터럽트를 칭하는 외부 인터럽트(External Interrupt)에 해당하는 내용이다. 본격적으로 학습하기 전에 인터럽트에 대한 기본적인 사항을 살펴보겠다.

### 폴링과 인터럽트

인터럽트에 대한 이해를 돕기 위하여 그림 8-1과 같이 영화를 보며 전화 받기에 대한 예를 들어보겠다. 영화를 보고 있는데 절대로 놓치면 안되는 전화를 받아야 한다고 가정하자. 먼저 Polling의 경우는 작은 램프가 달린 전화를 사용하는 것과 같다. 전화를 놓치지 않는 방법은 아주 짧은 주기, 예를 들면 5초 간격으로 계속 전화를 체크하며 영화를 보는 것이다. 이 경우 전화를 놓치지 않으려면 영화에 집중할 수가 없다. 반면에 Interrupt를 쓰는 경우는 전화에 벨이 달려있는 경우로 영화를 아주 편하게 보다가 벨 소리가 들리면 영화를 일시정지시키고 전화 통화를 마친 뒤 영화를 계속 관람하면 되는 것이다.

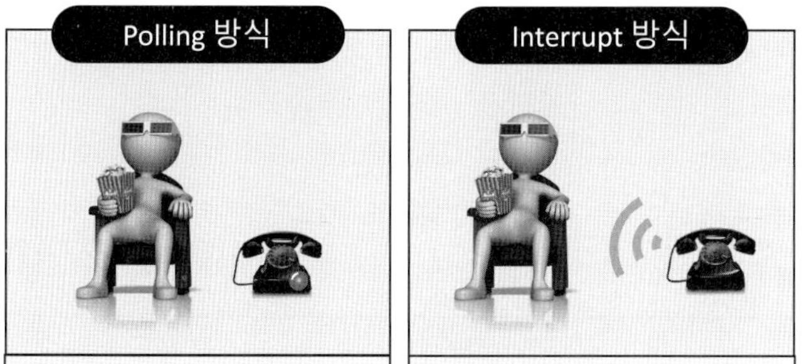


영화를 보는 중에 계속 전화 램프를 봐야 하기 때문에 영화를 제대로 볼 수가 없다.

영화를 편안하게 보다가 벨 소리가 울리면 일시정지시키고 통화를 마친 뒤 이어서 보면 된다.

그림 8-1 ▸ Polling과 Interrupt 방식의 비교

MCU에 대비하여 생각하면 main 함수의 작업을 영화로 생각하고 전화 벨소리를 인터럽트로 보면 된다. 전화 통화를 **인터럽트 서비스 루틴**(ISR)이라고 생각할 수 있으며 영화를 보다가 일시정지시키고 통화를 하는 것을 인터럽트에서는 **문맥전환**(context switching)이라 부른다. 인터럽트가 발생하면 main 함수에서 하던 작업을 잠깐 중지시키고 인터럽트 서비스 루틴을 처리한 후 다시 main 함수에서 하던 작업을 계속한다.

## 8.2_ InterruptIn 클래스

이 절에서는 InterruptIn 클래스와 관련된 API에 대하여 살펴볼 것이다.

### 생성자

InterruptIn 클래스의 객체를 생성시키는 생성자의 용법은 표 8-1과 같다.

**표 8-1** ▸ InterruptIn 생성자

| **생성자** | 객체를 생성한다. |
|---|---|
| `InterruptIn(PinName pin[, PinMode mode])` | |
| pin | 인터럽트 입력 핀 이름 |
| mode | 입력 핀의 풀 회로 지정 [PullUp / PullDown / PullNone] |
| [예제] | `InterruptIn echo(D2);`<br>`InterruptIn echo(D2, PullUp);` |

생성자는 인터럽트 입력을 받을 핀과 입력 회로의 모드를 지정하면서 객체를 생성한다. 입력 모드는 생략할 수 있는데 5.1절의 스위치 입력 회로에 대하여 설명한 바와 같이 PullUp은 내부 풀업, PullDown은 내부 풀다운, PullNone은 내부 회로를 사용하지 않는 옵션이므로 이 중 하나를 선택하면 된다.

### 모드 설정

InterruptIn 클래스의 내부 풀업을 설정하는 mode 함수의 용법은 표 8-2와 같다.

**표 8-2** ▸ InterruptIn 내부 풀업 모드 설정

| **내부 풀업 모드** | 내부 풀업 모드를 설정한다. |
|---|---|
| `void .mode(PinMode pull)` | |
| pull | 입력 핀의 풀 회로 지정 [PullUp / PullDown / PullNone] |
| [예제] | `InterruptIn echo(D2);`<br>`echo.mode(PullDown);` |

mode 함수는 객체 생성 시 입력 풀업 회로 관련 설정을 하지 않은 경우 별도로 설정할 때 사용한다. 예제는 echo라는 객체에 D2핀을 할당하여 생성하였고 별도로 mode 함수를 통하여 내부 풀 회로를 풀다운으로 선택하였다.

## 콜백 함수 지정

### 콜백 함수란?

인터럽트가 발생했을 때 그것을 처리하는 함수를 마이크로컨트롤러에서는 ISR(Interrupt Service Routine)이라고 한다. 일반적으로 표현하자면 어떤 이벤트가 발생했을 때 따로 호출하지 않아도 자동으로 실행되는 함수를 콜백(callback) 함수라고 부른다.

### 상승/하강 에지 이벤트

일반적인 디지털 신호의 상승 에지와 하강 에지는 그림 8-2와 같다.

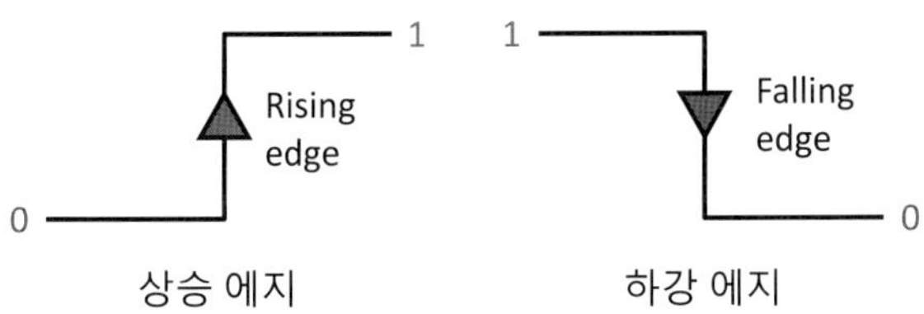


**그림 8-2** ▸ 상승 에지와 하강 에지

Mbed의 InterruptIn 클래스에서는 상승과 하강 에지 이벤트를 지원한다. InterruptIn 클래스에서 지원하는 rise 멤버 함수는 입력이 0에서 1로 바뀌는 상승 에지(rising edge) 이벤트를 포착할 수 있다. rise 함수를 사용하여 상승 이벤트가 발생했을 때 실행해야 할 콜백 함수를 지정할 수 있다. 반면에 fall 멤버 함수는 입력이 1에서 0으로 바뀌는 하강 에지(falling edge) 이벤트를 포착하며, 하강 에지 이벤트가 발생했을 때 실행할 콜백 함수를 지정할 수 있다.

### 일반 함수의 콜백 지정

InterruptIn 클래스에서 상승 에지에 대한 콜백 함수로 일반 함수를 지정하는 rise 함수의 용법은 표 8-3과 같다.

**표 8-3** ▸ 일반 함수의 상승 에지 콜백 지정

| 상승 에지 콜백 지정 | 상승 에지에 대한 콜백 함수를 지정한다. |
|---|---|
| `void .rise(Callback<void()> func)` | |
| func | 상승 에지에서 호출될 함수명. 단, 반환형이 void여야 함. |
| [예제] | `InterruptIn echo(D2);`<br>`echo.rise(&ISR);` |

rise 함수는 상승 에지 이벤트의 콜백 함수로 반환형이 void인 일반 함수 func를 지정한다. 예제는 입력 핀 D2를 지정한 echo라는 InterruptIn 객체를 생성하고, rise 함수로 이 핀에 상승 에지가 발생하면 콜백 함수 ISR이 실행되도록 설정하고 있다.

InterruptIn 클래스에서 하강 에지에 대한 콜백 함수로 일반 함수를 지정하는 fall 함수의 용법은 표 8-4와 같다.

**표 8-4** ▸ 일반 함수의 하강 에지 콜백 지정

| **하강 에지 콜백 지정** | 하강 에지에 대한 콜백 함수를 지정한다. |
|---|---|
| `void .fall(Callback<void()> func)` | |
| func | 하강 에지에서 호출될 함수명(주소), 반환형이 void여야 함 |
| [예제] | `InterruptIn echo(D2);`<br>`echo.fall(&ISR);` |

fall 함수는 하강 에지 이벤트의 콜백 함수로 반환형이 void인 일반 함수 func를 지정한다. 예제는 입력 핀 D2를 지정한 echo라는 객체를 생성하고, fall 함수가 이 핀에 하강 에지가 발생하면 콜백 함수 ISR이 실행되도록 설정하고 있다.

### 멤버 함수의 콜백 지정

그림 8-3처럼 InterruptIn의 객체와 사용하려는 콜백 함수가 어떤 클래스 내부에 있는 멤버 함수인 경우에 해당하는 콜백 함수 지정 방법이다.

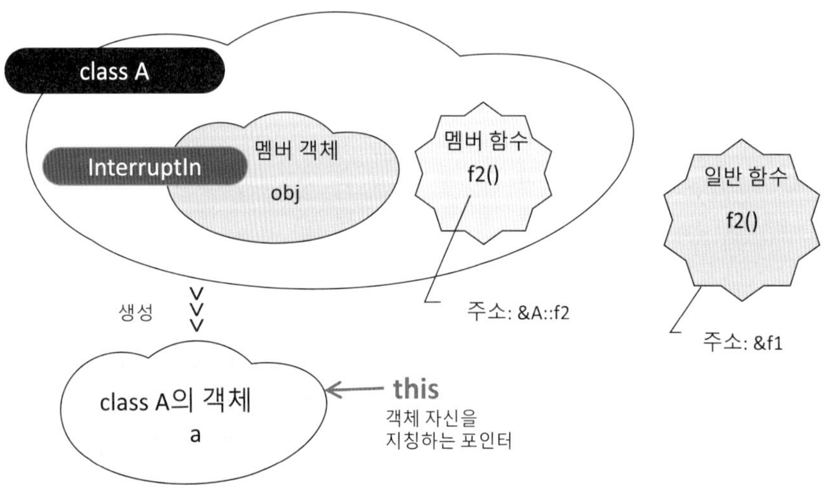


**그림 8-3** ▸ 일반 함수와 멤버 함수

이 경우 다음 두 가지는 꼭 알아야한다. 일반 함수 f1의 주소는 그 스코프가 프로그램 전체이기 때문에 &f1이라고 하면 된다. 반면에 멤버 함수 f2는 클래스 내부에 있어서 이 함수의 주소를 쓸 때는 범위 지정 연산자(::)를 사용하여 클래스 주소로 적어줘야 하기 때문에 &A::f2가 된다. 또한 A 클래스의 객체 a가 자기 자신을 지칭하는 포인터는 this이다.

InterruptIn 클래스에서 상승 에지 이벤트에 대한 콜백 함수로 어떤 클래스에 속한 멤버 함수를 지정하는 rise 함수의 용법은 표 8-5와 같다.

**표 8-5** ▸ 멤버 함수의 상승 에지 콜백 지정

| **상승 에지 콜백 지정** | 클래스 내부에 있는 멤버 함수를 상승 에지에 대한 콜백 함수로 지정한다. |
|---|---|
| `void .rise(callback(T *obj, M func))` | |
| obj | InterruptIn 객체가 포함된 클래스의 객체 |
| func | 콜백 함수의 주소 |
| [예제] | `class Counter{`<br>`    InterruptIn _but;`<br>`    Counter(PinName p) _but(p);{`<br>`        _but.rise(callback(this,&Counter::ISR));`<br>`        ...`<br>`    }` |

만일 InterruptIn의 객체가 어떤 클래스 안에서 생성되었고, 콜백 함수도 이 클래스 내부에 정의되어 있는 경우에는 rise 함수를 사용할 때 객체의 포인터 *obj와 콜백 함수 func를 callback 함수를 통하여 지정해야 한다. 예제는 Counter 클래스에 관한 것으로, 내부에 먼저 InterruptIn 객체 _but이 선언되어 있고 그 다음 줄에는 클래스 Counter의 생성자 함수가 있다. 멤버 초기화 리스트(Member initializer list)로 InterruptIn 클래스의 객체 _but에 핀 이름을 지정하였다. 생성자 내부에서 rise 함수를 사용하여 콜백 함수를 지정하는데 callback 함수에 생성될 Counter의 객체의 포인터 this와 콜백 함수의 절대 주소 &Counter::ISR을 명시하였다.

InterruptIn 클래스에서 하강 에지 이벤트에 대한 콜백 함수로 어떤 클래스에 속한 멤버 함수를 지정하는 fall 함수의 용법은 표 8-6과 같다.

**표 8-6** ▸ 멤버 함수의 하강 에지 콜백 지정

| 하강 에지 콜백 지정 | 클래스 내부에 있는 하강 에지에 대한 콜백 함수를 지정한다. |
|---|---|
| `void .fall(callback(T *obj, M func))` | |
| obj | InterruptIn의 객체가 포함된 클래스의 객체 |
| func | 콜백 함수의 주소 |
| [예제] | `class Counter{`<br>`    InterruptIn _but;`<br>`    Counter(PinName p) _but(p);{`<br>`        _but.fall(callback(this,&Counter::ISR));`<br>`        ...`<br>`    }` |

fall 함수는 역시 이전의 rise 함수와 마찬가지로 InterruptIn의 객체가 어떤 클래스 안에서 생성되었고 콜백 함수도 이 클래스 내부에 정의되어 있는 경우이다. 예제를 보면 생성자에서 콜백 함수를 지정할 때 callback 함수를 이용하여 Counter 객체의 포인터 this와 콜백 함수의 주소 ISR의 절대 주소를 명시하는 방법을 사용하고 있다.

## 상태 읽기

### read 함수

InterruptIn 클래스에서 입력의 상태를 읽는 read 함수의 용법은 표 8-7과 같다.

**표 8-7** ▸ 읽기 함수 read

| 읽기 함수 read | 입력 핀의 현재 상태를 읽는다. |
|---|---|
| `int .read()` | |
| return | 입력 핀의 현재값 [0/1] |
| [예제] | `InterruptIn but(D2);`<br>`int a = but.read();` |

InterruptIn 클래스의 객체에 할당된 핀의 현재 상태를 읽어 0 또는 1로 반환한다. 예제는 D2가 할당된 InterruptIn 객체 but을 생성하고 멤버 함수 read를 통해 그 핀의 상태값을 읽어 변수 a에 대입한다.

### 정수 형변환 연산자 int()

InterruptIn 클래스에서 입력의 상태를 읽는 정수 형변환 연산자 int()의 용법은 표 8-8과 같다.

**표 8-8** ▸ 정수 형변환 연산자 int()

| 형변환 연산자 int() | 정수 형변환 연산자의 오버로딩으로 입력 핀의 상태를 반환한다. |
|---|---|
| `operator int( )` | |
| return | 입력 핀의 현재값 [0/1] |
| [예제] | `InterruptIn but(D2);`<br>`if(but) led=1 else led=0;` |

InterrupIn 객체가 정수로 형변환되면 이 연산자 오버로딩이 작동하여 입력 핀의 값이 반환된다. 예제를 보면 but 객체가 if 안에서 정수로 변환되기 때문에 이 정수 형변환 연산자가 작동하고 현재 핀의 상태를 읽어서 0 또는 1로 반환한다. 따라서 D2핀이 1이면 led가 1이 되고 0이면 led도 0이 된다.

### 인터럽트 활성화와 비활성화

InterruptIn 클래스에서 인터럽트를 활성화하는 enable_irq와 비활성화하는 disable_irq 함수의 용법은 표 8-9와 같다.

**표 8-9** ▸ 인터럽트 활성화와 비활성화

| 인터럽트의 활성/비활성 | 인터럽트를 활성화 또는 비활성화한다. |
|---|---|
| void .enable_irq() | 인터럽트 활성화 함수 |
| void .disable_irq() | 인터럽트 비활성화 함수 |
| [예제] | `InterruptIn but(D2);`<br>`but.disable_irq();          // 비활성화`<br>`...`<br>`but.enable_irq();           // 활성화` |

데이터를 바꾸는 등의 특정 작업을 할 때 객체의 인터럽트를 중단시켰다가 작업이 끝나면 다시 재개할 필요가 있다. enable_irq는 인터럽트를 활성화하는 멤버 함수이고 disable_irq는 비활성화하는 멤버 함수이다.

**주의**

인터럽트 콜백 또는 ISR 함수의 주의사항

- 실행 시간을 최대한 줄여야 한다.
- 이 함수에서는 다른 큰 라이브러리를 호출하면 안 된다.
- 콜백 함수 내부에는 블로킹을 일으키는 wait 함수나 while문을 사용하면 안 된다.
- 콜백 함수 내부에서 malloc, new 등을 사용한 메모리 할당을 하지 않는다.
- 콜백 함수 내부에서 printf 함수를 사용하지 않는다.

**참고**

**블로킹(Blocking)과 넌블로킹(non-blocking)**

블로킹 함수는 어떤 함수의 실행이 끝날 때까지 함수 자신이 제어권을 갖고 있는 것을 의미한다. 반면에 넌블로킹 함수는 자신이 호출되었을 때 자신을 호출한 쪽으로 제어권을 넘기는 구조로, 자신을 호출한 쪽에서 대기 없이 다른 일을 할 수 있도록 하는 것을 의미한다. 예를 들어 wait 함수는 전형적인 블로킹 함수로서 이 함수가 실행되면 제어권이 wait 함수로 넘어가서 이 함수가 끝날 때까지 다른 어떤 작업도 할 수 없는 상태가 된다.

## 8.3_ 인터럽트를 활용한 카운터 실습

### 실습 목표

그림 8-4의 타이밍 차트와 같이 기본 LED인 LED1을 500ms마다 깜박이게 하고 푸시 버튼인 BUTTON1을 누르면 별도로 D7에 연결된 LED2가 토글되도록 한다.

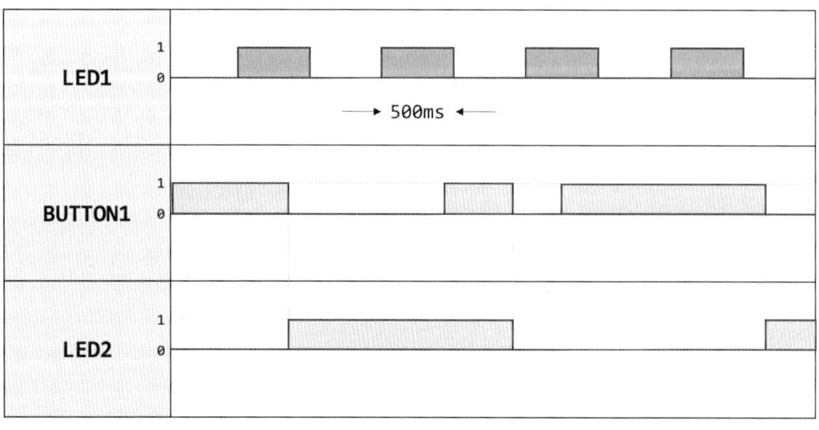


**그림 8-4** ▸ 인터럽트를 활용한 카운터 실습 타이밍 차트

**TIP**

이 실습에서 LED1은 main 루프에서 wait를 이용하여 반전시키고 LED2는 InterruptIn을 사용하여 BUTTON1의 하강 에지에서 반전시키도록 프로그램을 작성한다.

## 실습 장치

Nucleo F401RE 보드, led 1개, 220Ω 정도의 저항 1개 그리고 브레드보드가 필요하다.

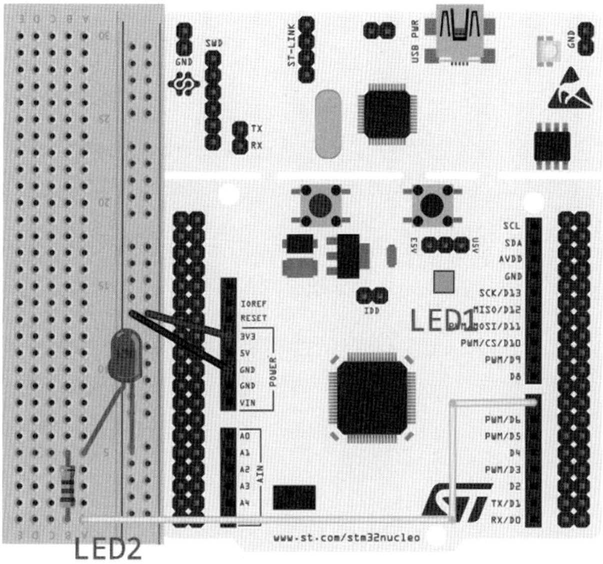


**그림 8-5** ▸ 인터럽트를 활용한 카운터 실습 장치

### 결선

그림 8-5와 같이 LED2를 D7과 연결한다.

## 실습 코드

인터럽트를 활용한 카운터 실습에 사용되는 코드는 코드 8-1과 같다.

**코드 8-1** | 인터럽트를 활용한 카운터 실습

```
#include "mbed.h"
DigitalOut led1(LED1);
DigitalOut led2(D7);
InterruptIn btn(BUTTON1);
void flip(){
```

```
    led2=!led2;
}
int main(){
    btn.fall(&flip);
    while (true) {
        led1 = !led1;
        wait_ms(500);
    }
}
```

LED1과 D7핀에 연결된 LED2를 할당하여 각각 led1과 led2라는 DigitalOut 객체를 생성하였다. 그리고 BUTTON1핀을 할당한 InterruptIn 클래스의 객체 btn을 생성하였다. 콜백 함수로 사용할 flip이라는 함수를 만들고 그 안에 led2의 값을 읽어서 반전시킨 뒤 다시 led2에 대입하는 코드를 작성하였다. main 함수에는 btn객체의 fall 함수를 이용해 하강 에지 이벤트에 대한 콜백 함수로 flip 함수를 지정하였다. 다음으로는 무한 루프인 while문 안에서 wait_ms를 사용하여 500ms마다 LED1을 반전시켰다. 결과적으로는 LED1이 500ms마다 깜빡이는 중에도 버튼에 의하여 LED2가 반전된다.

**실습에서 인터럽트를 사용한 이점**

이 실습 프로그램에서 인터럽트를 도입한 이점이 무엇인지 생각해볼 필요가 있다. 인터럽트를 사용하지 않았다면 wait를 사용한 main 프로그램에서는 wait 기간, 즉 500ms 동안은 어떤 동작도 하지 못하는 블로킹이 일어나기 때문에 버튼의 동작을 확인할 수가 없으며 그 이후에 스위치 상태를 확인한다면 버튼이 즉시 반응하지 못할 것이다. 인터럽트를 사용하는 이 프로그램은 wait 함수가 실행되는 동안에도 항상 버튼의 변화를 감지해서 콜백 함수를 실행하기 때문에 언제나 원활하게 동작한다.

## 8.4_ 카운터 클래스 만들기 실습

### 실습 목표

이 실습에서는 Counter라는 클래스를 직접 만들어 본다. 이 클래스는 InterruptIn 객체를 내부에 가지고 있다. 푸시 버튼을 누를 때마다 이를 카운트하여 내부에 멤버 데이터로 보관하고 필요에 따라 그 값을 외부에서 읽을 수 있도록 한다. 객체가 가지고 있는 카운트 값에 변화가 있을 때만 PC에 전송하여 화면에 프린트한다.

> **TIP**
>
> 카운트 값에 변화가 있을 때만 데이터를 출력하려면 새로운 데이터가 있음을 표시하는 플래그(flag)가 멤버 데이터로 있어야 한다.

### Counter 클래스 만들기

실습의 목표를 달성하기 위하여 그림 8-6과 같은 구조의 Counter 클래스를 만들려고 한다.

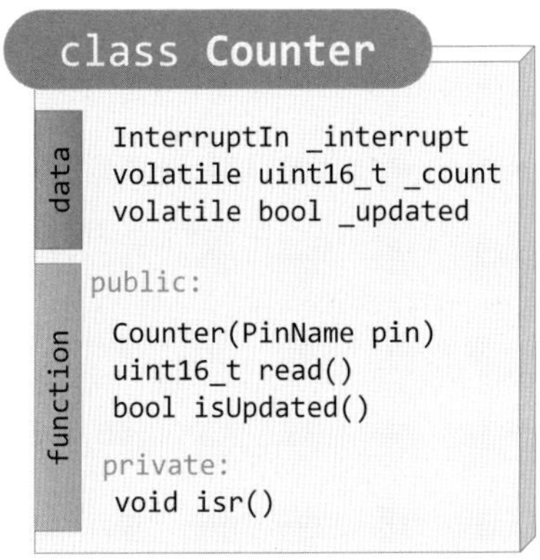


**그림 8-6** ▸ Counter 클래스의 구조

그림 8-6과 같이 Counter 클래스에는 푸시버튼 핀과 인터럽트를 연결시키는 InterruptIn 객체인 _interrupt라는 멤버 객체가 있다. 그리고 _count는 카운트 값을 저장하는 용도의 멤버 변수이다. _update는 카운트 값이 변화했다면 1이 되고, 그렇지 않으면 0이 되는 플래그로 데이터의 업데이트 여부를 표시한다. 인터럽트에 의한 콜백 함수 내부에서 값이 변하는 변수, 즉 _count와 _update는 자칫 컴파일러가 코드를 최적화를 하면서 생략 또는 변형시켜버릴 우려가 있으므로 최적화를 막기 위하여 변수를 선언할 때 volatile 키워드를 앞에 붙여 정의하였다. 생성자인 Counter에서는 객체를 생성할 때 버튼이 연결된 핀을 지정하도록 하였고, 그동안 카운트한 값인 _count값을 읽을 수 있도록 멤버 함수 read를 만들었다. 카운트 값이 변경되었는지를 true/false로 알려주는 isUpdated 함수도 만들었다. 마지막으로 isr은 InterrruptIn의 콜백 함수이며 버튼을 눌러 하강 에지가 발생했을 때 이 함수가 실행될 것이다.

### 실습 코드

코드 8-2에서 보는 바와 같이 클래스 코드의 전반부에는 Counter 클래스가 정의되어 있다. 주의 깊게 봐야할 부분이 InterruptIn 객체인 _interrupt의 초기화이다. Counter 클래스의 선언에서는 그 멤버 객체를 초기화할 수 없으며 특정 핀을 지정할 수도 없기 때문에 Counter 클래스의 생성자에서 **멤버 초기화 리스트**(Member initializer list)를 통하여 별도로 초기화해야 한다. 좀 쉽게 표현하면 멤버 객체는 이름으로 예약만 해놓고 나중에 생성자에서 **멤버 초기화 리스트**를 이용하여 실제 메모리에 객체를 구체화한다는 것이다.

코드 8-2를 보면 설명한 바와 같이 Counter 클래스의 생성자에서 생성자 괄호 다음에 콜론 ':'을 쓰고 멤버 초기화 리스트를 나열한다. 다만 멤버 객체가 아닌 일반 멤버 변수는 중괄호 {} 안에서 초기화해도 된다. 초기화 후 생성자 내부에서는 _interrupt의 멤버 함수 fall을 이용하여 하강 에지 발생시 실행해야 할 콜백 함수를 지정한다. 함수를 지정할 때 callback 함수를 이용했는데 객체의 포인터인 this와 isr 함수의 절대 주소인 &Counter::isr을 인수로 지정하였다. 그 다음으로 버튼을 누르면 실행되는 콜백 함수 isr 함수를 살펴보면 _count값을 1 증가시키고, 카운트 값이 업데이트 되었기 때문에 업데이트 상태를 표시하는 플래그 _updated를 1로 바꾼다.

read와 isUpdated 멤버 함수는 각각 변수 _count와 _updated 값을 반환하는 목적으로 만들어졌다. 여기서 중요한 포인트는 read를 호출할 때마다 _updated를 0으로 바꾸는데, 이것은 값을 방금 읽었기 때문에 더 이상 새로운 데이터가 아님을 표시하기 위함이다. 참고로 C++에서는 데이터의 보호 때문에 멤버 데이터를 외부에서 직접 읽지 못하도록 private나 protected로 선언하고 멤버 함수를 통해서만 읽게 하는 것이 권장된다.

**코드 8-2** | Counter 클래스 코드

```
#include "mbed.h"
class Counter{
  InterruptIn _interrupt;
  volatile uint16_t _count;
  volatile bool _updated;
  void isr(){
    _count++;
    _updated=1;
  }
 public:
  Counter(PinName pin): _interrupt(pin){
    _count=0; _updated= 0;
    _interrupt.fall(callback(this, &Counter::isr));
  }
  uint16_t read(){ _updated=0;  return _count;}
  bool isUpdated(){ return _updated;}
};
Counter cnt(BUTTON1);
```

```
int main() {
    while(1) {
        if (cnt.isUpdated()){
            printf(" count = %3d\n",cnt.read());
            wait(0.1);
        }
    }
}
```

이제 Counter 클래스를 사용하기 위하여 푸시 버튼 핀인 D7을 할당하여 객체 cnt를 생성하였다. main 함수의 while 루프에서는 if문과 isUpdated 함수로 카운트 업데이트 여부를 체크한다. 업데이트가 되면, 즉 isUpdated의 반환 값이 1이면 read 함수를 통하여 카운트 값을 읽어 printf로 PC로 결과를 전송한다. 반환 값이 0이면 계속 while 루프를 돈다. 따라서 버튼을 눌러 카운트 값이 변화할 때만 카운트 값을 전송하게 된다.

### 실습 결과

그림 8-7은 아두이노 시리얼 모니터를 이용하여 실습 코드의 카운트 값을 출력한 것이다.

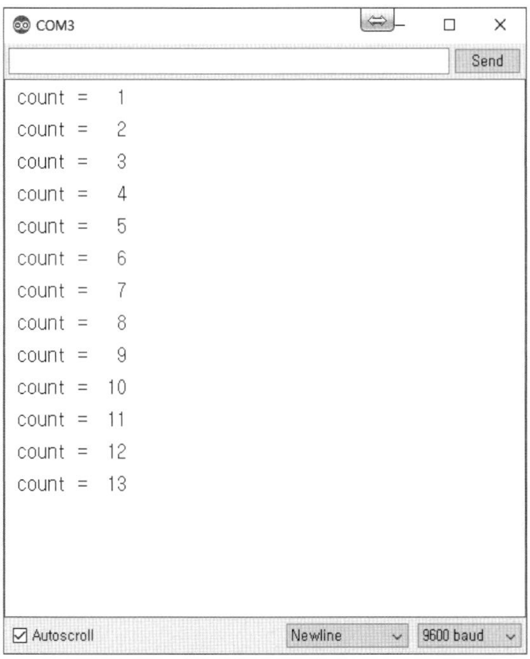


**그림 8-7** ▸ 아두이노 시리얼 모니터를 이용한 결과 출력

## 8.5_ 업다운 카운터 실습

### 실습 목표

두개의 푸시 버튼을 적용한 CounterUD 클래스를 만들고 한 버튼을 누르면 카운트 값이 1 증가하고 다른 버튼을 누르면 카운트 값이 1 감소하도록 한다. 필요에 따라 적절한 멤버 함수로 카운터 값을 읽을 수 있도록 하며 객체가 가지고 있는 카운트 값에 변화가 있을 때만 PC에 전송하여 화면에 프린트한다.

### 클래스 설계

그림 8-8처럼 CounterUD라는 클래스를 만든다. 내부적으로 InterruptIn의 객체 _upBot, _downBot을 생성하여 두 개의 푸시 버튼에 대응하도록 한다. 그리고 _count라는 변수는 카운트 값을 저장하는 용도이고 _update는 카운트 값이 업데이트 되면 true가 되는 플래그 변수이다. 이 클래스의 생성자에서는 두 개의 외부 푸시 버튼이 연결된 핀 이름 p1과 p2를 객체에 지정한다. read 함수는 카운트 값을 읽는 멤버 함수이고 isUpdated 함수는 카운터 업데이트 여부를 참과 거짓으로 반환한다. plus와 minus 함수는 각각 _upBot과 _downBot 객체에 대한 콜백 함수들이고 이 함수들은 카운트 값을 1 증가시키거나 1 감소시키는 역할을 한다.

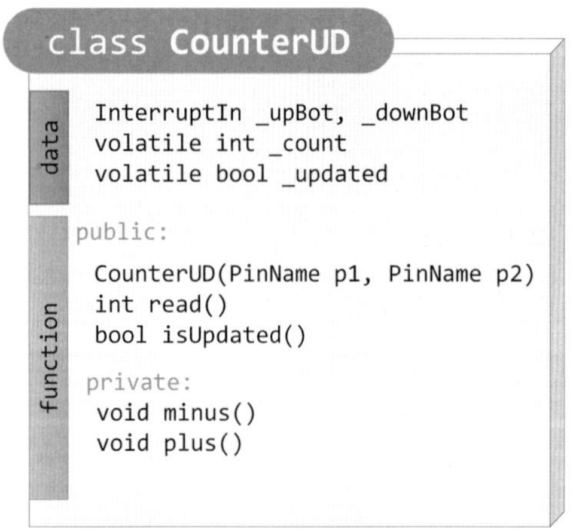


**그림 8-8** ▸ CounterUD 클래스의 구조

### 실습 장치

#### 실습 재료

Nucleo F401RE 보드, 푸시 버튼 2개 그리고 브레드보드가 필요하다.

#### 연결

그림 8-9와 같이 푸시 버튼 1(PB1)은 D2, 푸시 버튼 2(PB2)는 D3에 연결하고 푸시 버튼의 나머지 핀은 모두 GND에 연결한다.

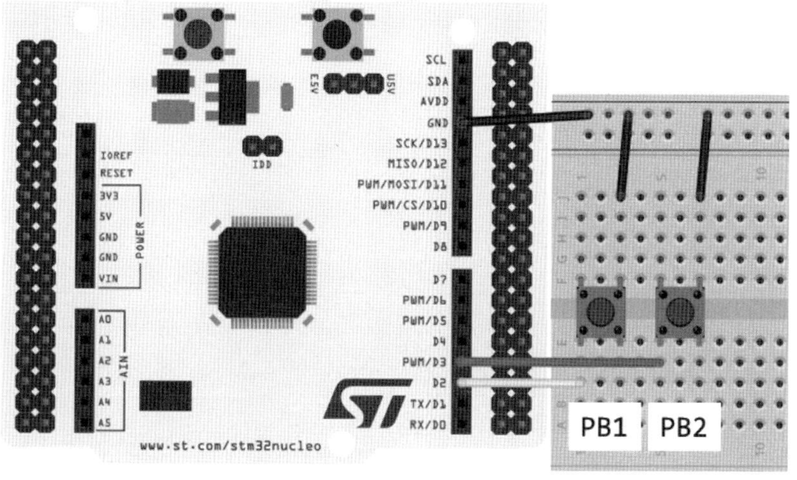


**그림 8-9** ▸ 업다운 카운터 실습 장치

### 실습 코드

실습 코드는 CounterUD를 정의한 클래스 코드와 이 클래스를 사용하는 main 코드로 분리하여 설명한다.

#### 클래스 코드

코드 8-3에는 CounterUD 클래스가 정의되어 있다. 이 클래스는 두 개의 푸시 버튼 인터럽트를 사용하기 때문에 InterruptIn 객체인 _upBot과 _downBot을 선언하였다. CounterUD 클래스의 생성자에서는 멤버 초기화 리스트를 통하여 _upBot과 _downBot 객체를 매개변수로 받은 핀 이름 p1과 p2 핀 그리고 각각의 입력을 내부 풀업으로 설정하였으며 스위치를 누르는 순간인 하강 에지에서 동작하는 콜백 함수를 지정하기 위하여 fall 함수를 사용하였다. 여기서 콜백 함수는 클래스 내부에 있는 멤버 함수이기 때문에 callback 함수를 사용하여 객체 자신의 포인터인 this와 콜백 함수의 클래스 스코프 주소인 &Counter::plus로 지정하였다. read 함수는 카운트 값인 _count를 반환하는 함수인데, 데이터의 업데이트 여부를 기록하는 _update를 false로 만들어 데이터를 읽는 것으로 더 이상 새로운 데이터가 아니라는 것을 표시하고 있다. 그리고 현재 카운트의 업데이트 상태 플래그 _update 값을 읽기 위해서 isUpdated 함수를 사용한다.

**코드 8-3** | CounterUD 클래스의 코드

```
#include "mbed.h"
class CounterUD{
    InterruptIn _upBot, _downBot;
    volatile int _count;
    volatile bool _updated;
    void plus(){
        _count++;
        _updated=true;
    }
    void minus(){
        _count--;
        _updated=true;
    }
public:
    CounterUD(PinName p1,PinName p2): _upBot(p2,PullUp), _downBot(p1,PullUp){
                                                            _count=0; _updated= false;
        _upBot.fall(callback(this, &CounterUD::plus));
        _downBot.fall(callback(this, &CounterUD::minus));
    }
    int read(){ _updated=false; return _count; }
    bool isUpdated(){ return _updated;}
};
CounterUD cnt(D2,D3);
int main() {
    while(1) {
        if (cnt.isUpdated()){
            printf("count = %3d\n",cnt.read());
            wait(0.1);
        }
    }
}
```

### main 함수 코드

코드 8-4의 main 함수 코드를 보면 먼저 푸시 버튼 스위치가 연결된 D2와 D3핀을 지정하면서 CounterUD 클래스의 객체 cnt를 생성하였다. main 함수에 while 루프가 있는데 여기서 cnt 객체의 isUpdated 멤버 함수로 새로운 데이터의 유무를 확인하고 있다. 데이터가 없으면 그냥 통과하고 새로운 데이터가 있으면 read 함수로 카운트 값을 읽어 printf로 PC로 전송하기 때문에 항상 데이터가 업데이트될 때만 새로운 카운트 값이 전송된다.

**코드 8-4** | 업다운 카운터 실습 main 함수 코드

```
CounterUD cnt(D2,D3);

int main() {
    while(1) {
        if (cnt.isUpdated()){
            printf("count = %3d\n",cnt.read());
            wait(0.1);
        }
    }
}
```

## 실습 결과

그림 8-10은 CoolTerm 프로그램을 이용한 업다운 카운터 실습 결과를 보여주고 있다. count 값이 항상 1씩 변화할 때만 출력되는 것을 볼 수 있다.

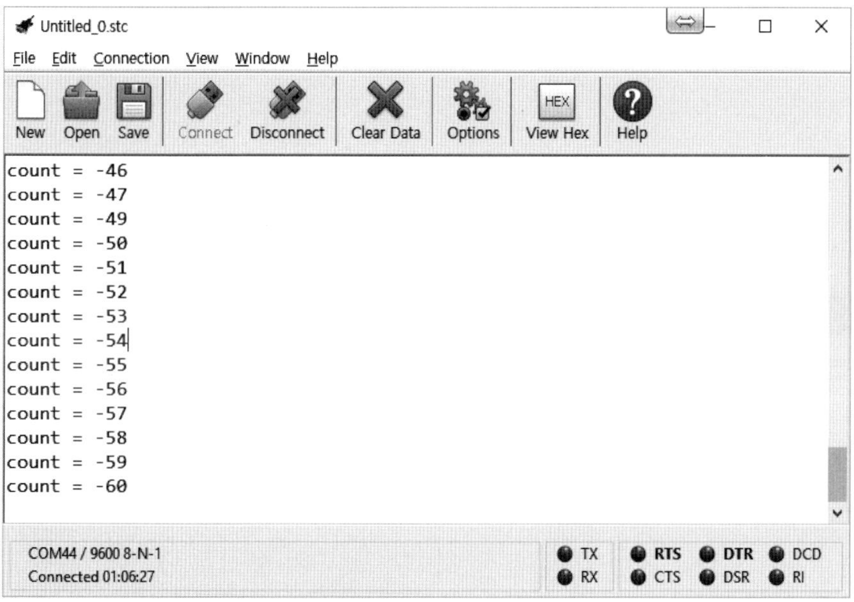


**그림 8-10** ▸ 업다운 카운터 실습 결과

# 연/습/문/제



**A. 다음 빈 칸을 채우시오.**

**1** 일반적인 MCU에서는 어떤 핀의 상태 변화를 감지하는 인터럽트를 ( )라고 부르는데 Mbed에서는 ( ) 클래스를 사용하여 이 기능을 구현한다.

**2** 인터럽트에서 하던 작업을 중단하고 ( ) 루틴으로 점프를 하는데 하던 작업이 갑자기 달라지기 때문에 이를 ( )이라고 부른다.

**3** 어떤 이벤트가 발생했을 때 따로 호출하지 않아도 자동 실행되는 함수를 ( ) 함수라고 부른다.

**4** InterruptIn 클래스에서 핀의 상태가 LOW에서 HIGH로 변하는 이벤트에 반응하는 함수를 지정하는 것은 ( ) 함수이다.

**5** InterruptIn 객체의 인터럽트를 비활성화할 때는 ( ) 함수를 사용한다.

**6** ( ) 함수는 호출되었을 때 대기 없이 곧바로 제어권을 자신이 호출한 함수로 넘기는 구조를 가지고 있다.

**7** 어떤 클래스안의 다른 클래스의 객체가 멤버로 있으면 이는 생성자의 ( )에서 초기화해야 한다.

**B. 다음 설명에 따라 적절한 코드를 작성하시오.**

**1** myClass 클래스 내부에 있는 InterruptIn 멤버 객체인 intr의 fall 함수를 사용하여 멤버 함수 act를 콜백 함수로 지정하고자 한다. 코드를 한 줄로 작성하라.

**2** pb1과 pb2라는 2개의 푸시 버튼을 사용하여 하나는 카운트 값을 증가시키고 나머지는 카운트 값을 0으로 초기화하도록 하는 CounterR 클래스를 설계하고 코딩한다. 단, 이 클래스를 테스트 할 수 있는 main 함수 코드도 작성한다.

**C. 다음 물음에 답하라.**

**1** 인터럽트의 콜백 함수를 작성할 때 주의 사항을 최소 3개 이상 작성하라.

**스마트한 Mbed로 시작하는 Cortex-M 프로그래밍:**
기초부터 프로젝트까지

CHAPTER 09

# Ticker 활용하기

## 9.1_ 타이머 개요

타이머는 우리 일상에서 자주 사용하는 익숙한 장치로서 일정 시간이 지나면 전자제품을 켜지게 하거나 꺼지게 설정할 수 있다. 타이머는 프로그램에 있어서 어떤 일련의 동작 시퀀스를 만들거나 일정한 시간 간격으로 어떤 동작을 반복하게 하는 등의 기능을 구현할 때 매우 유용한 수단이다. Mbed에서는 타이머 관련하여 Ticker, Timeout, Timer 클래스를 제공하고 있는데 이 장에서는 Ticker 클래스에 대하여 살펴볼 예정이고 Timeout, Timer 클래스는 다음 장에서 다루기로 한다.

## 9.2_ Ticker, Timeout, Timer 클래스의 기능

구체적으로 학습하기 전에 그림 9-1에서 보는 바와 같이 타이머 관련하여 Mbed에서 제공하는 Ticker, Timeout 그리고 Timer 클래스의 개괄적인 기능과 특징에 대하여 살펴본다.

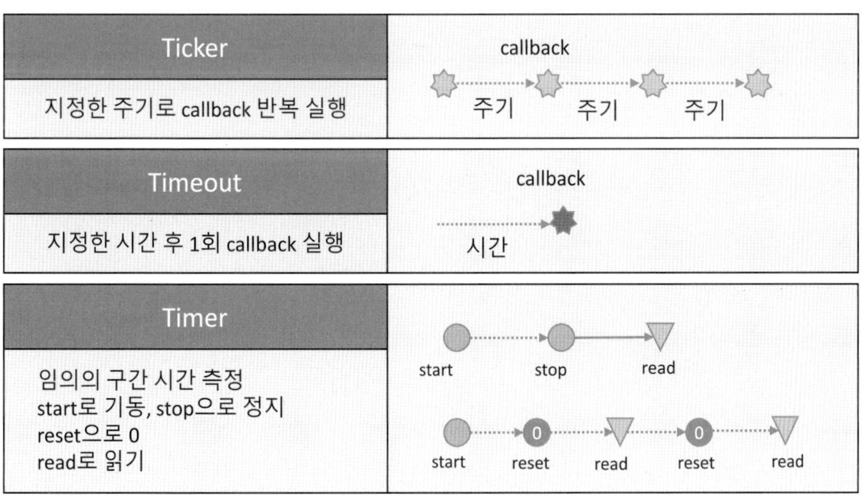


**그림 9-1** ▸ Ticker, Timeout, Timer 클래스의 기본 기능

Ticker 클래스는 일정한 시간 간격마다 지정한 콜백 함수를 주기적으로 실행시키는 용도로 사용한다. Timeout 클래스는 지정한 시간이 지나면 콜백 함수를 1회 실행하기 때문에 일정 시간을 지연시켰다가 동작하는 용도에 사용할 수 있다. Timer는 스톱워치처럼 시계를 시작하고 정지시키거나, 리셋하여 0으로 만들거나, 필요에 따라 임의 시점의 시간을 읽을 수 있는 기능이 있어 원하는 시간 간격을 측정할 때 편리하다.

## 9.3_ Ticker 클래스

Ticker 클래스는 일정한 시간 주기로 콜백 함수를 자동으로 호출시키고자 할 때 사용하는 클래스이다.

### 생성자

Ticker 클래스는 생성자의 용법은 표 9-1과 같다.

**표 9-1** ▸ Ticker 클래스의 생성자

| 생성자 | Ticker 객체를 생성한다. |
|---|---|
| `Ticker()` | |
| [예제] | `Ticker tic;` |

Ticker 객체를 생성시키는 생성자이며 예제에서는 tic이라는 이름의 객체를 생성하였다.

### 콜백 함수 지정

#### 일반 함수를 콜백 함수로 지정

Ticker 클래스에서 지정하고자 하는 콜백 함수가 일반 함수일 때, 즉 어떤 클래스에 소속된 함수가 아닐 때에 콜백을 지정하는 함수는 두 개가 있다. 함수가 실행될 시간 간격을 초 단위 또는 us 단위로 지정할 지에 따라 attach와 attach_us로 나누어지며 그 설명은 다음과 같다.

먼저 attach 함수의 용법은 표 9-2와 같다.

**표 9-2** ▸ 일반 함수를 콜백으로 지정 - 초 단위 주기

| **콜백 지정1** | 콜백 함수로 초 단위의 주기로 반복 실행될 일반 함수를 지정한다. |
|---|---|
| `void .attch(Callback<void()> fun, float t)` | |
| fun | 주기적으로 호출될 반환형이 void인 함수의 주소 |
| t | 초 단위의 콜백 함수가 호출될 주기 |
| [예제] | `Ticker tic;`<br>`tic.attach(&ISR,0.02);` |

이 attach 함수는 fun 함수를 콜백 함수를 지정해 t초 주기로 반복 실행되도록 한다. 예제는 tic 객체에 ISR이라는 함수를 0.02초 주기로 실행되도록 하고 있다.

attach_us 함수의 용법은 표 9-3과 같다.

**표 9-3** ▸ 일반 함수를 콜백으로 지정 - us 단위 주기

| **콜백 지정2** | 콜백 함수로 us 단위의 주기로 반복 실행될 일반 함수를 지정한다. |
|---|---|
| `void .attach_us(Callback<void()> func, us_timestamp_t t_us)` | |
| func | 주기적으로 호출될 반환형이 void인 함수의 주소 |
| t_us | 마이크로초 단위의 콜백 함수가 호출될 주기 |
| [예제] | `Ticker tic;`<br>`tic.attach_us(&ISR,20000);` |

이 attach_us 함수는 func 함수를 콜백 함수로 지정해 t_us 마이크로초 주기로 반복 실행되도록 지정한다. 예제는 tic 객체를 이용하여 ISR이라는 함수를 20000us, 즉 0.02초 주기로 반복 실행되도록 하고 있다.

### 멤버 함수를 콜백 함수로 지정

이 경우는 콜백 함수로 지정할 함수가 어떤 클래스 내의 멤버 함수인 경우이다. 물론 Ticker 객체도 이 클래스의 멤버 객체로 존재해야 한다. 그 용법은 표 9-4와 같다.

**표 9-4** ▸ 멤버 함수를 콜백으로 지정 – 초 단위 주기

| **콜백 지정3** | 콜백 함수로 초 단위의 주기로 실행될 멤버 함수를 지정한다. |
|---|---|
| `void .attach(Callback(T *obj, M method), float t)` | |
| obj | Ticker 객체가 포함된 객체의 주소 |
| method | 호출될 멤버 함수의 주소 |
| t | 콜백 함수가 호출될 주기(초 단위) |
| [예제] | `class myClass{`<br>`    Ticker tic;`<br>`    myClass(){`<br>`    tic.attach(callback(this,&myClass::ISR) ,0.02);`<br>`        ...` |

attach 함수는 method를 콜백 함수로 지정해 t초 간격으로 실행되도록 한다. 예제는 myClass 내부의 tic이라는 멤버 객체가 있고 생성자에서 멤버 함수 ISR이 0.02초 주기로 실행되도록 하고 있다. 여기서 callback의 인수로 myClass 객체의 포인터인 this와 ISR의 절대 주소를 지정해야 한다.

한편 실행 주기가 us 단위인 경우에 사용하는 attach_us 함수의 용법은 표 9-5와 같다.

**표 9-5** ▸ 멤버 함수를 콜백으로 지정 – us 단위의 주기

| **콜백 지정4** | 콜백 함수로 us 단위의 주기로 실행될 멤버 함수를 지정한다. |
|---|---|
| `void .attach_us(Callback(T *obj, M method), us_timestamp_t t_us)` | |
| obj | Ticker 객체가 포함된 객체의 주소 |
| method | 호출될 멤버 함수의 주소 |
| t_us | 콜백 함수가 호출될 주기(마이크로초 단위) |
| [예제] | `class myClass{`<br>`    Ticker tic;`<br>`    myClass(){`<br>`        tic.attach_us(callback(this,&myClass::ISR) ,20000);`<br>`        ...` |

attach_us는 attach 함수와 기능과 용법이 같은데 단지 실행 주기를 us, 즉 마이크로초 단위의 정수로 지정한다는 것만 다르다. 예제는 myClass의 생성자에서 멤버 함수인 ISR 함수가 2000us마다 실행되도록 멤버 객체 tic을 이용하여 콜백 함수를 지정하고 있다.

### 콜백 함수 지정 해제

detach 함수로 콜백 함수 지정을 해제할 수 있다. 콜백 함수의 주기적 실행을 중단시키는 역할을 하는데 그 용법은 표 9-6과 같다.

**표 9-6** ▸ 콜백 함수 지정 해제

| **콜백 해제** | 콜백 함수 지정을 해제한다. |
|---|---|
| `void .detach()` | |
| [예제] | `tic.detach();` |

detach 함수는 이미 지정했던 콜백 함수를 해제하는 멤버 함수이다.

## 9.4_ Ticker를 이용한 다른 주기로 LED 점멸

### 실습 목표

Ticker클래스를 이용하여 그림 9-2와 같이 LED1을 100ms 간격으로 점멸하면서 동시에 LED2를 1000ms 간격으로 점멸하는 프로그램을 작성한다.

> **TIP**
>
> LED2는 main 루프에서 점멸시키고, LED1은 Ticker의 콜백 함수를 지정해서 이 함수에서 주기적으로 반전시킨다.

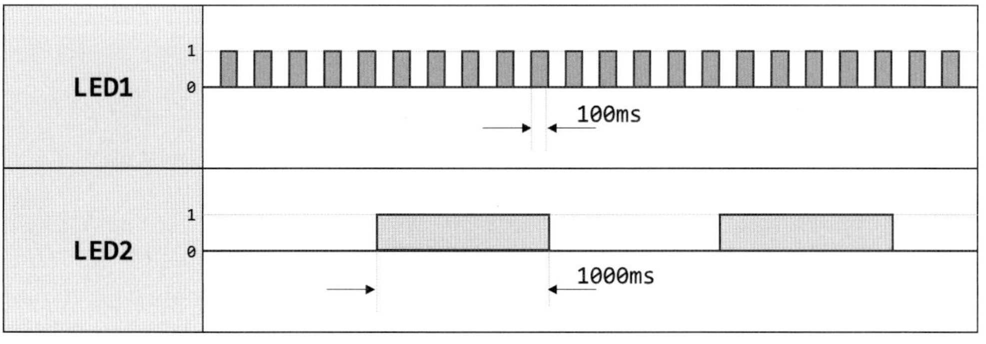


**그림 9-2** ▸ 다른 주기로 LED 점멸 실습 타이밍 차트

## 실습 장치

### 실습 재료

Nucleo F401RE, LED 1개, 220Ω 정도의 저항 1개 그리고 브레드보드가 사용된다.

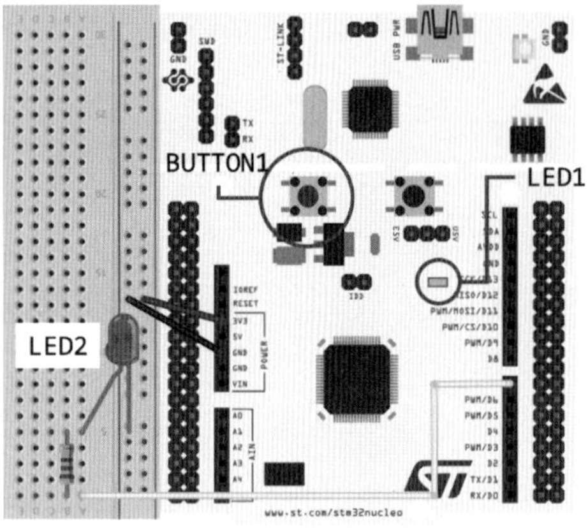


**그림 9-3** ▸ 다른 주기로 LED 점멸 실습 장치

### 결선

그림 9-3과 같이 LED2의 +극은 220 Ω 저항을 통하여 D7핀에 그리고 LED2의 −극은 GND에 연결한다.

## 실습 코드

코드 9-1을 살펴보면 Ticker 객체 tic을 생성하였으며, LED가 연결된 핀들을 지정하면서 DigitalOut 객체 led1, led2를 각각 생성하였다. 그 다음에 있는 toggle 함수는 tic 객체의 콜백 함수로 사용될 예정인데 내부에는 led1을 반전시키는 코드 한 줄뿐이다. main 함수에서는 먼저 tic 객체의 attach 함수를 사용하여 콜백 함수를 지정하는데 toggle의 주소와 콜백의 주기 0.1초를 지정하여 toggle 함수가 이 주기로 자동 실행되도록 하였다. 즉 tic의 콜백으로 매 0.1초마다 toggle 함수가 실행되기 때문에 led1이 0.1초마다 반전 된다. main 함수 내부의 while 루프에서는 wait 함수를 사용하여 led2를 1초 주기로 반전시키고 있다.

**코드 9-1** | 다른 주기로 LED 점멸 실습 코드

```
#include "mbed.h"
Ticker tic;
DigitalOut led1(LED1);
DigitalOut led2(D7);
void toggle() {
```

```
    led1 = !led1;
}
int main() {
    tic.attach(&toggle, 0.1);
    while (true) {
        led2=!led2;
        wait(1.0);
    }
}
```

**참고**

Ticker를 사용하지 않고 두 개의 led를 서로 다른 주기로 깜빡이게 하는 다른 방법을 생각해보자. 그림 9-2의 타이밍 차트를 살펴보자. wait만을 사용한다면 긴 주기의 LED2의 점멸을 위한 wait 함수가 돌아가는 동안 짧은 주기 LED1은 정지 상태가 될 수 밖에 없다. 이렇게 wait 등에 의하여 모든 동작이 정지되는 현상을 블로킹(blocking)이라고 한다. 블로킹 없이 wait만 가지고 서로 다른 주기의 2개의 led를 깜빡이려면 아주 짧은 주기의 wait를 사용하고 counter 변수를 1씩 증가시키면서 counter 변수의 배수마다 각각의 LED를 반전시키는 방법이 있기는 하다. 블로킹에 대한 주제는 계속 다루겠지만 이 시점에서 앞의 코드는 main 함수 내에 wait 함수에 의한 블로킹이 있음에도 불구하고 Ticker의 콜백 함수의 도움으로 LED1의 점멸을 계속할 수 있다는 사실을 환기시킨다.

## 9.5_ Blinker 클래스 만들기 실습

### 실습 목표

이 실습은 9.4절의 다른 주기로 LED 점멸 실습과 동일한 동작을 하는 프로그램을 Blinker라는 클래스를 만들어 작성한다. 즉 LED1이 100ms마다 점멸하면서 LED2는 1000ms로 점멸하게 하는 프로그램을 클래스를 만들어 작성한다.

### 실습 장치

9.4절의 주기가 다른 LED 점멸 실습과 동일하다.

### 클래스의 설계

그림 9-4와 같은 Blinker라는 클래스를 정의하는데, 내부에 DigitalOut 객체 _led와 Ticker 객체 _tick을 멤버 객체로 가지고 있어 이들을 적절하게 설정하면 주기적인 LED 동작이 가능하

게 된다. 생성자에서는 핀 이름 pin을 전달받아 DigitalOut 객체 _led에 할당할 것이고 begin 멤버 함수에서 매개변수 intval을 받아 led 점멸 주기를 설정할 수 있도록 한다. 마지막으로 blink 함수는 _tick의 콜백 함수로 동작한다.

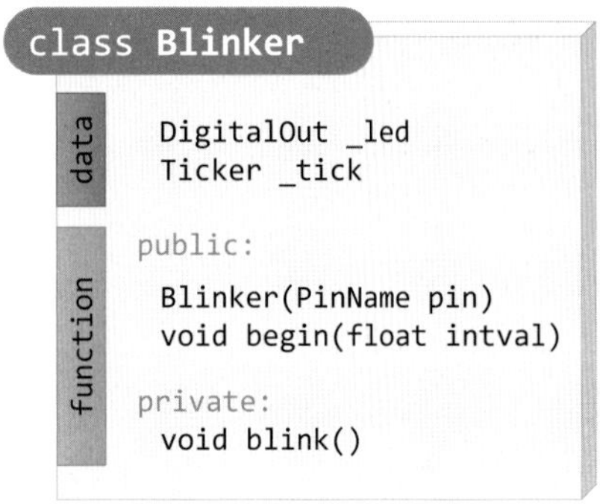


**그림 9-4** ▸ Blinker 클래스의 구조

## 실습 코드

### 클래스 정의 코드

코드 9-2의 Blinker 클래스 코드를 살펴보면 접근 한정자 public을 사용해 공개된 멤버 함수는 생성자와 begin이다. 생성자는 임시로 선언되었던 객체 _led를 멤버 초기화 리스트에서 핀 이름 pin을 할당하여 구체화하는 역할을 한다. begin 함수에서는 초 단위의 주기인 sec를 받아 attach 함수를 이용하여 blink 함수를 콜백 함수로 지정하고 그 실행 주기를 sec로 설정하였다. 여기서 blink는 일반 함수가 아니라 Blink의 멤버 함수이기 때문에 9.3절에서 설명한 콜백 지정 방식 3에 해당하며 Blinker 객체의 포인터 this와 blink 함수의 클래스 스코프 주소인 &Blinker::blink를 인수로 전달하여 콜백을 지정하였다.

**코드 9-2** | Blinker 클래스 만들기 실습 코드

```
#include "mbed.h"
class Blinker{
    DigitalOut _led;
    Ticker _tick;
    void blink(){
        _led=!_led;
    }
  public:
    Blinker(PinName pin): _led(pin){
        _led=0;
```

```
    }
    void begin(float sec){
        _tick.attach(callback(this, &Blinker::blink), sec);
    }
};
```

실습 목표를 달성한 main 함수 코드로는 (1) 하나의 객체와 wait 함수를 사용한 경우 그리고 (2) 두개의 객체를 사용하는 경우 두 가지 방법을 소개한다.

### main 함수 코드 1

**코드 9-3** 하나의 객체와 wait 함수를 사용한 main 함수 코드

```
Blinker blink(LED1);
DigitalOut led2(D7);
int main() {
    blink.begin(0.1);
    while (true) {
        led2=!led2;
        wait(1.0);
    }
}
```

코드 9-3은 첫 번째 main 함수 코드로서 LED1은 Blinker 클래스의 blink 객체를 통하여 0.1초 주기로 점멸시키고 LED2는 main 함수의 while문에서 wait 함수를 사용하여 1초마다 반전시키는 방법을 보여주고 있다.

### main 함수 코드 2

**코드 9-4** 두 개의 객체를 사용한 main 함수 코드

```
Blinker blink(LED1);
Blinker blink2(D7);
int main() {
    blink.begin(0.1);
    blink2.begin(1.0);
    while (true) {  }
}
```

코드 9-4는 main 함수 코드를 작성하는 두 번째 방법으로, LED1과 LED2를 각각 blink1과 blink2라는 Blinker 객체로 생성하고 begin 함수를 통하여 실행 주기를 0.1초와 1초로 설정하였다. 이 경우는 main 함수의 while문 안에는 아무런 코드가 없기 때문에 다른 작업 코드를 여유있게 넣을 수 있으며 코드 내에 wait 함수를 사용하지 않았기 때문에 블로킹(blocking)에 대한 우려도 없다는 장점이 있다.

# 연/습/문/제



**A. 다음 빈 칸을 채우시오.**

1 Mbed에서 타이머와 관련된 3개의 클래스 중 ( )는 특정 작업을 함수로 만들어 지정한 주기로 실행할 때 편리하다.

2 Ticker 클래스에서 ( ) 멤버 함수는 콜백 함수를 지정하고 주기를 마이크로초 단위로 설정할 때 사용한다.

3 Ticker 클래스의 객체에서 이미 지정된 콜백 함수의 동작을 해제할 때 ( ) 멤버 함수를 사용한다.

**B. 다음 설명에 따라 적절한 코드를 작성하시오.**

1 myClass라는 클래스 내부에 있는 Ticker 클래스의 객체인 tic이 멤버로 정의되었다고 할 때 attach 함수를 사용하여 멤버 함수 act를 콜백 함수로 설정하고 100ms마다 실행되도록 지정하는 한 줄의 코드를 작성하라.

2 Blinker 클래스에 점멸을 시작하는 begin 함수와 점멸 동작을 정지시키는 stop 함수를 추가하여 Blinker2라는 클래스 코드와 테스트 코드를 만들어라.

3 2번과 같은 동작을 하는 Blinker2 클래스를 상속을 통하여 정의하는 코드와 이에 대한 테스트 코드를 만들어라.

**스마트한 Mbed로 시작하는 Cortex-M 프로그래밍:**
기초부터 프로젝트까지

CHAPTER 10

# Timer와 Timeout 활용하기

9장에서는 Ticker 클래스를 학습하였다. 이 장에서는 Timer와 Timeout 클래스의 기본 API와 그 프로그래밍에 대하여 살펴보고 실습을 통하여 다양한 활용 방법을 익히도록 한다.

## 10.1_ Timer 클래스

Timer 클래스는 스톱워치처럼 시간을 측정할 수 있는 시계 클래스이다. 그림 10-1에서 Timer 클래스의 주요 동작을 볼 수 있는데 이 클래스 내부에는 시계가 들어있다. 이를 시작시킬 수도 있고 일시정지시킬 수도 있으며 리셋할 수도 있고 원하는 시점의 시간을 읽을 수도 있다. 이런 기능을 이용하여 코드의 실행 소요시간을 측정하거나 또는 일정한 시간 간격으로 어떤 작업을 반복하여 실행할 때 편리하게 사용할 수 있다.

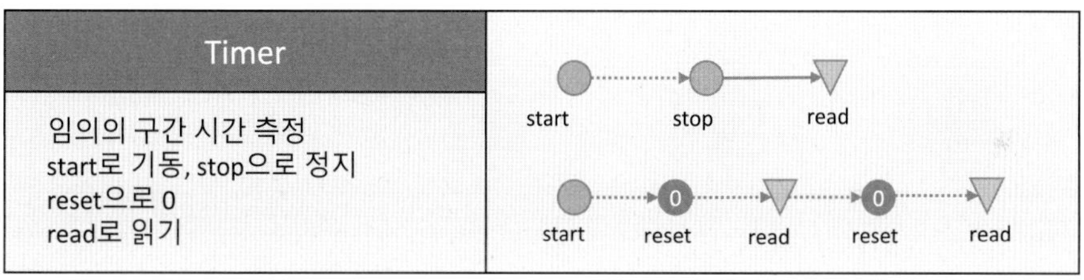


**그림 10-1** ▸ Timer 클래스의 주요 동작

### 생성자

Timer 클래스의 생성자 용법은 표 10-1과 같다.

**표 10-1** ▸ Timer 클래스의 생성자

| 생성자 | Timer 객체를 생성한다. |
|---|---|
| `Timer()` | |
| [예제] | `Timer tmr;` |

Timer 객체를 생성시키는 생성자로 예제에서는 객체 tmr을 생성시켰다.

## 동작 함수

Timer 클래스의 동작을 제어하는 함수에는 시계를 시작시키는 start, 시계의 진행을 일시정지시키는 stop 그리고 현재까지 측정한 시간을 0으로 만드는 reset 함수가 있다.

### 시작 함수

Timer 클래스에서 시계의 시간 카운팅을 시작시키는 start 함수의 용법은 표 10-2와 같다.

**표 10-2** ▸ Timer 시작 함수

| **시작** | 시계를 작동시킨다. |
|---|---|
| `void .start()` | |
| [예제] | `Timer tmr;`<br>`tmr.start();` |

Timer 객체의 시간은 원래 멈춰 있다. 멤버 함수 start는 이 시계가 작동하게 한다. 예제는 생성된 tmr 객체의 내부 시계를 시작하게 하는 코드이다.

### 정지 함수

Timer 클래스에서 작동 중인 시계를 정지시키는 stop 함수의 용법은 표 10-3과 같다.

**표 10-3** ▸ Timer 정지 함수

| **정지** | 시계를 정지시킨다. |
|---|---|
| `void .stop()` | |
| [예제] | `Timer tmr;`<br>`tmr.stop();` |

stop 함수는 이미 실행되고 있는 시계의 작동을 정지시킨다. 이 경우 타이머의 시간이 정지되고 타이머 값이 정지 시점의 시간으로 유지된다.

그림 10-2는 어떤 프로그램 일부분의 아주 짧은 실행 시간을 Timer로 측정하는 코드이다. 먼저 start로 시계를 시작한 후 측정하고자 하는 코드를 처리하고 stop을 통하여 시간을 정지시키고 read_us로 코드 부분의 소요 시간을 읽는 형식이다. 이 때 만일 stop 함수로 시계를 정지

시키지 않았다면 printf나 read_us 함수에서 소요된 시간도 포함될 우려가 있기 때문에 시계를 정지시키고 읽는 것이 바람직하다.

```
Timer tmr;
...
        tmr.start();

        [ codes ]  } 실행 시간 측정

        tmr.stop();       // stop이 중요
        printf("Time: %d\n",tmr.read_us());
...
```

**그림 10-2** ▸ 실행 시간 측정 시 주의사항

### 리셋 함수

타이머의 시간 값을 0으로 초기화하는 reset 함수의 용법은 표 10-4와 같다.

**표 10-4** ▸ Timer의 리셋 함수

| 리셋 | 시간을 0으로 초기화한다. |
|---|---|
| `void .reset()` | |
| [예제] | `Timer tmr;`<br>`tmr.reset();` |

reset 함수는 객체 내의 시간 값을 0으로 초기화시킨다. 코드의 어떤 구간의 실행되는 시간을 계측할 때 먼저 타이머를 0으로 만들어 놓고 구간이 끝날 때 시간을 읽기만 해도 구간에서 소요되는 시간을 읽을 수 있다.

## 읽기 함수

시간 간격을 계측할 때 시계를 작동시키고 시작 시점과 끝 시점의 시간을 알아야하기 때문에 해당 시점의 시간 값을 읽는 것이 필요하다. Timer 클래스에서는 read, read_ms 그리고 read_us 함수 또는 형변환 연산자 float()의 오버로딩을 통하여 현재 시간 값을 읽을 수 있다.

### read 함수

타이머의 현재 시간을 읽는 함수는 read, read_ms, read_us가 있는데 이름에서 짐작할 수 있는 것처럼 이들은 시간 단위와 자료형이 다르다. 이 함수들의 용법은 표 10-5와 같다.

**표 10-5** ▸ Timer 읽기 함수들

| **읽기** | 현재 시간을 반환한다. |
|---|---|
| `float .read()` | |
| return | 현재 시간을 초 단위의 float으로 반환 |
| [예제] | `Timer tmr;`<br>`tmr.start();`<br>`...`<br>`float time_lapsed = tmr.read();` |
| `int .read_ms()` | |
| return | 현재 시간을 밀리초 단위의 int로 반환 |
| [예제] | `int time_lapsed =tmr.read_ms();` |
| `int .read_us()` | |
| return | 현재 시간을 마이크로초 단위의 int로 반환 |
| [예제] | `int time_lapsed =tmr.read_us();` |

read 함수는 현재 시간을 초 단위의 float형으로 반환하고 read_ms와 read_us는 현재 시간을 각각 ms와 us 단위의 int형으로 반환한다. 예제는 각각의 함수로 읽은 현재 시간을 time_lapse라는 변수에 대입한다.

### 형변환 연산자 float()

현재 시간 값을 읽을 수 있는 형변환 연산자 float()의 오버로딩의 용법은 표 10-6과 같다.

**표 10-6** ▸ 형변환 연산자 float()의 오버로딩

| **연산자 float()** | float으로의 형변환이 일어나면 현재 시간을 초 단위로 반환한다. |
|---|---|
| `operator float( )` | |
| | 현재 시간을 초 단위의 float형으로 반환 |
| [예제] | `Timer tmr;`<br>`float time_lapsed =tmr;` |

객체가 float으로 형변환될 때 이 연산자 오버로딩이 동작한다. 현재 시간을 읽어서 float형으로 반환하기 때문에 read 함수의 간략형으로 사용될 수 있다. 예제의 결과는 time_lapsed = tmr.read()와 동일하다.

## 10.2_ Timer 이용 시간 간격 측정 실습

### 실습 목표

이 실습의 목표는 어떤 프로그램의 일부분을 실행하는데 소요되는 시간을 Timer로 측정하는 것이다. 15바이트("PRINT 15bytes!\n")를 PC에 반복적으로 전송하고 전송에 소요되는 시간을 us 단위로 PC에 출력하는 프로그램을 작성한다.

### 실습 장치

Nucleo F401RE 보드만 있으면 된다.

### 실습 코드

코드 10-1에서는 먼저 watch라는 Timer 객체를 생성하였다. main 함수에서는 while로 만든 무한 루프가 있는데 먼저 멤버 함수 reset으로 watch의 시간을 0으로 초기화한다. 그리고 start 함수로 시간 측정을 시작하고 printf로 PC에 15바이트를 보낸다. 그 다음 곧바로 stop으로 watch의 시계를 정지시키고 read_us로 마이크로초 단위의 시간을 읽어서 PC에 전송한다. 따라서 이 코드를 통해 15바이트 "PRINT 15bytes!\n"를 전송할 때 소요되는 시간을 us 단위로 확인할 수 있다.

**코드 10-1** Timer 이용 시간 간격 측정 실습 코드

```
#include "mbed.h"

Timer watch;

int main() {
    while(1) {
        watch.reset();
        watch.start();
        printf("PRINT 15bytes!\n");
        watch.stop();
        printf("It takes about %5u us\n", watch.read_us());
        wait(1);
    }
}
```

### 실습 결과

작성한 코드를 실행시켜서 측정한 결과는 다음 그림 10-3과 같고 15바이트 전송에 소요된 시간이 대략 13638us 정도라는 것을 확인할 수 있다. 결과를 보면 대략 1바이트 당 909us가 소요된다는 것을 알 수 있다. 다만, 이는 기본 PC 전송 속도 9600bps에 대한 결과라서 전송 속도를 높인다면 소요시간을 더 단축할 수도 있다.

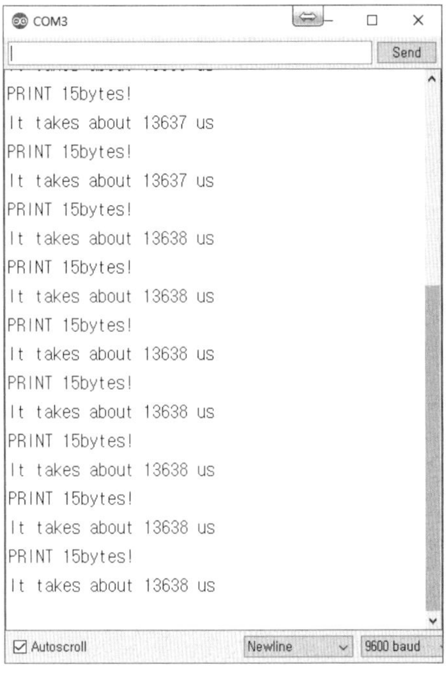


**그림 10-3** ▸ Timer 이용 시간 간격 측정 실습 결과

## 10.3_ Timer를 이용한 샘플 시간 구현 실습

로봇, 드론 등의 장치를 정확하게 제어할 때나 센서 신호를 디지털 필터를 사용하여 원하는 신호로 바꾸고자 하는 경우 항상 정확한 샘플 시간(sample time)을 유지하는 것이 프로그램의 핵심이다. 이 실습을 통해 블로킹이 있는 wait 함수를 사용하지 않고 Timer 클래스를 이용하여 원하는 정확한 샘플 시간을 유지하는 방법을 학습하게 된다.

### 실습 목표

지연 함수 wait를 사용하지 않고 Timer를 이용하여 정확하게 10ms 마다 LED1을 반전시킨다. 이 실습의 목적은 측정이나 제어에 필요한 정확한 샘플 시간의 구현이다.

## 실습 장치

Nucleo F401RE 보드만 있으면 된다.

## 실습 코드

**코드 10-2** Timer를 이용한 샘플 시간 구현 실습

```
#include "mbed.h"
#define SAMPLE_INTERVAL 10000
Timer tmr;
DigitalOut led(LED1);
int main() {
    tmr.start();
    while(1) {
        if (tmr.read_us()>SAMPLE_INTERVAL){
            tmr.reset();
            led=!led;
        }
    }
}
```

코드 10-2를 보면 먼저 목표 샘플 시간 10ms를 만들기 위해의 상수 SAMPLE_INTERVAL을 마이크로초 단위의 샘플 시간 10000으로 정의하였다. 그 다음 Timer 객체 tmr과 LED1에 대한 DigitalOut 객체 led를 생성하였다. main 함수에서 start 함수를 이용해 tmr 객체의 타이머를 기동시켰고 while루프 안에서 read_us로 읽은 현재 시간이 SAMPLE_INTERVAL에 도달했는 지를 검사한다. 도달하지 않았으면 if문을 그냥 지나가지만 샘플 시간에 도달하면 if문을 통과하여 led를 반전시킨다. 다음 샘플 시간 비교를 위하여 tmr의 시간을 reset 함수로 0으로 만들어야 한다. reset을 해주어야 read_us로 읽은 값이 한 주기가 되기 때문이다.

## 실습 결과

보드의 LED1이 10ms마다 반전되는 것을 확인할 수 있다.

## Timer 클래스를 이용하는 장점

LED 점멸 프로그램을 wait 함수로 작성한 경우와 Timer 클래스로 작성한 경우를 비교해보고 Timer 클래스를 이용하는 장점을 설명하고자 한다. 그림 10-4의 (a)는 wait 함수를 사용하여 10ms마다 led를 반전시키는 형태의 프로그램이다. Nucleo 보드는 84MHz의 클럭으로 돌

고 있기 때문에 led를 반전시키는 정도는 수십 분의 1us 이내에 실행될 수 있으나 wait 함수를 사용하는 구간에는 아무 일도 할 수 없는 sleep 상태(블로킹 상태)가 된다. 이 프로그램에 5ms 정도의 시간이 소요되는 계산이 추가되었다면 별도로 시간이 더 소요되기 때문에 주기 10ms 에도 영향을 주게 된다. 반면에 Timer 클래스를 사용하면 그림 (b)의 awake 구간에서 1us 이하의 빠른 속도로 루프가 계속 돌면서 샘플 시간을 체크하기만 하므로 다른 작업을 넉넉하게 넣을 수 있으며 별도로 5ms 정도의 시간이 걸리는 작업이 추가되어도 샘플 시간이 일정하게 유지된다.

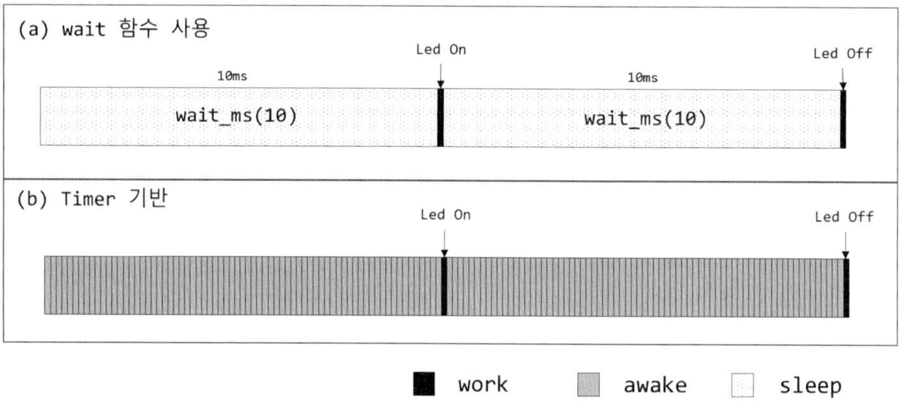


**그림 10-4** ▸ 샘플 시간을 만드는 두 가지 방법의 비교

## 10.4_ Timeout 클래스

Timeout 클래스는 아래 그림 10-5처럼 지정한 일정 시간이 지난 뒤 콜백 함수를 1회 자동 실행시키는 기능이므로 원하는 시간만큼 지연시켜 어떤 동작을 하도록 할 수 있다. 예를 들어 선풍기를 지정한 시간 이후에 꺼지게 하거나 밥솥이 지정한 시간 후에 켜지게 하는 타이머와 같은 기능을 한다.

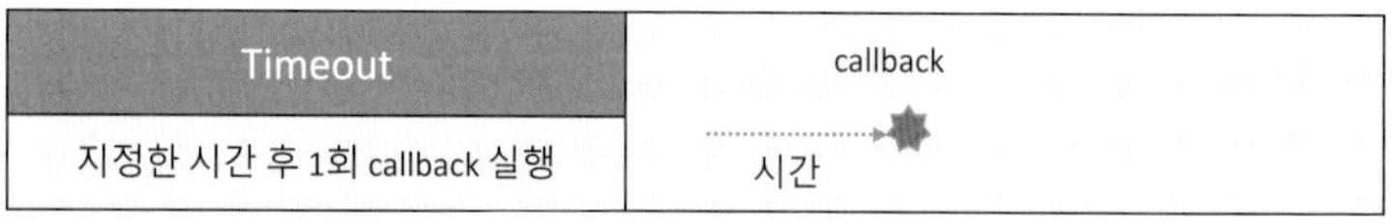


**그림 10-5** ▸ Timeout 클래스의 기능

### 생성자

Timeout 객체를 생성시키며 그 용법은 표 10-7과 같다.

**표 10-7** ▸ Timeout 클래스의 생성자

| 생성자 | Timeout 객체를 생성한다. |
|---|---|
| `Timeout()` | |
| [예제] | `Timeout tmo;` |

예제는 Timeout 객체인 tmo를 생성하는 코드이다.

## 콜백 함수 지정

Timeout 클래스는 일정 시간 후 콜백 함수를 1회 자동 실행시키는 것이 핵심이다. 콜백 함수가 일반 함수인 경우와 어떤 클래스의 내부에 있는 멤버 함수로 정의된 경우의 용법이 약간 다르기 때문에 나누어 설명한다.

### 일반 함수를 콜백으로 지정

초 단위로 설정한 시간 후에 자동 실행시킬 콜백 함수로 일반 함수를 지정하는 attach 함수의 용법은 표 10-8과 같다.

**표 10-8** ▸ Timeout 클래스에서 일반 함수를 콜백으로 지정 – 초 단위

| 콜백 지정1 | 콜백 함수로 초 단위의 시간 후에 자동 실행시킬 일반 함수를 지정한다. |
|---|---|
| `void .attach(Callback<void()> func, float t)` | |
| func | 일정시간 후 호출될 함수의 주소 (반환형이 void여야 함.) |
| t | 콜백 함수가 호출될 때까지의 시간 (초 단위) |
| [예제] | `Timeout tmo;`<br>`tmo.attach(&ISR,0.02);` |

attach 함수를 이용하여 t초 후에 자동 실행시킬 콜백 함수 func를 지정한다. 예제는 먼저 tmo라는 Timeout 객체를 생성하고 0.02초 후에 실행될 콜백 함수로 ISR을 지정하였다.

한편 us 단위로 설정한 시간 후에 자동 실행시킬 콜백 함수로 일반 함수를 지정하는 attach_us 함수의 용법은 표 10-9와 같다.

**표 10-9** ▸ Timeout 클래스에서 일반 함수의 콜백 지정 – us 단위 지정

| **콜백 지정2** | us 단위의 시간 후에 자동 실행시킬 일반 함수를 콜백 함수로 지정한다. |
|---|---|
| `void .attach_us(Callback<void()> func, us_timestamp_t t_us)` | |
| func | 일정시간 후 호출될 함수의 주소 (반환형이 void이어야 함.) |
| t_us | 콜백 함수가 호출될 때까지의 시간 (마이크로초 단위) |
| [예제] | `Timeout tmo;`<br>`tmo.attach_us(&ISR,20000);` |

attach_us 함수는 attach 함수와 동일한 기능으로, 단지 시간 간격만 us 단위로 하는 것이다.

### 멤버 함수를 콜백으로 지정

콜백 함수로 지정할 함수가 어떤 클래스의 멤버 함수인 경우이다. 이 때 Timeout 객체도 그 클래스 안에 있어야 한다. 초 단위로 설정한 시간 후에 자동으로 실행시킬 콜백 함수로 멤버 함수를 지정하는 attach 함수의 용법은 표 10-10과 같다.

**표 10-10** ▸ Timeout 클래스에서 멤버 함수의 콜백 지정 – 초 단위 지정

| **콜백 지정3** | 콜백 함수로 초 단위의 시간 후에 자동 실행시킬 멤버 함수를 지정한다 |
|---|---|
| `void .attach(Callback(T *obj, M method), float t)` | |
| obj | Timeout 객체가 포함된 객체의 주소 |
| method | 호출될 멤버 함수의 주소 |
| t | 콜백 함수가 호출될 때까지의 초 단위의 시간 |
| [예제] | `myClass{`<br>`    Timeout tmo;`<br>`    myClass(){`<br>`        tmo.attach(Callback(this,&myClass::ISR) ,0.02);`<br>`        ...` |

attach 함수로 클래스의 멤버 함수 method를 콜백 함수로 지정하며 이 함수를 t초가 지난 후에 자동 실행되도록 한다. 예제에서는 내부에 Timeout 객체 tmo를 멤버 객체로 갖는 myClass를 정의하였다. 생성자에서 attach 함수를 통하여 실행 지연시간을 0.02초로 잡고 멤버 함수 ISR을 콜백 함수로 지정하였다. 한편 us 단위로 설정한 시간 후에 실행될 멤버 함수를 콜백 함수로 지정하는 attach_us 함수의 용법은 표 10-11과 같다.

**표 10-11** ▸ Timeout 멤버 함수의 콜백 지정 – us 단위

| **콜백 지정4** | 콜백 함수로 us 단위의 시간 후에 자동 실행시킬 멤버 함수를 지정한다. |
|---|---|
| `void .attach_us(Callback(T *obj, M method), us_timestamp_t t_us)` | |
| obj | Timeout 객체가 포함된 객체의 주소 |
| method | 호출될 멤버 함수의 주소 |
| t_us | 콜백 함수가 호출될 때까지의 마이크로초 단위의 시간 |
| [예제] | `myClass{`<br>`    Timeout tmo;`<br>`    myClass(){`<br>`        tmo.attach_us(Callback(this,&myClass::ISR) ,20000);`<br>`        ...` |

attach_us 함수도 멤버 함수 method를 콜백 함수로 지정하는데 us 단위로 실행 지연 시간을 지정한다. 예제에서는 클래스 내에 정의된 멤버 함수 ISR을 콜백 함수로 지정하여 20000us 이후에 실행되도록 하였다.

## 10.5_ Timeout을 이용한 Off 타이머 실습

### 실습 목표

아래 그림 10-6의 타이밍 차트와 같이 LED1은 100ms마다 점멸시키고 LED2는 프로그램 실행과 동시에 켜져 있다가 10초 후에 자동으로 꺼지도록 한다.

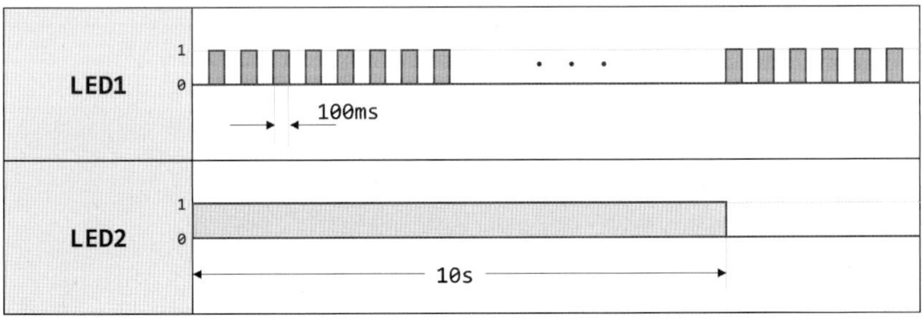


**그림 10-6** ▸ Timeout을 이용한 Off 타이머 실습의 타이밍 차트

### 실습 장치

9.4절의 Ticker 실습 장치와 동일하다.

### 실습 코드

Timeout을 이용한 Off 타이머 실습을 위한 코드 10-3을 살펴보자. Timeout 객체 tmo를 생성하고 LED1과 LED2에 대한 DigitalOut 객체를 각각 led1과 led2로 생성한다. LED2가 프로그램 실행과 동시에 켜지게 하기 위하여 led2 생성 시 출력을 1로 초기화 하였다. tmo에 대한 콜백 함수로 flip 함수를 정의하였는데, 이 함수에서 led2를 반전시켜 꺼지게 한다.

main 함수에서 먼저 tmo 객체의 attach 함수를 이용하여 콜백 함수로 flip 함수를 지정하고 실행 지연 시간을 10초로 설정하였다. while 루프에서는 led1을 0.1초마다 반전시킨다. 프로그램이 실행되고 10초 뒤에는 콜백 함수 flip이 실행되어 원래 켜져 있던 LED2가 꺼지게 된다.

**코드 10-3** Timeout을 이용한 Off 타이머 실습 코드

```
#include "mbed.h"
Timeout tmo;
DigitalOut led1(LED1);
DigitalOut led2(D7,1);
void flip() {
    led2 = !led2;
}
int main() {
    tmo.attach(&flip, 10.0); // flip after 10 seconds
    while(1) {
        led1 = !led1;
        wait(0.1);
    }
}
```

## 10.6_ Timeout을 이용한 디바운싱 실습

### 디바운싱(debouncing)이란?

일반적으로 전기 스위치라는 것은 도체의 전기 접점을 기계적 힘에 의하여 붙이거나 떼는 동작을 하여 전기의 흐름을 연결하거나 차단하는 장치이다. 그림 10-7과 같이 이상적인 푸시 버튼 스위치에 풀업을 인가했다면 평상시에는 출력이 1이었다가 스위치를 누르는 순간 0이 되고, 떼는 순간 다시 1이 된다. 그런데 실제 스위치는 접점에 작용하는 탄성력 등에 의하여 일정 시간 동안 바운싱(bouncing)현상이 버튼을 누를 때나 뗄 때 모두 일어난다. 바운싱이 일어나는 동안은 스위치의 상태가 0과 1을 반복하게 되는 것이 보통이다. 이 바운싱 현상 때문에

푸시 버튼을 누르는 횟수를 카운트할 때 한 번 눌러도 여러 번 누른 것으로 카운트되는 일이 일어난다. 이 바운싱을 채터링(chattering)이라고 부르기도 한다. 이를 막기 위한 방안을 디바운싱(debouncing)이라고 한다. 디바운싱 방법은 하드웨어적인 방법과 소프트웨어적인 방법이 있는데 소프트웨어적 방법 중에 하나는 이미 사용해보았다. 5장에서 스위치가 한번 눌리면 wait 함수를 사용하여 일정 기간 동안 아무 일도 하지 않는 방법을 사용한 적이 있었다.

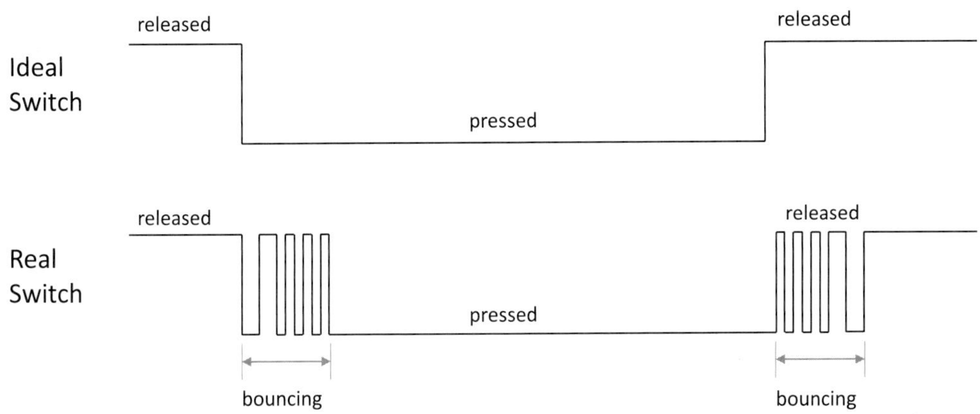


**그림 10-7** ▸ 이상적인 스위치와 바운싱 현상이 있는 스위치의 파형 비교

## 실습 목표

Debounce 클래스를 만들어 디바운스 기능을 구현한다. 클래스 내부에 InterruptIn과 Timeout 객체를 만들어 pin 이름과 시간을 지정하면 디바운스 동작을 하도록 한다. 기본 푸시 버튼인 BUTTON1을 누른 순간마다 카운트 값이 1씩 증가되는 카운터를 만들고 카운터 값에 변화가 있을 때에만 PC에 카운트 값을 표시하는 프로그램을 작성한다. 단 바운싱 기간은 100ms로 한다.

## 실습 장치

Nucleo F401RE 보드만 필요하다.

## 클래스 설계

그림 10-8에서 보는 바와 같이 Debounce 클래스는 내부에 InterruptIn 객체 _btn와 Timeout 객체 _tmo를 가지고 있어 버튼을 누르면 하강 에지를 감지해 인터럽트가 발생한다. Timeout을 이용하여 일정 기간 동안 판단을 보류하도록 하며, 멤버 변수인 _intval은 그 보류 시간을 의미한다. _state는 푸시 버튼의 상태를 저장하고 플래그 변수 _ready는 1이면 판정이 완료되어 새로운 하강 에지를 기다린다는 뜻이고 0이면 Timeout에 의한 걸징을 기다리는 판정 대

기 상태라는 뜻이다. 생성자에서는 버튼의 핀 이름 pin을 인수로 받아 InterruptIn 객체 _btn에 할당하고 실행 지연 시간 intv를 받아 Timeout 객체 _tmo의 실행 지연 시간으로 사용한다. 함수 read 또는 연산자 오버로딩 int()로 푸시 버튼이 눌려진 상태를 언제든지 확인할 수 있다. 그리고 btnISR 함수는 InterruptIn 객체 _btn의 콜백 함수이고, decide 함수는 _tmo의 콜백 함수이다.

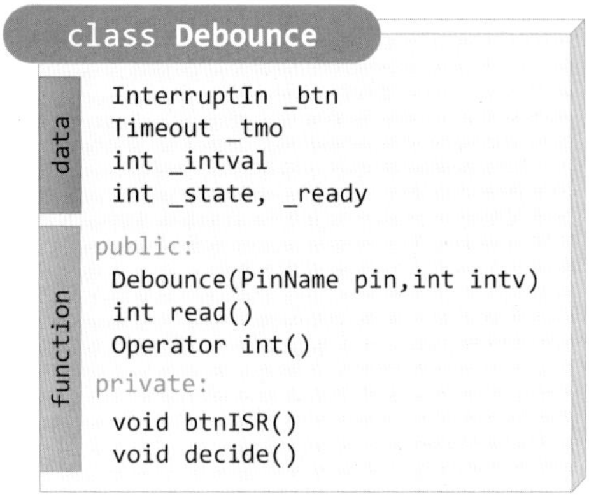


**그림 10-8** ▸ Debounce 클래스의 구조

그림 10-9의 타이밍 차트는 Debounce 클래스의 주요 동작을 보여주고 있다. 버튼을 누르면 InterruptIn에서 제공하는 인터럽트에 의하여 btnISR이 콜백으로 동작하고 여기서 Timeout 콜백을 설정하여 지연시간 100ms 이후에 decide 함수를 실행시킨다. decide에서는 _state 변수의 값을 0으로 만든다. 이것은 read 함수를 통하여 _state 값을 읽을 때 항상 _state를 1로 만들어서 상태가 0일 때만 읽어오게 하기 위한 방법이다.

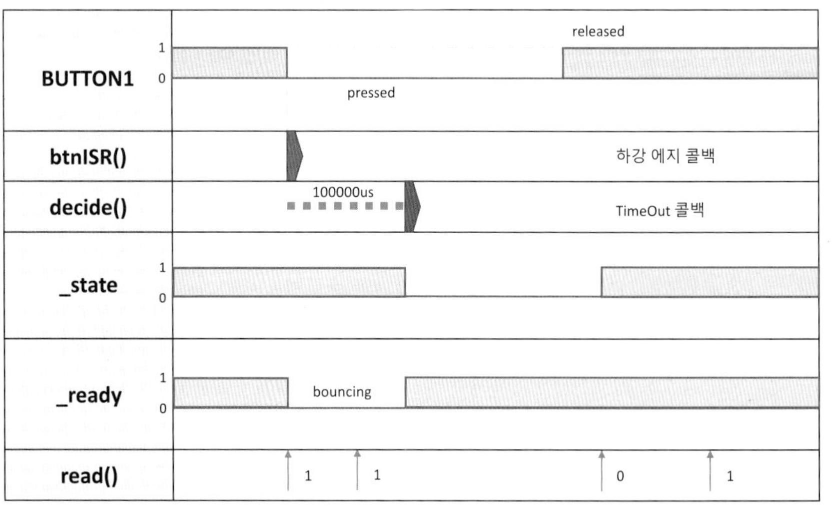


**그림 10-9** ▸ Debounce 클래스의 동작

### 클래스 코드

코드 10-4는 디바운스 기능을 구현한 Debounce 클래스의 코드이다.

**코드 10-4** Debounce 클래스의 코드

```
#include "mbed.h"
class Debounce{
    InterruptIn _btn;
    Timeout _tmo;
    int _intval;
    int _state, _ready;
    void btnISR(){
        if(_ready){
            _ready=0;
            _tmo.attach_us(callback(this,&Debounce::decide), _intval);
        }
    }
    void decide() {
        _state=0;
        _ready=1;
        _tmo.detach();
    }
public:
    Debounce(PinName pin,int intv=100000): _btn(pin){
        _btn.fall(callback(this,&Debounce::btnISR));
        _state=1;
        _ready=1;
        _intv=intv;
    }
    int read(){
        int state=_state;
        _state=1;
        return state;
    }
    operator int(){
        return read();
    }
};
```

Debounce클래스에서는 InterruptIn 객체인 _btn과 Timeout 객체 _tmo를 생성하였다. 여기서 _btn 객체는 입력 핀을 할당하지 않았는데, 생성사에서 할당할 것이다. 그 다음에 멤버 변수 _state와 _ready 그리고 콜백 함수 btnISR과 decide를 정의하였다. btnISR은 버튼이 눌리는 하강 에지에서 동작하는데 _ready 값을 검사하여 1일 때, 즉 바운싱 기간이 아닐 때만 동작하고 곧바로 _ready를 0으로 만들어 바운싱 기간임을 표시한다. 그리고 _tmo 객체의 콜백 함수 decide를 미리 정의된 _intval만큼의 시간 후에 실행되도록 한다. decide는 푸시 버튼이 눌린 것을 표시하기 위하여 _state를 0으로 만들고, 다음 번 디바운스를 위하여 _ready도 1로 만든다. 여기서 중요한 것은 1회 실행으로 수명을 다한 _tmo의 콜백 함수를 detach 함수로 해제시켜야 다음 번 동작에서 다시 콜백 지정이 가능하다는 것이다.

public 부분의 생성자에서는 푸시 버튼의 핀과 디바운싱 지연 시간을 매개변수로 받아 멤버 초기화 리스트에서 InterruptIn 객체인 _btn에 버튼 핀을 할당하고 하강 에지에 대한 콜백을 btnISR 함수로 지정하였다. 버튼이 눌리면 btnISR을 실행한다는 뜻이다. 이외에 read 함수는 현재 _state 값을 반환하고 곧바로 다시 1로 만든다. 버튼의 상태가 변했을 때만 확인하고자 하는 의도이다. 연산자 int()는 객체를 정수로 형변환하게 되면 동작하는 연산자 오버로딩으로 객체의 _state를 읽어서 반환하는 것으로 read와 같은 기능이다.

### main 함수 코드

Debounce 클래스를 이용한 디바운스 실습의 main 함수 코드는 코드 10-5와 같다.

**코드 10-5** Debounce 실습 main 함수 코드

```
int main() {
    Debounce dbc(BUTTON1,100000);
    int cnt=0;
    while(1) {
        if (!dbc){
            cnt++;
            printf("counnt = %d",cnt);
        }
    }
}
```

main 함수 코드는 매우 간결하다. Debounce 객체 dbc를 생성하는데 BUTTON1 핀과 결정을 유보할 바운싱 기간을 설정한다. 바운싱 기간은 100ms로, us 단위이기 때문에 값은 10000이 된다. 카운트 변수 cnt를 선언하고 while 루프 안에서 dbc가 0이 될 때만 cnt를 1 증가시키며, 그 때 printf로 PC에 cnt 값을 출력한다. 주의 깊게 봐야 할 부분은 객체 dbc가 if문에서 정수 형변환을 하게 되기 때문에 연산자 오버로딩에 의하여 내부적으로 read 함수로 _state 값을 반

환한다. 이 값이 1이면 cnt를 증가시키지 않고 있다가, dbc가 0이 되면 cnt를 증가시킨다. read 함수에서 0값을 읽고 나면 _state를 항상 1로 바꾸기 때문에 버튼을 한번 누를 때 cnt가 1만큼만 증가하게 된다.

## 실행 결과

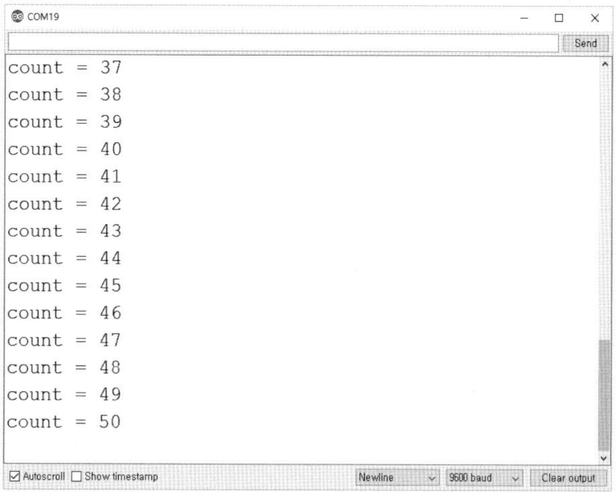


**그림 10-10** ▸ Debounce 실습 실행 결과

그림 10-10은 아두이노 시리얼 모니터를 이용한 Debounce 실습 실행 결과이다. 버튼을 한 번 누를 때마다 카운트 값이 정확히 1씩 증가한다.

# 연/습/문/제



**A. 다음 빈 칸을 채우시오.**

**1** Mbed에서 타이머와 관련된 클래스 중 (　　　　　　　　)는 주로 시간 간격을 측정할 때 사용한다.

**2** (　　　　　　　　) 클래스는 설정한 시간이 지나면 콜백 함수가 실행되도록 하는데 쓰인다.

**3** Timer 클래스에는 시계를 시작하는 (　　　　　　　) 함수와 시계를 정지시키는 (　　　　　　　) 함수가 있고 시간 값을 0으로 초기화하는 (　　　　　　　　) 함수가 제공된다.

**4** 스위치를 누르거나 뗄 때 접점에 작용하는 탄성력 등에 의하여 일정 시간 동안 (　　　　　　　) 현상이 일어난다.

**B. 다음 설명에 따라 적절한 코드를 작성하시오.**

**1** Timeout 클래스와 InterruptIn 클래스를 이용하여 푸시 버튼(BUTTON1)을 누르면 1초 후에 led(LED1)가 켜지고 한번 더 누르면 곧바로 꺼지는 프로그램을 작성하라.

**2** Timer 클래스를 이용하여 값이 1, 2, . . . 10000까지의 변할 때 아래와 같은 RMS(Root Mean Square)를 구하는데 소요되는 시간을 us 단위로 PC에 출력하는 프로그램을 작성하라. 단, computeRMS라는 함수로 만들어 RMS값을 반환받도록 한다.

$$\text{RMS} = \sqrt{(x_1^2 + x_2^2 + \ldots + x_n^2)/n}$$

PART

# 02 통신 프로그래밍

**학습목차**

CHAPTER **11** UART 통신
CHAPTER **12** I2C 통신
CHAPTER **13** SPI 통신

**스마트한 Mbed로 시작하는 Cortex-M 프로그래밍:**
기초부터 프로젝트까지

CHAPTER 11

# UART 통신

여러 개의 선으로 이진의 데이터를 한꺼번에 보내는 병렬통신과 비교하여 설명하면 직렬통신은 데이터를 비트 단위로 한 선으로 보내는 모든 통신을 일컫는 광의의 의미를 가지고 있다. 그러나 흔히들 가장 널리 사용되어 왔던 UART를 직렬통신이라 부르는 경우가 많아 주의를 요한다. Mbed는 간편한 디버깅이 가능하도록 별도의 선언 없이도 printf문과 scanf를 사용하여 직렬통신을 할 수 있도록 설계되어 있다. 이 장에서는 본격적인 Serial 클래스에 대하여 학습할 예정인데, 우선 UART 통신에 대하여 개괄적으로 살펴보도록 한다

## 11.1_ UART의 개요

UART는 Universal Asynchronous Receiver Transmitter의 약자다. 비동기라는 말이 포함되어 있는 것으로 보아 데이터의 비트와 비트를 구별하도록 하는 별도의 클럭을 사용하지 않고 한 비트의 폭을 미리 약속하여 통신을 진행하는 것이다. UART로 1:1 양방향 통신을 하는 경우 통신 과정은 그림 11-1과 같은 구성으로 진행된다.

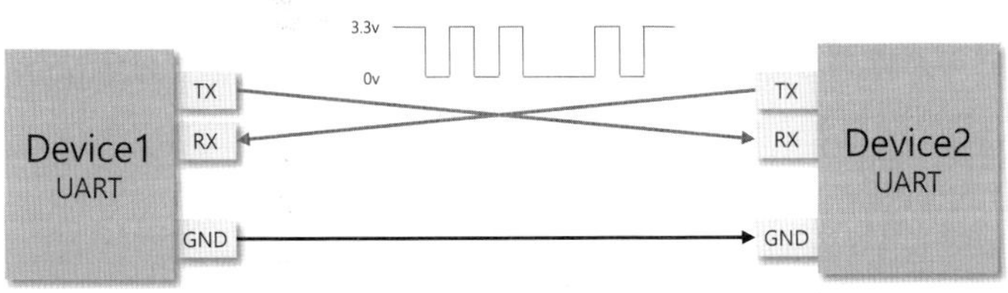


**그림 11-1** ▸ 두 장치간의 UART 양방향 통신

그림에 보는 바와 같이 별도의 송신 핀인 TX와 수신 핀인 RX가 서로 교차되어 데이터를 주고받으며, GND에 대한 전압 레벨에 따라 0과 1을 전송하고 있다. 비동기 방식이므로 수신 측에서 파형을 사전에 약속된 비트 폭으로 파형을 나누어서 읽어 나가며 0인지 1인지 파악해야 한다.

### 전송 프레임

UART는 하나의 바이트를 안전하게 전송하기 위하여 1개의 프레임을 구성하여 전송한다. 그림 11-2는 프레임의 한 예를 보여주고 있다.

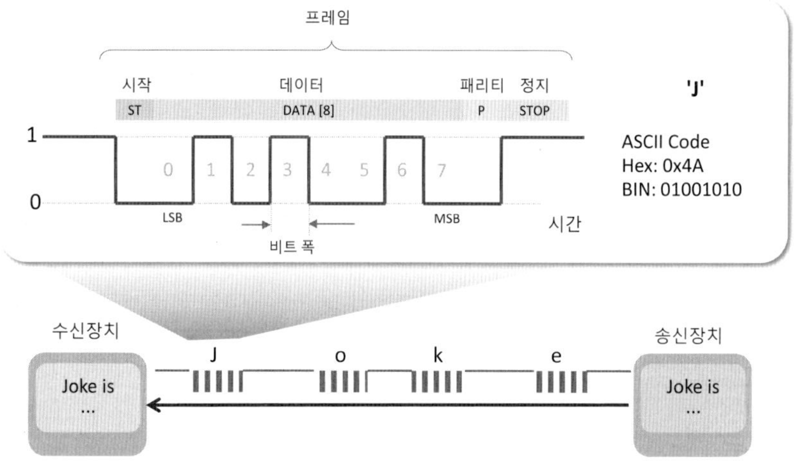


**그림 11-2** ▸ 전송 프레임의 구성 예

그림 11-2는 1바이트 J를 보내는 프레임 하나를 확대해서 본 것이다. 그림에서와 같이 1개의 8비트 데이터를 전송하기 위해서 시간의 순서에 따라 시작(start) 비트, 데이터(data), 패리티(parity) 비트, 정지(stop) 비트로 하나의 프레임을 구성한다. 평상시에 전송선은 HIGH(1) 상태를 유지하고 있다가 전송을 시작할 때 수신 측에 전송의 시작을 알리기 위하여 먼저 전송선을 1비트 폭만큼 LOW(0)로 만드는데, 이를 시작 비트라고 한다. 그 후 보내고자 하는 데이터를 정확하게 비트 폭에 맞추어 LSB로부터 한 비트씩 8번을 보내서 1바이트를 이룬다. 위 그림에서는 'J'를 예로 들었는데 'J'의 ASCII 코드가 0x4A이므로 이진수 01001010을 하위 비트에서부터 한 비트씩 읽어 비트에 맞게 전송선의 값을 HIGH 또는 LOW로 바꾸어 나간다. 이 경우 미리 정한 전송 속도에 맞도록 비트 폭을 정확하게 지키지 않으면 수신 측에서 원하는 데이터로 읽을 수 없다. 그리고 데이터 전송 후에 패리티 비트를 1비트 보내고, 마지막으로 정지 비트를 HIGH로 1 또는 2비트 폭만큼 보내면 한 프레임이 끝난다. 이 정지 비트는 어떤 값을 보내는가 보다는 다음에 오는 프레임과의 구별을 위하여 넣는 구분 기간이라고 보면 된다. 패리티 비트의 역할과 의미는 다음에서 상세하게 설명한다.

### 시작(Start) 비트

전송의 시작을 알리는 비트이며, 항상 LOW 1비트로 선택의 여지가 없다.

### 정지(Stop)비트

한 프레임의 끝을 표시하는 동시에 다음 프레임과의 공백을 의미한다. 이 비트는 항상 HIGH이며 1비트 또는 2비트 폭만큼 보낸다. 송신과 수신 측이 동일하게 설정하면 된다.

### 패리티(Parity)비트

패리티를 사용하는 경우 1비트를 할당하며, 수신 측에서 데이터의 오류 여부를 판별하는 데 사용한다. 짝수 모드이면 패리티 비트를 포함한 데이터 비트에서 값이 1인 비트의 총 수가 항상 짝수가 되도록 패리티 비트를 1 또는 0으로 맞춘다. 홀수 모드이면 패리티를 포함한 데이터에 1의 총 수가 홀수가 되도록 패리티 비트를 맞추어 보낸다. 없음(NONE), 홀수(ODD), 짝수(EVEN) 모드 중 하나로 설정한다.

예) 홀수 모드: 만일 데이터가 01101010 이면 1이 짝수 개이므로 패리티 비트를 1로 만들어 전체 개수가 홀수가 되도록 한다.

#### 데이터 비트 수

프레임 내의 데이터를 구성하는 비트 수를 지정하는 것으로, 시스템에 따라 다르지만 대개 5~9비트 사이가 보통이다. 대부분의 경우 1바이트에 해당하는 8비트이다.

#### 전송 속도

앞서 설명한 바와 같이 UART의 프레임에서 비트 폭이 다르면 전혀 다른 데이터로 오인되기 때문에 한 비트의 폭이 매우 중요하다. 이 비트 폭은 전송 속도로 표시되는데 1초에 들어갈 수 있는 비트의 수(bit/sec, bps)를 의미하고 보오 레이트(Baud rate)라고 불린다. 전송 속도의 역수가 비트 폭이 되므로 **비트 폭 = 1/(Baud rate)** 이다. 주로 보오 레이트는 2400의 배수로 정의하기 때문에 9600(4x), 38400(16x), 115200(48x) 등의 값이 널리 사용된다.

## 11.2_ Serial 클래스

Mbed에서 UART 통신을 하려면 Serial 클래스를 사용해야 한다. 이 절에서는 Serial 클래스의 사용 방법에 대하여 살펴보도록 한다.

### 생성자

Serial 클래스 생성자의 용법은 표 11-1과 같다.

**표 11-1** ▸ Serial 클래스의 생성자

| 생성자 | Serial 객체를 생성한다. |
|---|---|
| `Serial(PinName tx, PinName rx[, int baud=9600])` | |
| tx | 송신(transmit)핀 이름 |
| rx | 수신(receive)핀 이름 |
| baud | 통신 속도 (baud rate, 기본값은 9600) |
| [예제] | `Serial pc(USBTX, USBRX);` |

Serial 클래스의 생성자로서 tx와 rx 핀 및 통신 속도를 할당하여 객체를 생성한다. C++에서는 함수를 정의할 때 매개변수에 '=' 연산자로 어떤 값을 적어 놓으면 함수 호출 시 해당 인수를 생략하였을 때 그 값이 기본값으로 적용된다. 따라서 통신 속도를 생략하면 기본값인 9600bps가 된다. 예제를 보면 Nucleo 보드의 USB 포트를 통하여 PC로 연결되는 핀이 USBTX와 USBRX이므로 이를 지정하여 Serial 객체 pc를 생성하였다.

## 통신 설정

Serial 클래스에서 UART 관련 통신 속도 및 프레임을 설정할 수있다.

### 통신 속도 설정

UART 관련 통신 속도를 설정하는 baud 함수의 용법은 표 11-2와 같다.

**표 11-2** ▸ Serial 클래스의 UART 통신 속도 설정

| **통신속도 baud** | 통신 속도(baud rate)를 설정한다. |
|---|---|
| `void .baud(int baud=9600)` | |
| baud | 통신 속도 baud rate 지정 (기본값 9600) |
| [예제] | `Serial pc(USBTX,USBRX); pc.baud(115200);` |

생성자에서 통신 속도를 별도로 지정하지 않은 경우나 지정된 통신 속도를 변경하고자 할 때 baud 함수를 이용하여 원하는 통신 속도를 설정할 수 있다. 예제는 생성자에서 통신 속도를 지정하지 않아 9600bps가 설정되었는데 baud 함수로 115200 bps로 재지정하였다.

### 프레임 설정

UART 관련 통신 프레임과 관련된 데이터 비트 수, 패리티, 정지 비트 등을 설정하는 format 함수의 용법은 표 11-3과 같다.

**표 11-3** ▸ Serial 클래스의 UART 통신 프레임 설정

| **프레임 설정** | 데이터 비트 수, 패리티, 정지 비트 등의 프레임 사양을 설정한다. |
|---|---|
| `format(int bits=8, Parity parity=SerialBase::None, int stopb=1)` | |
| bits | 데이터 비트 수 (기본 8) |
| parity | 패리티 비트 설정 [None(기본)/ Odd/ Even] |
| stopb | 정지 비트 수 [1(기본)/2] |
| [예제] | `Serial pc(USBTX,USBRX); pc.format(8, SerialBase::Even,2);` |

format 함수로 UART 통신에서 1바이트를 보내기 위한 하나의 프레임에 대한 상세 설정을 할 수 있다. 데이터 비트 수인 bits는 전송하고자 하는 데이터의 비트 수를 의미하는데, 기본값은 8비트이다. 패리티 비트는 데이터의 오류를 검사하는 비트로서 상수 Even, Odd, None 중에 하나를 고를 수 있다. 이 상수들이 부모 클래스인 SerialBase에 정의되어 있어 이 클래스 스코프로 지칭해주어야 한다. 정지 비트는 프레임과 프레임을 구분하는 공백이고 1 또는 2 중 하나를 선택한다. 예제를 보면 객체 pc를 생성하고 format 함수로 데이터 비트 8, 패리티 Even 그리고 정지 비트를 2로 설정한 것이다.

## 콜백 함수 지정

Serial 클래스도 콜백 함수를 지정할 수 있는데, 대표적으로 콜백 지정이 가능한 이벤트는 수신 인터럽트(RxIrq)와 송신가능 인터럽트(TxIrq)가 있다.

**참고**

**TxIrq의 정확한 의미와 필요성**

UART 통신에서 전송을 할 때 보내고자 하는 데이터가 먼저 송신 버퍼에 보내지고 나서 통신이 시작된다. 이 송신 버퍼가 아직 전송을 끝내지 않았는데 다음 데이터를 쓰면 덮어쓰기(overwrite)가 되어 곤란하다. TxIrq는 이 송신 버퍼가 비었다는 의미로, 새로운 데이터를 쓸 수 있다는 뜻이므로 이 인터럽트가 발생할 때 데이터를 전송하면 고속이면서도 안전한 전송이 될 것이다.

### 일반 함수를 콜백 함수로 지정

Serial 클래스에서 콜백 함수로 일반 함수를 지정하는 attach 함수의 용법은 표 11-4와 같다.

**표 11-4** ▸ 일반 함수를 콜백으로 지정

| 콜백 지정1 | 콜백 함수로 일반 함수를 지정한다. |
|---|---|
| `void .attach(Callback<void()> func, IrqType type=RxIrq)` | |
| func | 인터럽트가 발생하면 호출될 함수의 주소 (함수의 반환형이 void이어야 함.) |
| type | 인터럽트의 종류 [수신: RxIrq(기본)/ 송신: TxIrq] |
| [예제] | `Serial pc(USBTX,USBRX); pc.attach(&ISR, RxIrq);` |

수신 또는 송신 인터럽트가 발생하면 실행할 콜백 함수로 일반 함수를 지정한다. 함수의 주소와 함께 IrqType 인수로 수신인지 송신인지를 선택하는데 IreqType을 생략하면 기본값은 RxIrq이다. 예제는 ISR이라는 함수가 수신 인터럽트의 콜백으로 동작하도록 설정하였다.

### 멤버 함수를 콜백 함수로 지정

어떤 클래스에 속한 멤버 함수를 Serial 객체의 콜백 함수로 지정하는 attach 함수의 용법은 표 11-5와 같다.

**표 11-5** ▸ 멤버 함수를 콜백 함수로 지정

| **콜백 지정2** | 콜백 함수로 멤버 함수를 지정한다. |
|---|---|
| `void .attach(callback(*obj, *method), IrqType type=RxIrq)` | |
| obj | Serial 객체가 포함된 객체의 주소 |
| method | 호출될 멤버 함수의 절대 주소 |
| type | 인터럽트의 종류 [수신: RxIrq(기본)/ 송신: TxIrq] |
| [예제] | `class myClass{`<br>`    Serial pc;`<br>`    ...`<br>`    myClass(PinName tx,PinName rx): pc(tx,rx){`<br>`        pc.attach(Callback(this, &myClass::ISR), RxIrq);`<br>`    }` |

어떤 클래스에 소속된 멤버 함수를 그 클래스의 객체 내에서 콜백 함수로 지정하는 방법이다. 이 경우 객체의 포인터와 지정하고자 하는 멤버 함수의 절대 주소를 callback 함수를 통하여 지정하고, 인터럽트의 타입인 IrqType을 RxIrq 또는 TxIrq로 설정한다. 예제에서는 클래스 myClass에 Serial 객체 pc가 정의되어 있다. 이 클래스의 생성자에서는 송신과 수신 핀을 매개변수로 받아 pc 객체의 핀을 지정하고 있다. 생성자 내부에서 pc의 attach 함수를 이용하여 콜백 함수를 지정한다. 이때 this는 myClass 객체의 포인터이고, 콜백 함수는 &myClass::ISR형태로 지정하였다.

## 확인 함수

Serial 클래스를 이용하여 수신 버퍼에 데이터가 있는지 여부와 송신 버퍼에 데이터를 쓸 여유가 있는지 여부를 확인 할 수 있다.

송신 버퍼에 여유가 있는지를 확인하는 writable 함수의 용법은 표 11-6과 같다.

**표 11-6** ▸ 송신 버퍼의 쓰기 가능 여부를 확인하는 함수 writable

| **쓰기 가능 확인** | 송신 버퍼에 쓰기 가능 여부를 확인한다. |
|---|---|
| `bool .writable ()` | |
| return | 송신 버퍼에 여유가 있으면 true 아니면 false |

| [예제] | if(pc.writable())<br>pc.putc('\n'); |
|---|---|

시리얼 통신의 송신 버퍼에 여유가 있어 데이터를 더 보낼 수 있으면 true, 아니면 false를 반환한다. 예제는 putc 함수로 한 문자를 보내기 전에 writable 함수로 확인한 뒤에 전송하고 있다.

한편 수신 버퍼에 데이터가 있어 읽기가 가능한지 여부를 확인하는 readable 함수의 용법은 표 11-7과 같다.

**표 11-7** ▸ 수신 버퍼에 읽기 가능 여부를 확인하는 함수 readable

| **읽기 가능 확인** | 수신 버퍼에 읽기 가능 여부를 확인한다. |
|---|---|
| bool .readable () | |
| return | 수신할 데이터가 있으면 true |
| [예제] | if(pc.readable())<br>char c = pc.getc(); |

현재 시리얼 통신의 수신 버퍼에 수신된 데이터가 있는지 여부를 확인하는 함수로 데이터가 있으면 true, 없으면 false를 반환한다. 예제는 1개의 char형 데이터를 읽기 전에 먼저 readable 함수로 데이터 유무를 확인하고 나서 수신된 데이터를 getc 함수로 읽는다.

## 1바이트 읽고 쓰기

송신을 하기 위하여 1바이트의 데이터를 쓰는 putc와 수신된 1바이트의 데이터를 읽는 getc 함수에 대하여 살펴본다.

### 쓰기(송신)

1 바이트를 송신 버퍼에 쓰는 putc 함수의 용법은 표 11-8과 같다.

**표 11-8** ▸ 1 바이트를 송신 버퍼에 쓰는 putc 함수

| **쓰기(송신)** | 1바이트를 송신 버퍼에 쓴다. |
|---|---|
| int .putc(int c) | |
| c | 전송할 1바이트 데이터 |
| return | 성공: c, 실패: −1 |
| [예제] | if(pc.writable())<br>pc.putc('\n'); |

전송할 1바이트 데이터를 putc 함수의 인수로 하여 실행시키면 전송이 진행된다. 전송에 성공하면 해당 바이트가 반환되고 실패하면 −1이 반환된다. 예제는 전송 버퍼에 여분이 있는지 확인한 후 1바이트를 쓰는 것이다.

### 읽기(수신)

수신 버퍼에서 1바이트를 읽는 getc 함수의 용법은 표 11-9와 같다.

**표 11-9** ▸ 수신 버퍼에서 1 바이트를 읽는 getc 함수

| 읽기(수신) | 수신 버퍼에서 1바이트를 읽는다 |
|---|---|
| `int .getc()` | |
| return | 수신한 1바이트 데이터 |
| [예제] | `if(pc.readable())`<br>`char c=pc.getc();` |

getc 함수를 통하여 수신 버퍼에서 1바이트를 읽어 올 수 있다. 반환 값을 버퍼에서 읽은 1바이트 데이터가 된다. 예제는 readable 함수로 수신된 데이터가 있는지 확인하고 나서 데이터를 getc 함수로 읽는 코드이다.

**참고**

**Serial 클래스를 이용할 때 printf와 scanf 함수도 사용 가능하다.**

아래 코드는 scanf 함수로 두 개의 정수를 읽어들이고 printf로 출력하는 코드이다.

```
#include "mbed.h"
Serial pc(USBTX,USBRX);
int main() {
    int n,m;
    while(1){
        pc.printf("Type two integers:");
        pc.scanf("%d%d", &n,&m);
        pc.printf("\nYou typed %d and %d\n", n,m);
    }
}
```

scanf와 printf의 상세 문법은 c언어와 거의 같기에 생략한다.

## 11.3_ Loopback 실습

### 실습 목표

그림 11-3처럼 PC에서 전송받은 문자들을 Nucleo 보드가 받은 순서 그대로 PC에 되돌려주는 Loopback 프로그램을 작성한다.

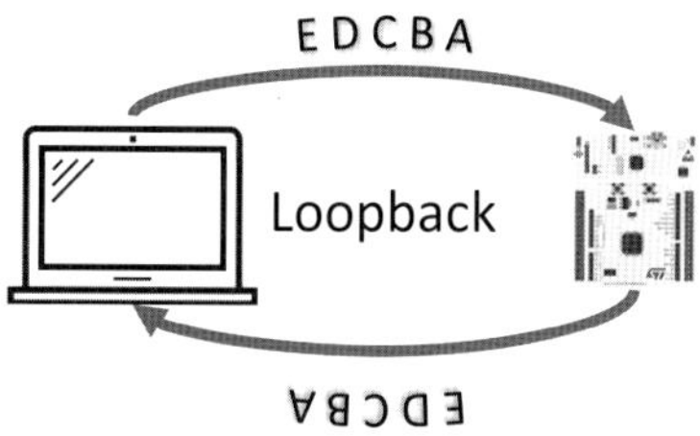


**그림 11-3** ▸ Loopback 프로그램의 동작

### 실습 장치

Nucleo F401RE 보드만 필요하다.

### 실습 코드

코드 11-1은 Loopback 실습에 대한 코드이다.

**코드 11-1** | Loopback 실습 코드

```
#include "mbed.h"
Serial pc(USBTX,USBRX);
int main() {
    printf("Loop back program start!\n");
    while(1){
      if (pc.readable()) {
        pc.putc(pc.getc());
      }
      wait(0.001);
    }
}
```

먼저 USB를 이용한 UART 통신 핀인 USBTX와 USBRX를 적용하여 Serial 객체 pc를 생성하였다. main 함수에서는 먼저 printf 함수로 프로그램의 시작을 알리는 문구를 PC에 출력해 주었다. while 루프에서는 수신 데이터가 있는지 확인하기 위하여 readable 함수를 사용하였고, 수신된 데이터가 있다면 getc 함수로 1바이트를 읽어서 putc 함수로 다시 PC에 전송한다. 이를 계속 반복하는 구조로 PC에서 입력한 값을 대로 다시 PC로 되돌려주는 Loopback 실습 코드를 완성한다.

### 실습 결과

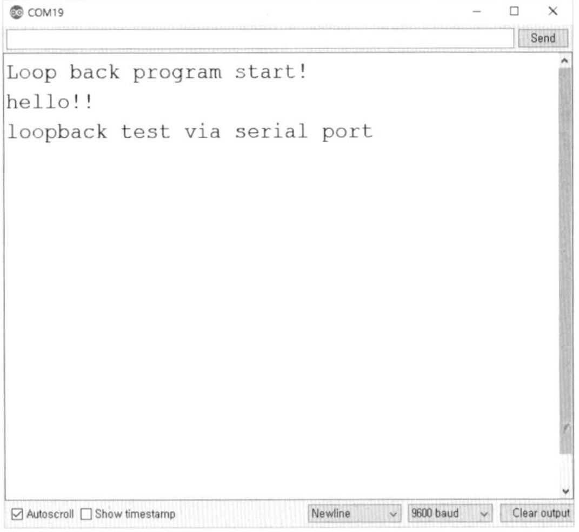


**그림 11-4** ▸ Loopback 실습의 실행 결과

아두이노 시리얼 모니터 프로그램을 사용한 결과이다. 전송 창에 입력을 하면 입력한 문자가 전송되고 그 문자들이 다시 돌아와 아래 수신 창에 출력된다. 이 실습 프로그램의 Loopback은 지연이나 데이터 손실없는 성능을 보여준다. 다만 이 기능 이외에 다른 동작을 넣어서 수신 버퍼 확인을 자주 할 수 없다면 성능이 저하될 것이다. 다음 절에서 이러한 문제를 극복해 본다.

## 11.4_ 콜백 함수를 이용한 Loopback 실습

### 실습 목표

이전 실습과 마찬가지로 PC에서 받은 문자들을 보드가 그대로 다시 되돌려주는 Loopback 프로그램을 콜백 함수를 이용하여 작성한다. 다만 콜백 함수의 효과를 확인하기 위하여 항상 LED1을 100ms 간격으로 점멸시키도록 한다. 이전 실습과 Loopback 동작은 같지만 콜백 함수를 사용하여 통신과 LED 점멸이 동시에 이루어질 수 있다는 것을 확인해보자.

### 실습 장치

Nucleo F401RE 보드만 필요하다.

### 실습 코드

콜백 함수를 이용한 Loopback 실습 코드는 코드 11-2와 같다.

**코드 11-2** 콜백 함수를 이용한 Loopback 실습 코드

```
#include "mbed.h"
Serial pc(USBTX,USBRX);
DigitalOut led(LED1);
void serialEvent(){
    if (pc.readable()) {
       pc.putc(pc.getc());
    }
}
int main() {
    printf("Loop back program start!\n");
    pc.attach(&serialEvent);
    while(1){
       led=!led;
       wait(0.1);
    }
}
```

먼저 Serial 객체 pc와 LED1을 할당한 DigitalOut 객체 led를 생성한다. 데이터가 수신될 때 실행되는 콜백 함수로 serialEvent라는 함수를 만들고 여기에 Loopback의 핵심 동작을 구현했다. 먼저 readable 함수로 수신 버퍼를 체크하고, 데이터가 있으면 getc로 1바이트를 읽고 곧바로 putc를 통해 그 데이터를 다시 PC로 전송한다. main 함수에서는 printf로 프로그램의 시작을 PC에 알리고, attach 함수로 수신 인터럽트에 대한 serialEvent를 콜백 함수로 지정한다. 이어 while 루프에서는 led를 0.1초 간격으로 반전시켜 LED1을 점멸시킨다. 이 프로그램을 통해 LED1의 점멸과 시리얼 데이터에 대한 Loopback 동작이 서로 영향을 주지 않고 독립적으로 진행되는 것을 확인할 수 있다. 특히 while 루프 안의 wait 함수가 실행되는 도중에도 통신이 지연없이 진행된다는 것이 콜백 함수를 사용하는 이유이다.

### 실습 결과

**그림 11-5** ▸ 콜백 함수를 이용한 Loopback 실습의 결과

그림 11-5는 아두이노 시리얼 모니터를 이용한 실습 결과이다.

## 11.5_ 원격 제어 실습

### 실습 목표

PC의 터미널에서 1을 보내면 LED1이 켜지고 0을 보내면 꺼진다. 또한 보드의 푸시 버튼을 눌렀을 때 PC에 'b'를 전송하는 프로그램을 작성한다.

### 실습 장치

Nucleo F401RE 보드만 필요하다.

### 실습 코드

원격 제어 실습에 사용된 코드는 코드 11-3과 같다.

**코드 11-3** | 원격 제어 실습 코드

```
#include "mbed.h"
InterruptIn     btn(BUTTON1);
DigitalOut      led(LED1);
Serial          pc(USBTX, USBRX);
volatile char   c = '\0'; // NULL character
```

```
volatile bool   pressed=false;
void onReceived() {
   c=pc.getc();
}
void onPressed(){
    pressed=true;
}
int main() {
    pc.attach(&onReceived);
    btn.fall(&onPressed);
    while (true)    {
        if (c == '1')        {
            c = '\0';  //on one time
            led = 1;
        }
        else if (c == '0')  {
            c = '\0';  //on one time
            led = 0;
        }
        if (pressed)  {
            pc.putc('b');
            pressed=false; // send one time
        }
    }
}
```

이 코드에서는 우선 InternuptIn, DigitalOut 그리고 Serial 클래스의 객체를 각각 btn, led, pc로 생성하였다. 여기서 두 개의 콜백 함수를 사용하였다. onReceived는 UART 통신에 데이터가 수신될 때 실행되고, onPressed는 보드의 푸시 버튼을 누를 때 실행되도록 각각 attach와 fall 함수로 콜백 함수를 지정하였다. PC에서 데이터를 보내면 onReceived에서 getc를 이용하여 그 데이터를 변수 c에 보관한다. main 함수의 while 루프에서 변수 c가 '1'이면 led를 키고 '0'이면 끈다. c 값을 반영하고 나면 곧바로 NULL 문자 '\0'으로 초기화하여 같은 동작이 여러 번 실행되는 것을 막았다. 한편, 보드의 버튼을 누르면 하강 에지에 대한 인터럽트가 발생하여 onPressed 함수가 실행되며 여기서 pressed 플래그를 true로 바꾼다. main 함수의 while 루프에서 이 플래그를 체크하여 true이면 putc 함수를 이용해 문자 'b'를 PC로 전송한다. 콜백 함수의 내용이 길어지면 다른 콜백을 놓칠 수 있으므로 콜백 함수에서는 최소한의 입력 동작만을 구현하고 그에 대한 자세한 내용은 main 함수에서 실행한다는 점을 유의해야 한다.

## 11.6_ 기본 프로토콜 실습

프로토콜이란 복수의 장치들이 데이터 통신을 오류없이 진행할 수 있도록 하는 약속으로 데이터의 순서, 데이터의 표현 형식 그리고 오류 검출 방법 등을 규정한 것이다. 프로토콜은 용도에 따라 임의로 정하면 되지만 송신과 수신 장치에서는 서로 일치해야 한다. 프로토콜은 한 그룹의 데이터에 대하여 정의되는데 이 데이터 그룹을 패킷(Packet)이라 부른다.

### 실습 목표

PC에서 콤마 ','로 구분된 3개의 부동소수점수를 입력하면 보드에서 그 값을 해독하여 PC에 다시 전송하는 프로그램을 작성한다. 이 때 사용할 기본 프로토콜 규정은 다음과 같다.

**프로토콜**

그림 11-6에 나타낸 바와 같이 실습에 사용될 프로토콜은 다음과 같은 규칙을 갖는다.

- 하나의 패킷은 3개의 부동소수점수를 포함한다.
- 각 수를 구분하는 구분자는 콤마 ','로 한다.
- 패킷의 엔딩은 '\n'으로 한다.

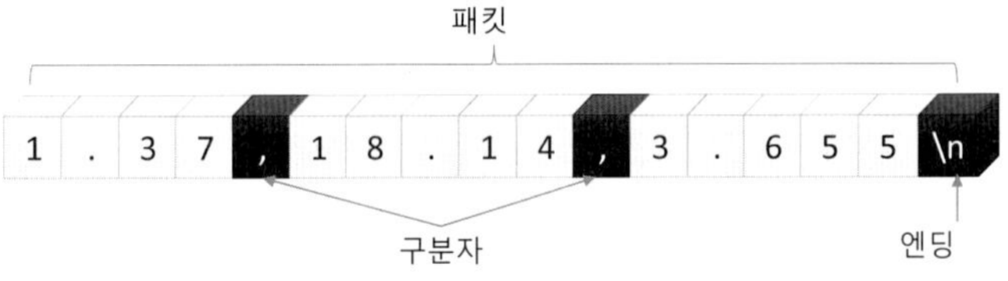


**그림 11-6** ▸ 기본 프로토콜

### 실습 장치

Nucleo F401RE 보드가 필요하다.

### 실습 코드

기본 프로토콜에 맞추어 PC로부터의 데이터를 수신하는 실습 프로그램은 코드 11-4, 코드 11-5와 같다.

**코드 11-4** | 기본 프로토콜 실습의 코드[1/2]

```
#include "mbed.h"
#include <string>
```

```
DigitalOut led1(LED1);
Serial pc(USBTX,USBRX);
volatile bool gotPacket = false;
volatile float data[3];
void onSerialRx() {
    static char serialInBuffer[32];
    static int serialCount = 0;
    if (pc.readable()) {                            // some bytes to read
        char byteIn = pc.getc();
        if (byteIn == '\n') {                       //end of frame
            serialInBuffer[serialCount] = 0;        // to complete string
            float d0,d1,d2;
            if (sscanf(serialInBuffer,"%f,%f,%f",&d0,&d1,&d2) == 3) {
                data[0] = d0;  data[1] = d1;  data[2] = d2;
                gotPacket = true;
            }
            serialCount = 0;                        // reset the buffer
        }
        else {
            serialInBuffer[serialCount] = byteIn;   // store the characters
            if (serialCount<32)                     // increase the counter
                serialCount++;
        }
    }
}
```

이 코드에서는 먼저 led1과 pc를 각각 DigitalOut과 Serial 객체로 선언하였다. gotPacket이라는 bool 변수는 하나의 완성된 패킷을 수신 했는지를 표시하는 플래그로 사용된다. data[]는 3개의 데이터를 저장하는 float형의 배열이다. onSerialRx 함수는 데이터가 수신되면 실행되는 데이터 수신 콜백 함수로서 내부에는 serialInBuffer[]라는 32개의 char로 구성된 배열이 있어 패킷의 데이터를 저장하는 역할을 한다. 또한 serialCount 변수는 수신된 데이터의 바이트 수를 세는 역할을 한다. 이 변수들은 모두 static으로 선언하여 지역변수라도 그 값이 계속 유지되도록 하였다. 콜백 함수 onSerialRx가 실행되면 먼저 readable 함수를 이용하여 유효한 데이터를 체크하고 데이터가 있으면 getc로 한 바이트씩 읽어서 serialInBuffer 배열에 저장한다. 1바이트 읽을 때마다 serialCount를 1씩 증가시켜 serialInBuffer의 인덱스로 사용한다. 그러다가 '\n'을 읽으면 '\n' 대신에 NULL 문자인 0을 대입하여 serialInBuffer가 문자열이 되도록 한다. 이때 이 문자열에서 ','로 구분된 3개의 데이터를 추출하기 위하여 sscanf 함수를 사용하였다. sscanf의 반환 값이 3이 되면 전송 받은 데이터 3개를 다 읽었다는 뜻이므로 data배열에 3

개의 수를 대입하고 gotPacket 플래그를 true로 만든다. 데이터 읽기가 성공하든 실패하든 다음 번 패킷을 위하여 serialCount를 0으로 초기화해야 한다.

**코드 11-5** 기본 프로토콜 실습의 코드 [2/2]

```
int main () {
  pc.attach(&onSerialRx);
  while (true) {
    if (gotPacket){
      gotPacket = false;
      pc.printf("data= %.3f, %.3f, %.3f\n\r", data[0],data[1],data[2]);
    }
    led1=!led1;
    wait(0.02);
  }
}
```

main 함수에서는 attach 함수를 이용하여 onSerialRx 함수를 콜백 함수로 지정하는데 뒤의 옵션을 생략하면 기본값인 수신 인터럽트가 된다. while 루프 안에서는 gotPacket 플래그를 체크하여 true이면 패킷이 완성되었다는 뜻이므로 if문 내부로 들어가 곧바로 gotPacket 플래그를 false로 만든다. 한번 읽었던 데이터를 다시 읽지 않도록 하는 방법이다. 그 후에 수신받은 data[]를 printf로 다시 PC에 전송한다. 마지막으로 while 루프가 원활하게 돌아가고 있다는 것을 확인하기 위하여 led1을 0.02초 간격으로 반전시킨다.

**참고**

### sscanf 함수

```
int sscanf(const char* str, const char* format, &a1, &a2,...);
```

문자열 str로부터 format에 맞도록 매개변수 a1, a2 등의 값을 읽어온다. 반환 값은 성공적으로 읽은 매개변수의 개수가 된다.

예)

```
char str[]="3.54, 2.77, 5";
    float a, b; int i;
    int n= sscanf(str,"%f,%f,%d",&a,&b,&i);
                                        // a=3.54, b=2.77, i=5, n=3 !!!
```

## 실습 결과

그림 11-7은 기본 프로토콜의 결과를 CoolTerm 프로그램을 이용하여 출력한 것이다.

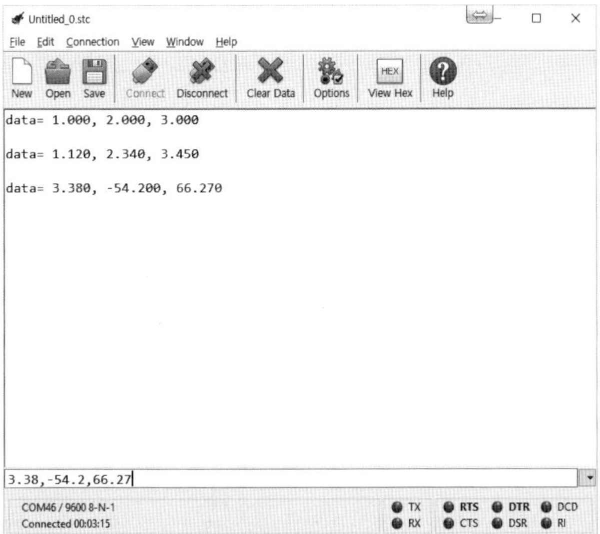


**그림 11-7** ▸ 기본 프로토콜 실습의 결과

> **참고**
>
> ### 또 다른 방법
>
> **패킷 해석 알고리즘**
>
> 그림 11-6의 패킷의 정의에 맞게 연속으로 들어오는 데이터를 누적하고 해석하는 알고리즘의 개략적 구성은 그림 11-8과 같다. 그림에서 보는 바와 같이 Serial의 콜백에 의하여 수신되는 데이터를 getc 함수로 한 바이트씩 읽어서 구분자가 아닌 경우 buff_cnt를 증가시키며 배열 serialBuffer에 하나씩 채운다. 그러다가 수신한 바이트가 ‘,’ 또는 ‘\n’이면 serialBuffer에 모아 놓은 문자열을 atof 함수를 이용해 float로 변환하여 배열 data[]에 저장한다. 주의할 점은 문자열이 항상 ‘\0’으로 끝나야 하기 때문에 버퍼의 끝을 항상 ‘\0’으로 만들어야 한다. float 데이터가 여러 개이므로 data_cnt도 1씩 증가시키며 배열 data[]에 저장한다. 그리고 하나의 문자열을 해석할 때마다 buff_cnt를 0으로 만들어 항상 새로운 데이터가 serialBuffer의 맨 처음부터 채워질 수 있게 한다. 패킷의 엔딩 바이트인 ‘\n’를 만나면 main 함수에서 알 수 있도록 gotPacket 프래그를 True로 하고 다음 패킷을 위하여 data_cnt를 0으로 초기화해줘야 한다.

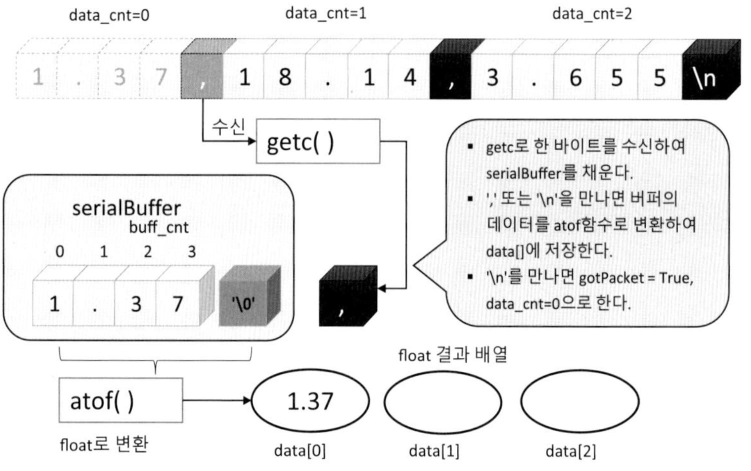


**그림 11-8** ▸ 패킷 해석 알고리즘

### onSerialRx 함수의 코드

코드 11-6의 내용은 앞에서 설명한 패킷 해석 알고리즘을 구현한 onSerialRx 함수의 코드이며 앞 실습의 onSerialRx 함수를 교체하면 그대로 실행된다.

**코드 11-6** onSerialRx 함수

```
void onSerialRx() {
    static char serialInBuffer[32];
    static int data_cnt=0,buff_cnt=0;
    if (pc.readable()) {
        char byteIn = pc.getc();
        if (byteIn==','){
        serialInBuffer[buff_cnt]='\0';
            data[data_cnt++]=atof(serialInBuffer);
            buff_cnt=0;
        }
        else if (byteIn=='\n'){
        serialInBuffer[buff_cnt]='\0';
            data[data_cnt]=atof(serialInBuffer);
            buff_cnt=0; data_cnt=0;
            gotPacket = true;
        }
        else {
            serialInBuffer[buff_cnt++]=byteIn;
        }
    }
}
```

**참고**

## 다양한 데이터 표현 방법

시리얼 통신을 통하여 정수 데이터를 보낼 때 다음과 같은 3가지 데이터 형식을 사용할 수 있다.

### 1) 10진수 ASCII코드 표현

가장 쉽고 직관적인 표현 방법이지만 전송 데이터 길이가 길며 일정하지도 않다.

예)

```
d=1000 이면 각 10진수 자리를 아스키코드로 '1' - '0' - '0' - '0'
     전송 바이트 수 = 4
```

### 2) 16진수 ASCII코드 표현

10진수 표현에 비하여 약간 데이터를 줄일 수 있다.

예)

```
d=1000을 16진수로 바꾸면 0x3E8이므로 각 자리를 아스키코드로 '3' - 'E' - '8'
     전송 바이트 수 = 3
```

### 3) 바이너리 표현

가장 콤팩트하고 길이가 정해져 효율성이 높지만 '\3'과 같은 컨트롤 문자를 포함하기 때문에 화면에 그대로 출력할 수는 없다.

예)

```
d=1000을 16진수로 바꾸면 0x3E8이므로 각 자리를 '\3' - '\E8'
     전송 바이트 수 = 2
```

# 연/습/문/제



**A. 다음 빈 칸을 채우시오.**

**1** UART 통신에서 ( )비트는 1비트를 할당하여 수신 측에서 데이터의 오류 여부를 판별하는 데 사용한다.

**2** UART에서 비트 폭은 전송 속도로 표시되는데 이는 1초에 들어갈 수 있는 비트의 수(bit/sec, bps)를 의미하고 ( )라고도 불리며 Mbed에서 기본값은 ( )bps 이다.

**3** Serial 클래스에는 데이터 비트 수, 패리티 비트, 정지 비트 등의 프레임 사양을 설정하는 ( ) 함수가 제공된다.

**4** Serial 클래스에서 제공하는 attach 함수로 ( )와 ( ) 인터럽트에 대한 콜백 함수를 지정할 수 있다.

**5** 시리얼통신을 할 때 1바이트의 데이터를 송신 버퍼에 쓰는 함수는 ( )이며 버퍼에 쓰기 전에는 송신 버퍼가 꽉 찼는지를 검사하는 ( ) 함수로 확인하는 것이 좋다.

**6** 시리얼통신을 할 때 1바이트의 데이터를 수신 버퍼에서 읽는 함수는 ( )인데 버퍼를 읽기 전에는 수신 버퍼에 데이터가 있는지를 검사하는 ( ) 함수로 확인하는 것이 좋다.

**7** 인터럽트 서비스루틴이나 콜백 함수에서 사용하는 변수들은 컴파일 과정에서 연관성 없는 동작으로 인해 생략될 수 있으므로 접근지정자 ( )를 사용하여 선언할 필요가 있다.

**8** 복수의 장치들이 데이터 통신을 오류없이 진행할 수 있도록하는 약속으로 데이터의 순서, 데이터의 표현 형식 그리고 오류 검출 방법 등을 규정한 것을 ( )이라 한다.

**9** 문자열의 부동소수점 데이터를 float로 바꾸는 대표적 C 함수는 (                    )와 (                    )가 있다.

**10** uint16_t인 하나의 정수를 전송할 때 필요한 최대 바이트 수는 10진수 ASCII 코드로 보내는 경우 (                    ) 바이트, 16진수 ASCII 코드로 보내면 (                    ) 바이트 그리고 바이너리로 보내면 (                    )바이트가 된다.

**B. 다음 설명에 따라 적절한 코드를 작성하시오.**

**1** mySerial 클래스는 com이라는 Serial 객체를 가지고 있다. com에 데이터가 수신되면 getRx 함수를 동작시키고자 한다. 이를 지정하는 mySerial 생성자 내부의 코드를 한 줄로 작성하라.

**2** atof를 사용한 onSerialRx 함수를 이용하여 콤마로 구분된 4개의 부동소수점 수를 수신하여 PC 화면에 출력하는 프로그램을 작성하라.

**스마트한 Mbed로 시작하는 Cortex-M 프로그래밍:**
기초부터 프로젝트까지

# CHAPTER 12 I2C 통신

I2C는 IIC(Inter Integrated Circuit)의 약자로 SPI와 함께 마이크로컨트롤러가 주변 칩 및 장치와 정보를 주고받을 때 많이 사용되는 통신 방식이다. 원래 Philips(현재 NXP)사에서 제안한 방식이지만 Microchpis사의 경우 I2C를 TWI(Two Wire Interface)라고도 부른다. 주변장치로 다양한 센서나 디스플레이를 사용하고자 한다면 사용법을 알아둘 필요가 있다.

## 12.1_ I2C 통신 개요

### 주요 특징

I2C는 다음과 같은 대표적 특징을 가지고 있으며 그림 12-1은 통신 구성의 예를 보여주고 있다.

- GND를 제외하고 클럭 선인 SCL과 데이터 선인 SDA 두 개의 선만으로 통신이 가능하다.
- 마스터-슬레이브(Master-slave)방식으로 통신이 이루어지며 1:N의 반이중(Half-duplex) 양방향 전송이 가능하다. 즉, 주 MCU가 마스터가 되고 인터페이스하고자 하는 주변장치가 슬레이브가 되는 것이다.
- 마스터는 슬레이브들을 그들의 고유한 주소로 구별한다. 그림처럼 각 장치의 주소가 서로 다르게 설정되어 있으며 주소가 같은 장치가 2개 있으면 통신이 불가능하다.
- 400kHz 이상의 전송 속도를 가지고 있다. 오버헤드를 제외하면 1초당 400000비트를 보낼 수 있는 정도의 전송 속도이다.

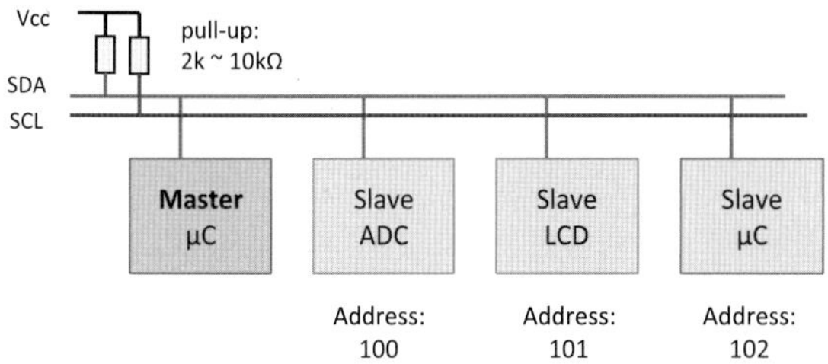


**그림 12-1** ▸ I2C의 통신의 구성 예

참고

### 마스터-슬레이브 방식

통신을 진행함에 있어서 주도권을 가진 장치를 마스터라 하고 수동적으로 통신을 따라가는 장치를 슬레이브라고 한다. 따라서 이 방식에서는 마스터가 항상 통신을 시작하고 슬레이브는 노예처럼 마스터가 시키는 대로 한다. 슬레이브는 통신의 흐름에 개입하지 않고 마스터가 데이터를 주면 받고 달라고 하면 주는 것이다. 만약 이러한 약속을 어기고 마스터-슬레이브 방식에서 슬레이브가 자발적으로 데이터를 보낸다면 대혼란이 생기고 통신이 정상적으로 이루어질 수 없을 것이다.

참고

### 전이중(Full-duplex)과 반이중(Half-duplex) 전송

전이중 전송방식은 송신과 수신 선로가 별도로 있어 송신과 수신을 동시에 진행할 수 있는 것을 말한다. 전화기는 말을 하면서도 들을 수 있기 때문에 전이중 전송이라고 이해하면 될 것이다. 반면 반이중 전송은 하나의 선로를 가지고 송신도 하고 수신도 하는 경우를 말한다. 송신 중에는 수신이 안 되고 수신 중에는 송신을 할 수 없다. 무전기는 말을 하는 동안 들을 수 없고 듣는 중에는 말을 전할 수 없는 반이중 전송이다.

## I2C 신호의 전제 조건

구체적인 I2C의 통신 신호을 학습하기 전에 다음과 같은 I2C의 기본 전제 조건을 알아두면 이해하는데 도움이 된다.

- SCL 선에는 마스터만 클럭 신호를 출력할 수 있다.
- 항상 최소 2개의 바이트가 전송된다.
  - 마스터가 1바이트 쓰기 작업: 주소 전송(master → slave) + 데이터 전송(master → slave)
  - 마스터가 1바이트 읽기 작업: 주소 전송(master → slave) + 데이터 전송(slave → master)
- SCL 선이 HIGH일 때는 SDA 값을 읽으라는 뜻이다. 따라서 주소나 데이터 전송 시 SCL이 LOW일 때만 SDA를 바꾸는 것이 가능하다. 이 규칙의 예외는 아래 설명할 시작과 정지 조건뿐이다.

## I2C 신호의 시작과 정지 조건

통신 선 SDA과 SCL 선은 저항으로 풀업되어서 통신이 없을 때는 모두 HIGH 상태를 유지하고 있다. 이 상태에서 마스터가 통신의 시작을 슬레이브에게 알려야 하기 때문에 시작 조건을 정의할 필요가 있다. 데이터를 전송하다가 전송의 끝을 알리기 위한 정지 조건도 필요하다.

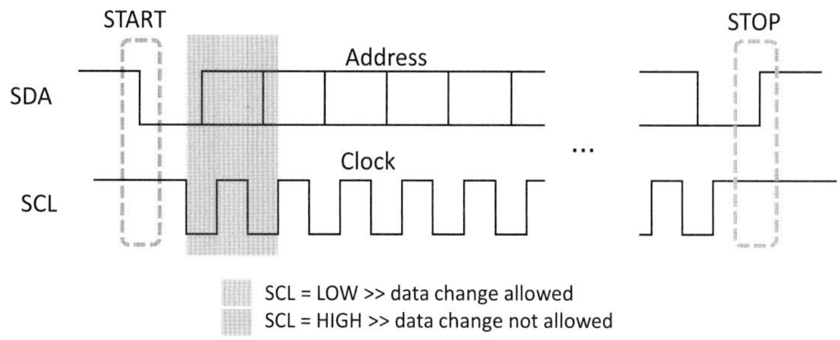


**그림 12-2** ▸ I2C 신호의 시작 조건과 정지 조건

### 시작 조건

앞의 전제 조건에서 언급한 바와 같이 일반적인 상황에서는 SDA는 SCL값이 LOW일 때만 바꿀 수 있다. 그럼에도 불구하고 그림 12-2에서 보는 바와 같이 마스터가 SCL 선을 HIGH로 유지한 상태에서 SDA를 LOW로 내리면 슬레이브들에게 통신의 시작을 알리는 것이다. 모든 슬레이브 장치는 이 시작 조건을 기다리고 있다가 시작 조건을 감지하면 따라오는 어드레스를 읽는다.

### 정지 조건

그림 12-2에서 보는 바와 같이 마스터가 SCL 선을 HIGH로 유지한 상태에서 SDA를 HIGH로 올리면 슬레이브들에게 통신의 정지를 알리는 정지 조건이 된다.

## 데이터 전송

### 마스터가 슬레이브에 쓰기

그림 12-3은 마스터가 슬레이브에게 데이터를 전송하는 경우에 대한 I2C 파형이다. 마스터는 SCL이 HIGH인 상태에서 SDA를 LOW로 내리면서 시작 조건을 만든다. 이때 I2C에 연결된 모든 슬레이브들은 데이터를 수신할 준비를 할 것이다. 그 다음에 마스터는 클럭을 바꿔 가며 통신하고자 하는 슬레이브 주소를 7비트로 보내고 이 명령이 쓰기인지 읽기인지를 표시하는 마지막으로 1비트를 보낸다. 이때 SDA가 HIGH(1)이면 읽기이고 LOW(0)이면 쓰기이다. 지금은 마스터가 슬레이브에게 쓰기를 하는 것이므로 마지막 비트는 LOW(0)가 될 것이다. 그러면 다음 번 클럭에 마스터가 보낸 주소에 해당하는 슬레이브가 SDA를 LOW(0)로 만들어 ACK(acknowledgement), 즉 "알았음!"을 표시한다. 이전에 언급했듯이 SDA 선은 항상 풀업이 걸려있어서 슬레이브 주소가 틀려 아무도 대답하지 않으면 자동으로 HIGH(1)가 된다. 주

소에 대한 ACK를 받고나면 마스터는 클럭을 바꾸어 나가면서 쓰고자 하는 데이터를 8비트 쓴다. 8비트를 다 수신하면 이번에도 슬레이브가 SDA를 LOW(0)로 만들어 ACK 즉 수신 성공을 알린다. 전송이 완료되면 마스터는 정지 조건을 만들어 전송 종료를 알린다.

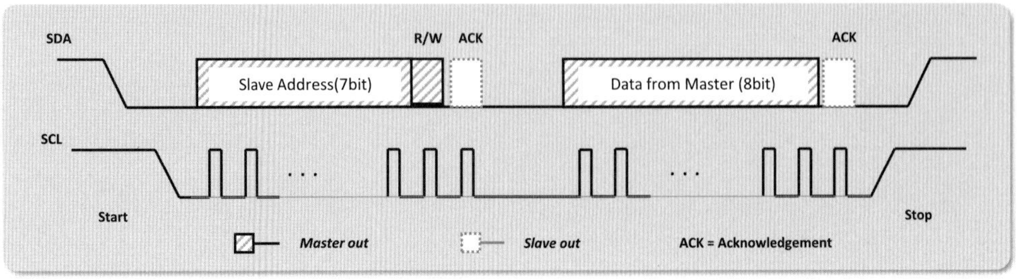


**그림 12-3** ▸ 마스터가 슬레이브에 1바이트 쓰기

### 마스터가 슬레이브로부터 데이터 읽기

그림 12-4는 마스터가 슬레이브에게 데이터를 요청하여 읽어들이는 경우의 I2C 파형이다. 데이터 쓰기와 마찬가지로 먼저 시작 조건을 만들고, 슬레이브를 지정하기 위하여 슬레이브 주소를 전송한다. 그 다음에 데이터를 읽겠다는 것을 표시하기 위하여 8번째 비트를 HIGH(1)로 보낸다. 이를 슬레이브가 성공적으로 인지했다면 ACK의 의미로 SDA를 LOW(0)로 만든다. 그 후 데이터 요청을 받은 슬레이브는 SCL이 LOW(0)인 기간에 한 비트씩 데이터를 싣는다. 마스터가 데이터를 다 받았으면 더 이상 보내지 말라는 NACK의 의미로 SDA를 HIGH(1)로 유지한다. 마지막으로 마스터가 정지 조건을 만들면 마스터가 데이터 읽기에 대한 통신이 종료된다.

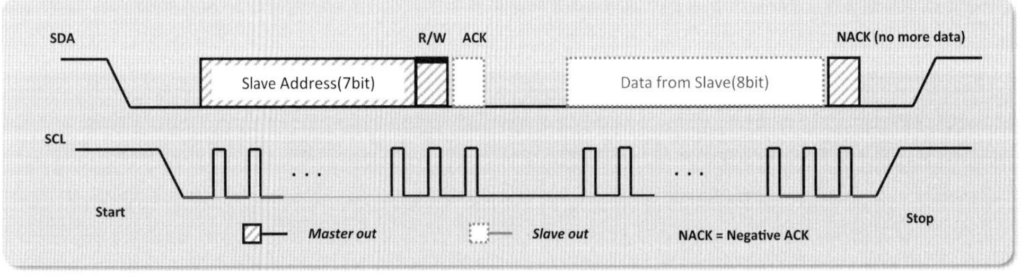


**그림 12-4** ▸ 마스터가 슬레이브로부터 1바이트 데이터 읽기

## 12.2_ I2C 클래스

이 절에서는 Mbed가 제공하고 있는 I2C 통신의 마스터 API인 I2C 클래스에 대하여 살펴본다.

### 생성자

I2C 클래스의 객체를 생성하는 생성자의 용법은 표 12-1과 같다.

**표 12-1** ▸ I2C 클래스의 생성자

| 생성자 | I2C 객체를 생성한다. |
|---|---|
| `I2C (PinName sda, PinName scl)` | |
| sda | I2C 데이터 핀의 이름 |
| scl | I2C 클럭 핀의 이름 |
| [예제] | `I2C i2c(I2C_SDA, I2C_SCL);` |

이 생성자로 I2C의 객체를 생성하는데 생성시에 인수로 데이터 핀 SDA와 클럭 핀 SCL의 핀 이름을 지정해야 한다. 예제는 Nucleo 보드의 I2C 기본 핀 이름 I2C_SDA와 I2C_SCL을 지정하고 I2C 클래스의 객체 i2c를 생성하고 있다.

### 주파수(속도) 설정

I2C의 통신 속도는 마스터가 얼마나 빠르게 클럭을 바꾸는가에 따라 정해진다. 따라서 클럭의 주파수를 바꾸면 통신 속도가 달라지게 된다. 표 12-2는 클럭의 주파수를 설정해주는 frequency 멤버 함수에 대한 사용법이다.

**표 12-2** ▸ I2C의 주파수(속도) 설정

| 주파수 설정 | I2C의 주파수, 즉 클럭의 속도를 정한다. |
|---|---|
| `void .frequency(int hz)` | |
| hz | Hz 단위의 I2C 클럭 주파수 설정값 (기본 40kHz) |
| [예제] | `I2C i2c(I2C_SDA, I2C_SCL);`<br>`i2c.frequency(400000);` |

이 함수는 Hz 단위로 I2C의 주파수를 설정하는 함수이다. 예제는 기본 I2C핀인 I2C_SDA와 I2C_SCL을 지정하여 객체 i2c를 생성하고 그 클럭 주파수를 400000Hz, 즉 400kHz로 설정하였다.

### 여러 바이트 쓰기

마스터가 슬레이브에 여러 바이트의 데이터를 쓰는 write 함수의 용법은 표 12-3과 같다.

**표 12-3** ▸ I2C의 여러 바이트 쓰기 함수 write

| **여러 바이트 쓰기 write** | 여러 바이트의 데이터를 슬레이브로 전송한다. |
|---|---|
| `int .write(int address, const char*data, int length, bool repeated=false)` | |
| address | 슬레이브 디바이스의 I2C 주소 지정 |
| data | 전송하고자하는 char 데이터 배열 |
| length | 전송 바이트 수 |
| repeated | 통신을 계속 할 것인지 여부, 기본 false (false면 정지 조건 발생) |
| return | 0- 성공(ACK), 1- 실패(NACK) |
| [예제] | `I2C i2c(I2C_SDA, I2C_SCL);`<br>`i2c.write(0xA2,data,2,false);` |

write 함수는 슬레이브에 여러 바이트의 데이터를 전송하는 멤버 함수이다. write의 인수로는 슬레이브 주소인 address, 전송하고자 하는 char형의 데이터를 지칭하는 포인터 data, 전송 데이터의 바이트 수 length 그리고 통신을 계속할 것인지 여부를 나타내는 repeated가 있다. write 함수는 송신 성공 여부를 슬레이브의 ACK로 판단하여 0 또는 1을 반환하는데, 0이면 성공이고 1이면 실패이다. 여기서 data가 포인터로 선언된 그 이유를 생각해보자 만일 100개의 데이터를 write 함수로 보낸다고 할 때 함수에 모든 데이터 값을 통째로 복사해 줄 수는 없고 100개의 데이터가 담긴 배열의 선두 주소만 보내면 되기 때문이다.

### 여러 바이트 읽기

마스터가 슬레이브로부터 여러 바이트의 데이터를 I2C통신으로 읽어오는 read 함수의 용법은 표 12-4와 같다.

**표 12-4** ▸ I2C의 여러 바이트 읽기 함수 read

| **여러 바이트 읽기 read** | 슬레이브로부터 여러 바이트의 데이터를 읽어온다. |
|---|---|
| `int .read(int address, const char*data, int length, bool repeated=false)` | |
| address | 슬레이브 디바이스의 I2C주소 지정 (최하위 비트는 항상1로) |
| data | 수신 데이터를 저장하고자하는 char형 배열 이름 |
| length | 수신 바이트 수 |
| repeated | 통신을 계속할 것인지 여부, 기본 false (false면 정지 조건 발생) |
| return | 0- 성공(ACK), 1- 실패(NACK) |
| [예제] | `I2C i2c(I2C_SDA, I2C_SCL);`<br>`i2c.read(0xA2,data,2,false);` |

read 함수는 슬레이브로부터 여러 바이트의 데이터를 읽어오는 역할을 한다. 인수로는 슬레이브 주소인 address, 전송 데이터를 담을 char형의 포인터 data, 읽고자 하는 바이트 수 length 그리고 전송을 계속 할 것인지 여부를 나타내는 repeated가 있다. read 함수는 수신 성공 여부를 판단하여 0 또는 1을 반환하는데, 0이면 성공이고 1이면 실패이다.

## 12.3_ I2C 장치 검색기 실습

### 실습 목표

주소를 모르는 미지의 슬레이브 장치가 I2C 버스에 있을 때 장치의 address를 검색하는 프로그램을 작성한다.

**TIP**

read(i2c_adr, 0,0) 함수의 반환 값이 0이면 슬레이브의 ACK 값을 받은 것으로 그 주소의 장치가 존재하는 것이다. 주소 i2c_adr를 0에서 255까지 변경하며 응답 검사를 진행한다.

### 실습 장치

#### 실습 재료

Nucleo F401RE 보드와 임의의 I2C 슬레이브가 필요하다. 이 실습에서는 PCF8563 RTC모듈을 사용하였지만 I2C 장치라면 어떤 것이라도 상관없다.

#### 결선

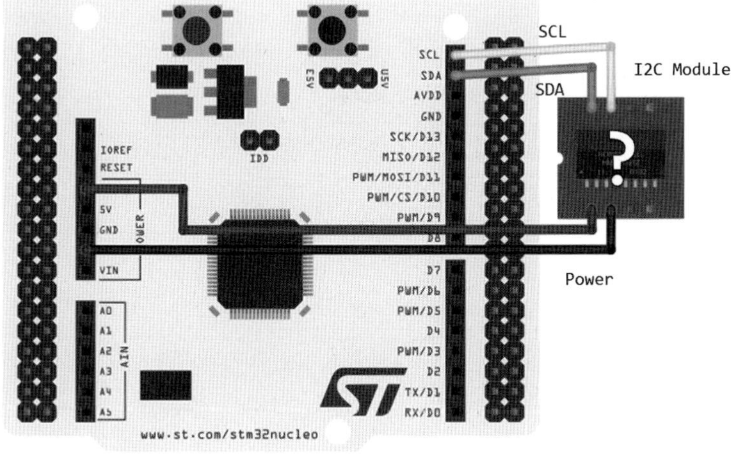


**그림 12-5** ▸ 임의의 I2C와 Nucleo 보드와의 결선

그림 12-5에서 보는 바와 같이 임의의 I2C 모듈의 SCL과 SDA핀을 Nucleo의 SCL과 SDA핀에 각각 연결하고 모듈이 요구하는 5V 또는 3.3V 전원과 GND를 연결한다.

## 실습 코드

I2C 장치 검색기 실습의 코드는 코드 12-1과 같다.

**코드 12-1** I2C 장치 검색기 실습

```
#include "mbed.h"
I2C i2c(I2C_SDA, I2C_SCL);
int main(){
    uint8_t count=0;
    while(1) {
        printf("\nScanning I2C devices....\n");
        count=0;
        for (int adr=0; adr< 256; adr++){
            if (i2c.read(adr,0,0)==0){   //check ACK
                count++;
                printf("found @ 0x%02X \n", adr);
            }
            wait(0.005);
        }
        printf("\n Total %2d devices are found\n", count);
        wait(1.0);      // 1 second
    }
}
```

먼저 기본 I2C핀인 I2C_SDA와 I2C_SCL 핀을 할당하여 객체 i2c를 생성한다. main 함수에서는 검색된 장치의 수를 세는 count 변수를 정의하고 while 루프에서 printf로 검색 시작을 알리며 count값을 0으로 만든다. 그 다음 for문에서 주소에 해당하는 adr을 0에서부터 255까지 순차적으로 바꿔가며 반복하고, if문에서 read 함수로 adr 주소를 보낸다. 이때 응답만 확인할 것이라 읽을 데이터의 개수는 0으로 하고 repeated = 0으로 하여 정지 신호를 보내는데 해당 주소의 슬레이브가 응답을 하면 0을 반환하게 된다. 응답이 있으면 if문 안으로 들어와 찾은 장치의 개수인 count를 1 증가시키고 해당 주소를 PC로 출력한다. for문의 반복이 끝나면 검색된 장치의 수 count도 PC에 출력한다.

## 실습 결과

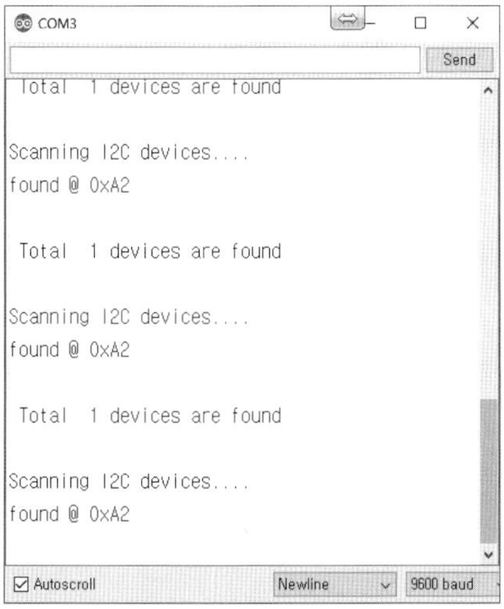


**그림 12-6** ▸ I2C 장치 검색기 실습

그림 12-6은 I2C 장치 검색기 실습의 결과를 아두이노 시리얼 모니터에 출력한 것이다. 8비트 주소인 0xA2를 찾았고 이를 7비트 주소로 환산하면 0x41이다.

**참고**

### I2C 슬레이브 주소 표현의 혼돈

I2C 장치의 슬레이브 주소를 데이터 시트에서 확인할 때 혼란이 있다. 슬레이브 칩 또는 장치를 만드는 벤더들이 장치의 주소를 표기할 때 7비트로 하는 경우도 있고 때로는 R/W 비트를 포함하여 읽기와 쓰기 주소를 별도로 8비트로 표현하는 경우가 있어서 생기는 문제이다. 이 경우 읽기 주소와 쓰기 주소가 각각 다른 것처럼 보일 수 있지만, 상위 7비트만 보면 같다.

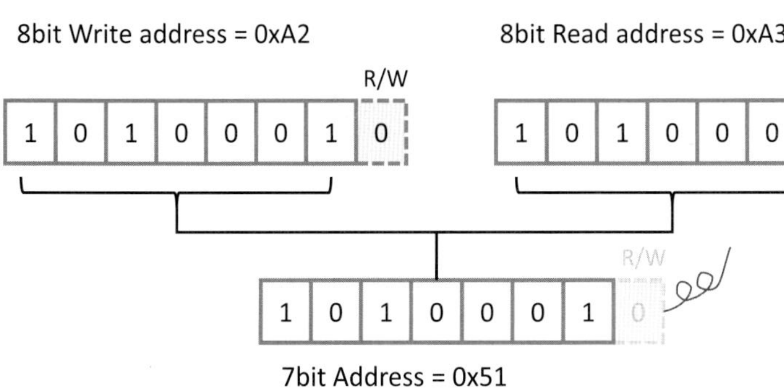


**그림 12-7** ▸ I2C 장치의 슬레이브의 8비트와 7비트 주소

알아두면 혼란을 조금 줄일 수 있는 힌트가 있다. 7비트 주소로 0x08에서 0x77 사이만 유효한 주소만이 사용하도록 하였기 때문에 0xE8이란 주소가 있다면 0x77보다 크기 때문에 곧바로 8비트 주소라는 것을 알 수 있다.

## 12.4_ I2C RTC 모듈 실습

### 실습 목표

I2C로 연결된 RTC 모듈인 PCF8563에서 시/분/초를 읽어서 00:00:00 형식으로 PC의 터미널 창에 표시하는 프로그램을 작성한다. 단, PCF8563의 여러 레지스터에 접근하여 1바이트 데이터를 쓰는 writeByte 그리고 1바이트를 읽는 readByte 함수를 만들어 적용하자.

### 실습 장치

#### 실습 재료

그림 12-8과 같이 Nucleo F401RE 보드와 PCF8563 모듈이 필요하다.

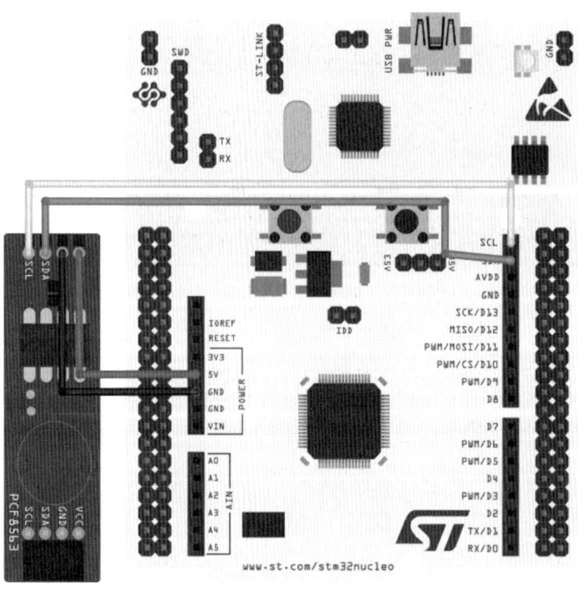

**그림 12-8** ▸ PCF8563 RTC모듈 실습 장치

#### 결선

그림 12-8에서 보는 바와 같이 PCF8563 RTC 모듈의 SCL과 SDA 핀을 Nucleo의 SCL과 SDA 핀에 각각 연결하고 모듈이 요구하는 5V 또는 3.3V 전원과 GND를 연결한다.

### PCF8563 RTC 모듈

PCF8563은 NXP사의 저전력에 특화된 실시간 클럭(RTC: Real Time Clock)칩이며 I2C 버스를 이용하여 간편하게 인터페이스할 수 있다. 현재 시간이 중요한 장치에서는 RTC를 사용한다. 예를 들면 현재 시간에 따라 설정을 바꿔야 하거나 시간을 포함한 측정 데이터를 네트워크로 전송해야 하거나 파일에 저장하는 경우가 있을 것이다. MPU는 보통 내부에 클럭을 가지고 있어서 이를 카운트하면 직접 시계를 만들 수도 있다. 그러나 이를 위하여 전력을 계속 소모해야 하며 어떤 이유로 전원이 꺼지면 시간을 다시 설정해야 하는 문제점이 있다. RTC 모듈은 0.25uA 정도의 적은 전류를 소모하기 때문에 작은 리튬 배터리를 사용해도 몇 년간이나 MCU와 상관없이 시간 데이터를 독자적으로 관리할 수 있다. 한번만 시간을 맞추어 놓으면 언제든지 시간을 읽어올 수 있다는 편리함을 제공한다. 그림 12-9는 PCF8563칩으로 만든 RTC 모듈로, 기준 클럭인 32.768 kHz의 크리스탈과 데이터 보존용 리튬 배터리가 하나의 보드에 탑재되어 있다.

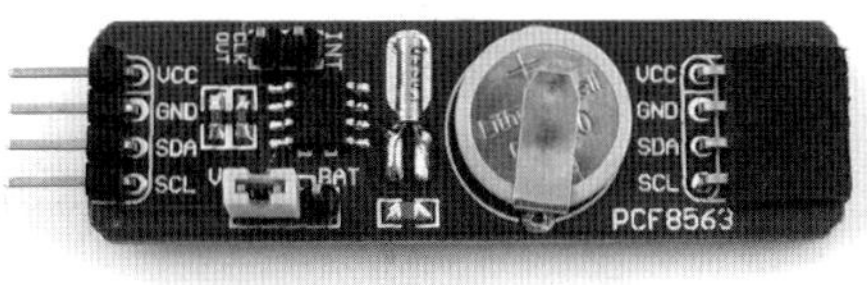


**그림 12-9** ▸ PCF8563 RTC 모듈 (https://www.waveshare.com/)

### PCF8563 주요 레지스터

**레지스터**(Register)는 어떤 장치나 칩의 내부에서 있어 칩의 상태, 설정 그리고 데이터를 보관하는 내부 메모리이다. 통신으로 슬레이브 장치의 레지스터에 값을 적거나 읽는 것으로 원하는 작업을 완수할 수 있다.

| Address | Register name | Bit 7 | Bit 6 | Bit 5 | Bit 4 | Bit 3 | Bit 2 | Bit 1 | Bit 0 |
|---|---|---|---|---|---|---|---|---|---|
| 00h | control/status 1 | TEST1 | 0 | STOP | 0 | TESTC | 0 | 0 | 0 |
| 01h | control/status 2 | 0 | 0 | 0 | TI/TP | AF | TF | AIE | TIE |
| 02h | seconds | VL | <seconds 00 to 59 coded in BCD> | | | | | | |
| 03h | minutes | x | <minutes 00 to 59 coded in BCD> | | | | | | |
| 04h | hours | x | x | <hours 00 to 23 coded in BCD> | | | | | |
| 05h | days | x | x | <days 01 to 31 coded in BCD> | | | | | |
| 06h | weekdays | x | x | x | x | x | <weekdays 0 to 6> | | |
| 07h | months/century | C | x | x | <months 01 to 12 coded in BCD> | | | | |
| 08h | years | <years 00 to 99 coded in BCD> | | | | | | | |
| 09h | minute alarm | AE | <minute alarm 00 to 59 coded in BCD> | | | | | | |
| 0Ah | hour alarm | AE | x | <hour alarm 00 to 23 coded in BCD> | | | | | |
| 0Bh | day alarm | AE | x | <day alarm 01 to 31 coded in BCD> | | | | | |
| 0Ch | weekday alarm | AE | x | x | x | x | <weekday alarm 0 to 6> | | |
| 0Dh | CLKOUT control | FE | x | x | x | x | x | FD1 | FD0 |
| 0Eh | timer control | AT | x | x | x | x | x | TD1 | TD0 |
| 0Fh | timer | <timer countdown value> | | | | | | | |

**그림 12-10** ▸ PCF8563의 레지스터 (www.nxp.com)

그림 12-10의 레지스터 표를 보면 PCF8563에는 16개의 내부 레지스터들이 있으며 이들의 주소는 0x00번지에서 0x0F번지까지 할당되어 있다. 예를 들어 연도를 확인하려면 08번지의 years라는 레지스터를 읽으면 되고, 연도 설정이 필요하면 이 레지스터에 새로운 값을 쓰면 된다. 다만 00~99년을 BCD형태로 사용하기 때문에 백의 자리 이상은 생략한다. BCD에 관해서는 참고에서 설명한다.

이 실습에서 사용할 시간에 관련된 레지스터를 살펴보면 02번지의 seconds, 03번지의 minutes 그리고 04번지의 hours가 있다. 데이터 시트에 따르면 이 칩의 주소는 8비트로 0xA2이므로 앞서 설명한 I2C의 write와 read를 이용하여 레지스터에 접근하면 된다. 현재의 초를 읽고 쓸 수 있는 seconds 레지스터를 보면 0~6번 비트는 0~59까지의 정수를 BCD로 저장하고 있다. 레지스터 minutes는 seconds와 읽는 방법이 같고, hours 레지스터는 하위 4비트가 1시간 단위 상위 2비트가 10시간 단위로 이들을 합쳐 0~24까지를 저장한다.

**참고**

### BCD란?

BCD는 Binary Coded Decimal의 약자로 이진화 십진수로 불린다. 16진수의 한자리는 이진수의 4비트로 이를 니블(nibble)이라고 부르는데 이 니블은 0~15까지의 십진수 정수를 표현할 수 있다. 하지만 BCD에서는 니블을 10진수 한자리처럼 간주해 0~9까지만 쓴다. 예를 들어 16진수 39는 약간의 계산을 하면 10진수로 3×16+9=57이 된다. 반면에 BCD 39는 그대로 10진수로 39가 된다. 아래 그림 12-11은 second 레지스터를 나타낸다. 레지스터의 하위 니블은 1초 단위가 되고 VL을 제외한 상위 니블은 10초 단위이므로 니블별로 각각 읽으면 5와 9가 된다. 16진수는 1바이트로 0~255까지를 표현하지만 BCD는 0~99까지, 최대 두 자리 십진수만을 표시할 수 있다. 따라서 BCD는 수의 범위가 줄어들더라도 읽기 쉬운 방법을 택한 것이다.

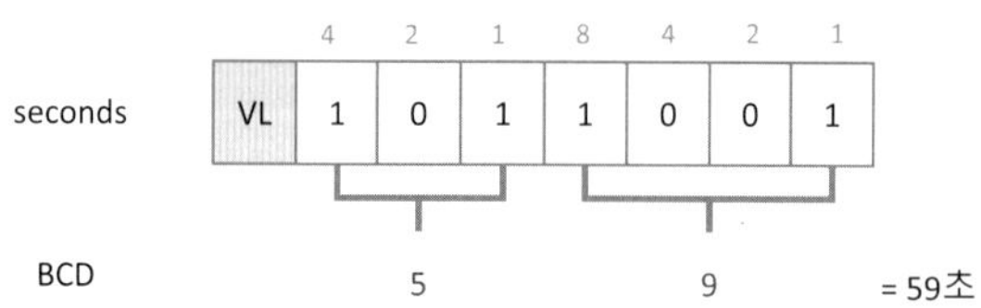


**그림 12-11** ▸ BCD의 예

## BCD 변환 함수 만들기

**코드 12-2** | BCD 변환 함수인 bcdToDec와 decToBcd

```
uint8_t bcdToDec(uint8_t val){
    return ( (val/16)*10 + (val%16) );
```

```
}

uint8_t decToBcd(uint8_t val){
    return ( (val/10*16) + (val%10) );
}
```

코드 12-2와 같이 BCD를 10진수로 또는 그 반대로 변환하기 위한 함수 bcdToDec와 decToBcd를 작성하였다. 두 함수 모두 내부적으로는 한 줄의 계산으로 변환된 값을 반환한다. 먼저 bcdToDec에서는 BCD코드인 val을 매개변수로 받았다. 변환될 10진수의 10의 자리는 16진수에서 16의 자리이므로 (val/16)이 되고 1의 자리는 16진수의 1의 자리이므로 (val%16)이 된다. 10의 자리를 10배하고 1의 자리는 그대로 두고 합산하면 10진수를 얻을 수 있다. decToBcd에서 val은 10진수인데, 이를 먼저 10의 자리와 1의 자리로 분해한다. 10의 자릿수는 10으로 나눈 몫(val/10)이 되고 1의 자릿수는 10으로 나눈 나머지 (val%10)이 된다. 이를 BCD로 바꾸려면 10의 자리는 16을 곱하고 1의 자리는 그대로 더하면 된다.

## 레지스터 접근 함수 만들기

### writeByte 함수

writeByte 함수는 슬레이브의 특정 레지스터에 1바이트의 데이터를 쓰는 역할을 한다. 코드 12-3에서 보는 바와 같이 이 함수에는 3개의 매개변수가 필요한데 address는 슬레이브 장치의 주소이고, regAddress는 레지스터의 주소이며 마지막으로 보내고자 하는 data이다. 이 정보를 받아서 여러 바이트 쓰기 함수인 write를 이용한다. write 함수는 보내고자 하는 레지스터의 주소와 데이터를 담은 배열의 선두 주소를 주면 지정한 개수의 데이터를 전송한다. 그래서 regAddress와 data를 data_write라는 배열에 담은 후 i2c객체의 write 함수에 슬레이브 주소, 데이터 배열의 이름, 데이터 개수, repeated 값을 인수로하여 전송을 실행한다. 배열의 이름은 그 배열의 첫 번째 원소가 저장된 메모리의 주소라는 사실을 명심하자.

**코드 12-3** | 레지스터에 1바이트 쓰기 writeByte 함수

```
void writeByte(uint8_t address, uint8_t regAddress, uint8_t data) {
    char data_write[2];
    data_write[0] = regAddress;
    data_write[1] = data;
    i2c.write(address, data_write, 2, 0);
}
```

### readByte 함수

readByte 함수는 1바이트의 데이터를 장치의 특정 레지스터에서 읽어오는 역할을 한다. 코드 12-4에서 보는 바와 같이 매개변수로는 슬레이브 장치의 주소인 address와 읽고자 하는 이 슬레이브 장치의 레지스터 주소 regAddress가 있다. 배열로 읽은 데이터를 보관할 data와 레지스터 주소를 쓸 data_write를 선언한다. write 함수를 이용하여 레지스터 주소를 전송하는데 이때 곧바로 읽어야 하기 때문에 repeated를 1로 만들어 정지 조건을 만들지 않는다. 그리고 read 함수로 1바이트를 읽어 온다. 이때 읽어온 데이터는 data 배열의 맨 처음 원소인 data[0]에 보관되었기 때문에 이를 반환한다.

**코드 12-4** 레지스터로부터 1바이트 읽기 readByte 함수

```
char readByte(uint8_t address, uint8_t regAddress){
    char data[1];                   // 'data' will store the register data
    char data_write[1];             // for assigning register address
    data_write[0] = regAddress;
    i2c.write(address, data_write, 1, 1);       // no stop
    i2c.read(address, data, 1, 0);
    return data[0];
}
```

## 실습 코드

실습 코드를 완성하려면 앞에서 미리 작성한 코드 12-2에서 코드 12-4까지의 함수들과 다음의 선언부 코드 12-5와 main 함수 코드 12-6을 모두 하나의 파일로 합치면 된다.

### 선언부 코드

코드 12-5는 선언부의 코드인데 먼저 #define으로 초, 분, 시에 대한 레지스터의 주소를 각각 REG_SEC, REG_MIN, REG_HOUR에 저장시켜 놓았다. PCF8563_ADDR에 PCF8563의 I2C 슬레이브 주소를 상수로 저장하고 I2C 객체에 sda, scl 핀인 I2C_SDA, I2C_SCL를 지정하였다. PC와의 통신을 위하여 Serial 객체 pc를 생성하였다. 다음으로 앞서 작성한 writeByte 등의 함수들의 함수 원형을 선언하였다.

**코드 12-5** RTC모듈 실습의 선언부 코드

```
#include "mbed.h"
#define REG_SEC         (0x02) // sec Register
#define REG_MIN         (0x03) // min Register
```

```
#define REG_HOUR        (0x04) // hour Register
#define PCF8563_ADDR    (0xA2) // PCF8563 i2c address

I2C i2c(I2C_SDA, I2C_SCL);
void writeByte(uint8_t address, uint8_t subAddress, uint8_t data);
char readByte(uint8_t address, uint8_t subAddress);
uint8_t bcdToDec(uint8_t val);
uint8_t decToBcd(uint8_t val);
```

### main 함수 코드

코드 12-6와 같이 main 함수의 while 루프에서는 먼저 readByte 함수를 통하여 초, 분, 시 레지스터의 값을 각각 읽어 변수 s, m, h에 저장한다. 그 다음에 printf 함수로 PC의 터미널에 시:분:초를 보내는데 읽어들인 s, m, h가 BCD 값이기 때문에 전송하기 전에 bcdTodec를 이용하여 BCD를 10진수로 변환을 해야 한다. 변환을 하지 않으면 10초가 16초로 출력될 것이다. 그리고 여기서 주의할 점은 h, m, s에 각각 0x3F, 0x7F, 0x7F를 비트 단위 연산 And를 해야한다는 것이다. 이는 레지스터 값에서 시간과 관계없는 VL이나 x로 되어있는 비트들을 0으로 지우기 위함이다. 0x3F 같은 수를 마스크라고 하는데, 예를 들어 0x3F는 0b00111111이기 때문에 h 값과 비트 단위 And 연산을 하면 h의 상위 2비트 값은 무시하게 된다. 이는 마치 얼굴에 마스크 팩을 할 때 팩이 있는 부분은 크림이 묻고 오려져 나간 부분은 묻지 않는 것과 유사하다. main 함수의 while 루프는 wait 함수를 사용하여 1초마다 실행되고 있다. 추가적으로 설명할 내용은 main 함수 처음 주석처리한 부분이다. 이것은 처음 실행할 때 딱 한번 RTC의 시간을 설정하는 코드로서 시, 분, 초를 10진수로 입력하고 decToBCD 함수로 BCD로 변환한 후에 writeByte 함수로 해당 레지스터에 쓰는 것이다. 이 부분은 한 번만 지정하면 되기 때문에 1회 설정한 뒤에는 주석처리해야 다시 이 시간으로 돌아가지 않는다.

**코드 12-6** | RTC모듈 실습의 main 함수 코드

```
int main() {
    // writeByte(PCF8563_ADDR,REG_SEC,decToBcd(1)); // 시간 설정
    // writeByte(PCF8563_ADDR,REG_MIN,decToBcd(2));
    // writeByte(PCF8563_ADDR,REG_HOUR,decToBcd(3)); // 03:02:01
    while (1) {
        // Read temperature register
        char s=readByte(PCF8563_ADDR,REG_SEC);
        char m=readByte(PCF8563_ADDR,REG_MIN);
        char h=readByte(PCF8563_ADDR,REG_HOUR);
```

```
        printf("Time= %02u:%02u:%02u\n", bcdToDec(h & 0x3F),
                bcdToDec(m & 0x7F),bcdToDec(s & 0x7F));
        myled = !myled;
        wait(1.0);
    }
}
```

## 12.5_ OLED 디스플레이 Hello World 실습

### 실습 목표

OLED 디스플레이에 "Hello World" 라고 쓰는 프로그램을 작성한다.

### 실습 장치

#### 실습 재료

그림 12-12에서 보는 바와 같이 Nucleo F401RE 보드와 0.91" 128x32 OLED 디스플레이 모듈이 필요하다.

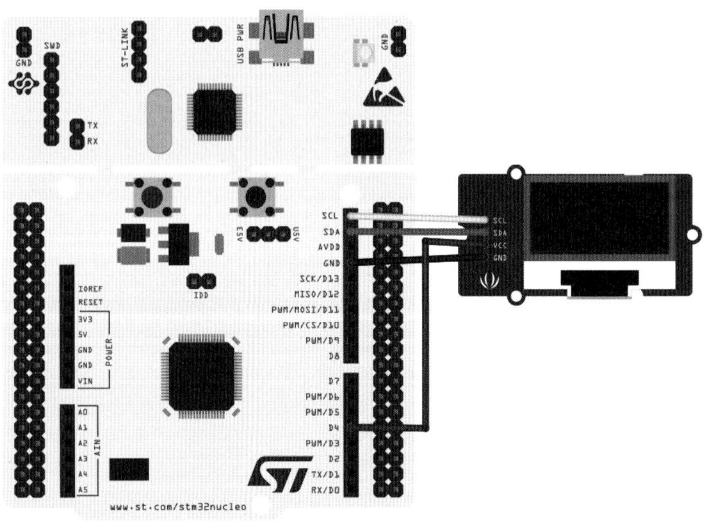


**그림 12-12** ▸ OLED 디스플레이 실습 장치

#### 결선

디스플레이와 Nucleo 보드의 결선은 표 12-5와 같다.

**표 12-5** ▸ 디스플레이와 Nucleo 보드의 결선

| OLED Display | Nucleo F401RE |
|---|---|
| SCL | SCL |
| SDA | SDA |
| Vcc | D4 |
| GND | GND |

여기서 주의해야 할 사항은 OLED의 전원인 Vcc핀을 Nucleo보드의 3V3핀이 아닌 일반 핀 D4에 연결한다는 것이다.

## SSD1306 0.91" OLED 모듈

SSD1306 드라이버를 사용한 0.91" OLED 디스플레이는 128x32의 해상도로 그래픽 디스플레이가 가능하고 I2C 통신으로 제어 가능한 모듈이다. 그림 12-13과 같이 전원 관련 GND, Vcc 핀과 I2C 통신용 SCL, SDA 핀, 모두 4개의 핀이 제공된다. 그리고 모듈의 공급 전원은 3.3V, 5V 모두 가능하다.

**그림 12-13** ▸ 0.91" OLED 디스플레이 모듈

## SSD1306 라이브러리

OLED 디스플레이용 드라이버인 SSD1306 칩을 적절하게 설정하면 우리가 원하는 대로 디스플레이할 수 있지만 이 부분은 워낙 방대한 양의 코드가 필요하기 때문에 Adafruit사에서 아두이노용으로 만든 SSD1306 라이브러리를 Mbed에 맞도록 수정한 것을 사용하도록 한다.

### SSD1306 라이브러리 다운로드

Mbed의 컴파일러의 Import 마법사를 열고 프로그램 탭을 선택한 후 검색어 SSD1306로 검색을 한다. 그림 12-14와 같은 내용의 프로그램을 선택하고 더블클릭하면 작업 공간으로 다운로드된다.

**그림 12-14** ▸ Import 마법사에서 프로그램 선택

### Adafruit_SSD1306_I2c 클래스 생성자

Adafruit_SSD1306_I2c 클래스의 생성자를 사용하는 방법은 표 12-6와 같다. 객체를 생성할 때 매개변수로 지정해야 할 내용은 디스플레이가 연결된 I2C 핀에 대한 I2C 객체와 디스플레이를 초기화할 때 필요한 reset핀이다. 그 다음은 OLED 디스플레이 모듈의 I2C 주소를 지정하고, 마지막으로 디스플레이의 높이와 폭, 즉 해상도를 지정한다. 예제는 이 실습에 사용한 OLED 디스플레이에 대한 정보로, I2C객체 i2c, 리셋 핀 D4, I2C 주소 0x78, 디스플레이 높이 32 그리고 폭 128을 차례로 지정하여 객체 oled를 생성하는 것이다.

**표 12-6** ▸ Adafruit_SSD1306_I2c의 생성자

| **생성자** | 객체를 생성한다. |
|---|---|
| `Adafruit_SSD1306_I2c(I2C& i2c,PinName rst_pin, int i2c_adr, int height, int width)` | |
| i2c | OLED디스플레이가 연결된 I2C 객체 지정 |
| rst_pin | Mbed보드의 모듈 reset용 핀 이름 |
| i2c_adr | OLED 모듈의 I2C 주소 지정 (0x78) |
| height | 디스플레이의 높이 (여기서는 32) |
| width | 디스플레이의 폭 (여기서는 128) |
| [예제] | `Adafruit_SSD1306_I2c oled(i2c,D4,0x78,32,128);` |

### 설정 함수

Adafruit_SSD1306_I2c 클래스의 설정 함수 begin의 용법은 표 12-7과 같다.

**표 12-7** ▸ Adafruit_SSD1306_I2c의 설정 함수

| **설정 함수** | 디스플레이 설정을 초기화한다. |
|---|---|
| `int .begin()` | |
| [예제] | `oled.begin();` |

### 텍스트 쓰기 함수

Mbed에서 제공하는 Stream 클래스를 상속받아 printf 함수를 이용할 수 있어 편리하게 텍스트를 출력할 수 있다.

### 화면 표시 함수

OLED 디스플레이의 화면에 표시하는 방법은 먼저 화면 버퍼(메모리)에 printf로 텍스트를 쓰거나 다음에 설명될 그래픽 함수들을 사용하여 그림을 그렸다면 아직 화면에 표시되지 않은 상태이다. 화면 버퍼의 내용을 표시하기 위해서는 표 12-8에서 설명한 display 함수를 실행해야 한다.

**표 12-8** ▸ Adafruit_SSD1306_I2c의 화면 표시 함수

| 화면표시 함수 | 버퍼에 그린 내용을 화면에 표시한다. |
|---|---|
| `void .display()` | |
| [예제] | `oled.printf("Hello world !\n");`<br>`oled.display();` |

## 실습 코드

**코드 12-7** OLED 디스플레이 Hello world 실습 코드

```
#include "mbed.h"
#include "Adafruit_SSD1306.h"
I2C i2c(D14,D15); // SDA, SCL
Adafruit_SSD1306_I2c myOled(i2c,D4,0x78,32,128);

int main(){
    uint16_t q=0;
    i2c.frequency(400000);
    myOled.begin();
    myOled.printf("%ux%u \nHello World\r\n",myOled.width(),myOled.height());
    myOled.printf("First sample\r\n");
    myOled.display();
    while(1) {
        myOled.printf("%u\r",q++);
        myOled.display();
        printf("q = %u \n",q);
        wait(1.0);
    }
}
```

코드 12-7에서 보는 바와 같이 SSD1306의 라이브러리인 Adafruit_SSD1306.h를 포함시키고 D14, D15 핀을 할당하여 I2C 객체 i2c를 생성시킨다. OLED 객체인 myOled를 생성하는데, 인수로는 i2c 객체와 reset 핀 D4를 지정하였다. reset의 용도는 화면을 초기화하는 것으로, 리셋을 하지 않으면 이전에 표시한 내용이 계속 화면에 남기 때문이다. 실습 장치의 결선에서는 D4핀을 OLED모듈의 전원 핀인 Vcc와 연결하였기 때문에 리셋이 필요하면 전원을 잠시 LOW로 내리는 것으로 대신하고 있다. 그 다음에는 모듈의 I2C 주소인 0x78을 입력하고 디스플레이의 수직과 수평 해상도 32와 128을 지정하였다. main 함수에서는 테스트용으로 카운트 변수 q를 생성하였고 i2c의 frequency 멤버 함수로 클럭 속도를 400kHz로 설정하였다. OLED 모듈을 초기화하기 위하여 begin 함수를 실행시키고 printf로 디스플레이의 폭과 높이 그리고 문자열 "Hello World"와 "First sample"을 버퍼에 쓰고 있다. 그 다음의 display 함수를 실행시키면 버퍼에 썼던 그래픽이 디스플레이에 표시된다. while 루프에서는 카운트 변수 q를 1초마다 1씩 증가시키며 OLED에 표시하고 있다.

## 12.6_ OLED 디스플레이 그래픽 실습

### 실습 목표

0.91" OLED 디스플레이에 "Hello World" 라고 쓰고 화면 하단에 작은 사각형을 그려서 주기적으로 좌우로 움직이게 하는 프로그램을 작성하자.

### 실습 장치

12.5절의 실습과 동일한 장치를 사용한다.

### OLED 디스플레이 모듈의 그래픽 함수

drawLine, drawRect, fillRect, drawCircle 등의 멤버 함수를 사용할 수 있다.

#### 선 그리기 함수

**표 12-9** ▸ 선 그리기 함수 drawLine

| **선 그리기** | 두 점을 연결하는 선을 그린다. |
|---|---|
| `void .drawLine(int16_t x0, int16_t y0, int16_t x1, int16_t y1, uint16_t color)` | |
| x0, y0 | 선의 시작점 좌표 |
| x1, y1 | 선의 끝점 좌표 |
| color | 색상 [0/1] |
| [예제] | `oled.drawLine(0,0,100,20,1);` |

## 속이 빈 직사각형 그리기 함수

**표 12-10** ▸ 속이 빈 직사각형 그리기 함수 drawRect

| 속이 빈 사각형 그리기 | 화면에 속이 빈 직사각형을 그린다. |
|---|---|
| `void .drawRect(int16_t x, int16_t y, int16_t w, int16_t h, uint16_t color)` | |
| x, y | 직사각형의 좌측 상단 모서리 좌표 |
| w, h | 직사각형의 폭과 높이 |
| color | 색상 [0/1] |
| [예제] | `oled.drawRect(10,5,40,20,1);` |

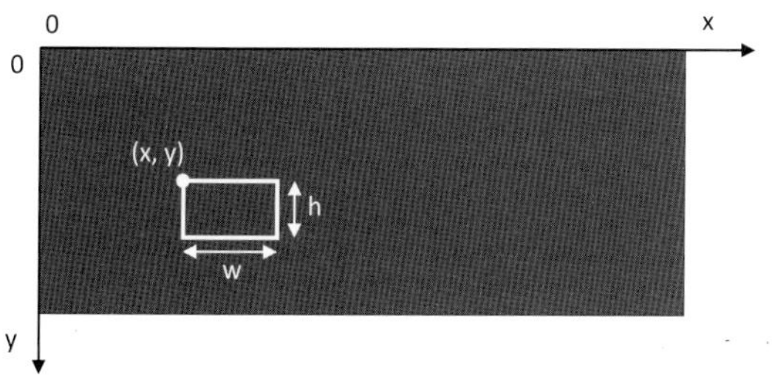


**그림 12-15** ▸ OLED의 좌표계

## 속이 찬 사각형 그리기 함수

**표 12-11** ▸ 속이 찬 직사각형 그리기 함수 fillRect

| 속이 찬 사각형 | 화면에 속이 찬 직사각형을 그린다. |
|---|---|
| `void .fillRect(int16_t x, int16_t y, int16_t w, int16_t h, uint16_t color)` | |
| x, y | 직사각형의 좌측 상단 모서리 좌표 |
| w, h | 직사각형의 폭과 높이 |
| color | 색상 [0/1] |
| [예제] | `oled.fillRect(10,20,40,50,1);` |

### 원 그리기 함수

**표 12-12** ▸ 원 그리기 함수 drawCircle

| **원 그리기** | 화면에 원을 그린다. |
|---|---|
| `void .drawCircle (int16_t x0, int16_t y0, int16_t r, uint16_t color)` | |
| x0, y0 | 원의 중심 좌표 |
| r | 원의 반경 |
| color | 색상 [0/1] |
| [예제] | `oled.drawCircle(10,16,5,1);` |

## 화면 설계

그림 12-16 (a)처럼 먼저 printf 함수로 "Hello world"를 쓰고 drawRect 함수로 좌표 (x,20)에 크기 10x10인 사각형을 그린다. 루프를 돌면서 x를 계속 바꾸어 나가면 사각형이 움직이는 것처럼 보이는데, 이전에 그린 사각형이 계속 화면에 남지 않게 하려면 매번 화면을 지워야 한다. 그런데 화면을 전부 지우면 글자도 지워지기 때문에 사각형만 지우기 위해 그림 12-16 (b)처럼 속이 찬 사각형을 그리는 함수인 fillRect를 사용하여 컬러 0으로 하단 전부를 커버하는 큰 직사각형을 그려 화면의 일부만 지워지게 한다. 그리고 다음 루프에서 정사각형의 좌측 상단의 x좌표를 변화시켜 박스가 움직이는 것처럼 보이게 한다. 재미를 더하기 위하여 x 방향의 위치를 단순 증가시켜 움직이는 것보다는 수평 방향에 힘을 받아 가속하면서 움직이도록 하는 프로그램을 작성하려고 한다.

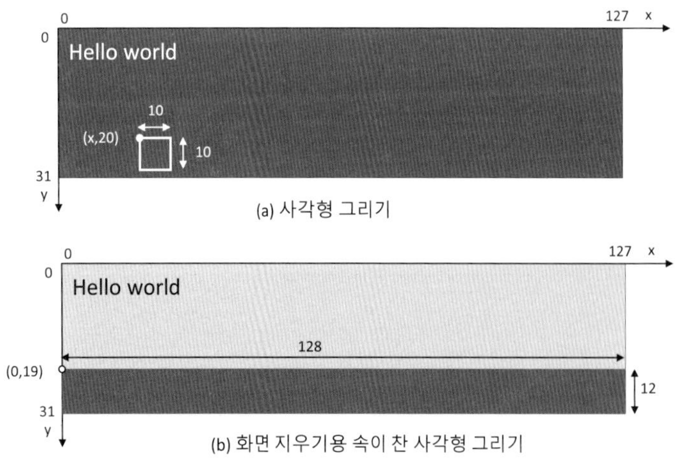


**그림 12-16** ▸ OLED 디스플레이 실습 화면 설계

## 실습 코드

**코드 12-8** | OLED 디스플레이 그래픽 코드

```
#include "mbed.h"
#include "Adafruit_SSD1306.h"
I2C i2c(D14,D15); // SDA, SCL
Adafruit_SSD1306_I2c myOled(i2c,D4,0x78,32,128);
int main(){
   int16_t x=0;
   float inc=0.0f, force=1.0f;
   i2c.frequency(400000);
   myOled.begin();
   myOled.printf("Hello World\r\n");
   myOled.display();
    while(1) {
        myOled.fillRect(0,19,128,12,0);
        myOled.drawRect(x,20,10,10,1);
        myOled.display();
        inc+=0.1f*force;   x+=inc;
        if (x>118 || x<0) {force=-force; inc=0.0f;}
        wait(0.01);
    }
}
```

코드 12-8과 같이 먼저 I2C 객체 i2c를 생성하고 이를 지정하여 myOled라는 객체를 만들었다. main 함수에서는 곧바로 사각형의 수평 위치 x, x의 증분값 또는 속도인 inc 그리고 사각형에 작용하는 힘에 해당하는 변수 force를 선언하였다. I2C의 속도 설정과 초기화 작업을 한 후 "Hello World"를 출력하였다. while 루프 안에서는 디스플레이 하단에 사각형 애니메이션을 실행한다. 먼저 fillRect로 컬러 0인 직사각형을 그렸는데 이는 지난 루프에서 그렸던 사각형을 화면에서 지우는 역할을 한다. 이어 drawRect 함수로 (x, 20)에 10x10의 정사각형을 컬러 1로 그린다. 이것이 애니메이션하고자 하는 사각형이다. 그 다음 지금까지 버퍼에 그린 내용을 한꺼번에 display 함수로 화면에 표시한다. x 값에 변화를 주어 다음 루프에서 사각형이 조금 움직이게 할 것인데 inc라는 변수는 사각형의 속도에 해당되며 force는 사각형에 작용하는 수평 힘이라고 보면 된다. 뉴턴의 방정식을 간이적으로 적용하면 force를 1로 놓았기 때문에 +x 방향으로 가속이 된다고 이해하면 된다. force를 누적시켜 속도 inc를 구하고, 이 속도를 누적시켜 위치 x를 구한다. 이와 같은 방법으로 매 루프마다 다음 x의 위치를 구하였다. 정사각형이 디스플레이의 양쪽 끝에 도달하는 경우에는 force를 반전시키면 마치 벽에 충돌하여

반대 방향으로 날아가는 것처럼 보인다. 이를 계속 반복하면 사각형이 좌우로 왕복하는 애니메이션이 된다.

### 실습 결과

**그림 12-17** ▸ OLED 그래픽 디스플레이 실습 결과

## 12.7_ OLED 시계 만들기 실습

### 실습 목표

PCF8563 RTC 모듈에서 읽은 시간을 OLED 디스플레이에 00:00:00 형식으로 표시하는 시계 프로그램을 작성한다.

### 실습 장치

그림 12-18과 같이 Nucleo F401RE 보드, 0.91" 128x32 OLED 디스플레이 모듈 그리고 PCF8563 RTC 모듈이 필요하다.

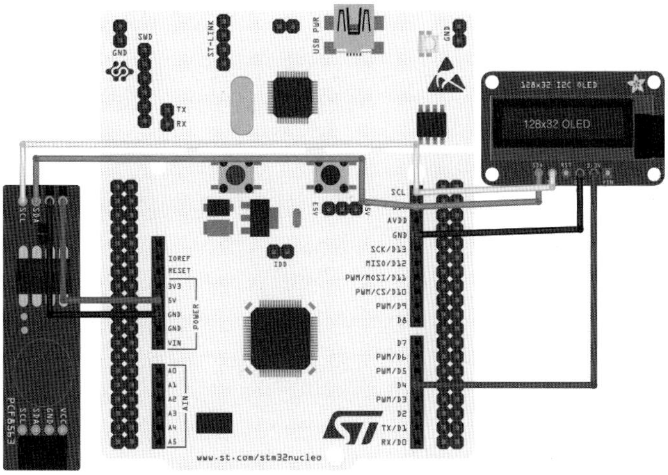

그림 12-18 ▸ OLED 시계 만들기 실습

## 실습 코드

### 선언부 코드

**코드 12-9** OLED 시계 만들기 실습: 선언부 코드

```
#include "mbed.h"
#include "Adafruit_SSD1306.h"
#define REG_SEC         (0x02) // sec Register
#define REG_MIN         (0x03) // min Register
#define REG_HOUR        (0x04) // hour Register
#define PCF8563_ADDR    (0xA2) //PCF8563 i2c address

I2C i2c(I2C_SDA, I2C_SCL);
DigitalOut myled(LED1);
void writeByte(uint8_t address, uint8_t subAddress, uint8_t data);
char readByte(uint8_t address, uint8_t subAddress);
uint8_t bcdToDec(uint8_t val);
uint8_t decToBcd(uint8_t val);
Adafruit_SSD1306_I2c Oled(i2c,D4,0x78,32,128);
```

OLED시계 만들기의 선언부는 코드 12-9와 같다. 먼저 RTC 모듈의 레지스터 주소와 장치의 i2c주소를 설정하여 I2C 객체 i2c를 정의하였고, writeByte, readByte, bcdToDec 그리고 decToBcd 함수의 원형을 정의하였다. 마지막으로 SSD1306 OLED 객체 Oled를 생성하여 이 객체의 인수로 i2c 색제를 지정하였다.

### main 함수 코드

**코드 12-10** OLED 시계 만들기 실습: main 함수

```
int main(){
    Oled.begin();
    Oled.setTextSize(1);
    Oled.printf("15/JUN/2019\r\n\n");  // for Test
    Oled.setTextSize(2);
    while(1) {
        char s=readByte(PCF8563_ADDR,REG_SEC);
        char m=readByte(PCF8563_ADDR,REG_MIN);
        char h=readByte(PCF8563_ADDR,REG_HOUR);
        Oled.printf("%02u:%02u:%02u\r", bcdToDec(h & 0x3F),
                    bcdToDec(m & 0x7F),bcdToDec(s & 0x7F));
        Oled.display();
    }
}
```

OLED 시계 만들기의 main 함수는 코드 12-10과 같다. Oled를 초기화하고 text의 크기를 1로 잡아 날짜를 임의로 OLED에 표시한다. 시간은 크게 쓰기 위하여 text 크기를 2로 설정했다. while 루프에서는 초, 분, 시의 레지스터로부터 readByte 함수로 읽어 s, m, h 변수에 저장하였다. 이 시분초 값은 모두 BCD값이므로 bcdToDec 함수를 이용해 10진수로 변환한 뒤 OLED에 표시한다. display 함수를 실행하면 이전까지 버퍼에 쓴 내용이 실제로 화면에 표시된다.

**A. 다음 빈 칸을 채우시오.**

**1** I2C 통신에서는 ( ) 장치가 클럭을 발생시키고 슬레이브 장치는 단지 이 신호에 맞춰 데이터를 송수신할 뿐이다.

**2** I2C 통신에서는 항상 SCL이 ( )인 상태에서만 SDA의 데이터를 읽는 것이 원칙이다.

**3** 마스터가 보낸 I2C주소와 일치하는 슬레이브는 그 응답으로 ( )를 보낸다.

**4** 어떤 장치의 I2C 주소가 쓰기 0xE4, 읽기 0xE5라면 7비트 주소는 ( )이다.

**5** 10진수를 1바이트에 1자리씩 표현하는 데이터 형식을 ( )라고 부른다.

**6** 장치나 칩의 설정과 상태를 저장하는 내부 메모리를 ( )라고 한다.

**7** MCU로 어떤 장치를 만들 때 전원이 꺼져도 현재의 시간이 유지되어야하는 경우 ( ) 기능을 사용한다.

**8** OLED 디스플레이에서 화면 버퍼에 원하는 내용을 쓰고 난 뒤 ( ) 함수를 실행해야 실제 화면에 반영된다.

**9** Adafruit_SSD1306_I2c 클래스의 생성자에서 인수로 사용된 ( ) 핀의 역할은 화면을 모두 지우는 것이다.

**B. 다음 설명에 따라 적절한 코드를 작성하시오.**

**1** 실습에서 작성한 OLED 시계에 년월일을 표시하도록 수정하자(힌트: RTC의 년월일에 대한 레지스터 테이블을 찾아 정의하고 최초 한번은 이 레지스터에 현재 값을 write해두어야 한다).

**2** 실습에서 작성한 OLED 시계를 완성하자. 푸시 버튼 3개를 mode, up, down 키로 만들고 창의적으로 시간을 설정하는 기능을 추가한다. 예를 들어 mode키를 2초동안 누르면 시간 설정 모드가 되고, mode키를 짧게 누르면 시, 분, 초 위치를 이동하며 각 위치에서 up과 down키로 값을 바꾸는 식으로 설정한다. 설정모드를 빠져 나오려면 mode 키를 다시 2초 동안 길게 누르면 된다.

# CHAPTER 13 SPI 통신

## 13.1_ SPI 통신 개요

### SPI 통신

SPI는 Serial Preipheral Interface의 약자로 MCU와 주변 칩 또는 다른 MCU 장치와의 통신을 위하여 개발되었다. 비슷한 용도로 많이 사용되는 I2C에 비하여 속도가 상당히 빠르기 때문에 고속 처리가 필요한 주변장치와의 통신에 적합하다. SPI는 마스터 슬레이브 방식으로 1:n 통신이 가능하다. I2C는 반이중(Half duplex) 통신으로 송신과 수신이 번갈아가면서 이루어져야 하는데 반면에 SPI는 양방향 라인이 있는 전이중(Fullduplex) 통신이다.

SPI는 GND를 제외하면 최소 4개의 선이 필요하다. 통신에 필요한 주요 핀들의 의미는 표 13-1과 같다.

**표 13-1** ▸ SPI 통신의 신호선

| 신호 | 의미 | 방향 | 비고 |
|---|---|---|---|
| SCLK | Serial Clock | From Master | |
| MOSI | Master Output, Slave Input | From Master | |
| SS | Slave Select | From Master | Low active |
| MISO | Master Input, Slave Output | From Slave | |

마스터가 주도적으로 발생시키는 신호는 SCLK, MOSI, SS가 있는데 SCLK는 데이터 비트를 동기화시키는 클럭 신호를 발생시키고 MOSI는 마스터가 슬레이브에 보내는 데이터를 보내는 핀, SS는 슬레이브를 선택하는 핀이며 칩 선택(CS: Chip Select)이라고도 불린다. 슬레이브를 선택할 때는 SS를 LOW로 만들면 된다. 슬레이브가 담당하는 핀은 MISO이며 슬레이브가 마스터에 데이터를 보낼 때 사용하는 핀이다.

### SPI 통신의 마스터 슬레이브 구성

하나의 마스터가 3개의 슬레이브와 연결된 경우에 대한 블럭도는 그림 13-1과 같다.

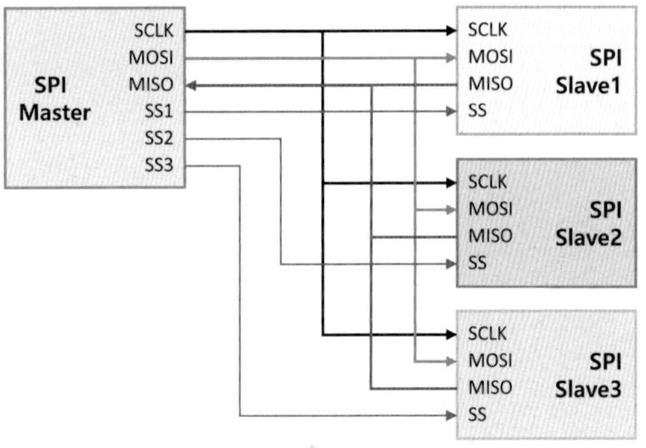


**그림 13-1** ▸ SPI 마스터 슬레이브 구성

이 경우 마스터는 SCLK, MOSI, MISO, 핀 이외에 각각의 슬레이브를 선택할 수 있도록 SS(sleve select) 핀이 3개 필요하다. 마스터가 명령을 내리려고 하는 슬레이브의 SS 핀만을 LOW로 만들고 MOSI 라인으로 명령을 내리면 해당 슬레이브만 수신하고 이 슬레이브가 데이터를 보낼 때는 MISO 선을 통하여 전송한다.

### SPI 통신의 모드

SPI 통신에서는 데이터의 각 비트를 동기화해서 읽을 수 있도록 데이터 전송 시 마스터가 항상 클럭을 발생시킨다. 이 클럭이 어떤 상태일 때 데이터를 읽어야 하는지 정의해야 하는데, 칩 제조사에 따라 이 정의가 다를 수 있다. 다양한 경우에 맞추기 위하여 SPI의 클럭은 4가지 모드를 지원하고 있다.

SPI는 클럭의 시작 상태와 데이터를 읽는 시점에 따라 4개의 모드가 있다. 사용하고자 하는 장치 또는 칩이 어떤 모드인지 확인하고 프로그램에서도 같은 모드로 설정해야만 해당 장치와 통신이 가능하다.

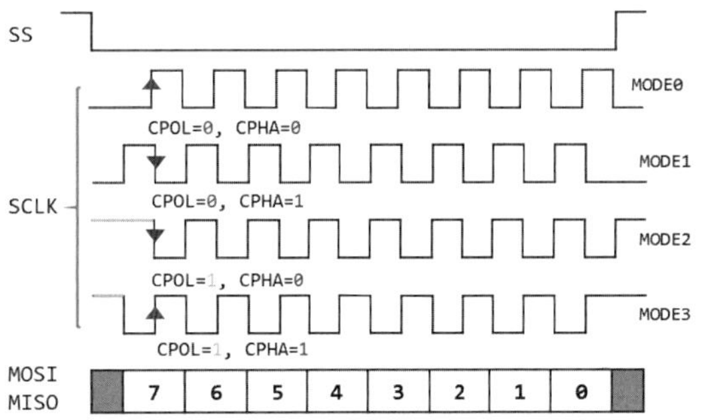


**그림 13-2** ▸ 클럭신호와 4가지 모드

그림 13-2의 모드에 대하여 살펴보기 전에 먼저 클럭의 초기 상태 CPOL (Clock Polarity)과 데이터를 읽는 시점 CPHA(Clock Phase)에 대하여 살펴본다.

CPOL: 클럭이 평상시에 어떤 상태인가를 규정한다.

0: 최초에 LOW에서 시작하는 경우

1: 최초에 HIGH에서 시작하는 경우

CPHA: 데이터를 읽는 에지를 규정하고 있으며 CPOL을 기준으로 정해진다.

0: CPOL의 상태로부터 반대의 상태로 바뀔 때 데이터 읽기

1: CPOL의 상태와 동일한 상태로 바뀔 때 데이터 읽기

이를 다시 정리하면 표 13-2와 같다.

**표 13-2** ▸ SPI의 CPOL과 CPHA에 따른 4가지 MODE

| Mode | Clock Polarity (CPOL) | Clock Phase (CPHA) | Data Capture |
|---|---|---|---|
| SPI_MODE0 | 0 | 0 | Rising edge |
| SPI_MODE1 | 0 | 1 | Falling edge |
| SPI_MODE2 | 1 | 0 | Falling edge |
| SPI_MODE3 | 1 | 1 | Rising edge |

예를 들면 어떤 장치가 MODE1을 지원한다면 CPOL=0이고 CPHA=1이다. 이것은 클럭 SCLK가 평상시에 LOW를 유지하고 비트 데이터를 읽는 시점은 평상시 상태인 LOW로 바뀌는 때이므로 하강 에지가 된다.

### SPI 데이터 전송의 비트 순서

그림 13-3에서 보는 바와 같이 SPI는 클럭에 맞추어 2진수의 데이터를 한 비트씩 전송한다. 이때 이 이진수의 가장 높은 자리인 MSB(Most Significant Bit)부터 전송할 것인지 가장 낮은 자리인 LSB(Least Significant Bit)부터 전송할 것인지를 정할 수 있다. 다만, Mbed OS5에서는 아직 이를 정하는 옵션이 없고 MSB부터 보내는 것으로 고정되어 있다.

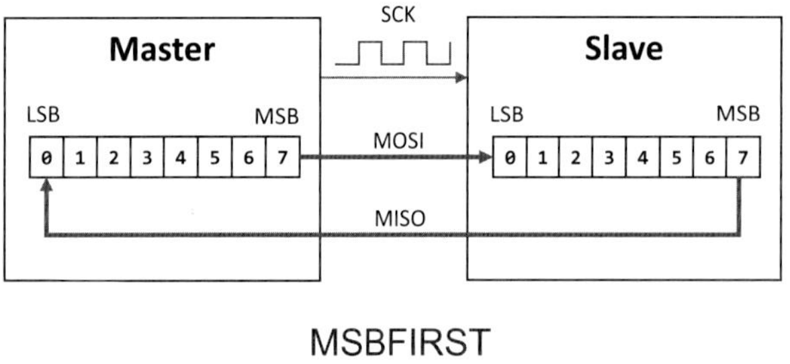


**그림 13-3** ▸ SPI 데이터 전송의 비트 순서

## SPI 쓰기 방법

일반적으로 마스터가 슬레이브 장치의 어떤 레지스터 번지에 데이터를 쓴다. 그림 13-4는 마스터가 슬레이브의 어떤 레지스터에 1바이트 데이터를 쓸 때의 신호를 보여주고 있으며 그 절차는 다음과 같다.

1. 해당 슬레이브의 SS(Slave Select) 핀을 LOW로 만들어 선택한다.
2. 원하는 슬레이브의 레지스터 주소를 전송한다. 단, 최상위 R/W 비트가 LOW가 되어야 쓰기모드를 의미한다.
3. 이 레지스터에 쓰고자 하는 데이터를 전송한다.
4. 슬레이브의 SS 핀을 HIGH로 만들어 선택을 해제한다.

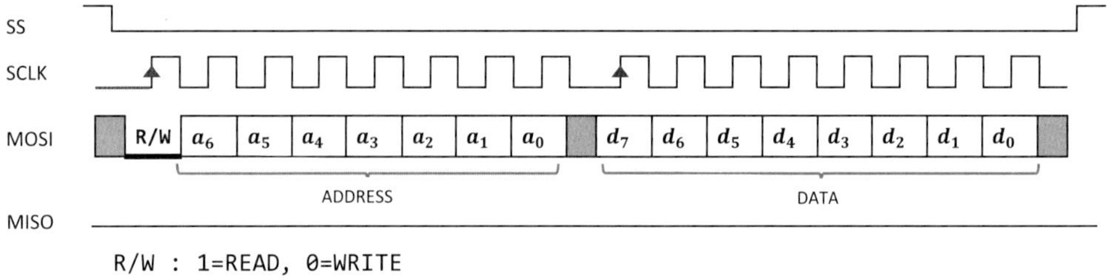


**그림 13-4** ▸ SPI에서 마스터가 슬레이브에 1바이트를 쓸 때의 신호

## SPI 읽기 방법

그림 13-5는 마스터가 슬레이브에 있는 어떤 레지스터의 1바이트 데이터를 읽을 때의 신호를 보여주고 있으며 그 절차는 다음과 같다.

1. 해당 슬레이브의 SS 핀을 LOW로 만들어 선택한다.
2. 슬레이브의 원하는 레지스터의 주소를 전송한다. 단, 최상위 R/W비트를 HIGH로 해야 읽기모드가 된다.

3. 마스터가 아무 데이터나 보내면 이 클럭에 맞추어 슬레이브가 마스터에게 데이터를 보낸다.

4. 슬레이브의 SS 핀을 HIGH로 만들어 선택을 해제한다.

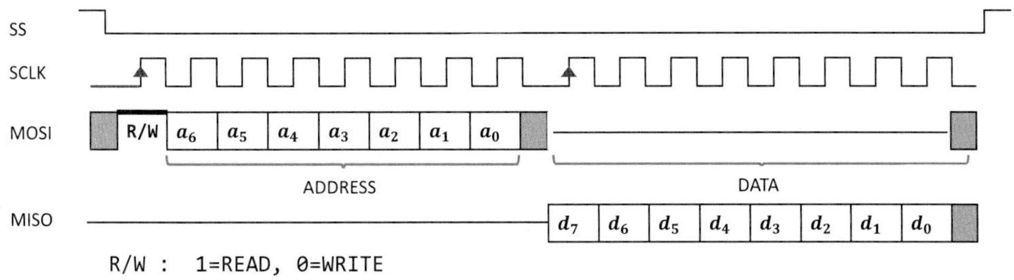


**그림 13-5** ▸ SPI에서 마스터가 슬레이브에서 1바이트 읽기 주요 신호

## 13.2_ SPI 클래스

### 생성자

SPI 객체를 생성하는 생성자의 용법은 표 13-3과 같다.

**표 13-3** ▸ SPI 클래스의 생성자

| 생성자 | SPI 객체를 생성한다. |
|---|---|
| `SPI(PinName mosi, PinName miso, PinName sclk, PinName ssel=NC)` | |
| mosi | 마스터 출력 핀 |
| miso | 마스터 입력 핀 |
| sclk | 클럭 핀 |
| ssel | 슬레이브 선택(SS)핀 지정 (기본 NC) |
| [예제] | `SPI spi(SPI_MOSI, SPI_MISO, SPI_SCK);` |

### 통신 설정

SPI통신에 필요한 비트 수, 모드, 주파수 등의 설정에 대한 용법을 살펴본다.

#### 포맷 설정

SPI통신에 필요한 비트 수와 모드를 설정하는 format 함수의 용법은 표 13-4와 같다.

**표 13-4** ▸ SPI의 비트 수와 모드를 설정

| 포맷 설정 | 비트 수와 모드를 설정한다. |
|---|---|
| `void .format(int bits, int mode)` | |
| bits | 데이터의 비트 수 [6~15] (기본 8) |
| mode | SPI의 모드 [0~3] |
| [예제] | `SPI spi(SPI_MOSI, SPI_MISO, SPI_SCK);`<br>`spi.format(8,3);` |

bits는 전송할 데이터의 비트 수를 지정하는 것으로 아주 특별한 경우를 제외하면 대부분 8비트이다. mode는 앞서 설명한 초기 클럭의 상태와 데이터를 읽는 에지를 규정하는 SPI의 4가지 모드 중 하나를 지정하는 것이다. 예제는 객체 spi에 format 함수로 비트 수를 8 그리고 모드를 3으로 설정하고 있다.

### 클럭 주파수 설정

SPI 통신의 클럭 주파수를 설정하는 frequency 함수의 용법은 표 13-5와 같다.

**표 13-5** ▸ SPI의 클럭 주파수 설정

| 클럭 주파수 설정 | SPI의 클럭 주파수를 설정한다. |
|---|---|
| `void .frequency(int hz=1000000)` | |
| hz | SPI 클럭의 주파수 설정 (기본 1MHz) |
| [예제] | `SPI spi(SPI_MOSI, SPI_MISO, SPI_SCK);`<br>`spi.frequency(400000);` |

매개변수 hz는 SPI 통신 클럭 (sclk)의 주파수를 Hz 단위로 정의한다. 이 값을 높이면 통신 속도가 빨라지지만 그 한계는 슬레이브의 데이터 시트를 확인해야 한다. 대부분의 슬레이브는 1MHz에서 4MHz 정도는 수신이 가능하다. 그 이상의 속도는 Mbed보드의 MCU 클럭 속도에도 영향을 받으며 빠른 Mbed 보드의 경우 20MHz까지도 가능하다.

### 쓰기/읽기 함수

SPI에서는 write 함수로 쓰기와 읽기가 모두 가능하며 그 용법은 표 13-6과 같다.

**표 13-6** ▸ 쓰기/읽기 함수 write

| 쓰기/읽기 함수 write | 1바이트의 데이터를 쓰거나 읽는다. |
|---|---|
| `int .write(int data)` | |
| data | 전송하고자 하는 데이터 |
| return | 슬레이브의 응답 데이터 |
| [예제] | `SPI spi(SPI_MOSI, SPI_MISO, SPI_SCK);`<br>`spi.write(reg);           //쓰기`<br>`int data= spi.write(0);   //읽기` |

앞서 설명한 SPI의 신호를 보면 첫 번째 바이트에 레지스터의 주소를 쓴다. 이 주소의 최상위 비트를 HIGH로 하면 읽기가 되고 LOW로 하면 쓰기가 되므로 write 멤버 함수만으로 읽기와 쓰기 모두 가능하다. 예제는 spi 객체를 생성하고 reg라는 주소를 전송하고 곧바로 0이라는 데이터를 쓰면서 클럭을 발생시키면 슬레이브가 클럭에 맞게 데이터를 전송하는 코드이다. 슬레이브의 데이터를 읽어오려면 전송 데이터를 반환 값의 형태로 읽어 data에 저장하면 된다. 여기서 reg의 최상위 R/W비트를 HIGH로 해야 슬레이브가 데이터를 전송한다는 것을 잊지 말자.

### 1 바이트 읽기 절차

SPI통신을 이용하여 슬레이브의 1바이트 데이터를 읽기 위한 절차를 정리하면 표 13-7과 같다. 단 객체 이름은 예제로서 임의로 spi와 ss로 정하였다.

읽기 작업에 앞서 먼저 SPI의 핀들을 지정하여 객체 spi를 생성하고 SS핀을 지정한 DigitalOut 객체 ss도 생성한다. main 함수 코드에서 SPI를 설정하기 위하여 먼저 ss를 1로 만들어 슬레이브 선택을 중지한다. 그리고 format 및 frequency 함수를 이용하여 SPI의 비트 수, 모드 그리고 클럭 속도를 설정한다. 설정을 마치고 나서 슬레이브를 선택하기 위하여 ss를 0으로 만든다. 먼저 슬레이브에 읽고자 하는 레지스터의 주소의 최상위 비트를 1로 만든 후 write 함수를 이용해 보낸다. 그러면 슬레이브가 데이터를 보낼 준비를 마치고 클럭 신호를 기다리고 있을 것이다. 그 다음 아무 데이터나 보내면 클럭이 발생되기 때문에, 이 신호에 맞추어 데이터가 읽혀 write 함수의 반환 값으로 돌아온다. 슬레이브와의 통신이 끝났으므로 ss를 1로 만들어 선택을 해제한다.

**표 13-7** ▸ SPI로 1 바이트 읽기 절차

| 항목 | 코드 | 설명 |
|---|---|---|
| 객체 생성 | SPI spi(MOSI, MISO, SCK);<br>DigitalOut ss(D6); | • SPI 객체 생성<br>• ss용 DigitalOut 객체 생성 |
| SPI설정 | ss = 1;<br>spi.format(bits, mode);<br>spi.frequency(hz); | • 설정을 위하여 슬레이브 선택 해제<br>• 비트 수 및 SPI 모드 설정<br>• SPI 클럭 주파수 설정 |
| 선택 | ss = 0; | • 슬레이브 선택 |
| 주소 쓰기 | spi.write(addr); | • 레지스터 주소 쓰기. 단, 최상위 비트는 강제로 1로 만들어야 함 |
| 데이타 읽기 | data=spi.write(0); | • 아무 데이터나 쓰면 그 클럭에 맞게 MISO로 데이터가 수신되어 data로 반환됨 |
| 선택 해제 | ss = 1; | • 슬레이브 선택 해제 |

# 13.3_ SPI 실습

## 실습 목표

MPU9250의 내부의 칩 식별에 사용되는 WHO_AM_I 레지스터에서 1바이트를 읽어 오는 프로그램을 작성한다. 여기서 WHO_AM_I 레지스터는 칩의 고유 번호를 보관하여 그 칩을 식별할 때 사용한다. 이 레지스터의 주소는 0x75이고 고유 식별번호는 0x71이다.

## MPU9250 소개

Invensens사의 칩으로서 6축 IMU(Inertial Measurement Unit) 센서와 3축 지자기 센서가 한 패키지에 내장되어 있다. 3차원상의 자세에 대한 정보를 얻을 수 있어 드론, VR, 기타 웨어러블(wearable) 장치에 많이 사용된다. 이 칩의 사용법은 매우 복잡하기 때문에 상세한 내용은 별도의 프로젝트에서 진행하고자 한다. 이 칩은 기본적으로 3.3V에서 동작하고 I2C와 SPI 모두를 지원하며, SPI mode는 3이다. 이 실습에서는 그림 13-6과 같은 모듈을 사용하여 간단한 SPI 인터페이스에 대한 실습을 하고자 한다.

**그림 13-6** ▸ 실습에 사용한 MPU9250 모듈

## 인터페이스 방법

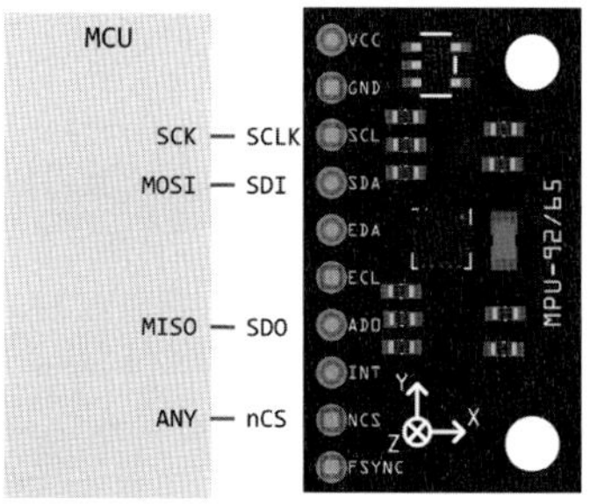


**그림 13-7** ▸ MPU9250 모듈의 SPI 인터페이스 방법

그림 13-7은 MPU9250 모듈의 SPI 인터페이스 방법을 보여주고 있다. SPI의 핀에 대한 MCU의 이름, 모듈의 이름, MPU9250 칩의 이름이 모두 다르다는 것에 주의해야 한다.

## 실습 장치

### 실습 재료

그림 13-8과 같이 Nucleo F401RE 보드와 MPU9250 모듈이 필요하다.

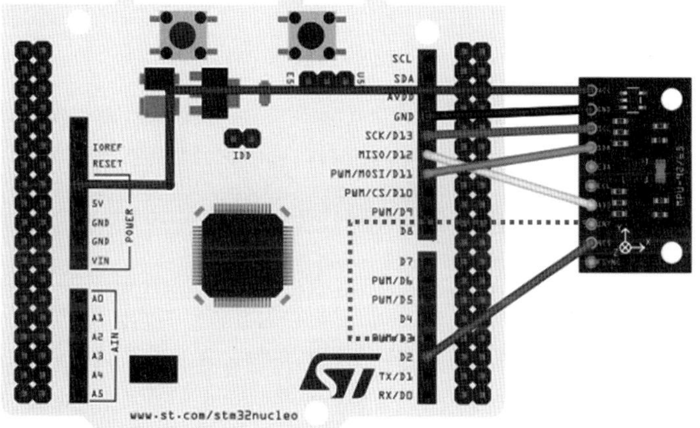


**그림 13-8** ▸ MPU9250 SPI 실습 장치

### 결선

표 13-8은 Nucleo 보드와 MPU9250 모듈간의 결선을 정리한 것이다.

**표 13-8** ▸ MPU9250 SPI 실습 장치의 결선

| Nucleo F401RE | MPU9250 Module | Descriptions |
|---|---|---|
| D13 [SCK] | SCL | 클럭 |
| D11 [MOSI] | SDA | 마스터 데이터 |
| D12 [MISO] | ADO | 슬레이브 데이터 |
| D2 [GPIO pin] | NCS | 칩 선택 |
| D3 [GPIO pin] | INT | 인터럽트, 사용 안함 |

- **주의**: NUCLEO F401RE 보드의 D13핀이 기본 LED1과 핀이 중복되므로 LED를 사용하면 클럭이 제대로 발생되지 않기 때문에 LED1은 사용하면 안 된다.

## 실습 코드

**코드 13-1** MPU9250 SPI 실습의 코드

```
#include "mbed.h"
#define WHO_AM_I 0x75                        // register address
#define SPI_READ 0x80                        // read mask
SPI spi(D11, D12, D13);                      // mosi, miso, sclk
//SPI spi(SPI_MOSI, SPI_MISO, SPI_SCK);      // same pins
DigitalOut ss(D2);
int main() {
    ss = 1;   // Chip must be deselected  for general setup
    spi.format(8,3);                         // 8bit data frame, SPI mode3
    spi.frequency(15000000);                 // 1Mhz or 15MHz
    while (true){
        ss = 0;                              // select device
        spi.write(WHO_AM_I | SPI_READ);      // to read slave data
        int whoami = spi.write(0);           // send any byte to read
        printf("WHOAMI register = 0x%X\n", whoami);
        ss = 1; // Deselect the device
        wait(0.1);
    }
}
```

코드 13-1을 보면 먼저 MPU9250의 WHO_AM_I 레지스터의 주소를 #define으로 지정하고 앞서 언급한 바와 같이 레지스터의 어드레스의 최상위 비트를 1로 만들기 위한 마스크도 정의하였다. SPI 객체 spi를 생성하면서 mosi, miso, sclk 핀들을 각각 D11, D12, D13으로 지정하고 슬레이브 선택을 위한 DigitalOut 객체 ss도 만들었다. main 함수에서는 SPI 설정을 하는 동안 슬레이브를 선택하지 않기 위하여 ss를 1로 만들고 format 함수를 사용하여 데이터의 비트 수를 8, SPI 모드를 3으로 설정하였다. SPI 주파수는 frequency 함수를 이용해 15MHz로 설정했다. 다음의 while 루프에서는 WHO_AM_I 레지스터를 0.1초 간격으로 읽는 프로그램을 작성하였다. 앞서 설명한 1바이트 읽기의 절차와 같이 먼저 ss를 0으로 하여 MPU9250을 선택하였다. 그 다음에 WHO_AM_I 레지스터의 주소를 전송해야 하는데, 슬레이브에게 데이터를 보내라는 의도를 전달하려면 그림 13-9와 같이 비트 단위 Or 연산자 '|'로 주소의 최상위 비트를 1로 만든다.

그 다음에는 아무 데이터나 보내면 슬레이브가 이 데이터를 위한 클럭에 맞도록 데이터를 보내온다. 이를 whoami 변수에 받고 이를 PC의 터미널에 출력한다. 수신이 완료되었기 때문에 ss를 다시 1로 바꾸어 슬레이브 선택을 해제한다. 0.1초 지연 후 이를 반복한다.

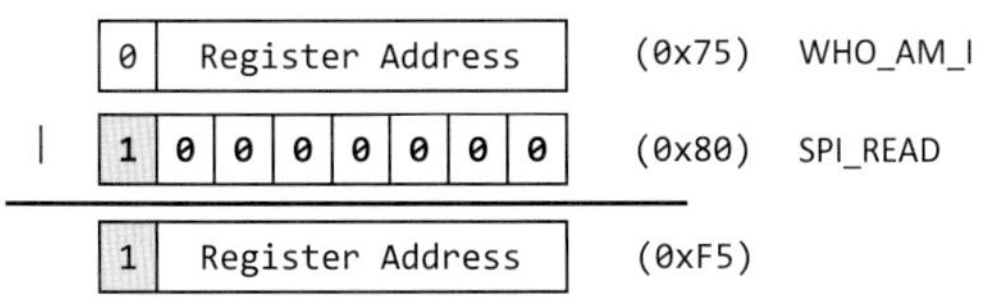


**그림 13-9** ▸ 읽기 모드를 위한 최상위 비트 1로 만들기

## 실습 결과

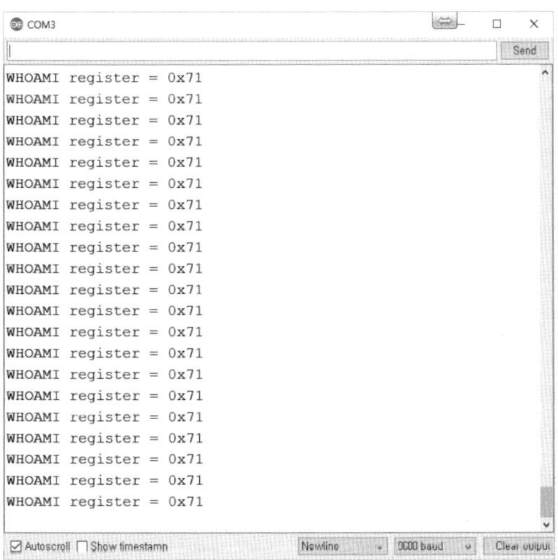


**그림 13-10** ▸ MPU9250 SPI 실습의 결과

MPU9250 SPI 실습 코드를 실행한 결과는 그림 13-10과 같다. 성공적으로 WHO_AM_I 레지스터의 값을 0x71로 정확하게 읽고 있다.

## SPI 신호 관찰

SPI의 개요의 그림 13-5에서 설명한 SPI통신 파형을 실제 실습에서 발생된 신호에 적용하여 분석하고자 한다. 신호 관찰은 실습에서 WHO_AM_I 레지스터의 내용을 읽는 명령에 대한 것이다.

### SCK와 MOSI 신호

그림 13-11의 SCK와 MOSI핀의 신호를 보면 먼저 마스터가 who_am_i 레지스터의 주소 0x75를 보낸다. MPU9250의 SPI는 모드 3이기 때문에 클럭이 HIGH에서 시작하고 CPHA=1 이므로 상승 에지에서 데이터를 읽는다. 따라서 클럭이 상승일 때 바로 아래에 있는 데이터를 읽으면 되고, MSB FIRST이므로 데이터는 11110101 (0xF5)이다. 이는 읽기를 위해 최상위 비트를 인위적으로 1로 만든 것으로 실제 주소는 0x75이다. 곧이어 마스터가 0을 보내기 때문에 클럭이 바뀌는 1바이트 구간 동안 MOSI가 0을 유지하고 있다는 것을 알 수 있다.

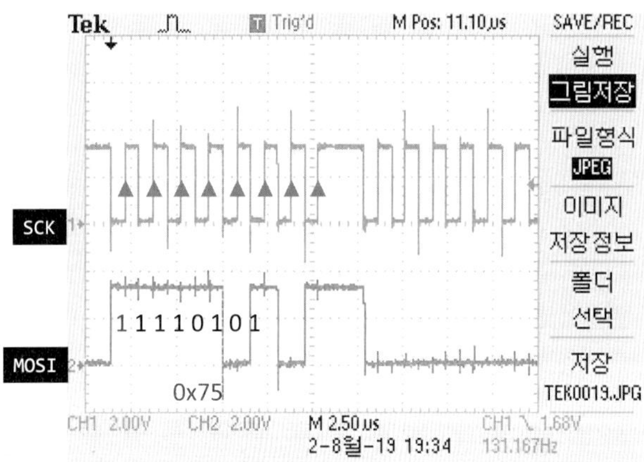


**그림 13-11** ▸ SCK와 마스터의 MOSI 신호

### SCK와 MISO 신호

그림 13-12는 마스터가 두 번째 바이트 0을 보내는 동안 슬레이브는 MISO 라인을 통하여 마스터로 데이터를 보낼 때의 파형이다. MOSI와 마찬가지로 이 MISO 라인의 데이터도 클럭의 상승 에지에서 읽어야 한다. 따라서 맨 앞의 비트가 MSB라는 것을 염두에 두고 파형의 데이터를 읽어보면 슬레이브는 01110001, 즉 0x71을 보낸 것이다.

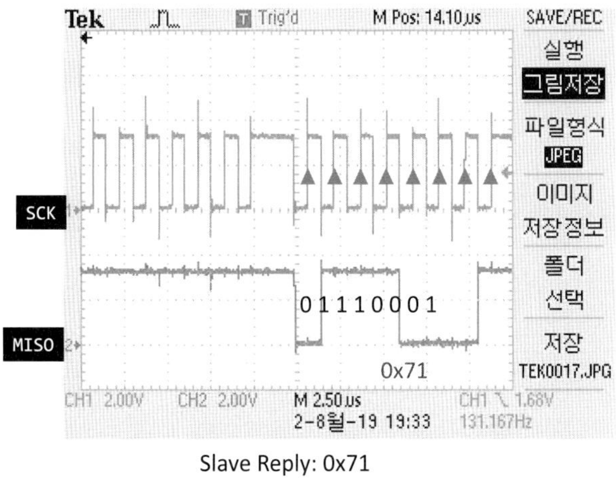


**그림 13-12** ▸ SCK와 슬레이브의 MISO 신호

## 13.4_ SPI가 내장된 클래스로 만들기 실습

### 실습 목표

13.3절 실습의 프로그램을 SPI 객체가 내장된 클래스로 만들어 실행해보자.

### 실습 장치

13.3절 SPI 실습과 동일하다.

### 클래스의 설계

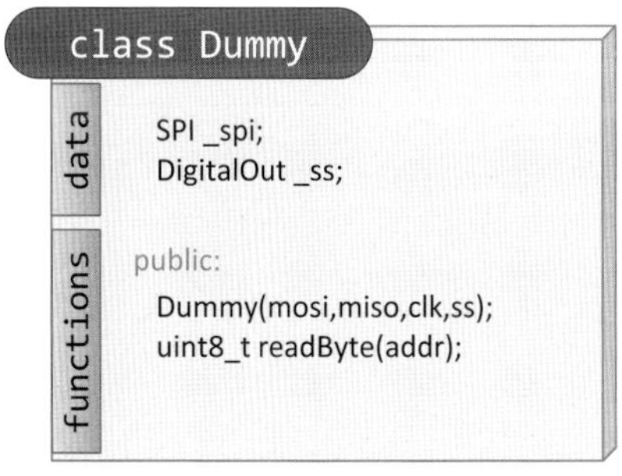


**그림 13-13** ▸ Dummy 클래스의 설계

그림 13-13과 같이 Dummy라는 클래스를 정의하는데 이 클래스는 내부에 SPI 객체 _spi와 DigitalOut 객체 _ss을 멤버 객체로 가지고 있다. _ss는 슬레이브의 선택에 사용되는 cs핀에

대한 객체이다. 나중에 생성자에서 SPI 통신에 필요한 핀 이름들을 전달받아 이미 선언한 _spi와 _ss 객체를 구체화할 것이다. readByte 멤버 함수는 매개변수로 레지스터 주소 addr을 받아 SPI통신으로 슬레이브로부터 1바이트를 읽어오는 역할을 한다.

### 클래스의 코드

코드 13-2를 보면 Dummy 클래스에는 멤버 데이터로 SPI 객체 _spi 그리고 DigitalOut 객체 _ss가 있다. 이처럼 클래스 내부에 필요한 객체들을 내장시키면 main 함수 코드의 관점에서는 Dummy의 객체만 있으면 되기 때문에 프로그램이 매우 간단해진다. 주의해야 할 점은 클래스를 생성하지 않고 클래스 선언만으로는 객체에 필요한 핀들을 할당하지 못한다는 것이다. 그 다음에는 생성자인 Dummy가 있는데 생성자는 매개변수로 핀 이름 mosi, miso clk, ss를 받아들이고 멤버 초기화 리스트에서 SPI와 DigitalOut 객체인 _spi, _ss에 이 핀들을 할당하여 객체를 구체화한다. 생성자 내부에서 먼저 SPI 설정을 위하여 슬레이브를 비활성화시켜야 한다. 칩 선택 핀인 _ss를 1로 만든다. 그 다음 format과 frequecncy 함수를 사용하여 설정을 진행한다. 여기서 SPI 모드는 3이고 클럭 속도를 15MHz로 선정하였다. 마지막으로 슬레이브로부터 주소가 addr인 레지스터의 데이터를 한 바이트 읽어 들이는 readByte 함수를 13.3절의 프로그램 내용과 거의 동일하게 구현하였다.

**코드 13-2** Dummy 클래스의 코드

```
#include "mbed.h"
#define WHO_AM_I 0x75
#define SPI_READ 0x80
Serial pc(USBTX,USBRX,115200);
class Dummy{
    SPI _spi;
    DigitalOut _ss;
    public:
    Dummy(PinName mosi, PinName miso, PinName clk, PinName ss):
        _spi(mosi,miso,clk), _ss(ss){
        _ss=1;
        _spi.format(8,3);
        _spi.frequency(15000000);
        }
    uint8_t readByte(uint8_t address){
        _ss = 0;
        _spi.write(address | SPI_READ);
        int data = _spi.write(0x33);
        _ss = 1;
```

```
        return data;
    }
};
```

## main 함수 코드

**코드 13-3** | main 함수 코드

```
Dummy dum(D11,D12,D13,D2); // mosi, miso, sclk, cs
Serial pc(USBTX,USBRX,115200);
int main() {
     while (true){
        pc.printf("WHOAMI register = 0x%X\n", dum.readByte(WHO_AM_I));
        wait(0.1);
    }
}
```

코드 13-3에서 보는 바와 같이 main 코드가 클래스의 도입으로 이전 실습 코드보다 훨씬 간결해진 것을 알 수 있다. 먼저 Dummy 객체 dum을 생성하면서 mosi, miso, sclk, ss핀을 지정하였다. Serial 객체 pc도 생성하여 PC에 출력이 가능하도록 하였다. main 함수의 while 루프에서는 0.1초 간격으로 레지스터의 주소 WHO_AM_I를 인수로 하여 readByte 함수를 이용해 슬레이브로부터 고유값을 읽어 온다.

# 연/습/문/제



**A. 다음 빈 칸을 채우시오.**

1 SPI 통신에서는 ( ), ( ), ( ), ( ) 4개의 핀이 사용된다.

2 I2C는 반이중 통신으로 송신과 수신을 동시에 할 수 없는 반면에 SPI는 양방향 송수신 라인이 있는 ( ) 통신이다.

3 SPI의 모드는 클럭의 평상시의 극성인 ( )과 어떤 위상에서 데이터를 읽는지에 해당하는 ( )에 따라 총 4 종류가 있다.

4 SPI 클래스에서 데이터 비트 수와 모드를 설정할 때 ( ) 함수를 사용한다.

5 SPI 클래스에서 슬레이브가 보내온 데이터를 읽을 때 ( ) 함수를 사용한다.

6 SPI에서 슬레이브를 선택할 때는 선택핀 SS를 ( )로 만든다.

7 SPI에서 슬레이브에 데이터를 쓸 때는 레지스터 주소의 최상위 비트를 ( )(으)로 만들어야 한다.

**B. 다음 설명에 따라 적절한 코드를 작성하시오.**

1 SPI를 통하여 지정한 슬레이브 레지스터에 1바이트를 쓰는 writeByte 함수를 만들어라.

**스마트한 Mbed로 시작하는 Cortex-M 프로그래밍:**
기초부터 프로젝트까지

PART

# 03 고급 프로그래밍

**학습목차**

CHAPTER **14** BusOut과 BusIn 클래스 활용
CHAPTER **15** RTOS 활용
CHAPTER **16** Circular 버퍼 활용

**스마트한 Mbed로 시작하는 Cortex-M 프로그래밍:**
기초부터 프로젝트까지

CHAPTER 14

# BusOut과 BusIn 클래스 활용

## 14.1_ 개요

이 장에서는 사용 빈도가 많지 않지만 알아두면 편리한 BusOut과 BusIn 클래스의 용법과 응용에 대하여 살펴보도록 한다. Mbed에서는 최대 16개 핀들로 구성된 하나의 그룹을 버스(bus)라고 칭하고 있다. 그림 14-1과 같이 BusOut은 어떤 그룹의 핀을 버스로 지정한 후 하나의 정수로 한꺼번에 출력할 수 있는 기능을 제공하여 여러 개의 핀을 따로따로 관리하는 번거로움을 덜어준다. BusIn의 경우도 마찬가지로 몇 개의 핀들을 하나의 BusIn 객체에 배정한 후 이 객체의 값을 읽으면 이 버스의 핀들의 값을 한꺼번에 읽을 수 있다.

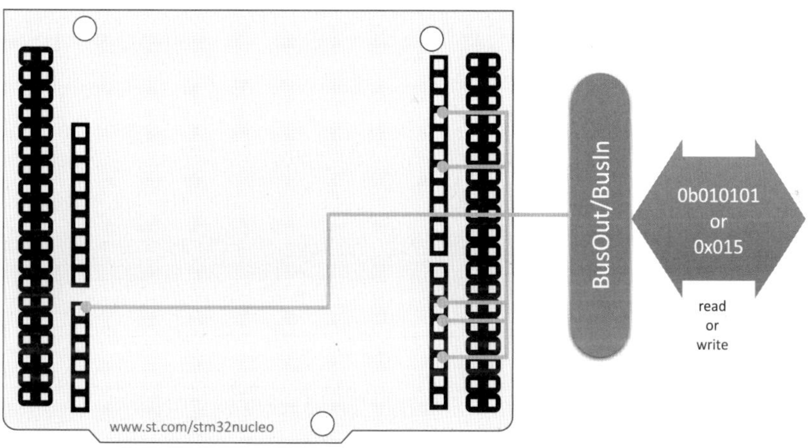


**그림 14-1** ▸ BusOut과 BusIn의 개념

## 14.2_ BusOut 클래스

BusOut 클래스는 일반 디지털 출력핀을 최대 16개까지를 묶어서 한꺼번에 16비트 정수값으로 쓸 수 있도록 한 것이다. 이 클래스를 사용하지 않아도 DigitalOut 클래스로도 각각의 핀들의 출력 상태를 바꿀 수 있으나 이 핀들이 일련번호가 아니더라도 한꺼번에 값을 지정할 수 있다는 것이 이 클래스를 사용하는 장점이다.

## 생성자

**표 14-1** ▸ BusOut 클래스의 생성자

| 생성자 | 버스 출력 객체를 생성한다. |
|---|---|
| `BusOut(PinName p0, PinName p1=NC, PinName p2=NC, ... , PinName p15=NC)` | |
| p# | 버스로 사용하고자하는 핀 이름을 하위 비트부터 순서대로<br>p0: 최하위 비트, p15: 최상위 비트, 생략하면 NC(No Connection) |
| [예제] | `BusOut bo(D2,D5);` |

표 14-1은 최대 16개의 임의의 핀을 한꺼번에 출력 버스로 할당할 수 있는 BusOut 클래스 객체를 생성하는 생성자이다. 가장 처음에 지정하는 핀이 이 객체 값의 최하위 비트가 되고 맨 마지막이 최상위 비트가 된다. 첫 번째 핀을 제외하면 모두 NC(No Connection)가 기본값이므로 생략이 가능하여 1비트에서 16비트까지 원하는 개수의 비트를 갖는 버스로 만들 수 있다는 것이다. 예는 2개의 핀 D2, D5를 지정하여 2비트의 버스를 만든 것이다.

## 쓰기

버스에 어떤 값을 출력하고자 할 때는 write 함수를 쓰거나 대입 연산자를 사용하는 방법이 있다.

### 쓰기 함수 write

**표 14-2** ▸ 데이터 쓰기 함수 write

| 쓰기 함수 write | 출력값을 쓴다. |
|---|---|
| `void .write(int value)` | |
| value | 출력값 [0~65535] |
| [예제] | `BusOut bo(D2,D5);`<br>`bo.write(3);` |

BusOut 클래스는 표 14-2의 write 함수를 이용하여 버스의 구성핀에 원하는 값을 출력할 수 있게 된다. 예제를 보면 bo.write(3)을 통하여 D2, D5 모두를 HIGH로 만들었고, 만일 write(2)를 실행했다면 D5만 HIGH가 되는 것이다.

### 대입 연산자 오버로드

**표 14-3** ▸ 대입 연산자(=) 오버로드

| 연산자 = | write의 축약형으로 = 연산자로 출력한다. |
|---|---|
| BusOut& operator=(int value) | |
| value | 출력값 [0~65535] |
| [예제] | `BusOut bo(D2,D5);`<br>`bo=3;` |

표 14-3은 대입 연산자 =를 오버로딩한 것으로서 기능은 write와 동일하다. 예제를 보면 bo 객체에 간단하게 3을 객체에 대입함으로써 3의 이진수인 0b11을 (D5)(D2)에 비트 단위로 각각 대입한 것과 마찬가지로 이해하면 되고 b0.write(3)과 동일하다.

## 읽기

버스의 현재 값을 읽는 방법은 읽기 함수와 정수형 변환 연산자를 이용하는 방법이 있다.

### 읽기 함수 read

**표 14-4** ▸ 읽기 함수 read

| 읽기 함수 read | 버스 출력의 상태를 읽는다. |
|---|---|
| `int .read()` | |
| 반환 | 출력값 [0~65535] |
| [예제] | `BusOut bo(D2,D5);`<br>`int v=bo.read();` |

표 14-4의 read 함수는 현재 출력되고 있는 버스의 출력값을 읽어보는 함수이다. 그 결과 16개핀을 모두 지정한 16비트 버스인 경우에는 0에서 65535까지의 값이 되지만 예와 같이 bo 객체는 두 개의 출력 핀을 사용하였기 때문에 0에서 3까지의 값을 반환하게 된다.

### 정수 형변환 연산자 오버로드

**표 14-5** ▸ 정수 형변환 연산자 int의 오버로드

| **연산자 int()** | int형 변환에 의하여 버스 출력을 읽는다. |
|---|---|
| `operator int()` | |
| 반환 | 출력값 [0~65535] |
| [예제] | `BusOut bo(D2,D5);`<br>`int v = bo;` |

표 14-5의 int() 연산자 오버로딩은 객체를 정수로 명시적 또는 자동 형변환을 하는 경우 적용되어 read 함수 대신에 사용할 수 있는 축약형이다. 예제처럼 객체를 정수 v에 대입을 하면 자동형변환이 일어나게 되어 read 함수의 반환 값과 같은 정수값이 v에 대입된다.

### 비트 단위 접근

버스의 개별 비트를 변경하고자할 때는 [] 연산자를 이용하여 마치 배열처럼 사용할 수 있다.

**표 14-6** ▸ 비트 단위 접근 연산자 []

| **연산자 []** | 버스에 비트 단위로 접근한다. |
|---|---|
| `BusOut& operator[] (int idx)` | |
| idx | 버스의 비트 번호 [0~15] |
| [예제] | `BusOut bo(D2,D5);`<br>`bo[1]=1;` |

표 14-6의 [] 연산자 오버 로딩은 배열처럼 객체의 오른쪽에 []를 붙이고 인덱스를 적으면 버스의 인덱스에 해당하는 비트값에 접근하게 된다. 따라서 버스의 임의의 비트를 바꾸거나 읽을 때 사용된다. 예에서는 인덱스가 1이기 때문에 두 번째 비트인 D5핀에 접근한 것이고 그 결과 D5핀이 HIGH가 될 것이다.

## 14.3_ BusIn 클래스

BusIn 클래스는 BusOut과 사용 방법이 유사한데 일반 디지털 입력 핀을 최대 16개까지 묶어서 한꺼번에 16비트 정수값으로 읽을 수 있도록 한 것이다. 이 클래스를 사용하지 않아도 DigitalIn 클래스로도 각각의 핀들의 입력 상태를 읽을 수 있으나 번거로운 반면에 BusIn을

사용하면 이 핀들이 일련번호가 아니더라도 한꺼번에 읽어 들일 수 있다는 것이 이 클래스를 사용하는 이유이다.

### 생성자

**표 14-7** ▸ BusIn 클래스의 생성자

| 생성자 | 버스 입력 객체를 생성한다. |
|---|---|
| `BusIn(PinName p0, PinName p1=NC, PinName p2=NC, ... , PinName p15=NC)` | |
| p# | 버스로 사용하고자하는 핀 이름<br>p0: 최하위 비트, p15: 최상위 비트<br>생략하면 NC(No Connection) |
| [예제] | `BusIn bi(D2,D5);` |

표 14-7의 BusIn 생성자는 객체를 생성할 때 최대 16개의 핀을 한꺼번에 입력으로 지정할 수 있다. 가장 처음에 지정하는 핀이 이 객체값의 최하위 비트가 되고 맨 마지막이 최상위 비트가 된다. 첫 번째 핀을 제외하면 모두 NC가 기본값이므로 생략이 가능하여 1비트에서 16비트까지 원하는 만큼을 버스로 만들 수 있다는 것이다. 예제는 2개의 핀 D2, D5를 지정하여 2비트의 버스를 만든 것이다.

### 입력 모드 설정

**표 14-8** ▸ 입력 모드 설정

| 입력 모드 설정 | 내부 입력 회로의 pull모드를 설정한다. |
|---|---|
| `void .mode(int pull)` | |
| pull | 입력 핀의 pull회로 지정<br>PullUp/ PullDown/ PullNone |
| [예제] | `BusIn bi(D2,D5);`<br>`bi.mode(PullUp);` |

표 14-8은 생성자에서 지정한 입력 핀들의 내부 입력회로에 대한 Pull 모드를 한꺼번에 지정하는 함수이다. 모드는 5.2절의 DigitalIn 클래스에서 설명한 바와 같이 PullUp, PullDown, PullNone 중 하나를 고르는 것이다. PullUp은 내부적으로 저항을 통하여 Vcc에 연결시키는 옵션이고 PullDown은 내부적으로 저항을 통하여 GND에 연결하는 것이다. 예를 들어 스위치

를 사용하는 경우 두 단자 중 한쪽을 연결한 경우는 내부적으로 PullUp 회로를 구성해야 하고 스위치의 한 단자를 Vcc에 연결하였다면 PullDown으로 설정하는 것이 맞다. PullNone은 입력장치가 직접 전압을 출력하는 경우에 사용하는 옵션으로서 MCU 내부의 별다른 조치가 필요 없다는 것이다.

## 읽기

BusIn에서 버스의 현재값을 읽기 위해서 read 함수를 쓰거나 정수 형변환 연산자를 사용할 수 있다.

### 읽기 함수 read

**표 14-9** ▸ 읽기 함수 read

| **읽기 함수 read** | 버스에 입력의 상태를 읽는다. |
|---|---|
| `int .read()` | |
| 반환 | 입력값 [0~65535] |
| [예제] | `BusIn bi(D2,D5);`<br>`int v=bi.read();` |

표 14-9의 read 함수는 현재 입력되고 있는 입력 핀들로 구성된 버스의 값을 읽어 오는 기능을 한다. 그 결과는 16개 핀을 모두 지정한 16비트 버스인 경우에는 0에서 65535까지가 되지만 예제와 같이 bi 객체는 두 개의 입력 핀을 사용하였기 때문에 0에서 3까지의 값을 반환하게 된다.

### 정수 형변환 연산자

**표 14-10** ▸ 형변환 연산자 int

| **연산자 int()** | int형 변환 연산자로 버스 입력을 읽는다. |
|---|---|
| `operator int()` | |
| 반환 | 입력값 [0~65535] |
| [예제] | `BusIn bi(D2,D5);`<br>`int v=bi;` |

표 14-10의 정수 형변환 연산자 오버로딩은 객체를 정수로 명시적 또는 자동 형변환을 하는 경우 적용되어 read 함수 대신에 사용할 수 있는 축약형이다. 예제처럼 객체를 정수 v에 대입을 하면 자동형 변환이 일어나게 되어 read 함수의 반환 값과 같은 정수값이 v에 대입된다.

### 비트 단위 접근

**표 14-11** ▸ 비트 단위 접근 연산자 []

| **연산자 []** | 버스에 비트 단위로 접근한다. |
|---|---|
| `BusIn& operator[] (int idx)` | |
| idx | 버스의 비트 번호 [0~15] |
| [예제] | `BusIn bi(D2,D5);`<br>`int a= bi[1];` |

BusOut클래스와 마찬가지로 표 14-11의 [] 연산자 오버 로딩은 객체에 배열처럼 오른쪽에 []를 붙이고 인덱스를 적으면 버스의 인덱스에 해당하는 비트 값에 접근할 수 있다. 따라서 버스의 임의의 비트를 읽을 때 사용된다. 예제에서는 인덱스가 1이기 때문에 두 번째 비트인 D5 핀에 접근한 것이고 그 값이 0 또는 1로 반환될 것이다.

## 14.4_ RGB LED 실습

### RGB LED

RGB LED는 하나의 패키지에 적색, 녹색, 청색 LED가 한꺼번에 들어 있어 다양한 색상을 표시할 수 있는 소자이다. 그림 14-2와 같이 이 소자는 공통 음극(Common cathode)과 공통 양극(Common anode) 타입이 있는데 3개의 LED의 음극 또는 양극이 공통인 경우에 따라 분류하는 것이다. 따라서 공통 음극의 경우 3개의 LED의 음극이 공통이며 이 핀을 GND에 연결하고 나머지 RGB핀이 각각 200~330Ω 정도의 지항을 통하여 MCU에 핀에 연결하면 되는데 해당 핀이 HIGH가 되면 LED가 켜진다. 반면에 공통 양극 타입의 경우에는 양극이 공통이 되어 이 핀을 Vcc(3.3V)에 연결한다. 그리고 R(Red), G(Green), B(Blue)핀을 각각 저항을 통하여 MCU의 3개핀에 연결한다. 이 경우 MCU의 핀이 LOW가 되면 켜지고 HIGH가 되면 꺼진다. 두 타입 모두 가장 긴 리드가 공통 핀이고 나머지가 차례로 R, G, B 단자이다.

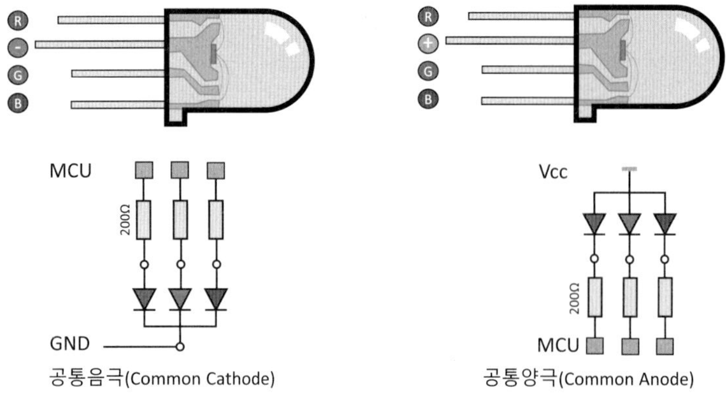


**그림 14-2** ▸ 두 가지 타입의 RGB LED

## 순차적으로 켜기 실습

### 실습 목표

3개의 RGB LED1~3을 Nucleo 보드에 연결하면 총 9개의 LED를 가진 것이 된다. BusOut 클래스를 이용하여 9개의 LED를 0.1초 간격으로 순차적으로 하나씩 켜고 끄는 프로그램을 작성하자.

### 실습 장치

- 재료

그림 14-3에서 보는 바와 같이 이 실습에서는 NUCLEO F401RE, 공통 양극 타입 RGB LED 3개 그리고 200~330Ω 정도의 저항 9개가 필요하다.

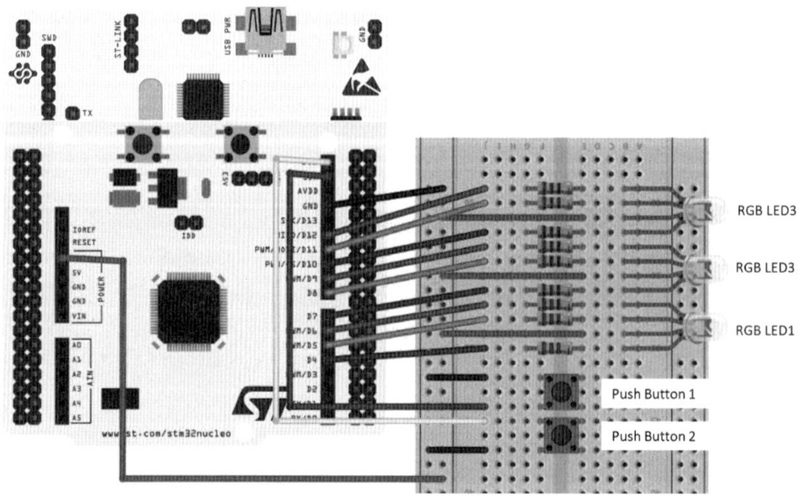


**그림 14-3** ▸ RGB LED 실습 장치

● 결선

표 14-12는 실습 장치의 결선을 정리한 것이다.

**표 14-12** ▸ RGB LED의 결선

| RGB LED | LED pin | Nucleo |
|---|---|---|
| RGB LED1 | R | D4 |
| | G | D5 |
| | B | D6 |
| RGB LED2 | R | D7 |
| | G | D8 |
| | B | D9 |
| RGB LED3 | R | D10 |
| | G | D11 |
| | B | D12 |

### 순차적으로 켜기 실습 코드

그림 14-4에서 보는 바와 같이 BusOut 클래스의 객체 leds를 생성하면 3개의 RGB LED의 9개의 LED가 연결된 D4에서 D12까지 9개 핀의 상태가 leds 객체의 정수값과 매칭이 된다. 따라서 만일 leds에 0b011101110라는 값을 적었다면 공통 양극 타입이기 때문에 0이 적힌 비트에 해당하는 LED만 켜질 것이다. 왜냐하면 공통 핀에 모두 Vcc가 인가되었기 때문에 0인 핀으로만 화살표 방향으로 전류가 흐를 수 있는 것이다. 결과적으로 RGB LED1, 2, 3은 각각 적색, 녹색, 청색으로 점등될 것이다. 우리가 실습하는 RGB LED가 공통양극 타입이라 핀이 1이면 꺼지고 0이면 켜진다는 것에 유의해야 한다.

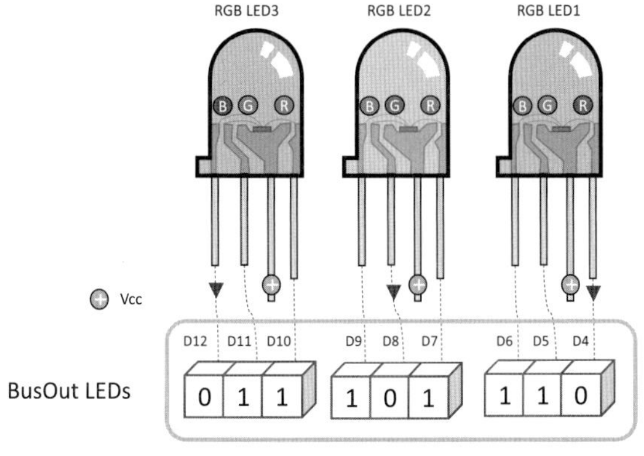


**그림 14-4** ▸ BusOut 객체와 각 led간의 관계

3개의 RGB LED 내부의 9개의 LED를 순차적으로 켜고 끄는 코드는 코드 14-1과 같다.

**코드 14-1** 순차적으로 켜기 실습 코드

```
#include "mbed.h"
#define LED_PINS 9
BusOut leds(D4,D5,D6,D7,D8,D9,D10,D11,D12);
int main() {
    leds = 0x1FF;   // access all of the leds to turn off
    while (true) {
        for(int i= 0; i<LED_PINS;i++){
            leds[i]=0;  // access one by one
            wait(0.1);
            leds[i]=1;
        }
    }
}
```

먼저 LED의 총개수 LED_PINS를 9로 정의했다. 그 다음 leds 객체를 생성하는데 핀을 D4, D5, ... , D12를 할당하였다. main 함수에서는 = 연산자 오버로딩을 이용하여 처음에 모든 9개 비트를 1로 만들어 LED들을 모두 끄고 있다. 우리가 실습하는 RGB LED가 공통양극 타입이라 핀이 1이면 꺼지고 0이면 켜진다는 것에 유의해야 한다. 그 다음에 while 루프에서는 for 문을 이용하여 총 9개의 LED를 0.1초 간격으로 켜고 끈다. 이때 [] 연산자 오버로딩을 이용하여 각 비트를 순차적으로 접근하는 방법을 이용하였다.

## 무작위로 켜기 실습

### 실습 목표

순차적으로 켜기 실습과 마찬가지로 3개의 RGB LED를 이용한 실습이다. 이 LED를 모두 무작위 수로 1초 간격으로 바꾸는 프로그램을 작성한다.

### 실습 장치

이전 실습과 동일하다.

### 실습 코드

4.4절에서 설명한 바와 같이 Mbed에서는 난수를 발생할 때 별도의 라이브러리 include 없이 srand와 rand 함수를 지원한다. 코드 14-2는 난수로 RGB LED의 색상을 바꾸는 코드이다.

**코드 14-2** | 무작위로 켜기 실습

```
#include "mbed.h"
#define LED_PINS 9
BusOut leds(D4,D5,D6,D7,D8,D9,D10,D11,D12);
int main() {
    leds = 0x1FF; // access all of the leds to turn them off
    while (true) {
        leds = rand();  //assign random number to leds
        wait(1);
    }
}
```

앞의 예제와 마찬가지로 9개의 핀에 대한 출력 버스인 leds 객체를 생성한다. main 함수에서는 먼저 LED를 모두 끄기 위하여 9비트 모두를 1로 만드는 16진수인 0x1FF를 leds에 대입한다. 그 다음 while문에서는 1초 간격으로 rand 함수에서 얻은 난수를 직접 객체 leds에 대입한다.

## 패턴대로 켜기 실습

### 실습 목표

순차적으로 켜기 실습과 마찬가지로 3개의 RGB LED를 이용한 실습이다. 3개 RGB LED에 대한 색상 패턴을 미리 배열로 만들고 이를 1초 간격으로 대입시켜 색상을 변경시키는 프로그램을 작성한다.

### 실습 장치

이 실습의 장치는 이전 실습들과 동일하다.

### 실습 코드

원하는 패턴대로 순차적으로 RGB LED를 켜는 프로그램은 코드 14-3과 같다.

**코드 14-3** | 패턴대로 켜기 실습 코드

```
#include "mbed.h"
#define LED_PINS 9
#define Ndata 9
Ticker tic;
BusOut leds(D4,D5,D6,D7,D8,D9,D10,D11,D12);
uint16_t data[]={0b110110110, 0b101101101, 0b011011011, // red, green, blue
```

```
                0b100100100, 0b001001001, 0b010010010, // yellow,cyan,magenta
                 0b011101110, 0b101110011, 0b110101011}; // BGR, GRB, RGB
volatile int cnt=0;
void colorGen() {
    leds= data[cnt];
    cnt++; cnt%=Ndata;
}
int main() {
    leds=0x1FF; // access all of the leds to turn off
    tic.attach(&colorGen, 1.0);
    while (true) {}
}
```

코드 14-3에서 보는 바와 같이 먼저 LED 개수 LED_PINS와 데이터 개수 Ndata를 각각 9로 설정하였다. 주기적으로 동작하는 Ticker를 이용하기 위하여 그 객체 tic을 생성하였다. 그 다음 data라는 uint16_t 타입의 배열을 만들고 원하는 9개의 색상 패턴으로 초기화하였다. 각 데이터에서 0인 비트는 그 비트에 해당하는 LED를 켠다는 것이고 1이면 끄는 것임에 유의한다. 주석에 나와있는 것처럼 첫 3개의 패턴은 적색, 녹색, 청색으로 RGB LED1, 2, 3 모두를 켜는 것이고 그 다음 3개는 3개 LED 모두를 노랑, 시안, 마젠타 색으로 켜며 세 번째 패턴 3개는 RGB LED1, 2, 3 각각을 BGR, GRB, RGB로 켜는 것이다. 그 다음 cnt라는 정수를 선언하여 이 변수를 증가시키면서 data 배열의 인덱스를 증가시키며, 다음 colorGen 함수는 Ticker 객체의 콜백 함수로서 설정된 시간마다 주기적으로 실행될 함수이다.

## 푸시 버튼으로 RGB LED 켜기 실습

### 실습 목표

BusIn 클래스를 이용한 2개의 푸시버튼 스위치를 사용하여 이전의 실습에서 사용하였던 3개의 RGB LED의 색상을 표 14-13과 같이 바꾸는 프로그램을 작성한다.

**표 14-13** ▸ 두개의 푸시 버튼의 조합에 따른 RGB LED

| PB1 | PB2 | RGB LED1 | RGB LED2 | RGB LED3 | |
|---|---|---|---|---|---|
| release(1) | release(1) | off | off | off | 3 -> OFF |
| press(0) | release(1) | green | blue | red | 2 -> RBG |
| release(1) | press(0) | blue | red | green | 1 -> GRB |
| press(0) | press(0) | red | green | blue | 0 -> BGR |

### 실습 장치

실습 장치는 그림 14-5와 같은데 RGB LED는 이전 실습과 동일하지만 2개의 푸시 버튼 스위치가 추가되었다.

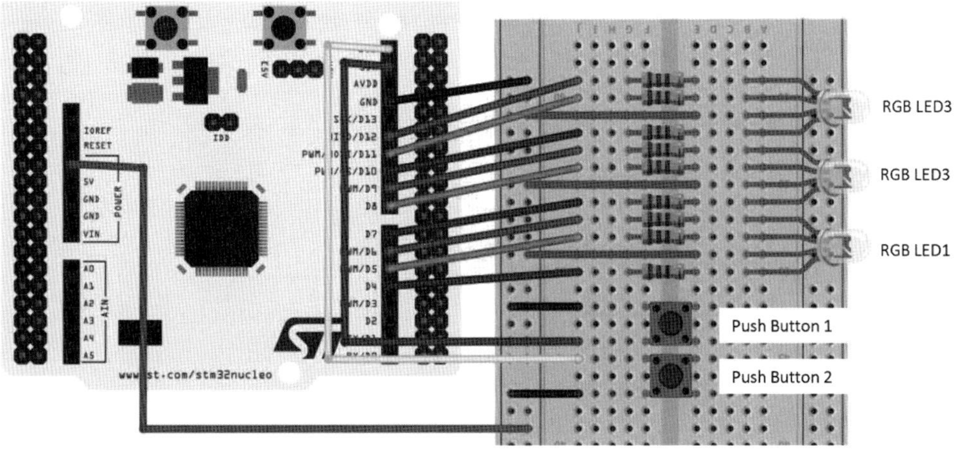


**그림 14-5** ▸ RGB LED실습 장치

- 결선

RGB LED의 결선은 지난 실습들과 같고 푸시 버튼1(PB1)은 D14에 푸시 버튼2(PB2)는 D15에 연결한다.

### 실습 코드

코드 14-4는 푸시 버튼의 조합으로 RGB LED를 선택적으로 켜는 코드이다.

**코드 14-4** | 푸시 버튼으로 RGB LED 켜기 실습

```
#include "mbed.h"
BusIn pbs(D14,D15);
BusOut leds(D4,D5,D6,D7,D8,D9,D10,D11,D12);
uint16_t data[]={0b110101011, 0b101110011, // BGR, GRB,
                 0b110011101, 0b111111111}; //RBG, All Off
int main() {
    pbs.mode(PullUp);
    while (true) {
        leds=data[pbs];
    }
}
```

먼저 BusIn 객체 pbs에 푸시 버튼과 연결된 핀 D14, D15를 할당하였고 객체 leds에는 지난 예제와 같이 3개의 RGB LED의 9개 핀을 할당하여 생성하였다. 그 다음에 실습 목표의 표 14-13을 참조하여 data 배열의 4개의 원소를 각각 초기화하였다. 예를 들어 data[3]는 모든 LED가 꺼진 것을 나타내는 0b111111111를 지정하였고 data[0]는 LED1은 적색 110, LED2는 녹색 101, LED3은 청색 011로 지정하기 위하여 이를 붙여서 0b011101110로 지정하였다. 다음 main 함수에서는 푸시 버튼이 GND에만 연결되어 있어 내부 풀업이 필요하므로 mode 함수를 이용하여 PullUp을 지정하였다. 그 다음에 while문에는 leds = data[pbs]; 한 줄이 있는데 pbs가 형변환 연산자 int()에 의하여 현재 스위치 상태를 0에서 3사이의 값으로 반환한다. 이 값이 data 배열의 인덱스가 되고 해당 데이터를 가져온다. 이 데이터는 leds 객체의 = 연산자 오버로딩에 의하여 leds에 할당된 각 핀에 비트 단위로 출력된다.

## 14.5_ FND 실습

### FND란?

FND는 Flexible Numeric Display의 약자로서 숫자를 전용으로 표시하는 LED 장치로서 그림 14-6에서 보는 바와 같이 7개의 세그먼트(segment)로 0에서 9까지의 한 자리 숫자를 표시하기 때문에 7-세그먼트라고도 불려진다. 1자리 FND는 그림 14-6 FND(또는 7-segments)와 같이 보통 소수점을 포함하여 8개의 LED가 세그먼트로 나누어져 표시된다.

**그림 14-6** ▸ FND(또는 7-segments)

그림 14-7에서 보는 바와 같이 1자리 FND는 10개의 핀이 있으며 FND의 8개의 세그먼트를 A, B, C, D, E, F, G, DP라고 부르며 각각이 하나의 핀에 할당되어 있고 위 아래 가운데 COM 핀은 공통 핀이다. 내부 회로를 보면 8개의 LED가 하나의 공통 단자로 병렬로 연결되어 있으며 음극(Cathode)이 공통인 공통 음극 타입과 양극(Anode)이 공통인 공통 양극 타입이 있다.

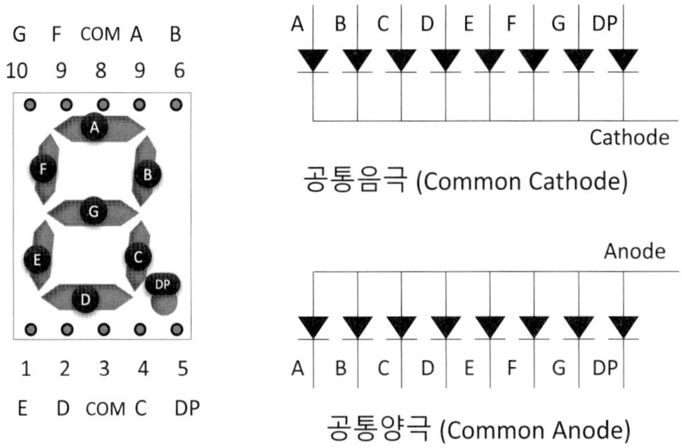


**그림 14-7** ▸ FND의 핀 배치와 두가지 타입의 내부 회로

## 16진수 FND에 순차 표시 실습

### 실습 목표

FND를 사용하여 0.5초마다 16진수의 한 자리인 0, 1, 2, 3, 4, 5, 6, 7, 8, 9, a, b, c, d, e, f를 순차적으로 표시한다.

### 실습 장치

- 실습 재료

그림 14-8과 같이 실습 재료는 Nucleo F401RE 보드, FND(양극 공통), 브레드보드 그리고 200~330Ω 정도의 저항 8개가 필요하다.

- 결선

표 14-14는 실습 장치의 Nucleo 보드의 D2에서 D9까지의 핀들과 FND 모듈 핀들의 결선을 나타낸다. 다만 그림 14-8과 같이 전류 제한을 위한 저항을 통하여 연결된다는 것에 유의하자.

**표 14-14** ▸ FND와 Nucleo 보드의 결선

| Nucleo Pin | D2 | D3 | D4 | D5 | D6 | D7 | D8 | D9 |
|---|---|---|---|---|---|---|---|---|
| FND Pin | 6 | 7 | 9 | 10 | 1 | 2 | 4 | 5 |
| Segment | B | A | F | G | E | D | C | DP |

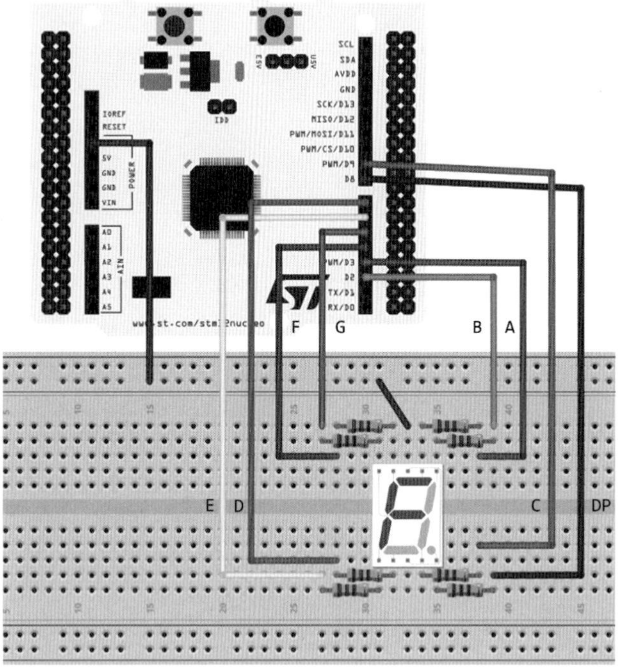


**그림 14-8** ▸ FND 순차 표시 실습 장치

### FND 표시방법

먼저 숫자 '5'를 표시하는 방법을 살펴본다. '5'를 표시하려면 표 14-15에서 보는 바와 같이 A, F, G, C, D 세그먼트를 켜야 한다. 음극 공통의 경우 결선 상태를 고려하여 우측에서 좌측으로 비트를 읽으면 01101110이 되므로 16진수로 0x6E가 된다. 이 실습에서는 양극 공통의 FND를 사용하고 있는데 이 경우는 켜고자 하는 세그먼트의 비트는 0이 되어야 한다. 따라서 10010001이며 16진수로 0x91이 된다.

**표 14-15** ▸ 음극 공통과 양극 공통 타입에서의 '5'를 표시하는 방법

| Nucleo PIN | D2 | D3 | D4 | D5 | D6 | D7 | D8 | D9 | Hex Value |
|---|---|---|---|---|---|---|---|---|---|
| FND for '5' | B | A | F | G | E | D | C | DP | |
| Cathode type | 0 | 1 | 1 | 1 | 0 | 1 | 1 | 0 | 0x6E |
| Anode Type | 1 | 0 | 0 | 0 | 1 | 0 | 0 | 1 | 0x91 |

동일한 방법으로 나머지 0에서 f까지를 표시하기 위한 데이터는 표 14-16과 같다. 예를 들어 'f'를 표시하기 위해서는 이 표의 f열처럼 세그먼트 A, F, G, E만 켜져야 하기 때문에 이 비트들을 1로 표시하고 나머지는 0이다. 공통 음극의 경우 BusOut르로 출력할 데이터를 구해보면

상위 비트인 D9서 D2까지의 순서로 읽어서 이진수로 표현하면 0b00011110가 되고 16진수로 0x1E가 된다. 공통 양극의 경우 켜는 것이 0이므로 모든 비트를 반대로 생각해야 하기 때문에 이진수는 0b11100001이며 16진수는 0xE1이 된다.

**표 14-16** ▸ 16진수 한자리 0~f를 표시하기 위한 데이터

| PIN | FND | 0 | 1 | 2 | 3 | 4 | 5 | 6 | 7 | 8 | 9 | a | b | c | d | e | f |
|---|---|---|---|---|---|---|---|---|---|---|---|---|---|---|---|---|---|
| D9 | DP | 0 | 0 | 0 | 0 | 0 | 0 | 0 | 0 | 0 | 0 | 0 | 0 | 0 | 0 | 0 | 0 |
| D8 | C | 1 | 1 | 0 | 1 | 1 | 1 | 1 | 1 | 1 | 1 | 1 | 1 | 0 | 1 | 0 | 0 |
| D7 | D | 1 | 0 | 1 | 1 | 0 | 1 | 1 | 0 | 1 | 0 | 1 | 1 | 1 | 1 | 1 | 0 |
| D6 | E | 1 | 0 | 1 | 0 | 0 | 0 | 1 | 0 | 1 | 0 | 1 | 1 | 1 | 1 | 1 | 1 |
| D5 | G | 0 | 0 | 1 | 1 | 1 | 1 | 1 | 0 | 1 | 1 | 1 | 1 | 1 | 1 | 1 | 1 |
| D4 | F | 1 | 0 | 0 | 0 | 1 | 1 | 1 | 0 | 1 | 1 | 0 | 1 | 0 | 0 | 1 | 1 |
| D3 | A | 1 | 0 | 1 | 1 | 0 | 1 | 1 | 1 | 1 | 1 | 1 | 0 | 0 | 0 | 1 | 1 |
| D2 | B | 1 | 1 | 1 | 1 | 1 | 0 | 0 | 1 | 1 | 1 | 1 | 0 | 0 | 1 | 0 | 0 |
| 공통 음극 | | 77 | 41 | 3B | 6B | 4D | 6E | 7E | 43 | 7F | 4F | 7B | 7C | 38 | 79 | 3E | 1E |
| 공통 양극 | | 88 | BE | C4 | 94 | B2 | 91 | 81 | BC | 80 | B0 | 84 | 83 | C7 | 86 | C1 | E1 |

### FND 순차 표시 코드

16진수 0에서 f까지를 순차적으로 표시하는 코드는 코드 14-5와 같다.

**코드 14-5** | 16진수 FND에 순차 표시 실습

```
#include "mbed.h"
BusOut fnd(D2,D3,D4,D5,D6,D7,D8,D9);
uint16_t num[]={0x88, 0xBE, 0xC4,0x94,0xB2,0x91,0x81,0xBC,0x80,
                0xB0,0x84,0x83,0xC7,0x86,0xC1,0xE1};      // FND DATA
int main() {
    fnd=0xFF;                                             // all off
    uint16_t cnt=0;
    while (true) {
        fnd=num[cnt++%16];
        wait(0.5);
    }
}
```

먼저 FND가 연결된 핀들을 할당한 BusOut 객체 fnd를 생성하였고 표 14-16의 0에서 f까지의 데이터로 배열 num도 생성하였다. main 함수에서는 fnd를 0xff로 만들어 모든 세그먼트가 꺼지도록 하였고 정수 cnt를 0으로 만들었다. while루프에서는 일단 후방 증가 연산자 ++를 빼고 생각해보면 cnt값을 16으로 나눈 나머지를 구함으로써 항상 0~15 사이의 숫자를 만들었다. 이 값을 배열 num의 인덱스로 넣어 데이터를 얻은 후 fnd에 대입하였다. 그런데 증가 연산자 ++로 cnt가 루프를 돌 때마다 1씩 증가하기 때문에 표시를 원하는 0에서 15까지의 숫자가 차례로 표시되는 것이다. 그 다음에 wait(0.5)를 삽입하여 루프의 숫자 변경의 시간 간격을 0.5초로 만들었다.

**참고**

**후방 증가 연산자 a++와 전방 증가 연산자 ++a의 차이**

후방 증가 연산자 a++: 예를 들어 a=10; x=a++;를 실행하면 a=11, x=10이 된다. 즉, 대입 연산을 실행한 후 a가 1증가 되어 x는 증가 되기 전의 값이 대입되는 것이다.

전방 증가 연산자 ++a: 예를 들어 a=10; x=++a;를 실행하면 a=11, x=11이 된다. 즉 먼저 a를 1증가 시킨 후에 대입하기 때문에 x가 11이 된다.

위 코드 14-5에서 fnd=num[cnt++%16];는 두 문장 fnd=num[cnt%16]; cnt++;로 분리해도 동일한 결과가 나온다.

## 푸시 버튼과 FND 실습

### 실습 목표

4개의 푸시 버튼과 FND를 사용하는 실습으로 버튼을 누르면 버튼을 이진수로 생각하여 그 16진수 값을 FND에 표시한다.

### 실습 장치

- 실습 재료

그림 14-9와 같이 실습 재료는 Nucleo F401RE 보드, 양극 공통 타입의 FND, 푸시 버튼 4개, 브레드보드 그리고 200~330Ω 정도의 저항 8개가 필요하다.

- 결선

FND의 결선은 지난 실습과 같고 푸시 버튼 스위치 PB1, PB2, PB3, PB4의 한쪽 핀은 GND에 그리고 나머지 한 쪽은 D10, D11, D12, D13에 순서대로 연결한다.

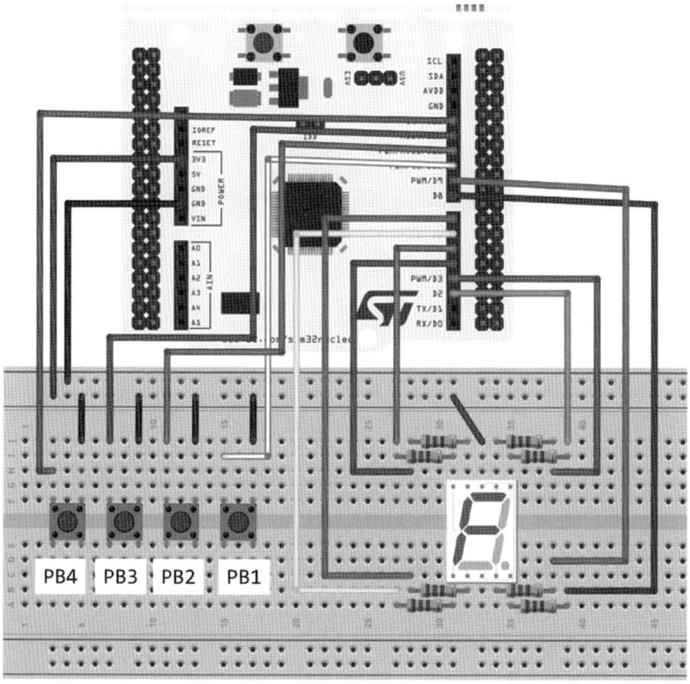


**그림 14-9** ▸ 푸시 버튼과 FND 실습 장치

## 실습 코드

**코드 14-6** 푸시 버튼과 FND 실습 코드

```
#include "mbed.h"
BusIn pbs(D10,D11,D12,D13);
BusOut fnd(D2,D3,D4,D5,D6,D7,D8,D9);
uint16_t num[]={0x88, 0xBE, 0xC4,0x94,0xB2,0x91,0x81,0xBC,0x80,
                0xB0,0x84,0x83,0xC7,0x86,0xC1,0xE1}; // FND DATA

int main() {
    pbs.mode(PullUp);
    fnd=0xFF; // data[0];
    uint16_t cnt=0;
    while (true) {
        fnd=num[pbs^0x0F];
        wait(0.1);
    }
}
```

코드 14-6은 4개의 푸시 버튼을 추가하고 이 버튼의 값을 2진수로 간주하여 FND에 값을 표현하는 실습 코드이다. 4개의 푸시 버튼이 연결된 핀들을 할당하여 BusIn 객체 pbs를 생성하고 BusOut 객체 fnd도 생성하였다. 16진수 한 자리를 표시하기 위한 데이터를 배열 num의 초기값으로 지정하였다. main 함수에서는 푸시 버튼이 외부 풀업 회로 없이 연결되었기 때문에 mode 함수로 내부 풀업을 지정하였다. 그 다음 모든 세그먼트를 끄고 cnt를 초기화하였다. while 루프에서는 푸시 버튼의 상태를 pbs 객체의 값을 읽어 알아내고 이 값의 하위 4비트를 Xor를 이용하여 모두 반전시켰다. 버튼의 상태가 누르면 0이 되기 때문에 이를 반전시켜 배열 num의 인덱스로 사용하여 적절한 데이터가 FND에 반영하도록 fnd에 대입하였다. 이 루프가 100ms 주기로 동작하도록 wait(0.1)을 추가하였다.

**참고**

**배타적 논리합(Xor: Exclusive Or)으로 선택적 비트 반전시키기**

**표 14-17** ▸ 배타적 논리합을 이용한 선택적 비트 반전

| 이름 | 값 | A = A^$M_R$ 연산 | | | | | | | | 설명 |
|---|---|---|---|---|---|---|---|---|---|---|
| 레지스터 A | 0x92 | 1 | 0 | 0 | 1 | 0 | 0 | 1 | 0 | 0 ^ 0 → 0<br>1 ^ 0 → 1<br>0 ^ 1 → 0<br>1 ^ 1 → 0 |
| 마스크 $M_R$ | 0x0F | 0 | 0 | 0 | 0 | 1 | 1 | 1 | 1 | |
| 결과 A | 0x9D | 1 | 0 | 0 | 1 | 1 | 1 | 0 | 1 | 마스크가 1인 비트들은 반전이 되고 0인 비트들은 그대로. |

표 14-17에서 보는 바와 같이 어떤 8비트 레지스터 A가 0x92 값을 가지고 있는데 하위 4개 비트 만을 반전시키고자 할 때 비트 단위 Xor인 ^로 하위 4비트가 모두 1인 마스크 $M_R$을 이용하면 된다. 마스크는 항상 1인 비트 자리는 반전시키고 0인 비트는 그대로 두는 것이다.

## FND 외곽 세그먼트 회전 실습

### 실습 목표

PB1에서 PB4의 4개의 푸시 버튼과 FND를 사용하는데 그림 14-10과 같이 FND의 외곽의 세그먼트인 B, C, D, E, F, A를 시계 방향으로 순서대로 돌며 점등하여 마치 회전하는 것처럼 보이게 한다. 이때 PB1, PB2, PB3, PB4의 푸시 버튼을 각각 누르면 각 세그먼트의 점등 시간이 10, 50, 100, 500ms가 되도록 한다.

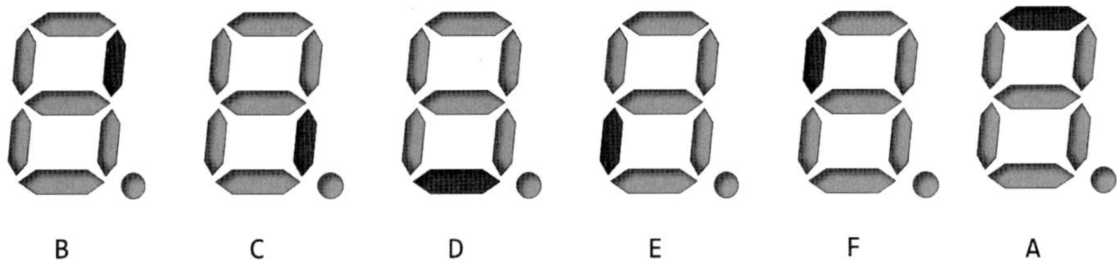


**그림 14-10** ▸ FND 외곽 세그먼트 회전을 위한 세그먼트 순서

### 실습 장치

그림 14-9의 푸시 버튼과 FND 실습과 동일하다.

### 실습 코드

**코드 14-7** | FND 외곽 세그먼트 회전 실습의 코드

```
#include "mbed.h"
BusIn pbs(D10,D11,D12,D13);
BusOut fnd(D2,D3,D4,D5,D6,D7,D8,D9);
uint16_t seg[]={~0x01, ~0x40, ~0x20, ~0x10, ~0x04, ~0x02}; // BCDEFA
Timer tmr;
int main() {
    pbs.mode(PullUp);
    fnd=0xFF;                                  // all Off;
    tmr.start();
    uint16_t n_cnt=0, cnt=0, intv=1;
    while (true) {
        if (tmr.read_us()>1000){               // every 1ms
            tmr.reset();
            switch (pbs^0x0f){
                case 1:                        // PB1
                    intv=10;break;
                case 2:                        // PB2
                    intv=50;break;
                case 4:                        // PB3
                    intv=100;break;
                case 8:                        // PB4
                    intv=500;break;
            }
            if(cnt%intv==0){
                fnd=seg[n_cnt++%6];
            }
            cnt++;
```

```
        }
    }
}
```

코드 14-7에서 보는 바와 같이 지난 실습 코드처럼 pbs와 fnd 객체를 생성하였다. 그리고 외곽 세그먼트가 회전하는 것처럼 보이기 위한 FND의 세그먼트 순서인 BCDEFA를 위한 데이터를 만들었다. 표 14-16에서 보면 B는 버스의 최하위 비트라 0x01이고, C는 7번째 비트라 0b01000000 = 0x40이 되며 나머지도 이렇게 구한다. 그런데 여기서 비트 단위 Not인~연산자를 사용한 이유는 공통 양극의 경우 0이 켜지는 것이라 모든 비트를 반전시켰다.

# 연/습/문/제



**A. 다음 빈 칸을 채우시오.**

**1** 어떤 그룹의 핀을 버스로 지정한 후 하나의 정수로 한꺼번에 출력하는 경우는 ( ) 클래스를 사용하고 입력받는 경우는 ( )를 사용하여 여러 개의 핀을 따로따로 관리하는 번거로움을 줄일 수 있다.

**2** BusOut 클래스는 최대 ( )개의 핀을 할당할 수 있다.

**3** BusIn 클래스 객체 bin이 있는데 int v=bin[2] 이라고 한다면 이는 ( )연산자를 오버로딩한 것이다.

**4** ( ) 타입의 RGB led는 각 led의 핀이 LOW가 되면 켜지고 ( ) 타입은 HIGH일 때 켜진다.

**B. 다음 설명에 따라 적절한 코드를 작성하시오.**

**1** 3개의 RGB led가 0.1초 간격으로 RGB, BRG, GBR 순서로 순환하는 프로그램을 작성하라.

**2** 버튼을 누를 때마다 FND에 주사위 수가 표시되는 전자 주사위를 만들어라.

**3** FND가 0.1초 간격으로 8자를 그리는 코드를 작성하라(단, 8자는 세그먼트 A – B – G – E – D – C – G – F 순서로 켜기를 반복하는 것을 의미한다).

**스마트한 Mbed로 시작하는 Cortex-M 프로그래밍:**
기초부터 프로젝트까지

# CHAPTER 15 RTOS 활용

RTOS(Real Time OS)는 실시간 운영체제를 말하며 Mbed에서도 일부 API를 지원하고 있다. 우리가 어떤 MCU 프로젝트를 할 때 동시에 여러 작업을 한다거나 예측할 수 없는 이벤트에 대한 대응을 잘 하는 프로그램을 작성한다는 것은 매우 중요하다. 대부분의 경우 여러 종류의 통신을 하면서 디스플레이를 하거나 연산 작업을 하는 경우가 여기에 해당할 것이다. 많은 경우 blocking이 없도록 while문을 이용한 대기나 wait 함수와 같은 시간 지연을 최소화하고 적절한 인터럽트를 활용하여 프로다운 코드를 작성한다. 이 글에서는 인터럽트 이 외에 실시간 프로그램에 사용할 수 있는 Mbed의 RTOS API를 소개하고 활용 방법을 살펴보고자 한다.

## 15.1_ 지원 RTOS API

Mbed에서 지원하고 있는 RTOS의 주요 API는 Thread, Mutex, Semaphore, Queue, Mail, MemoryPool, EventFlags 등을 지원하는데 이들에 대한 간략한 설명을 한다.

### Thread 클래스

Thread 클래스는 main 함수와 동시에 실행 가능한 스레드들을 정의하고 이들의 동시 작업을 제어하기 위한 클래스이다. 실제로는 각 스레드가 동시에 작업하는 것이 아니고 스케줄러(Scheduler)에 의하여 매우 빠른 속도로 각 스레드 간의 작업을 스위칭을 하여 동시에 동작하는 것으로 보이는 것이며 이를 컨텍스트 스위칭(context switching)이라 한다.

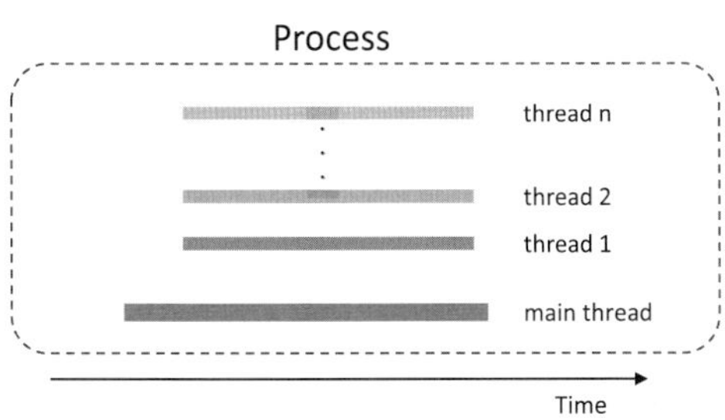


**그림 15-1** ▸ 스레드를 이용한 동시 작업

그림 15-1은 main 함수도 하나의 스레드로 보고 별도의 n개의 스레드가 돌아가는 상황을 표현한다. 모든 스레드가 원하는 목표를 위하여 동작한다면 서로 자료를 공유해야 하며 하나의 CPU가 이들을 매우 빠른 속도로 스위칭을 하여 무리없이 동작하도록 해야 한다.

**참고**

**프로그램이 사용하는 메모리의 종류**

프로그램이 사용하는 메모리는 코드, 데이터, 힙, 스택 영역이 있으면 각각의 의미와 역할은 다음과 같다.

- 코드(code) 메모리 영역: 컴파일된 명령어들이 저장되는 공간을 말한다.
- 데이터(data) 메모리 영역: 전역과 static 변수등의 정적인 데이터들이 저장되는 공간을 말한다.
- 힙(heap) 메모리 영역: 프로그램 실행 중에 동적할당에 의하여 생성된 공간을 말한다.
- 스택(stack) 메모리 영역: 지역변수, 매개변수, 반환 값들을 저장하는 공간을 말한다.

**참고**

**프로세스(process)와 스레드(thread)**

**프로세스**

프로세스는 돌아가는 독립적인 프로그램을 의미한다. 한개의 CPU에서 동시에 돌아가는 복수 개의 프로세서는 코드, 데이터, 힙, 스택과 같은 메모리 공간을 완전하게 독립적으로 가지고 있으며 OS에 의한 스케줄링으로 번갈아가면서 돌아간다. 이 경우 하나의 프로세스를 일시적으로 중단하고 다른 프로세스로 넘어갈 때 한 프로세스가 작업하던 메모리를 모두 백업을 해야하기 때문에 OS 입장에서는 매우 부담이 크다. 장점은 메모리가 완전 독립적이라 프로그램 작성 시 다른 프로세스와의 공유에 의한 데이터 문제 등을 고려할 필요가 없다.

**스레드**

스레드는 그림 15-1에서 보는 바와 같이 하나의 프로세스 내부에 존재하는 작고 가벼운 함수 단위의 프로그램이다. 하나의 프로세스 내에 존재하는 복수의 스레드는 동시에 실행되는 함수처럼 돌아가기 때문에 코드, 데이터, 힙은 서로 공유하고 함수 내부와 관련된 스택 메모리 영역만 독립적으로 보유한다. 스레드 간의 문맥전환에서 스택 메모리만 보관하고 전환되기 때문에 부담이 덜하지만 공유되는 메모리를 동시에 접근하는 경우에 대비해야 한다.

### Mutex 클래스

Mutex는 mutual과 exclusion의 합성어로 상호 배제라는 의미이다. 두 개의 스레드가 하나의 자원(데이터)을 공유하여 작업하는 경우 두 스레드가 동시에 접근하면 문제가 발생할 수 있다. 예를 들어 어떤 변수에 한 스레드는 0을 쓰고 있고 한 스레드는 1을 쓰려 한다면 예상치 못한 결과가 발생한다. 동시에 공유 데이터 접근을 막고 질서있게 사용하도록 하기 위하여 그림 15-2와 같이 하나의 열쇠를 서로 주고 받으며 사용하는 것처럼 하나의 스레드가 사용권을 얻으면 잠금(lock)이 되어 다른 스레드가 사용을 못하게 하고 사용이 끝나면 해제(unlock)를 시켜 다른 스레드가 사용할 수 있도록 하는 방법을 쓰는데 이것이 Mutex이다.

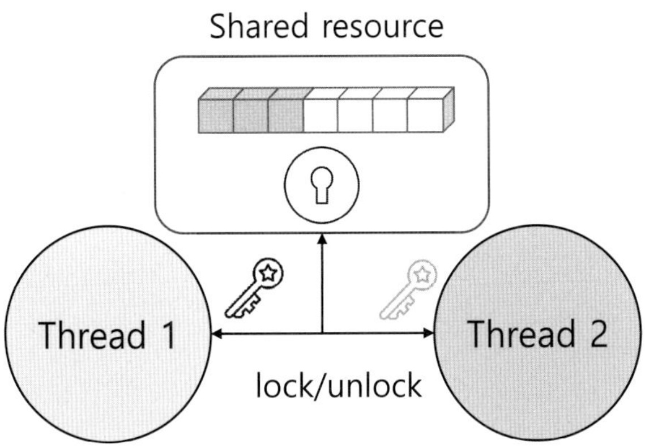


**그림 15-2** ▸ Mutex의 lock과 unlock

### Semaphore 클래스

기본적으로 Mutex와 같이 여러 스레드가 동일한 자원에 대하여 접근을 할 때 동시 접근에 대한 문제를 해결하는 역할을 한다. Semaphore는 Mutex보다 광의의 개념이고 자원의 점유 상태를 정수의 카운트 값으로 표시한다.

### Queue 클래스

Queue(큐) 클래스는 어떤 스레드가 생산한 자료 또는 메시지를 시간의 차이가 있어도 다른 스레드가 정확하게 사용할 수 있도록 해준다. 이러한 완충장치를 버퍼(buffer)라고도 한다. 그림 15-3처럼 큐는 데이터의 1차원 배열처럼 생각할 수 있는데 큐에 넣는 것을 enqueue 빼내는 것을 dequeue라고 한다. 그리고 이러한 구조는 먼저 들어온 데이터가 먼저 나가기 때문에 선입선출(FIFO: First-In First-Out)이라 한다.

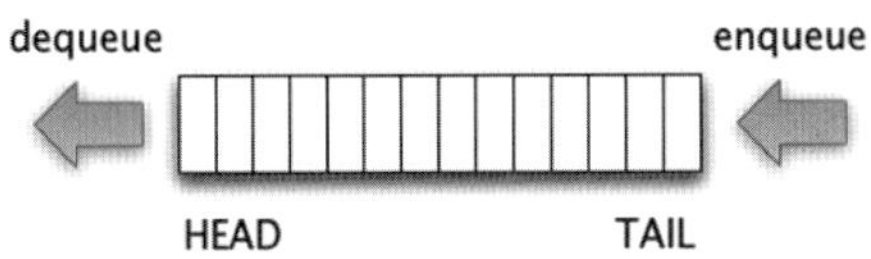


**그림 15-3** ▸ Queue의 동작

### MemoryPool 클래스

MemoryPool은 고정 크기의 자료들을 복수 개를 갖는 메모리를 생성하고 관리하는 클래스이다. 예를 들어 위 그림의 큐에서 사각형 하나는 하나의 기본형 변수일 수도 있지만 구조체와 같은 파생자료형이 될 수도 있어 이를 MemoryPool에 할당하여 관리하면 편리하다. 따라서 Queue를 사용할 때는 MemoryPool을 같이 사용한다.

### Mail 클래스

Mail 클래스는 Queue처럼 어떤 스레드가 생산한 자료를 시간의 차이가 있어도 다른 스레드가 정확하게 사용할 수 있도록 한다. Queue는 MemoryPool을 별도로 생성하여 사용하지만 Mail 클래스는 내부에 MemoryPool 기능을 가지고 있어 더 편리하게 사용할 수 있다.

### EventFlags 클래스

EventFlags 클래스는 상태와 사건(Event)을 여러 스레드에서 공유하도록 도와주는 클래스이다.

## 15.2_ Thread 클래스

### 생성자

스레드를 사용하려면 Thread 클래스의 객체를 생성해야 하는데 생성과 동시에 자동 실행하는 경우와 생성만하고 이 후에 실행하는 경우로 나누어 설명한다.

#### 자동 실행이 없는 생성자

**표 15-1** ▸ 자동 실행이 없는 생성자

| 생성자 1 | 객체를 생성하지만 자동 실행을 하지 않는 경우의 생성자 |
|---|---|
| `Thread (osPriority prior= osPriorityNormal, uint32_t stk_sz= OS_STACK_SIZE, uint8_t *stack_mem= NULL, const int8_t *name= NULL)` | |
| prior | 스레드의 실행의 우선 순위 |
| stk_sz | 스택 크기로서 기본은 4kBytes |
| stk_mem | 스택 메모리의 포인터 |
| name | 스레드의 이름 |
| [예제] | `Thread t;` |

표 15-1은 Thread 클래스의 객체를 생성하는 생성자의 사용법이다. 매개변수로 스레드 실행의 우선 순위(priority), 스택의 크기(stack size), 스택 포인터(stack pointer) 그리고 스택의 이름이 사용된다. 우선 순위는 다른 스레드가 동시에 실행하고자할 때 우선 순위 값이 높으면 우선적으로 실행되도록 하는 것이다. 표 15-2와 같이 우선 순위를 지정할 수 있고 기본값은 osPriorityNormal이다. 그 다음의 스택은 15.1절에서 설명한 바와 같이 스레드는 내부에 사용하는 지역 변수와 매개변수를 저장하는 스택 메모리를 지칭한다. 스레드에서 사용하는 메모리에 따라 설정이 가능하지만 기본적인 스택 사이즈 4kB는 충분하기 때문에 바꿀 필요가 없다. 그 다음에 스택 메모리의 포인터가 있는데 별도의 메모리를 장착한 경우가 아닌 경우 지정할 필요가 없다. 마지막으로 스레드에 이름을 지정하여 디버깅에서 다른 스레드와 구별하고 싶을 때 필요한 것이라 일반적인 용도에서는 필요하지 않다.

**표 15-2** ▸ Mbed의 실행 우선 순위를 지정하는 상수

| | osPriority | 값 |
|---|---|---|
| 1 | osPriorityIdle | −3 |
| 2 | osPriorityLow | −2 |
| 3 | osPriorityBelowNormal | −1 |
| 4 | osPriorityNormal | 0 |
| 5 | osPriorityAboveNormal | 1 |
| 6 | osPriorityHigh | 2 |
| 7 | osPriorityRealtime | 3 |

### 생성하고 자동 실행을 하는 경우

스레드를 생성만 하는 생성자를 살펴보았는데 생성하고 실행까지 하는 생성자의 용법도 있는데 이를 표 15-3에서 설명하고 있다. 이 생성자는 스레드를 통하여 실행시키고자 하는 함수를 생성자의 매개변수로 지정한다. 그 외의 매개변수들은 앞에서 설명한 자동 실행이 없는 생성자와 동일하기 때문에 설명을 생략한다.

**표 15-3** ▸ 생성하고 자동 실행을 하는 생성자

| 생성자 2 | 객체를 생성하면서 자동 실행을 시키는 생성자 |
|---|---|
| `Thread (Callback<void()> task, osPriority pri=osPriorityNormal, uint32_t stk_sz=OS_STACK_SIZE, uint8_t *stk_mem=NULL)` | |
| task | 실행시키고자 하는 함수 지정 |
| pri | 스레드의 우선 순위 |
| stk_sz | 스택 크기로서 기본은 4kBytes |
| stk_mem | 스택 메모리의 포인터 |
| name | 스레드의 이름 |
| [예제] | `Thread t(task);` |

## 스레드 제어

스레드를 제어하기 위하여 스레드의 시작, 종료 대기, 강제 종료를 하는 멤버 함수들을 제공하고있다.

### 스레드 시작

생성된 스레드의 동작을 시작하게 하는 start 함수에 대한 자세한 용법은 표 15-4와 같다.

**표 15-4** ▸ 스레드 시작 함수 start

| 시작 | 스레드를 시작시킨다. |
|---|---|
| `osStatus .start(Callback<void()> task)` | |
| task | 주기적으로 호출될 반환형이 void인 함수의 주소 |
| [예제] | `Thread t;`<br>`t.start(&task);` |
| `osStatus .start(Callback(T *obj, M method))` | |
| obj | Thread 객체가 선언된 객체의 주소 |
| method | 호출될 멤버 함수의 주소 |
| [예제] | `myClass(){`<br>`Thread t;`<br>`...`<br>`t.start(Callback(this,&myClass::task));` |

표 15-4를 보면 start 함수는 두 개의 용법이 있는데 첫 번째는 일반적인 경우이고 두 번째는 스레드가 어떤 클래스에 멤버 객체로 소속되어 있으며 스레드 함수도 그 멤버 함수인 경우이다. start 함수의 반환 값은 osStatus라는 열거형의 상수가 되는데 그 주요정의는 표 15-5와 같다. 즉, 성공적으로 스레드가 시작되면 osOK가 반환된다. 예제를 보면 myclass라는 클래스의 스레드 객체 t가 있으며 이 클래스의 멤버 함수 task를 스레드로 지정하고 있다.

**표 15-5** ▸ 열거형 osStatus의 주요 정의

| enum osStatus 정의 | 값 | 설명 |
|---|---|---|
| osOK | 0 | 오류없이 성공적으로 실행됨 |
| osEventMessage | 0x10 | massage 이벤트 |
| osEventMail | 0x20 | mail 이벤트 |
| osEventTimeout | 0x40 | 대기시간 초과 |
| osErrorParameter | 0x80 | 필수 매개변수 누락 또는 잘못된 경우 |
| osErrorResource | 0x81 | 지정한 리소스가 유효하지 않음 |
| osErrorISR | 0x82 | ISR 함수 호출 불가 |
| osErrorPriority | 0x84 | 우선 순위를 정할 수 없거나 비정상 |
| osErrorNoMemory | 0x85 | 메모리 할당 불가 |
| osErrorValue | 0x86 | value매개변수가 범위를 초과 |
| osErrorOS | 0xFF | RTOS에서 미지의 오류 발생 |

### 스레드 종료 대기

모든 스레드들이 종료될 때까지 main 스레드가 종료 미루고 대기시키는 기능인 join 함수의 용법은 표 15-6과 같다.

**표 15-6** ▸ 스레드 종료 대기 함수 join

| 종료 대기 | 다른 스레드가 종료될 때까지 main 스레드가 대기한다. |
|---|---|
| `osStatus .join()` | |
| 반환 | 함수의 실행 상태를 반환 |
| [예제] | `th.join();` |

그림 15-4에서 보는 바와 같이 join 함수를 적용하지 않으면 main 스레드가 종료해도 스레드들이 살아 있어 정상적으로 관리가 되지 않는 상태가 된다. 반면에 join 함수를 사용하면 모든 스레드가 종료된 후에 main 스레드가 적절한 처리를 마치고 종료된다. 반환은 열거형 **osStatus**의 항목 중 하나가 반환되어 오류나 메시지를 받을 수 있으며 정상적으로 실행되면 osOK가 반환된다.

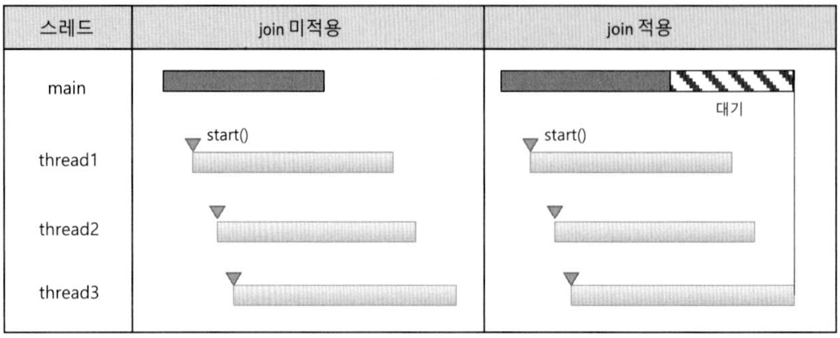


**그림 15-4** ▸ 모든 스레드가 끝날 때까지 main 스레드를 대기시키는 join 함수

### 스레드 강제 종료

스레드가 더 이상 필요 없을 때 강제로 스레드를 종료시키는 terminate 함수의 용법은 표 15-7과 같다.

**표 15-7** ▸ 강제로 스레드를 종료시키는 terminate 함수

| 강제 종료 | 스레드를 강제적으로 종료시킨다. |
|---|---|
| `osStatus .terminate ()` | |
| 반환 | 함수의 실행 상태를 반환 |
| [예제] | `th.terminate();` |

## 스레드 기본 실습

### 실습 목표

Thread를 이용하여 그림 15-5의 타이밍 차트처럼 LED1을 0.1ms 간격으로 점멸시키고 동시에 main 함수에서는 LED2를 500ms 간격으로 점멸시킨다.

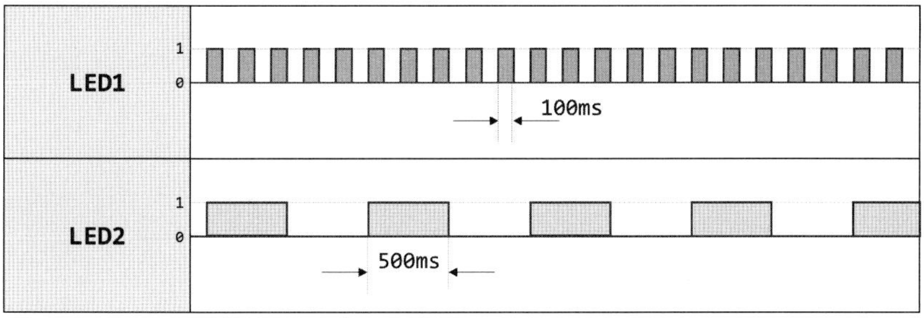


**그림 15-5** ▸ 스레드 기본 실습의 타이밍 차트

### 실습 장치

그림 15-6과 같이 Nucleo F401RE 보드, LED 1개, 220Ω 정도의 저항 1개 그리고 브레드보드가 필요하다.

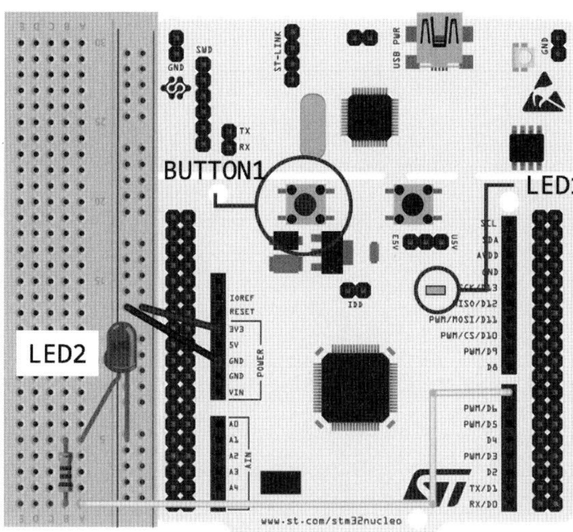


**그림 15-6** ▸ 스레드 기본 실습의 장치

### 스레드 기본 실습 코드

LED1과 LED2를 실습 목표에 따라 점멸하는 코드는 코드 15-1과 같다.

**코드 15-1** 스레드 기본 실습 코드

```
#include "mbed.h"
#include <Thread.h>
DigitalOut led1(LED1);
DigitalOut led2(D7);
Thread thread;
void led1_thread() {
```

```
    while (true) {
        led1 = !led1;
        wait(0.1);
    }
}
int main() {
    thread.start(led1_thread);
    while (true) {
        led2 = !led2;
        wait(0.5);
    }
}
```

Thread.를 포함시키고 led1과 led2를 DigitalOut 객체로 생성시켰다. 그리고 스레드 객체 thread를 생성키키고 스레드의 코드인 led1_thread라는 함수를 작성한다. 이 함수 내부에 while문을 이용한 무한 루프를 가지고 있어 0.1초 간격으로 led1을 반전시킨다. main 함수에서는 먼저 thread를 led1_thread 함수를 할당시켜 실행시킨다. 그 다음에 main 함수에서도 0.5초 간격으로 led2를 반전시킨다. 따라서 thread에서는 led1을 main 함수에서는 led2를 각각 정해진 시간 간격으로 점멸시키는 구조이다.

## 스레드 join 실습

### 실습 목표

이 실습은 그림 15-7과 같이 Thread를 이용하여 LED1이 20ms 간격으로 점멸하게 한다. LED2를 5초 동안 켜고 그 후에 thread를 중단시켜 LED1의 점멸을 중단시키며 LED2를 끄고 main 함수를 종료시킨다. 단, join 함수를 이용하여 thread가 종료된 후에 main 함수가 끝나도록 한다.

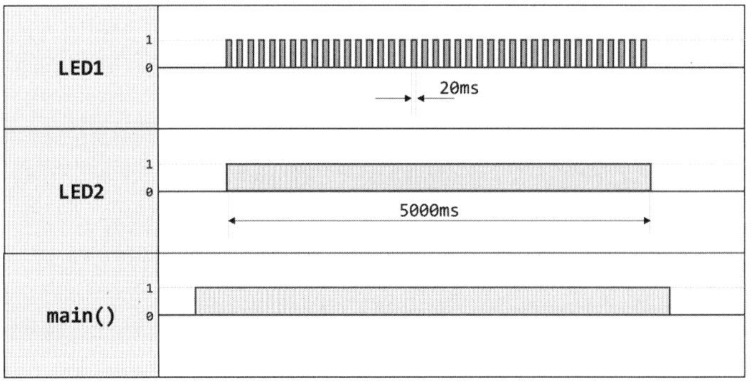


**그림 15-7** ▸ 스레드 join 실습

### 실습 장치

스레드 기본 실습의 장치 그림 15-6과 동일하다.

### 실습 코드

스레드 join 실습에 사용될 선언부와 스레드 함수는 코드 15-2와 같다. 선언부의 내용은 스레드 기본 실습과 거의 같고 스레드의 실행을 관리하는 플래그인 running을 true로 선언하였다. 여기서 volatile을 선언한 것은 스레드와 공유하기 때문에 컴파일러가 최적화할 때 주의를 요하도록하는 것이다. 그 다음은 thread 객체와 연결하여 실행될 스레드 함수로서 blink를 정의하고 있다. 기본적으로 running 플래그가 true인 동안 20ms 간격으로 led를 반전시키는 코드인데 여기서 주목할 점은 led를 매개변수로 받는다는 것이다. 이 매개변수는 그 값만을 복사해오는 것뿐만 아니라 그값을 반전도 해야 하기 때문에 led객체의 주소를 받아오기 위하여 포인터를 사용하고 있다.

**코드 15-2** 선언과 스레드 함수

```
#include "mbed.h"
#include <Thread.h>
Thread thread;
DigitalOut led1(LED1);
DigitalOut led2(D7);
volatile bool running = true;
void blink(DigitalOut *led) {
    while (running) {
        *led = !*led;
        wait_ms(20);
    }
}
```

코드 15-3은 main 함수의 코드인데 먼저 thread 객체에 매개변수가 있는 함수 blink를 지정하고 실행시키는데 스레드 기본 실습과 달리 매개변수가 있기 때문에 callback 함수를 통해야 지정이 가능하고 led1의 주소를 넘겨주기 위하여 &를 사용한다. 스레드가 시작되면 곧바로 led2를 켜고 5초를 기다린다. 5초가 지나면 running = false로 스레드를 중단시키고 join 함수를 통하여 모든 스레드가 종료된 후에 main 함수가 마지막으로 led2를 끄고 실행이 끝나도록 한다.

**코드 15-3** main 함수 코드

```
int main() {
    thread.start(callback(blink, &led1));
    led2=1;
    wait(5);
    running = false; // 스레드 끄기
    thread.join();
    led2=0;
}
```

## 15.3_ Mutex 클래스

### Mutex 개요

Mutex는 상호 배제라는 의미로 두 개의 스레드가 하나의 자원을 공유하여 작업하는 경우 두 스레드가 동시에 접근하여 발생하는 문제를 해결하는 역할을 한다. 이 절에서는 Mutex 클래스의 사용 방법에 대하여 살펴본다.

### 생성자

**표 15-8** ▸ Mutex의 생성자

| 생성자 | Mutex 객체를 생성한다. |
|---|---|
| `Mutex()` | |
| [예제] | `Mutex mu;` |

Mutex 클래스의 객체를 생성할 때 사용하는 생성자의 용법은 표 15-8과 같다.

### 자료 접근 권한 제어

Mutex 클래스를 사용하여 자료 접근 권한을 획득하고 반납하는 방법을 살펴본다.

#### 접근 권한 획득

여러 스레드가 하나의 자료를 공유하여 읽고 쓴다면 충돌을 막기 위하여 정확하게 권한을 관리해야 한다. 표 15-9는 자료 접근 권한 획득에 사용되는 lock 함수의 용법이다.

표 15-9 ▸ 자료 접근 권한 획득 함수 lock

| 접근 권한 획득 | 접근 권한을 획득한다. |
|---|---|
| osStatus .lock() | |
| 반환 | 성공하면 osOK를 반환 |
| [예제] | mu.lock(); |

표 15-9의 lock 함수를 실행하여 자료에 접근을 했는데 다른 스레드가 접근 권한을 획득하여 그 자료를 사용하고 있다면 그 스레드가 반납할 때까지 대기하게 되어 일종의 블로킹 현상이 발생되므로 다음에 나올 trylock_for의 사용을 고려해볼 필요가 있다.

표 15-10 ▸ 자료 접근 권한 획득 시도 함수 trylock_for

| 권환 획득 시도 | 접근 권한을 획득을 시도한다. |
|---|---|
| bool .trylock_for(uint32_t ms) | |
| ms | ms 밀리초 동안 획득 시도 |
| 반환 | 성공하면 true 실패하면 false 반환 |
| [예제] | mu.trylock_for(10); |

표 15-10은 lock과 용도는 같은데 제한시간을 두고 그 시간 이내에 자료 접근 권한을 얻지 못하면 곧바로 빠져나오는 형태이다. 이 때 제한시간 내에 권한을 획득하면 true 아니면 false를 반환하도록 하여 권한 획득 여부를 알 수 있다. 따라서 trylock_for는 정해 놓은 시간 미만의 시간 간격으로 계속적으로 블로킹 없이 스레드가 실행되는 것이 장점이다.

### 접근 권한 반납

이미 획득한 자료 접근 권한을 사용한 후 반납하기 위한 unlock 함수의 용법은 표 15-11과 같다.

표 15-11 ▸ 자료 접근 권한 반납 함수 unlock

| 접근 권한 반납 | 접근 권한을 반납한다. |
|---|---|
| osStatus .unlock() | |
| 반환 | 성공하면 osOK 반환 |
| [예제] | mu.lock(); |

## 스레드 줄다리기 실습

### 실습 목표

main 함수도 하나의 스레드인데 이를 th1이라 하고 별도로 th2와 th3를 만든다. 이 스레드들의 실행 주기와 전역 변수 count를 표 15-12와 같이 변화시키는 프로그램을 작성한다. 단, Mutex클래스의 lock()과 unlock() 함수를 이용하여 공유 변수 count를 동시에 접근하지 못하도록 한다. 스레드들이 서로 다른 주기로 count 변수의 값을 증가 또는 감소시키기 때문에 줄다리기 실습이라고 이름을 붙였다.

**표 15-12** ▸ 스레드의 실행 주기와 count 동작

| Thread | 주기 | count |
|---|---|---|
| th1 | 1000ms | count-- |
| th2 | 490ms | count++ |
| th3 | 1000ms | count-- |

실습 내용을 그림 15-8과 같이 그림으로 표시하였다. count라는 변수를 3개의 스레드가 공유하는데 충돌 문제를 고려하여 각 스레드는 사용할 때마다 lock과 unlock을 실행하도록 한다.

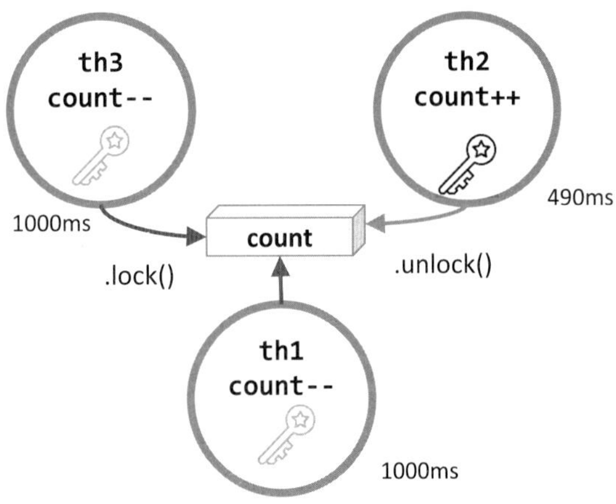


**그림 15-8** ▸ 3개의 스레드의 동작

### 실습 장치

이 실습은 Nucleo F401RE 보드만 필요하다.

### 실습 코드

**코드 15-4** | 스레드 줄다리기 실습 코드 [1/2]

```
#include "mbed.h"
Mutex mutex;
Thread t2;
Thread t3;
int cnt=0;
DigitalOut led(LED1);
void showCnt(const char* name, int ct) {
    printf("%s: %3d\n", name, ct);
}
void thread_plus(void const *name) {
    while (true) {
       mutex.lock();
       led=!led;
       showCnt((const char*)name, ++cnt);
       mutex.unlock();
       wait(0.49);
    }
}
```

코드 15-4에서 보는 바와 같이 Mutex 객체 mutex를 생성하고 스레드도 t2, t3를 생성시켰다. 공유하는 자료로서 정수 cnt를 0으로 초기화하였다. 그 다음의 showCnt 함수는 스레드의 이름과 카운트 값을 매개변수로 전달하면 화면에 출력하는 함수이다. thread_plus 함수는 cnt 값을 1증가 시키는 함수인데 매개변수로 스레드 이름을 전달받고 내부의 while 무한 루프에서는 mutex의 lock 함수를 이용하여 접근 권한을 얻고 cnt를 증가시키고 있다. 증가된 cnt값을 showCnt 함수로 출력시킨 후 접근 권한을 unlock을 이용하여 반납하고 있다. 이 루프를 490ms 간격으로 돌 수 있도록 wait 함수를 사용하였다.

**코드 15-5** | 스레드 줄다리기 실습 코드 [2/2]

```
void thread_mius(void const *name) {
    while (true) {
        mutex.lock();
        showCnt((const char*)name, --cnt);
        mutex.unlock();
        wait(1);
    }
```

```
}
int main() {
    t2.start(callback(thread_plus, (void *)"Th 2"));
    t3.start(callback(thread_mius, (void *)"Th 3"));
    thread_mius((void *)"Th 1");
}
```

코드 15-5에서 thread_mius 함수는 cnt값을 1 감소시키는 함수인데 매개변수로 스레드 이름을 전달받고 내부의 while 무한 루프에서는 mutex의 lock 함수를 이용하여 접근 권한을 얻고 cnt를 감소시키고 있다. 실습 목표대로 1초마다 cnt를 감소시키고 있다. main 함수에서는 먼저 스레드 t2를 thread_plus로 지정하여 실행시키고 t3는 thread_mius로 지정하여 실행시킨다. 이 함수는 인수로 각각의 스레드의 이름을 지정하여 실행될 때마다 cnt 값과 이름이 같이 출력되도록 한다. 마지막으로 main 함수가 thread_mius 함수를 실행하고 있다.

### 실습 결과

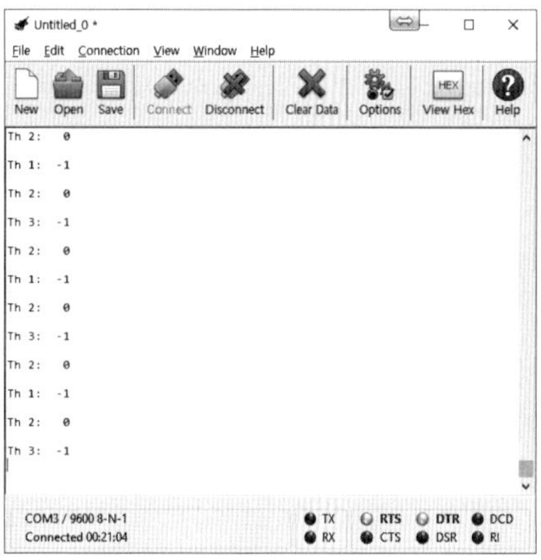


**그림 15-9** ▸ 스레드 줄다리기 실습 결과

그림 15-9는 실습 코드를 실행한 결과이다. 2개의 스레드 th1과 th3이 각각 1초 간격으로 −1을 하고 있고 th2가 0.49간격으로 +1을 더하고 있어 아주 서서히 +방향으로 cnt가 증가할 것이다.

### 코드의 개선

코드 15-6은 thread_plus 함수에 trylock_for 함수를 적용하여 lock에 의한 블로킹 대기를 최소화하는 코드를 보여 주고 있다. trylock_for의 인수로 1을 넣은 것은 1ms 동안 접근 권한 획득을 시도하다가 성공하면 true를 실패하면 false를 반환하기 때문에 이를 if문으로 검사하여 획득한 경우만 cnt를 증가시킨다. 이 코드의 장점은 블로킹없이 while 루프가 원활하게 돈다는 것이다 비슷한 방법으로 thread_mius 함수도 수정하는 것이 바람직하다.

**코드 15-6** trylock_for 함수를 이용한 블로킹 개선

```
void thread_plus(void const *name) {
    while (true) {
     if(mutex.trylock_for(1)){
       led=!led;
       showCnt((const char*) name, ++cnt);
       mutex.unlock();
       wait(0.49);
     }
    }
}
```

## 15.4_ Queue 클래스

Queue 클래스는 어떤 스레드가 생산한 자료를 시간의 차이가 있어도 다른 스레드가 정확하게 읽어서 사용할 수 있도록 해주는 버퍼 역할을 한다.

### 생성자

Queue 클래스의 객체를 생성하는 생성자의 용법은 표 15-13과 같다.

**표 15-13** ▸ Queue 클래스의 생성자

| 생성자 | Queue 객체를 생성한다. |
|---|---|
| `template<typename T, uint32_t queue_sz>`<br>`Queue()` | |
| T | 큐에 저장될 메시지의 자료형 |
| queue_sz | 큐에 저장될 메시지의 최대 개수 |
| [예제] | `Queue<my_message,100> que;` |

Queue 클래스는 template를 사용하여 생성할 때 하나의 메시지의 자료형 T와 큐 내부에 보관할수 있는 메시지의 최대 개수 queue_sz를 지정해야 한다. 예제를 보면 객체 que를 생성할 때 template에서의 선언대로 자료형 my_message와 메시시의 최대개수 100을 <>안에 지정하고 있다.

### 큐에 메시지 넣기

큐에 하나의 메시지를 넣는 put 함수의 용법은 표 15-14와 같다.

**표 15-14** ▸ 큐에 메시지를 넣는 put 함수

| 메시지 넣기 | 큐에 메시지 하나를 넣는다. |
|---|---|
| `osStatus .put(T *msg, uint32_t millisec=0, uint8_t prio=0)` | |
| msg | 큐에 저장될 메시지 |
| millisec | 대기의 timeout 시간 (기본값 = 0) |
| prio | 우선 순위 (기본값 = osPriorityNormal) |
| 반환 | 성공하면 osOK 반환 |
| [예제] | `if(que.put(&msg,0, osPriorityHigh))` |

put 함수의 매개변수에는 먼저 객체 생성에서 지정하였던 자료형 T인 메시지의 주소, ms 단위의 대기시간 그리고 우선 순위를 설정하도록 하고있다. 성공적으로 메시지를 큐에 넣으면 반환 값이 osOK가 된다. 예제는 que에 put 함수를 이용하여 msg 메시지를 넣는 것으로 if문을 사용하여 성공 여부를 체크한다. 이 때 대기 시간이 0으로 넣기를 시도해보고 곧바로 함수를 빠져나오도록 한다는 의미이고 우선 순위를 osPriorityHigh로 지정하여 상대적으로 우선 순위를 높였다.

### 큐에서 메시지 읽기

큐에서 하나의 메시지를 읽는 get 함수의 용법은 표 15-15와 같다.

**표 15-15** ▸ 큐에서 메시지 읽기 함수 get

| 메시지 읽기 | 큐로부터 메시지 하나를 읽는다. |
|---|---|
| `osEvent .get(uint32_t millisec=osWaitForever)` | |
| millisec | 대기 시간(기본값이 osWaitForever) |
| 반환 | 구조체에 메시지가 포함되어 반환 |
| [예제] | `message=que.get();` |

메시지를 읽는 get 함수의 매개변수는 ms 단위의 대기시간이 있는데 기본값이 osWaitForever로서 메시지를 읽을 때까지 계속 기다리는 설정이다. 반환 값은 구조체 osEvent인데 코드 15-7에 그 정의가 나와있다. 이 구조체는 메시지는 물론 mail과 시그널을 포함하게 되어 조심해서 원하는 메시지를 추출해내야 한다. 상세한 내용은 실습 코드에서 설명하기로 한다.

**코드 15-7** 구조체 osEvent의 정의

```
typedef struct {
    osStatus            status;         // event 또는 error의 정보 표시
    union {
        uint32_t        v;              // 32-bit 정수 메시지
        void            *p;             // message 또는 mail의 void 포인터
        int32_t         signals;        // signal인 경우 플래그
    } value;                            // event의 값
    union {
        osMailQId       mail_id;        // mail의 경우 id
        osMessageQId    message_id;     // message의 경우 id
    } def;                              // event의 정의
} osEvent;
```

### 상태 확인

큐가 비었는지 아니면 꽉 찼는지를 확인하는 함수 empty와 full이 있다.

**표 15-16** ▸ 큐가 비었는지 확인하는 함수 empty

| **큐 empty** | 큐가 비었는지 확인한다. |
|---|---|
| `bool .empty()` | |
| 반환 | 큐가 비었으면 true 아니면 false |
| [예제] | `if (que.empty())` |

표 15-16은 큐가 비었는지를 확인하는 함수 empty의 용법으로서 큐가 비었으면 true 아니면 false를 반환한다. 큐가 비었으면 어떤 메시지도 읽을 수 없기 때문에 주로 get 함수 실행 전에 유용하게 사용된다.

**표 15-17** ▸ 큐가 꽉 찼는지 확인하는 함수 full

| **큐 full** | 큐가 찼는지 확인한다. |
|---|---|
| `bool .full()` | |
| 반환 | 큐가 찼으면 true 아니면 false |
| [예제] | `if (que.full())` |

표 15-17은 큐가 꽉 찼는지를 확인하는 함수 full의 용법으로서 큐가 꽉 차면 true 아니면 false를 반환한다. 큐가 꽉 차면 어떤 메시지도 넣을 수 없기 때문에 주로 put 함수 실행 전에 유용하게 사용된다.

## 구조체로 큐에 넣기 실습

### 실습 목표

스레드를 이용하여 그림 15-10과 같은 구조체의 메시지를 1초 간격으로 생성하여 16개의 메시지를 보관할 수 있는 큐에 넣는다. 이때 main 루프에서 이벤트가 발생하면 큐에서 메시지를 읽어서 PC에 출력하는 프로그램을 작성한다. 단, 데이터에 변화를 만들기 위하여 구조체의 각 멤버는 그림 15-10의 규칙에 따라 주기적으로 업데이트하도록 한다.

**message_t의 자료구조**

```
typedef struct {
    float     voltage ;
    float     current;
    uint32_t  counter;
} message_t;
```

**데이터 업데이트 방법**

- voltage= counter*3.3
- current= counter*1.1
- counter++ for every 1 second.

**그림 15-10** ▸ 메시지의 자료구조와 업데이트 방법

### 실습 장치

이 실습에서는 Nucleo F401RE 보드만 필요하다.

## 실습 코드

**코드 15-8** | 구조체로 큐에 넣기 선언부

```
#include "mbed.h"
typedef struct {
    float    voltage, current;
    uint32_t counter;
} message_t;
MemoryPool<message_t, 16> mpool;
Queue<message_t, 16> queue;
Thread thread;
void generator (void) {
    uint32_t i = 0;
    while (true) {
        i++;
        message_t *message = mpool.alloc();
        message->voltage = (i * 0.1) * 33;
        message->current = (i * 0.1) * 11;
        message->counter = i;
        queue.put(message);
        wait_us(1000000);
    }
}
```

코드 15-8을 보면 먼저 구조체 자료형 message_t를 정의하였다. 그 후 큐에서 사용할 수 있도록 하기 위하여 16개의 message_t 자료형의 MemoryPool 클래스의 mpool 객체를 생성하였고 큐도 같은 자료형과 같은 사이즈의 메시지를 보관할 수 있는 queue라는 객체를 생성하였다. 그리고 메시지를 자동 생성할 수 있도록 스레드 객체 thread를 생성하였다. 스레드로 실행될 함수 generator를 만들었는데 내부에는 무한 루프가 돌면서 메시지에 담을 데이터를 생성한다. mpool의 alloc 함수를 이용하여 메모리의 주소를 할당받아 message에 담고 그 멤버인 voltage, current, counter를 그림 15-10의 방법대로 업데이트한다. 그 후 put 함수를 이용하여 큐에 message를 넣는다.

**코드 15-9** | 구조체로 큐에 넣기 main 함수

```
int main (void) {
    thread.start(&generator);
    while (true) {
        osEvent evt = queue.get();
```

```
        if (evt.status == osEventMessage) {
            message_t *message = (message_t*)evt.value.p;
            printf("\nVoltage: %.2f V\n"    , message->voltage);
            printf("Current: %.2f A\n"     , message->current);
            printf("Number of cycles: %u\n", message->counter);
            mpool.free(message);
        }
    }
}
```

main 함수는 코드 15-9와 같다. 먼저 미리 만들어 놓은 generator 함수를 스레드로 실행시키며 메시지를 생성하도록 하였다. while 루프를 돌며 get 함수로 이벤트 evt를 반환받고 status를 확인하여 메시지 도착을 알리는 osEventMessage인지를 체크하여 참이면 코드 15-7의 os-Event 자료형을 참조하여 메시지를 추출한다. 구조체 내부의 멤버 value는 공용체로서 메시지의 경우는 메시지의 포인터인 p를 받고 이를 message_t의 포인터로 변환하여 message에 받는다. 그 후 멤버인 volatge, current, counter를 PC로 출력하고 있다. 이 때 작업이 끝났기 때문에 해당 주소의 메모리는 free 함수로 반납한다.

### 실습 결과

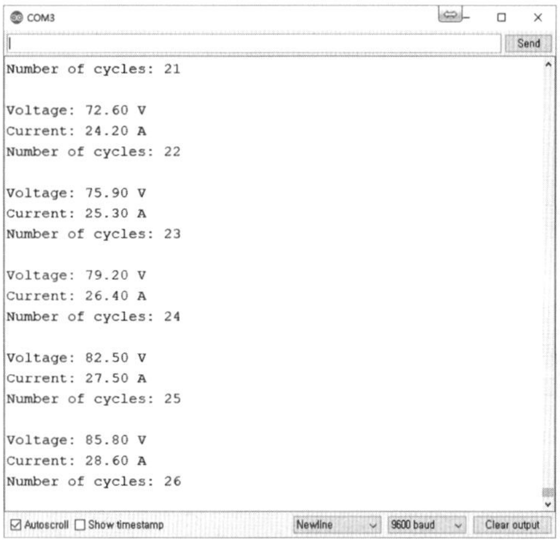


**그림 15-11** ▸ 구조체로 큐에 넣기 결과

구조체로 주어진 메시지를 큐에 넣고 빼는 실습의 결과는 그림 15-11과 같이 모든 메시지가 원활하게 큐를 통과하여 읽혀지고 있다.

## 큐의 완충 실습

이 실습에서는 하나의 스레드가 다른 작업으로 메시지를 읽지 못하는 경우의 큐의 완충 효과를 시험해보는 것이다.

### 실습 목표

그림 15-12에서 보는 바와 같이 Thread를 이용하여 0.4초 간격으로 정수 value를 생성하여 queue에 메시지로 넣는다. main 루프에서는 0.2초마다 큐를 체크하여 이벤트가 있으면 메시지를 읽어 들이고 value값을 PC에 출력한다. 그런데 4초마다 main 루프에서 2초의 wait가 동작하여 메시지를 제때 읽지 못하는 상황을 추가하여 큐의 완충 작용을 확인한다. 또한 시리얼 포트가 1개이기 때문에 스레드가 동시에 접근하여 출력을 하면 문제가 되므로 mutex를 적용한다.

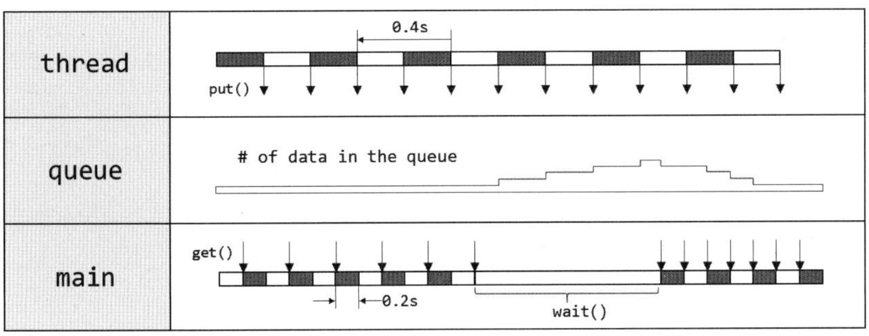


**그림 15-12** ▸ 큐와 스레드의 동작

### 실습 장치

이 실습에서는 Nucleo F401RE 보드만 필요하다.

### 실습 코드

**코드 15-10** | 큐의 완충 실습 선언부

```
#include "mbed.h"
Serial pc(USBTX,USBRX);
MemoryPool<uint32_t,16> mpool;
Queue <uint32_t,16> queue;
Thread thread;
Mutex uart_mutex;
DigitalOut led(LED1);
void generator(void){
    uint32_t i=0;
```

```
    while(true){
        uint32_t *value=mpool.alloc();
        *value=i;
        queue.put(value);
        uart_mutex.lock();
        pc.printf("Thread: %d\n", *value);
        uart_mutex.unlock();
        wait(0.4);    i++;
    }
}
```

코드 15-10을 보면 지난 실습과 마찬가지로 먼저 MemoryPool 객체 mpool을 16개의 uint32_t 자료형으로 생성하고 같은 사양으로 큐인 queue를 생성하였다. 그리고 스레드와 뮤텍스 객체인 thread와 uart_mutex를 생성하였다. generator 함수는 스레드 함수로서 메시지를 생성하는 역할을 하는데 내부에서 while문으로 무한 루프를 돌고 있다. 루프에서는 mpool에서 메모리 주소를 할당받아 포인터로 변수 value에 저장한다. 그 주소에 1씩 증가하는 정수 i값을 대입하고 put 함수를 이용하여 value를 큐에 넣는다. 뮤텍스의 lock을 걸고 PC에 메시지값을 출력하고 unlock으로 권한을 반납한다. 이러한 메시지 생성과 큐에 넣는 과정을 0.4초 간격으로 진행하고 있다.

**코드 15-11** | 큐의 완충 실습 main 함수

```
int main() {
    thread.start(generator);
    uint32_t cnt=0;
    while(true){
        osEvent evt=queue.get(0);
        if (evt.status==osEventMessage){
            led=!led;
            uint32_t *value =(uint32_t*)evt.value.p;
            uart_mutex.lock();
            pc.printf("Main: %d\n", *value);
            uart_mutex.unlock();
            mpool.free(value);
        }
        if (cnt%20==0) {
       uart_mutex.lock();
            pc.printf("Main: waiting...\n");
            uart_mutex.unlock();
```

```
            wait(2.0);
    }
        wait(0.2);
        cnt++;
    }
}
```

코드 15-11은 실습의 main 함수 코드이다. 먼저 generator 스레드를 기동시키고 있으며 cnt 변수를 0으로 초기화한다. while 루프에서는 get 함수로 이벤트 evt를 읽어오는데 그 status를 체크하여 메시지인지를 확인한다. get의 인수로 0을 넣은 것은 메시지가 없으면 곧바로 빠져 나오게 하기 위함이다. 그 후 이벤트 구조체에서 메시지의 포인터 p를 추출하여 포인터 value에 저장한다. 이를 PC에 출력하기 위하여 uart에 대한 뮤텍스 lock을 걸고 출력 후 unlock으로 권한을 반납한다. 이 루프에서 매 0.2초마다 cnt를 1씩 증가시키고 있는데 이를 기준으로 cnt가 20의 배수가 되는, 즉 cnt%20==0 인 경우만 다시 lock을 걸고 "Main waiting..."을 출력하고 2초동안 대기한다.

### 실습 결과

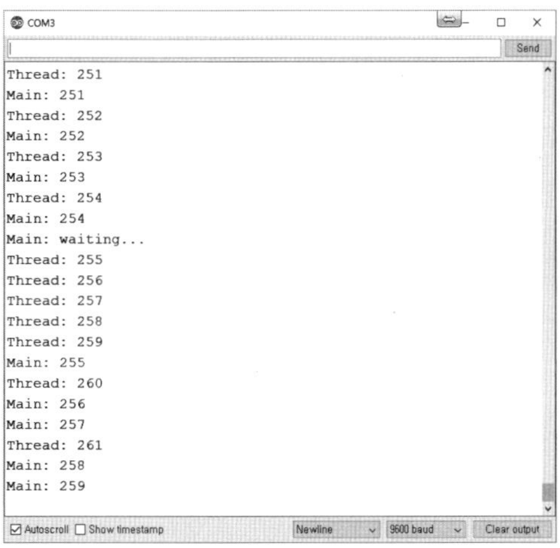


**그림 15-13** ▸ 큐의 완충 실습의 결과

그림 15-13은 큐의 완충 실습의 결과의 결과로서 Thread가 생성한 메시지인 정수를 main 함수가 가져가는 과정이 반복된다. 그런데 중간에 Main이 254번 메시지 이후 2초 동안 대기하는 구간에서는 Thread의 메시지 생성만 5번 정도 계속되고 있다. 그 후 Main이 대기를 끝내고 쌓여있는 메시지를 하나씩 줄여가는 모습을 볼 수 있다. 이 실습에서 알 수 있는 두 가지 점은 큐를 이용하면 하나의 스레드가 다른 작업에 의하여 한동안 메시지를 읽지 못하더라도 큐의 완충 작용에 의하여 메시지의 손실 없이 모두 읽어가는 것을 확인할 수 있다.

# 연/습/문/제



**A. 다음 빈 칸을 채우시오.**

**1** Mbed에서 지원하고 있는 RTOS 중 ( )는 동시 작업을 위하여 여러 개의 함수를 통하여 작업을 실행하는 것이다.

**2** 일반적으로 프로그램이 사용하는 메모리 영역 중 ( )은/는 실행 중에 동적할당에 의하여 프로그램 생성된 공간을 말한다.

**3** 복수의 스레드는 동시에 실행되는 함수처럼 돌아가기 때문에 코드, 데이터, 힙은 서로 공유하고 함수 내부와 관련된 ( ) 메모리 영역만 각각 독립적으로 보유하고 나머지는 공유한다.

**4** Mutex는 스레드들이 공유하는 메모리 영역을 질서있게 접근할 수 있도록 하는 기능을 제공하는데 ( ) 함수로 접근 권한을 얻고 사용 후에는 ( ) 함수로 권한을 반납한다.

**5** Mutex에서 ( ) 함수를 사용하면 권한 획득에 실패하면 곧바로 빠져나와 블로킹 없이 사용할 때 유리하다.

**6** Thread 클래스의 자동 실행이 없는 생성자에서는 ( ), 스택의 크기, 스택 메모리 포인터, 스레드의 이름을 지정할 수 있다.

**7** Thread 클래스에서 ( ) 함수를 사용하면 모든 스레드가 종료된 후에 main 스레드가 적절한 처리를 마치고 종료된다.

**8** ( ) 클래스는 어떤 스레드가 생산한 자료를 시간의 차이가 있어도 다른 스레드가 정확하게 읽어서 사용할 수 있도록 해주는 버퍼 역할을 한다.

**9** Queue 클래스의 생성자는 ( )을/를 사용하여 큐의 자료형과 크기를 지정하도록 한다.

**10** 큐가 비어있는 지를 확인하는 함수는 ( )이고 큐가 꽉 찼는지 확인할 때는 ( ) 함수를 사용한다.

**11** 새로운 메시지가 큐에 들어오면 이를 ( ) 함수로 ( ) 구조체 데이터를 읽고 이 구조체에서 메시지를 추출해야 한다.

**B. 다음 설명에 따라 적절한 코드를 작성하시오.**

**1** 두 개의 스레드를 만들고 한 스레드에서는 A0에서 A3까지 4개의 아날로그값을 0.1초 간격으로 읽어 구조체 변수에 담고 이를 큐에 넣는다. main 함수에서 0.01초 간격으로 큐를 체크하고 읽어서 데이터를 추출한 후 PC에 전송한다. 단 구조체는 typedef struct {float a0, a1, a2, a3; } message_t;라고 정의하자.

**스마트한 Mbed로 시작하는 Cortex-M 프로그래밍:**
기초부터 프로젝트까지

CHAPTER 16

# Circular 버퍼 활용

Circular 버퍼는 링(ring)버퍼라고도 하는데 데이터의 생산자와 데이터의 소비자가 있는 경우에 데이터의 소실 없이 완충하는 역할 때문에 널리 사용된다. 예를 들어 데이터 생산자가 데이터를 계속 전달하는데 소비자가 다른 작업 때문에 제대로 처리를 못하는 경우 적절한 완충 방법이 고려되지 않았다면 데이터는 겹쳐 써져서 소실될 것이다. 이러한 문제점을 해결하기 위하여 Circular 버퍼가 고안되었다. 15.4절에서 학습한 Queue와 원리는 같지만 이 큐는 OS에서 메시지 전달용으로 만든 것으로 여러가지 불필요한 오버헤드가 많은 반면에 CircularBuffer 클래스는 개별 프로그램에서 관리를 하고 있어 사용이 간편하고 효율적이다.

## 16.1_ Circular 버퍼 개요

### Circular 버퍼의 구현

그림 16-1과 같이 Circular 버퍼는 이름과는 달리 실제로는 적당한 개수의 자료에 맞는 자료형의 1차원 배열로 구현된다. 그 동작 원리는 다음과 같다.

- 생산자가 전달한 데이터는 항상 Head라는 위치에 저장하고 저장한 후에는 Head를 1 증가시킨다. 이를 푸시(push)라고 한다.
- 소비자는 Tail이라는 위치에서 데이터를 읽어가고 읽고 난 후에는 Tail을 1 증가시키는데 Tail이 Head에 도달하면 1 증가를 하지 않는다. 이를 팝(pop)이라 한다.
- Head와 Tail 모두 배열의 맨 마지막 원소에 도달하면 그 다음은 첫 원소의 인덱스인 0이 되어 순환하도록 한다. 따라서 원호 모양으로 Head와 Tail 사이에 데이터가 보관되는 구조가 된다.

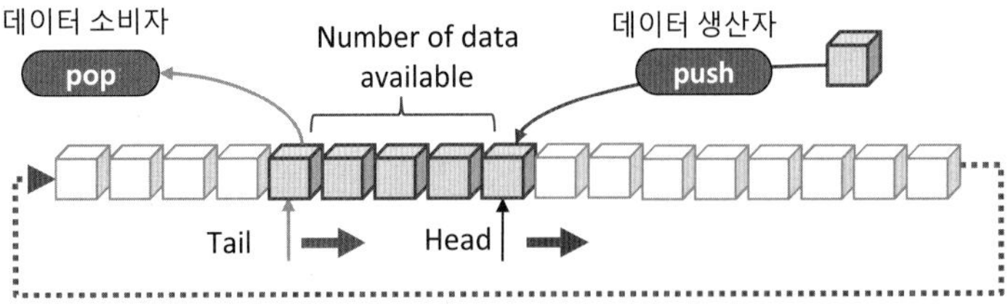


**그림 16-1** ▸ Circular 버퍼의 개념

### Circular 버퍼의 예

그림 16-2는 Circular 버퍼의 예로서 통신을 통하여 수신된 데이터를 그래프를 그리는 경우의 예이다. 통신에 의하여 수신된 데이터가 버퍼에 푸시되어 Head 위치에 데이터가 계속 쌓이고 있고 또 한편으로는 그래프로 그리기 위하여 주기적으로 데이터를 Tail 위치에서 읽어간다.

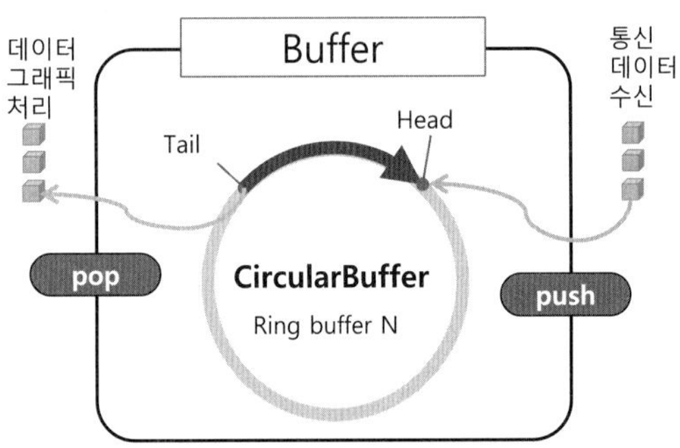


**그림 16-2** ▸ Circular 버퍼의 통신에 적용

● 데이터 속도와 오버런(**Overrun**)

앞서 설명한 통신에 의한 그래픽 처리 예의 버퍼에서 발생할 수 있는 오버런(Overrun) 현상에 대하여 살펴본다.

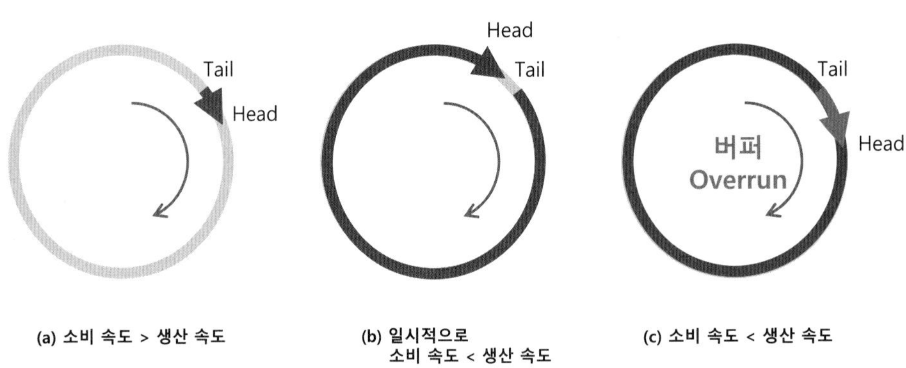


**그림 16-3** ▸ 데이터 소비와 생산 속도의 영향

그림 16-3 (a)를 보면 데이터 소비 속도(그래픽 속도)가 데이터 생산(수신 속도)에 비하여 충분하게 빠른 경우인데 Head와 Tail이 거의 붙어서 회전하는 모습이 될 것이다. 그런데 (b) 그림처럼 만일 그래프의 좌표축을 새로 그린다거나 파일 저장 등에 의하여 그래픽 처리에 속도가 떨어지면 Tail이 Head를 따라가지 못하여 일시적으로 거의 한 바퀴가 돌게 된다. 여기까지는 그나마 버퍼의 데이터가 보존되며 다시 그래픽 처리가 빨라져 Tail이 빠르게 진행되면 문제가 발생하지 않게 된다. 즉 대개는 (a) 상태이다가 일시적으로 (b)상태가 일어나는 것이면 적절한 버퍼의 크기를 정한 것이다. 반면에 (c) 그림처럼 그래픽 처리의 지연이 장시간 계속되어 Tail이 더 늦어지면 Head가 추월할 것이고 이때부터는 과거 데이터들이 새로운 데이터로 겹쳐 써지는 오버런(Overrun) 현상이 일어난다. 이런 점들을 고려해보면 오버런을 막기 위하여 그래픽 처리 속도, 통신 속도, 버퍼의 크기에 대한 세심한 배려가 필요하다.

## 16.2_ CircularBuffer 클래스

### 생성자

CircularBuffer 클래스의 생성자의 용법은 표 16-1과 같다.

**표 16-1** ▸ CircularBuffer 클래스의 생성자

| 생성자 | Circular 버퍼의 객체를 생성한다. |
|---|---|
| `templete<typename T, uint32_t buf_sz, typename cnt_typ = uint32_t>`<br>`CircularBuffer()` | |
| T | 버퍼 데이터의 자료형 |
| buf_sz | 버퍼의 크기 (배열의 원소 개수) |
| cnt_typ | 유효한 데이터의 개수를 반환하는 size 함수의 자료형 (기본 = uint32_t) |
| [예제] | `CircularBuffer<float, 100, uint8_t> myBuff;` |

CircularBuffer 클래스의 객체를 생성하는 생성자인데 다양한 요구의 버퍼 사양에 맞게 생성이 가능하도록 template을 이용하고 있다. 탬플릿에 지정해야 할 항목은 데이터의 자료형, 버퍼의 크기, 내부 데이터 개수에 대한 자료형을 직접 설정하도록 하고 있다. 생성자를 이용하여 객체를 생성할 때는 반드시 <>를 이용하여 이들을 지정해야 한다. 예를 보면 myBuff라는 객체를 생성하는데 데이터의 자료형은 float이고 버퍼의 총 개수는 100개이며 내부에 유효한 (Head와 Tail 사이의) 데이터 개수를 읽을 때 사용하는 자료형을 uint8_t로 한다는 것이다.

### 버퍼에 넣기와 빼기

● 버퍼에 데이터 넣기

버퍼에 하나의 데이터를 넣는 push 함수의 용법은 표 16-2와 같다.

**표 16-2** ▸ 버퍼에 데이터 넣기 함수 push

| **데이터 넣기 push** | 데이터 하나를 버퍼에 넣는다. |
|---|---|
| `void .push(const T &data)` | |
| data | 넣고자 하는 데이터(참조자 사용) |
| [예제] | `cb.push(c);` |

push는 데이터 생산자가 버퍼에 데이터 하나를 넣는 멤버 함수이다. 여기서 T는 객체 생성 때 지정한 자료형이고 const는 이 data의 값을 함수 내에서 변형하지 말라는 뜻으로 이해하면 된다.

● 버퍼에서 데이터 빼기

버퍼에서 하나의 데이터를 빼는 pop 함수의 용법은 표 16-3과 같다.

**표 16-3** ▸ 버퍼에서 데이터 빼기 함수 pop

| **데이터 빼기 pop** | 버퍼에서 데이터를 하나 뺀다. |
|---|---|
| `bool .pop(T &data)` | |
| data | 빼낸 데이터(참조자 사용) |
| 반환 | 성공하면 true 실패하면 false |
| [예제] | `cb.pop(c);` |

pop은 데이터 소비자가 버퍼에서 데이터 하나를 빼내 data 변수로 읽어오는 것이다. 여기에 참조자를 사용한 것은 파라미터로 제공된 변수의 주소가 복사되어 내부에서 그 주소에 버퍼에서 빼낸 데이터를 쓸 것이다. 예제를 보면 c라는 변수를 사용하는데 함수 내부에서 이 변수와 같은 주소를 갖는 변수를 사용하여 버퍼에서 읽은 값을 저장한다는 것이다. 그리고 이 함수를 실행하고 버퍼에서 성공적으로 데이터를 빼내면 true, 실패하면 false를 반환한다.

● 버퍼에서 데이터 읽어보기

버퍼에서 하나의 데이터를 읽어 보는 peek 함수의 용법은 표 16-4와 같다.

**표 16-4** ▸ 버퍼의 데이터 읽어보기 함수 peek

| **읽어보기 peek** | 버퍼의 데이터의 값만 읽는다. |
|---|---|
| `bool .peek(T &data)` | |
| data | 읽은 데이터(참조자 사용) |
| 반환 | 성공하면 true 실패하면 false |
| [예제] | `cb.peek(c);` |

팝(pop)은 데이터를 읽고 난 후 Tail이 1 증가하기 때문에 한번 읽으면 그 데이터는 다시 읽을 수 없게 된다. 반면에 peek 함수는 Tail의 변화 없이 Tail 지점의 데이터 값을 읽어보는 함수이다.

## 확인 함수

● 버퍼가 비었는지 검사

버퍼가 비었는지 확인하는 empty 함수의 용법은 표 16-5와 같다.

**표 16-5** ▸ 버퍼가 비었는지 확인하는 함수 empty

| **버퍼 empty** | 버퍼가 비었는지 확인한다 |
|---|---|
| `bool .empty()` | |
| 반환 | 버퍼가 비었으면 true 아니면 false |
| [예제] | `if (cb. empty())` |

empty는 버퍼가 비었는지 확인하는 함수이다. 즉 Head와 Tail이 같아진 경우를 말한다. 따라서 데이터를 pop 함수로 읽기 전에 먼저 유효한 데이터가 있는지 empty 함수로 확인 하는 것이 바람직하다. 즉 empty가 false를 반환하면 유효한 데이터가 있다는 뜻이 된다.

● 버퍼가 꽉 찼는지 검사

버퍼가 찼는지 확인하는 full 함수의 용법은 표 16-6과 같다.

**표 16-6** ▸ 버퍼가 찼는지 확인하는 함수 full

| **버퍼 full** | 버퍼가 찼는지 확인한다. |
|---|---|
| `bool .full()` | |
| 반한 | 버퍼가 찼으면 true 아니면 false |
| [예제] | `if (cb.full())` |

full은 버퍼가 꽉 찼는지 확인하는 함수이다. Head가 한 바퀴 돌아 Tail까지 온 경우이다. full 함수가 true를 반환한 경우 데이터를 push 함수로 계속 넣으면 이전 데이터에 덮어쓰기가 발생하기 때문에 이를 보류하고자 할 때 필요하다.

● 버퍼의 유효한 데이터의 개수 읽기

버퍼 내부의 유효한 데이터의 개수를 읽는 size 함수의 용법은 표 16-7과 같다.

**표 16-7** ▸ 버퍼 내부의 유효 데이터 개수 읽기 함수 size

| **데이터 수 size** | 현재 버퍼 내부의 유효 데이터 개수를 읽는다. |
|---|---|
| `CounterType .size()` | |
| 반환 | 버퍼에 저장된 유효한 데이터의 개수를 반환 |
| [예제] | `if (cb.size()>10)` |

이 size 함수는 현재 버퍼 내에 있는 유효한 데이터 수 (Head와 Tail 사이의 데이터)를 반환한다. CounterType 자료형은 생성자의 template으로 지정한 자료형을 말한다.

## 16.3_ CircularBuffer 실습

### 실습 목표

그림 16-4와 같이 char형 10개로 구성된 Circular 버퍼를 만든다. Thicker 클래스를 이용하여 1초 간격으로 '!'를 버퍼에 push하게 한다. main 루프에서는 0.5초 간격으로 버퍼에서 한 글자씩 pop을 하여 현재 버퍼 내의 데이터 수와 pop한 문자를 PC에 전송한다. 그런데 돌발상황으로서 임의의 시간에 PC의 터미널로 입력한 문자들을 Serial 객체의 콜백 함수를 이용하여 버퍼에 push하게 한다.

> **TIP**
>
> Ticker에 의한 push와 main 루프의 pop이 거의 같은 속도로 이루어져 버퍼는 거의 size가 0또는 1 상태일 것이다. 그런데 종종 PC에서 한꺼번에 여러 개의 문자가 들어오기 때문에 버퍼가 채워지고 줄어들고 할 것이다.

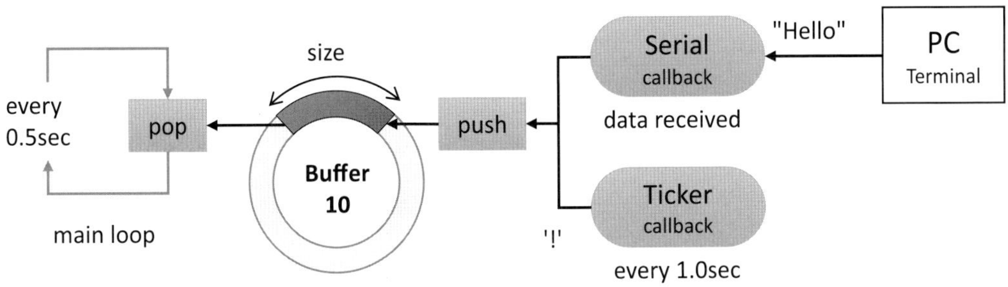


**그림 16-4** ▸ CircularBuffer 실습 목표

## 실습 장치

이 실습은 Nucleo F401RE 보드만 있으면 된다.

## 실습 코드

코드 16-1을 보면 먼저 버퍼의 크기 BUF_SIZE를 10으로 정의하고 기본 LED1을 객체 led로 생성하였다. CircularBuffer 객체 buff를 생성하였는데 버퍼의 자료형을 char로 잡았고 버퍼의 크기는 BUF_SIZE(=10)로 잡았다. 그 다음 Serial 객체로서 pc를 생성하여 PC와 통신할 수 있도록 하였고 Ticker 객체 ticman도 생성하였다. dataArrived 함수는 Serial의 수신 콜백 함수로서 PC로부터 데이터가 수신되면 자동 실행될 것이다. 그 내부를 보면 정말 유효한 데이터가 들어왔는지 readable 함수로 확인을 하고 데이터를 getc로 읽어 char 변수 c에 저장한다. 이때 버퍼 객체인 buff가 full이 아니라면 push 함수로 방금 읽은 c를 버퍼에 넣는다. 다음은 pusher 함수인데 이 함수는 Ticker의 콜백 함수로서 1초마다 반복 실행된다. 그 내부에서는 buff가 full이 아니면 '!'를 푸시한다.

**코드 16-1** 객체 선언 및 콜백 함수 정의 코드

```
#include "mbed.h"
#define BUF_SIZE    10
DigitalOut led(LED1);
CircularBuffer<char, BUF_SIZE> buff;
Serial pc(USBTX, USBRX);
Ticker tickman;
void dataArrived() {
    if (pc.readable()){
        char c=pc.getc();
        if (!buff.full())
            buff.push(c);
    }
```

```
}
void pusher(){
      if (!buff.full())
         buff.push('!');
}
```

**코드 16-2** main 함수 코드

```
int main(){
    tickman.attach(&pusher,1.0);
    pc.attach(&dataArrived);
    char c;
    while (true) {
        if (!buff.empty()){
            buff.pop(c);
            pc.printf("size: %u got: '%c'\n",buff.size(), c);
        }
        led=buff.full()? 1:0;
        wait(0.5);
    }
}
```

코드 16-2와 같이 main 함수에서는 tickman 객체의 콜백 함수로 pusher를 지정하고 그 실행 간격을 0.5초로 잡았다. 또한 Serial 객체인 pc에 수신 콜백 함수인 dataArrived를 지정하였다. while 루프 안에서는 buff가 empty가 아니면 버퍼에서 pop을 하여 c로 그 값을 받는다. 그 후 pc에 printf로 size 함수로 읽은 버퍼의 유효한 데이터의 수와 c를 출력한다. 그 다음 줄은 조건 연산자 '?'를 이용하여 buff가 full인지를 확인하여 full이면 led를 켜고 full이 아니면 끄는 것이다. 이러한 과정들을 0.5초 간격으로 하기 위하여 wait(0.5)를 했다.

### 실습 결과

그림 16-5의 결과에서 보면 평상시에는 푸시 속도와 팝 속도가 거의 같기 때문에 유효 데이터를 나타내는 size가 0이다가 pc의 터미널창으로 데이터를 한꺼번에 많이 보내면 순간적으로 버퍼 내의 데이터 수가 9까지 증가하다가 서서히 떨어지는 것을 관찰할 수 있어 버퍼의 완충 작용과 정확성을 확인하는 결과이다.

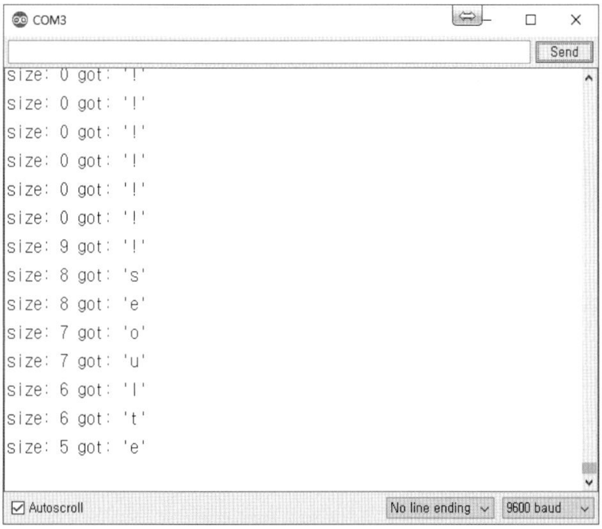


**그림 16-5** ▸ CircularBuffer 실습 결과

# 연/습/문/제



**A. 다음 빈 칸을 채우시오.**

1 Circular 버퍼는 (                    ) 버퍼라고도 데이터의 생산자와 데이터의 소비자가 있는 경우에 데이터의 소실 없이 완충하는 역할 때문에 널리 사용된다.

2 Circular 버퍼의 예로서 통신을 통하여 수신된 데이터를 그래프를 그리는 경우의 예이다. 통신에 의하여 수신된 데이터가 버퍼에 push되어 (                    ) 위치에 데이터가 계속 쌓이고 있고 또 한편으로는 그래프로 그리기 위하여 주기적으로 데이터를 (                    ) 위치에서 읽어간다.

3 데이터 소비자의 처리의 지연이 장시간 계속되면 Circular 버퍼에서 과거 데이터들이 새로운 데이터로 겹쳐 써지는 (                    ) 현상이 일어난다.

4 CircularBuffer 클래스의 생성자에서 template을 이용하여 자료형과 관련된 설정이 가능하다. 버퍼의 자료형, 버퍼의 (                    ) 그리고 유효한 데이터의 개수 변수의 자료형을 규정한다.

5 CircularBuffer 클래스에서 버퍼에서 데이터 한 개를 빼낼 때는 (                    ) 함수를 사용하지만 그냥 읽어 보기만 한다면 (                    ) 함수를 사용한다.

6 CircularBuffer 클래스에서 버퍼가 비었는지를 확인할 때는 (                    ) 함수를 사용하고 버퍼가 찼는지 확인할 때는 (                    ) 함수를 이용한다.

**B. 다음 설명에 따라 적절한 코드를 작성하시오.**

**1** 3차원 벡터 자료형의 데이터 300개를 담을 수 있는 버퍼를 만들고자 하는데 CircularBuffer객체 buff를 정의하라. 단, 3차원 벡터 자료형은 typedef struct { float x, y, z; } vec3d_t;라고 하자.

**2** Ticker를 이용하여 A0에서 A3까지 4개의 아날로그값을 0.1초 간격으로 읽어 구조체 변수에 담고 이를 Circular 버퍼에 넣는다. main 함수에서 0.01초 간격으로 버퍼를 체크하고 읽어서 데이터를 PC에 전송한다. 이러한 동작을 하는 프로그램을 작성하라. 단, 구조체는 typedef struct { float a0, a1, a2, a3; } ADATA;라고 정의하자.

PART

# 04 프로젝트로 완성하기

학습목차

CHAPTER **17** 초음파 거리계 프로젝트
CHAPTER **18** Lidar 센서 라이브러리 만들기
CHAPTER **19** 스텝 모터 구동 프로젝트
CHAPTER **20** 인코더 읽기 프로젝트
CHAPTER **21** Lidar 스캐닝 프로젝트
CHAPTER **22** MPU9250으로 AHRS 만들기

**스마트한 Mbed로 시작하는 Cortex-M 프로그래밍:**
기초부터 프로젝트까지

# CHAPTER 17 초음파 거리계 프로젝트

이 프로젝트는 메아리의 원리를 이용한 거리 측정에 사용되는 초음파 센서의 거리 측정 라이브러리를 구축하고자 한다.

## 17.1_ 초음파 거리 센서

### 초음파 거리 센서란?

일반적으로 초음파(Ultrasonic)는 인간이 들을 수 있는 가청 주파수인 20Hz에서 20KHz 사이보다 높은 고주파 대역의 소리를 말하며 인간이 들을 수 없다. 그런데 그림 17-1에서 보는 바와 같이 박쥐나 돌고래 같은 동물들은 시각을 사용할 수 없는 환경에서 스스로 초음파로 소리를 내고 이 음파가 물체에 반사하여 돌아오는 소리를 분석하여 장애물을 피하거나 먹이의 위치를 파악한다.

**그림 17-1** ▸ 초음파를 이용하여 거리를 측정하는 돌고래와 박쥐

이러한 원리를 활용하여 거리를 측정할 수 있도록 만든 센서가 초음파 센서이다. 그 주요 특징은 다음과 같다.

- 박쥐나 돌고래처럼 초음파의 반향을 이용하여 거리를 측정한다.
- 거리 측정이 어려운 환경 즉 수중, 연기, 안개 그리고 어두운 밤에도 측정이 가능하다.
- 자동차, 공장 자동화 그리고 수중 탐사 등에 많이 사용되고 있다.

### 초음파 센서의 거리 측정

센서에 초음파를 송신하는 스피커와 수신하는 마이크가 장착되어 있고 ToF(Time of Flight) 방식의 거리 측정법을 이용한다.

#### 거리 산출식 유도

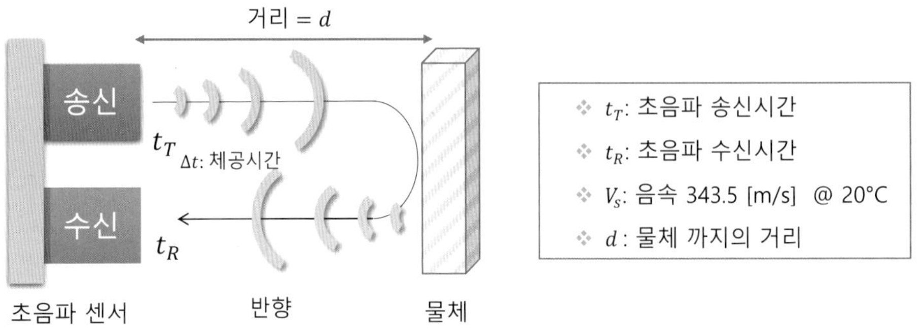


**그림 17-2** ▸ 초음파 센서의 원리

그림 17-2에서 보는 바와 같이 음파의 체공 시간(ToF) $\Delta t$를 구하면

$$\Delta t = t_R - t_T$$

이다. 소리는 공기 중에서 등속 운동을 하기 때문에 **거리 = 속도 × 시간**이 성립하므로 소리가 왕복한 거리 $2d$를 구하면

$$2d = V_s \Delta t$$

이다. 그러므로 물체와의 거리인 $d$를 구하면

$$d = \frac{V_s}{2} \Delta t$$

이 된다.

#### 실습용 초음파 거리 센서 HC-SR04 소개

그림 17-3은 실습에서 사용할 초음파 거리 센서 HC-SR04를 나타낸다. 사용이 간단하고 염가이기 때문에 교육, 실험, 메이커 활동 등에 널리 사용되고 있다.

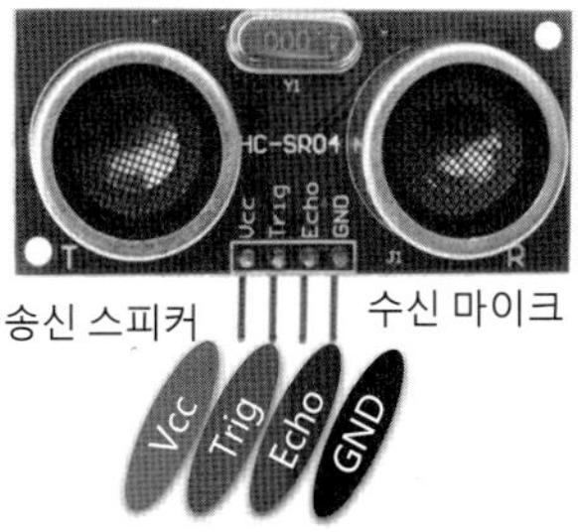


**그림 17-3** ▸ 초음파 거리 센서 HC-SR04

그림 17-3에서 보는 바와 같이 HC-SR04는 Vcc, Trig, Echo 그리고 GND의 4개 핀이 나와있으며 Vcc에는 5V의 전원을 공급하게 되고 Trig는 송신을 개시하게 하는 방아쇠 역할을 하고 Echo는 물체에 반사되어 돌아오는 음파의 도착을 알려주는 펄스를 발생시키는 용도로 사용된다.

### HC-SR04의 작동 방법

HC-SR04를 이용하여 거리를 측정할 때는 다음과 같은 절차를 따르는데 그림 17-4를 참조한다.

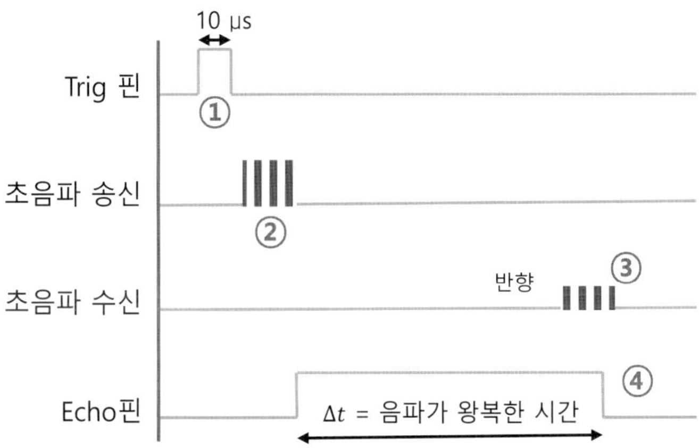


**그림 17-4** ▸ HC-SR04의 작동 방법

1. Triger핀에 10μs 동안의 5V를 인가한다.
2. 그러면 센서가 자동으로 초음파를 송신한다.
3. 그 시점부터 Echo핀이 5V로 상승한 후 5V를 유지한다.
4. 물체에 반사된 반향이 돌아오면 Echo핀이 다시 0V가 된다.

## 17.2_ 초음파 센서 클래스 만들기

이 절에서는 초음파 센서의 측정 원리를 적용한 클래스를 만들어 편리하게 응용 프로그램들에 적용할 수 있도록 한다.

### Sonar 클래스의 설계

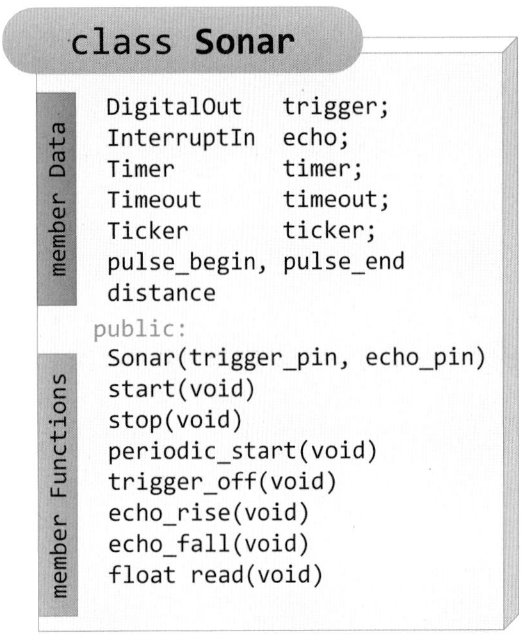


**그림 17-5** ▸ 초음파 센서 클래스 Sonar

그림 17-5는 초음파 센서 클래스 Sonar의 주요 멤버 함수와 변수를 정리한 그림이고 그 멤버들의 설명은 다음과 같다.

### 멤버 데이터

- trigger: Trig핀에 시작 펄스 인가를 위한 DigitalOut 객체
- echo: Echo핀의 상승과 하강 에지를 측정하는 InterruptIn 객체
- timer: Echo핀의 펄스 폭 측정용 Timer 객체
- timeout: Trig핀에 펄스를 만들 때 사용하는 Timeout 객체
- ticker: 일정 시간 간격으로 측정을 하기 위한 Ticker 객체
- pulse_begin, pulse_end: Echo핀의 펄스 시작과 끝 시간을 마이크로초 단위로 보관
- distance: 거리에 해당하는 내부적으로 사용하는 us 단위의 Echo핀의 펄스 폭에 해당

### 멤버 함수

- Sonar(trigger_pin, echo_pin): 객체 생성자이며 Trig와 Echo핀을 지정
- start(void), stop(void): 측정 시작 및 중지
- periodic_start(void): Ticker 객체의 콜백 함수로서 주기적 측정 시작
- trigger_off(void): Trig핀의 펄스를 끄는 함수로 timeout의 콜백 함수
- echo_rise(void): Echo핀의 상승 에지에 대한 콜백 함수로서 펄스 시작 시간을 저장
- echo_fall(void): Echo핀의 하강 에지에 대한 콜백 함수로서 펄스 폭을 계산

### 측정 동작과 콜백 함수

**• Trig핀에 신호 발생**

그림 17-6은 클래스에 포함된 콜백 함수와 초음파 센서 핀들의 동작과 연관성을 보여주고 있다. 먼저 100ms 주기의 Ticker 객체의 콜백 periodic_start는 Trig핀을 HIGH로 만들고 Timeout 콜백 함수인 trigger_off 함수를 설정한다. 10us후에 trigger_off 함수가 기동되고 여기서 Trig핀을 다시 LOW로 만든다. 이 두 개의 함수로 100ms 주기로 반복되는 Trig핀에 펄스가 만들어진다.

**• Echo 신호의 펄스폭 측정**

Echo 신호의 핵심은 신호가 HIGH가 되는 구간의 시간을 측정하는 것이다. 측정을 위하여 InterrupIn 객체의 콜백 함수 echo_rise를 이용하여 상승 에지를, echo_fall을 이용하여 하강 에지를 정확하게 감지하고 하강 시점과 상승 시점의 timer 값의 차이로 펄스폭을 산출한다.

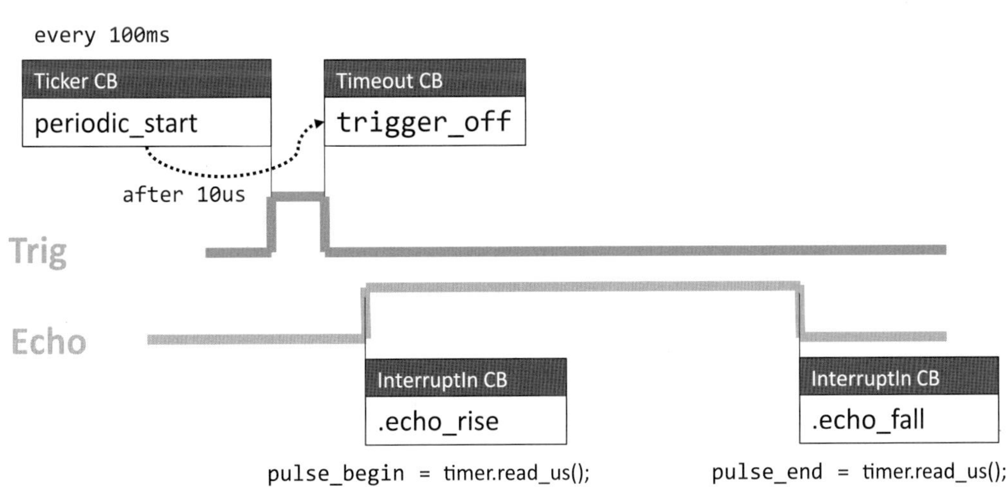


**그림 17-6** ▸ 콜백 함수들의 동작

### 클래스 코드

코드 17-1은 초음파 센서 클래스인 Sonar의 멤버 변수의 선언들이다. DigitalOut 객체 trigger는 trigger핀에 펄스를 출력하는 용도이다. InterruptIn 객체 echo는 초음파 센서의 거리에 비례하는 펄스의 폭을 측정하기 위한 것으로 생성자에서 Echo 핀이 할당될 예정이다. Timer 객체 timer는 시간을 측정하는 용도로 사용될 것이고 Timeout 객체 timeout은 Trig핀에 펄스를 만들 때 사용된다. 마지막으로 Ticker 객체인 ticker는 주기적으로 초음파 센서를 측정할 수 있도록 일정한 주기로 Trig핀에 펄스를 발생시킨다.

**코드 17-1** 초음파 센서 클래스 [1/3]

```
#include "mbed.h"
class Sonar {
    DigitalOut   trigger;
    InterruptIn  echo;
    Timer        timer;
    Timeout      timeout;  // for 10us pulse
    Ticker       ticker;   // to measure every 100 ms
    int32_t      pulse_begin;
    int32_t      pulse_end;
    float        distance;
```

코드 17-2의 코드는 초음파 센서 클래스 Sonar의 주요 함수들의 구현이다. 먼저 생성자는 Trig핀과 Echo핀을 매개변수로 받고 있으며 멤버 초기화 리스트를 통하여 각각 DigitalOut 객체 trigger와 InterruptIn 객체 echo를 초기화하는 데 사용되었다. 내부에서는 Trig핀 값을 0으로 초기화하고 거리 distance를 −1로 초기화하였다. 그리고 객체 echo에 콜백 함수 echo_rise, echo_fall을 지정하였다. start 함수는 측정을 시작하는 함수로서 0.1초 간격의 주기적 측정을 위하여 객체 ticker의 콜백 함수로 periodic_start를 지정하였다. 그리고 stop 함수는 측정을 중단하기 위하여 ticker의 콜백 함수를 detach 함수로 비활성화시키고 있다. 마지막으로 periodic_start는 ticker의 콜백 함수인데 이 함수가 실행되면 Trig핀을 1로 만들고 10us 후에 다시 0으로 만들어 펄스를 완성하기 위하여 객체 timeout에 trigger_off 함수를 콜백으로 지정하였다.

**코드 17-2** 초음파 센서 클래스 [2/3]

```
public:
    Sonar(PinName trigger_pin, PinName echo_pin):
        trigger(trigger_pin), echo(echo_pin) { // member initializer
```

```
        trigger = 0;  distance = -1;
        echo.rise(callback(this, &Sonar::echo_rise));  // rising ISR
        echo.fall(callback(this, &Sonar::echo_fall));  // falling ISR
    }
    void start(void) {
        ticker.attach(callback(this, &Sonar::periodic_start), 0.1f);
    }
    void stop(void) {
        ticker.detach();
    }
    void periodic_start(void) {  // Triggering periodically
        trigger = 1;
        timeout.attach_us(callback(this, &Sonar::trigger_off), 10);
    }
```

**코드 17-3** 초음파 센서 클래스 [3/3]

```
    void trigger_off(void) {   // to turn off trigger if 10us passed
        trigger = 0;
    }
    void echo_rise(void) {
        timer.reset();
        timer.start();
        pulse_begin = timer.read_us();
    }
    void echo_fall(void) {
        pulse_end = timer.read_us();
        timer.stop();
        distance = pulse_end - pulse_begin;
    }
    float read(void) {
        return distance / 58.0f;
    }
};
```

코드 17-3은 클래스의 나머지 함수들에 대한 구현이다. 먼저 trigger_off 함수는 객체 timeout의 콜백 함수로서 Trig핀을 0으로 만든다. echo_rise 함수는 Echo핀의 상승 에지에서 동작하는 콜백 함수로서 이 시점에 timer를 초기화하고 pulse_begin으로 시간을 저장한다. echo_fall도 콜백 함수로서 하강 에지가 검출되면 동작하는데, 이 시점에서 timer를 읽어 pulse_end에 보관하고 펄스 폭에 해당하는 diastance를 시간의 차이 pulse_end − pulse_begin으로 구한다. 마지막으로 read는 펄스 폭으로부터 거리를 산출하여 반환하는 함수이다. 17.1절에서 구한 관계식 $d = \frac{v_s}{2}\Delta t$를 적용한다. $d$를 cm 단위로, 초단위 $\Delta t$를 us 단위로 바꿔 $dt$로 가정하고 음속 $v_s$를 대입하면 이 식은 $d = dt/58.0$이 되어 이 식을 코드에 적용한 것이다.

## 17.3_ 초음파 거리계 프로젝트

### 프로젝트 목표

초음파 센서 클래스인 Sonar를 이용하여 거리를 측정하고 그 측정값을 0.1초 간격으로 OLED에 표시하는 프로그램을 만든다.

### 프로젝트 장치

#### 재료

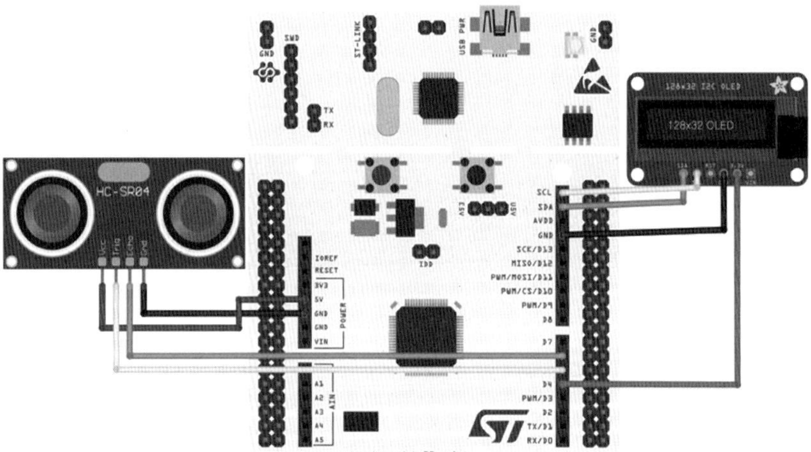


**그림 17-7** ▸ 초음파 거리계 프로젝트 회로 구성

이 프로젝트의 재료는 그림 17-7과 같이 Nucleo F401RE 보드, HC-SR04 초음파 센서 그리고 0.91" 128x32 OLED 디스플레이 모듈이 필요하다.

#### 결선

HC-SR04의 Trig 핀은 D5, Echo핀은 D6에 연결한다. OLED 디스플레이는 12.5절과 마찬가지로 I2C핀인 SDA와 SCL을 연결하고 Vcc는 D4에 연결하여 전원 리셋이 가능하도록 한다.

## 프로젝트 코드

**코드 17-4** 초음파 거리계 프로젝트의 코드

```
#include "mbed.h"
#include "Adafruit_SSD1306.h"
#include "sonar.h"
I2C i2c(I2C_SDA, I2C_SCL);
DigitalOut myled(LED1);
Serial pc(SERIAL_TX, SERIAL_RX);
Adafruit_SSD1306_I2c Oled(i2c,D4,0x78,32,128);
Sonar sonar(D5, D6);  //trigger_pin, echo_pin
int main(){
    Oled.begin();
    Oled.setTextSize(1);
    Oled.printf("Distance\r\n\n");
    Oled.setTextSize(2);
    sonar.start();
while(1) {
        Oled.printf("%7.2fcm\r",sonar.read() );
        Oled.display();
        pc.printf("%5u: %7.2f cm \r\n",x,sonar.read());
        wait(0.1f);
    }
}
```

코드 17-4는 초음파 센서 라이브러리를 사용한 초음파 거리계의 코드이다. 먼저 SSD1306에서 사용할 i2c 객체를 생성하고 OLED 객체 Oled를 생성하였다. 그 다음에 Trig와 Echo핀을 할당하여 Sonar 클래스 객체 sonar를 생성하였다. main 함수에서는 Oled를 초기화하고 글자 크기를 1로 바꾸고 "Distance"를 출력한 후 다음 거리 표시를 위하여 다시 글자 크기를 2로 바꾸었다. 이제 객체 sonar의 start 함수로 초음파 센서 측정을 시작한다. while 루프에서는 먼저 초음파로 측정한 거리를 read 함수로 읽어 Oled에 출력하였다. 그 후 display 함수를 이용하여 한꺼번에 실제로 oled에 표시를 시켰다. 마지막으로 측정한 거리를 PC에도 출력을 하였고 while 루프는 wait 함수로 0.1초 주기로 반복하게 하였다.

## 프로젝트 결과

그림 17-8은 초음파 거리계 프로젝트 결과로서 실제 초음파 센서로 측정한 거리를 표시하는 OLED 디스플레이 사진이다.

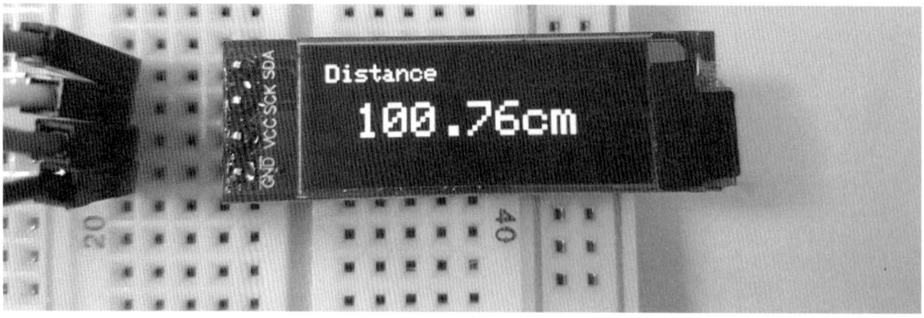


**그림 17-8** ▸ 초음파 거리계 프로젝트 결과 사진

CHAPTER 18

# Lidar 센서 라이브러리 만들기

## 18.1_ VL53L0x Lidar 센서

### 센서 개요

레이저를 이용한 혁신적인 Lidar 센서 VL53L0x를 STMicroelectronics사에서 출시하였는데 다음과 같은 특징을 가지고 있다.

- 레이저 광선의 체공시간(TOF: Time of flight) 원리를 사용하고 있다.
- 950nm 레이저와 특별하게 제작된 광학 필터 사용으로 외부 빛과의 간섭을 최소화하고 있다.
- 최대 측정 거리는 2m이고 정밀도는 수 mm 수준으로 정밀한 편이다.
- MCU와의 통신을 위한 I2C 인터페이스를 제공한다.
- Interrupt핀을 지원하여 효율을 극대화하였다.
- 그림 18-1과 같이 4.4x2.4x1.0mm의 콤팩트한 사이즈의 패키지를 제공한다.
- 최근에는 측정거리가 4m인 VL53L1x가 출시되었다.

**그림 18-1** ▸ VL53L0x 센서의 외관

그러나 이 센서 사용에 필요한 내부 레지스터 관련 정식 문서가 제공되지 않아 일부 회사에서 개발된 라이브러리를 개조해서 사용해야 하는 무제점이 있다.

### VL53L0x Lidar 모듈

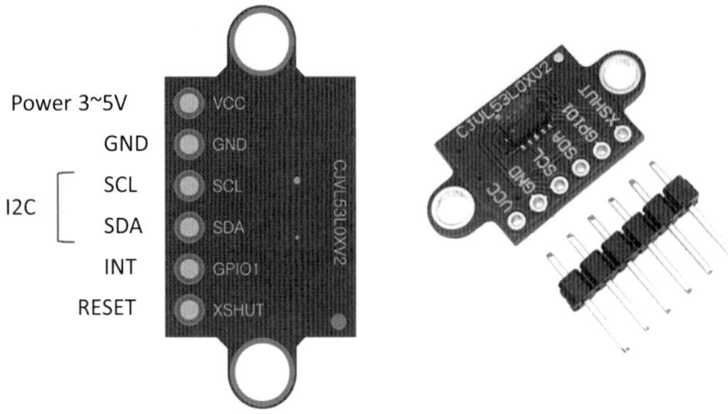


**그림 18-2** ▸ VL53L0x 센서 모듈

그림 18-2는 VL53L0x칩으로 제작된 모듈의 핀 배치와 외관 사진이다. 먼저 전원 관련 Vcc, GND가 있고 I2C 통신 핀인 SCL과 SDA가 있으며 INT핀과 RESET핀이 있다. 여기서 INT핀은 데이터 측정이 완료되었으면 하강 에지를 만들어 MCU가 효율적으로 측정 결과를 읽어가도록 하기 위한 용도이며 RESET핀은 센서를 초기화하는 용도이다.

## 18.2_ 라이브러리 만들기

앞서 언급한 바와 같이 VL53L0x의 정식 문서가 난해하고, 충실하게 공개되지 않아 이 책에서는 Polou사에서 Arduino용으로 개발한 라이브러리를 Mbed용으로 개조하는 작업을 하였다. 해당 아두이노 라이브러리는 **https://github.com/pololu/vl53l0x-arduino**에서 다운로드 받을 수 있다.

### 라이브러리의 개선 사항

첫째로 Mbed에서 사용할 수 있도록 Mbed에서 제공하는 I2C, Timer, InterruptIn 클래스를 사용하였다. 둘째로 모듈의 INT핀을 이용하여 데이터를 읽을 때 블로킹 현상이 일어나지 않도록 하여 효율적으로 센서 데이터를 읽을 수 있도록 하였다.

### 파일 구조

라이브러리의 코드를 포함한 main 함수 코드를 만들면 너무 복잡해지고 재활용에 불편하므로 2개의 파일에 별도로 작성하였다. 먼저 헤더 파일인 VL53L0x.h에 VL53L0x 클래스와 필요한 상수들을 정의하고 VL53L0x.cpp 파일에는 VL53L0x 클래스의 멤버 함수들을 구체적으로 구현한다.

## VL53L0x 클래스

### 생성자

**표 18-1** ▸ VL53L0x 클래스 생성자

| 생성자 | 센서 객체 생성 |
|---|---|
| `VL53L0X(PinName SDA, PinName SCL, PinName INTRT=NC)` | |
| SDA | I2C 데이터 핀 |
| SCL | I2C 클럭 핀 |
| INTRT | 인터럽트를 받는 gpio핀이며, 생략 가능 |
| [예제] | `VL53L0X sensor(I2C_SDA, I2C_SCL,D12);` |

표 18-1은 VL53L0x 클래스의 객체를 생성하는 생성자이다. 매개변수로 SDA, SCL핀을 지정할 수 있고 인터럽트핀은 생략이 가능하다. 단, 인터럽트핀을 생략하면 폴링(polling)방식의 읽기 함수인 readRangeContinuousMillimeters 함수로만 거리 값을 읽을 수 있다.

### 센서 설정

● 초기화

**표 18-2** ▸ VL53L0x 센서의 초기화 함수

| 초기화 함수 | 센서의 레지스터 초기화 |
|---|---|
| `void .init()` | |
| [예제] | `sensor.init();` |

표 18-2는 VL53L0x 센서의 초기화를 실행하는 함수 init의 용법이다. 측정을 시작하기 전에 꼭 실행시켜야 정상적으로 동작된다.

● 초과 시간 설정

**표 18-3** ▸ 초과 시간 설정 setTimeout 함수

| 초과 시간 설정 | 폴링 방식에 대한 초과 시간(Time out) 설정 |
|---|---|
| `void .setTimeout(uint32_t tout)` | |
| tout | 폴링 방식을 사용할 경우 초과 시간을 ms 단위로 설정 |
| [예제] | `sensor.setTimcout(500); // polling인 경우 500ms` |

VL53L0x 센서의 인터럽트핀을 사용하지 않으면 폴링 방식에 의하여 측정이 진행되는데, 이때 측정 데이터 읽기에 사용하는 함수가 readRangeContinuousMillimeters()이다. 이 함수는 측정이 될 때까지 내부에서 대기를 하게 되는데 어떤 이유로 측정이 완료가 되지 않으면 영원히 함수를 빠져나오지 못한다. 따라서 표 18-3의 setTimeout 함수로 ms 단위의 초과 시간을 설정하면 이러한 문제를 예방할 수 있다.

- 요구 성능 설정

**표 18-4** ▸ VL53L0x 센서의 성능 설정 함수

| 성능 설정 | 응용에 맞는 요구 성능 설정 |
|---|---|
| `void .setApplication(applicationType app)` | |
| app | 요구 성능 선택. applicationType의 enum 변수이다.<br>SHORT_ACCURATE, SHORT_FAST, LONG_ACCURATE, LONG_FAST |
| [예제] | `sensor.setApplication(VL53L0X::LONG_FAST);` |

표 18-4는 VL53L0x 센서의 성능을 설정하는 함수 setApplication의 용법이다. 사용자의 용도에 맞도록 SHORT_ACCURATE, SHORT_FAST, LONG_ACCURATE, LONG_FAST 4개 중 하나를 고르게 되어 있다. 크게 최대 측정거리(Max. Range: LONG, SHORT), 측정 정밀도(Mesurement Accuracy, ACCURATE, FAST)라는 두 척도의 조합이 선택으로 반영되어 있다. ACCURATE의 반대는 INACCURATE이지만 일부러 부정확하게 하는 것이 '목표가 될 수 없고 빠르게 측정한다'는 의미로 표현하였다.

### 측정 시작 함수

**표 18-5** ▸ VL53L0x 센서의 연속 측정 시작 함수

| 측정 시작 | 연속 측정 시작 |
|---|---|
| `void .startContinuous()` | |
| [예제] | `sensor.startContinuous();` |

표 18-5는 VL53L0x 센서의 연속 측정을 시작시키는 함수 startContinuous의 용법이다.

### 읽기 함수

인터럽트핀을 사용하는 경우 측정된 거리를 읽는 readRange 함수의 용법은 표 18-6과 같다.

**표 18-6** ▸ 인터럽트로 센서 측정값 읽기 함수

| **인터럽트로 읽기** | 인터럽트 방식으로 거리 읽기 |
|---|---|
| `uint16_t .readRange()` | |
| 반환 | mm 단위의 거리 |
| [예제] | `sensor.readRange();` |

인터럽트핀을 사용하지 않고 폴링으로 측정된 거리를 읽는 readRangeContinuousMillimeters 함수의 용법은 표 18-7과 같다.

**표 18-7** ▸ 폴링으로 센서 측정값 읽기 함수

| **폴링 방식으로 읽기** | 폴링 방식으로 거리 읽기 |
|---|---|
| `uint16_t .readRangeContinuousMillimeters()` | |
| 반환 | mm 단위의 거리 |
| [예제] | `sensor.readRangeContinuousMillimeters();` |

## 라이브러리 핵심 코드

**코드 18-1** 생성자 코드

```
VL53L0X::VL53L0X(PinName SDA,PinName SCL, PinName INTRT)
  : _i2c(SDA,SCL)
   , _int(INTRT)
   , address(ADDRESS_DEFAULT<<1)
   , io_timeout(0) // no timeout
   , _range(0)
   , _wasTimeout(false)
   , _dataRdy(false)
{}
```

코드 18-1은 VL53L0X 클래스의 생성자 코드인데 멤버 초기화 리스트에서 모든 변수 및 객체를 초기화하였다. I2C 객체인 _i2c에 인수로 받아들인 SDA와 SCL핀을 배정하고 InterruptIn

객체인 _int에 인터럽트핀으로 지정된 INTRT핀을 할당하였다. 그 다음에는 7비트로 설정된 기본 i2c 주소를 1비트 좌로 시프트해서 8비트 주소로 만들어 address 변수에 저장한다. io_timeout은 폴링 방식으로 데이터를 읽을 때 최대 초과 시간을 정의하는 것이고 _range는 측정 거리이다. 마지막으로 _dataRdy라는 플래그를 두어 측정이 완료되어 데이터를 읽어도 좋다는 것을 INT핀으로 받아 표시하도록 한다.

**코드 18-2** startContinuous 함수

```
void VL53L0X::startContinuous(uint32_t period_ms){
  writeReg(0x80, 0x01);      // Power management
  writeReg(0xFF, 0x01);
  writeReg(0x00, 0x00);      // System start
  writeReg(0x91, stop_variable);
  writeReg(0x00, 0x01);
  writeReg(0xFF, 0x00);
  writeReg(0x80, 0x00);
if (period_ms != 0)

  ...
  _int.fall(callback(this, &VL53L0X::dataReady)); // INT -> dataReady()
}
```

코드 18-2의 측정 시작을 명령하는 startContinuous 함수를 보면 측정 시작에 대한 여러 레지스터를 설정하고 있다. 마지막 줄을 보면 InterruptIn 객체인 _int에서 하강 에지에 대한 콜백 함수를 dataReady 함수로 지정하였다.

**코드 18-3** dataReady 함수

```
void dataReady(){ _dataRdy=true;}
```

코드 18-3의 인터럽트핀의 하강 에지에 대한 콜백 함수인 dataReady 함수에서는 VL53L0가 측정을 마치고 데이터가 준비되는 시점에 내부 플래그인 _dataRdy를 true로 만든다.

**코드 18-4** readRange 함수

```
uint16_t VL53L0X::readRange(){
    if(_dataRdy){
        _dataRdy=false;
        _range = readReg16Bit(RESULT_RANGE_STATUS + 10);
```

```
        writeReg(SYSTEM_INTERRUPT_CLEAR, 0x01);
    }
    return _range;
}
```

코드 18-4의 readRange 함수는 측정 데이터를 읽는 함수로서 인터럽트에 의하여 확인된 _dataRdy의 상태가 true인 경우만 읽고 아닌 경우에는 곧바로 이전의 _range 데이터를 반환한다. 따라서 이 함수는 대기 없이 인터럽트에 따라 측정값을 읽어 블로킹이 없다는 것을 알 수 있다.

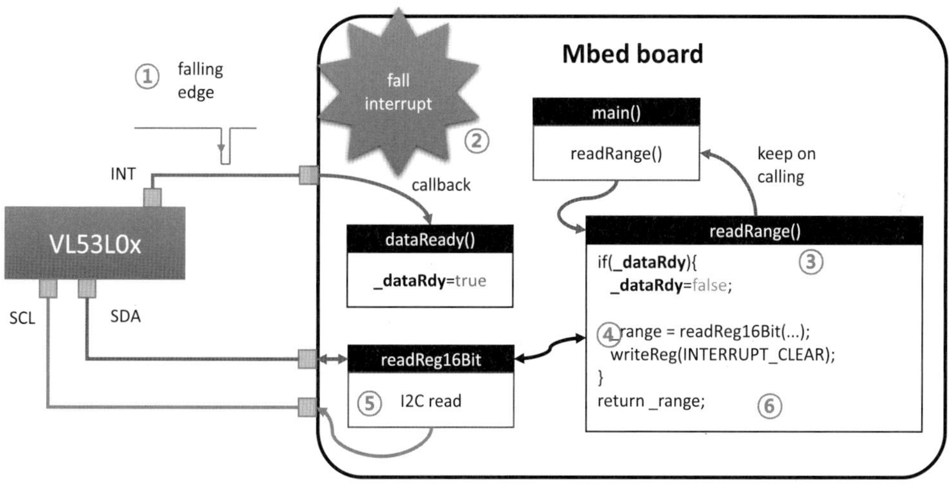


**그림 18-3** ▸ VL53L0X 클래스의 인터럽트 처리 구조

그림 18-3은 VL53L0X 클래스 내부의 읽기 동작을 그림으로 보여주고 있다. VL53L0X이 측정을 완료하여 데이터가 준비되면 (1)과 같이 INT핀으로 하강 에지를 보낸다. 그러면 (2)와 같이 Mbed 보드의 InterruptIn의 인터럽트 콜백으로 dataReady 함수가 기동되고 _daraRdy 변수는 true가 된다. 한편 main 함수는 주기적으로 readRange 함수를 실행시키는데 이 함수 내부에서는 계속적으로 (3)과 같이 _dataRdy를 검사한다. _dataRdy가 false이면 그대로 빠져나가기 때문에 블로킹이 없다. 만일 _dataRdy가 true가 되면 다음번을 위하여 곧바로 이를 false로 만들고 (4), (5)와 같이 readReg16bit 함수로 i2c통신으로 측정 데이터를 읽어오고 (6)과 같이 그 값을 반환한다.

## 18.3_ VL53L0x 거리 측정 프로젝트

### 프로젝트 목표

VL53L0x 모듈을 사용하여 20ms 간격으로 거리를 측정하고 이를 적절한 plot 소프트웨어를 이용하여 PC화면에 측정된 거리를 그래프로 그린다.

### 프로젝트 장치

이 프로젝트의 재료는 그림 18-4와 같이 Nucleo F401RE 보드와 VL53L0x 모듈이 필요하다.

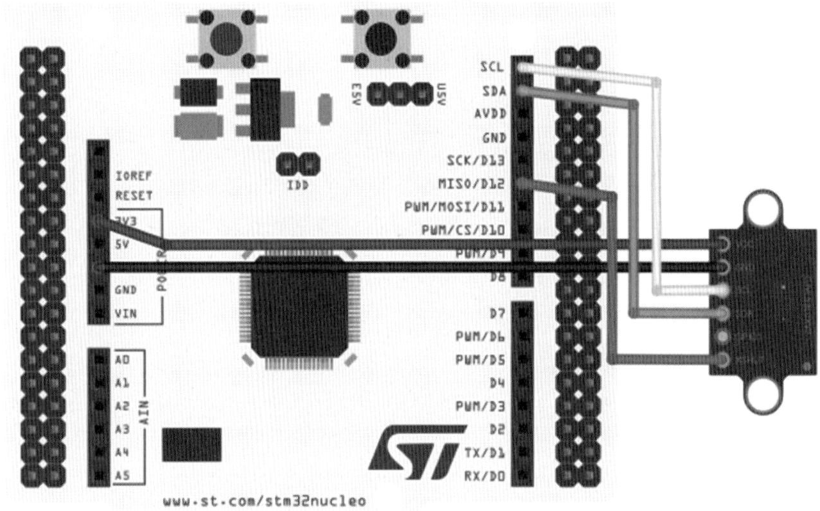


**그림 18-4** ▸ VL53L0x 거리 측정 프로젝트 장치

### 회로 구성

**표 18-8** ▸ VL53L0x 거리 측정 프로젝트 장치의 결선

| VL53L0x | Nucleo |
|---|---|
| Vcc | 3V3 (3.3V전원) |
| GND | GND |
| SCL | SCL |
| SDA | SDA |
| GPIO1 (INT) | D12 |

이 프로젝트의 결선은 표 18-8과 같다.

## 프로젝트 코드

코드 18-5에서 보는 바와 같이 먼저 미리 작성한 VL53L0X.h를 include하여 클래스를 사용할 수 있도록 한다. Serial 객체 pc를 생성하고 통신 속도를 115200으로 설정하여 가급적 많은 데이터를 PC에 전송할 수 있도록 하였다. VL53L0X의 객체 sensor를 생성하는데 I2C의 SDA, SCL핀 뿐만 아니라 D12를 인터럽트핀으로 할당하였다. 그리고 실행 상태를 알아보기 위하여 기본 LED를 led 객체로 만들었다. main 함수에서는 sensor를 설정하는 코드로서 init 함수로 센서를 초기화하고 setTimeout 함수는 polling 방식에서 사용하는 것이기 때문에 여기서는 주석처리를 하였다. setApplication은 거리 센서의 성능을 용도에 맞게 설정하는 것인데 이 프로젝트에서는 LONG_FAST로 설정하여 정밀도가 낮아도 빠른 처리를 하는 모드를 선택하였다. VL53L0X::을 사용한 이유는 LONG_FAST가 VL53L0X 클래스 내부에 선언된 enum의 멤버이기 때문이다. startContinuous 함수를 호출함으로써 연속 모드로 측정을 시작하게 한다. while문 안에서는 readRange를 통하여 거리를 읽고 그 결과를 PC에 출력한다. 그 다음에 timeoutOccurred 함수로 시간 초과가 발생되었는지를 확인하고 발생되었다면 TIMEOUT을 출력하도록 하였다. 전체 프로젝트 코드는 https://github.com/AlexParkSeoultech/VL53L0X_NUCLEO에서 다운받을 수 있다.

**코드 18-5** | 프로젝트 코드

```
#include "mbed.h"
#include "VL53L0X.h"
Serial pc(USBTX,USBRX, 115200);
VL53L0X sensor(I2C_SDA, I2C_SCL,D12);
DigitalOut led(LED1);
void setPerform();
int main(){
    sensor.init();
    //sensor.setTimeout(500);  // for polling
    sensor.setApplication(VL53L0X::LONG_FAST);
    sensor.startContinuous();
    while(1) {
        led = !led; // Toggle LED
        pc.printf("Range %d ", sensor.readRange());
        if (sensor.timeoutOccurred())
            { pc.printf("TIMEOUT !!!"); }
        pc.printf("\n");
```

```
    }
}
```

## 프로젝트 결과

VL53L0X 센서를 움직이며 거리 데이터를 실시간으로 plot한 결과는 그림 18-5와 같다. 결과는 거리 측정 데이터를 PC 화면에서 그래프로 그리기 위하여 SerialPlot이라는 프로그램을 이용하였다. 다양한 설정이 가능하여 편리하며 이 프로그램은 다음 사이트에서 무료로 다운받아 사용이 가능하다(https://bitbucket.org/hyOzd/serialplot/src/default/).

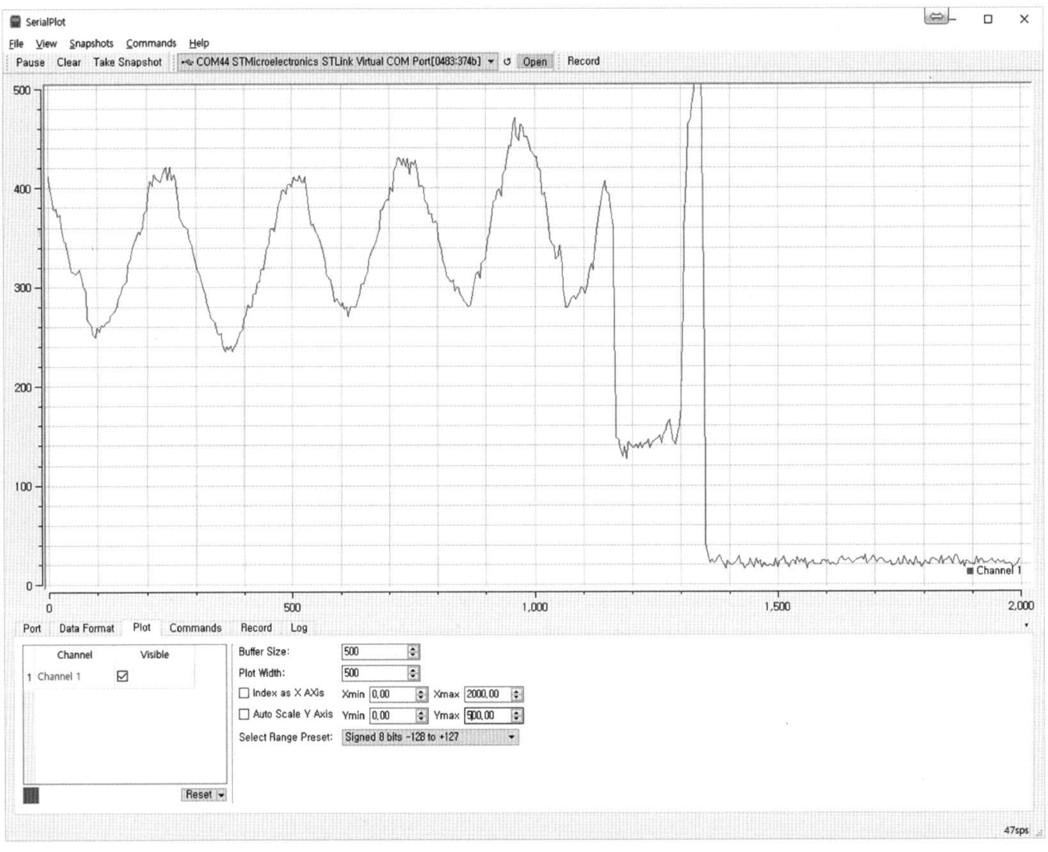


**그림 18-5** ▸ VL53L0x 거리 측정 프로젝트 결과

CHAPTER 19

# 스텝 모터 구동 프로젝트

## 19.1_ 스텝 모터 개요

스텝 모터(Step motor)는 위치 및 속도 제어가 비교적 쉽고 정밀하여 프린터, 스캐너, 복사기 사무용 기기는 물론 산업용 기기에도 널리 사용되고 있다. 모터의 방식에 따라 PM 방식, variable reluctance 방식, 하이브리드 방식이 있다. 코일의 상의 수에 따라 2상, 3상, 5상이 있다. 이 글에서는 보편적으로 많이 사용하고 있는 2상 바이폴라(bipolar) 방식에 대하여 프로젝트를 진행할 것이다. 2상은 2개의 코일이 있다는 뜻이고 바이폴라는 하나의 코일을 양방향 제어를 모두 한다는 의미이다.

### 기본 구동방식

그림 19-1과 같이 코일 A, B 두 개를 가지고 있어서 2상 모터라고 부른다. 이 두 코일은 각각 H 브리지(H-bridge) 회로로 제어할 수 있다. 이를 바이폴라라고 하는 이유는 H 브리지가 각 코일의 극성을 정 · 역방향으로 바꿀 수 있기 때문이다.

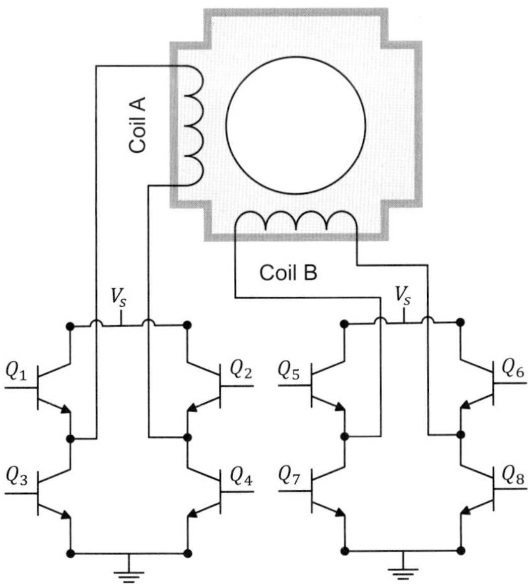


**그림 19-1** ▸ 2상 스텝 모터의 바이폴라 제어

예를 들어 코일 A에서 npn 트랜지스터 Q1, Q4를 HIGH로 Q2, Q3를 LOW로 만들면 코일 A에 전류가 위에서 아래로 흐르고, 그 반대의 조합으로 트랜지스터를 켜면 아래에서 위로 전류가 흐른다. 간단하게 말하면 Q1에서 Q8까지 8개의 트랜지스터의 조합으로 코일 A와 B에 흐르는 전류의 방향과 크기를 임의로 제어할 수 있다.

### 풀 스텝 구동

가장 기본적인 스텝 모터의 구동을 풀(Full) 스텝 구동이라 한다. 그림 19-2의 모터를 보면 A와 A′는 같은 코일이지만 A′라는 극이 반대로 배치되어 있으며 코일 B와 B′도 마찬가지로 보면 된다. (1)의 경우 A극이 N극이 되고 A′가 S극이 되도록 코일 A에 순방향 전류를 흘리고 B는 전류를 흘리지 않는다. 이때 로터(rotor)는 0°에 정렬이 될 것이다. (2)는 B극이 S극이고 B′가 N극이 되도록 코일 B에 순방향 전류를 흘리고 A극은 전류가 흐르지 않기 때문에 로터는 90°로 정렬된 상태가 된다. 마찬가지 방법으로 (3), (4)는 각각 A, B 코일에 역방향 전류를 흘려 로터가 180°, 270°에 정렬이 되어있는 것을 알 수 있다. 이 그림의 모터는 1스텝 당 90°를 회전하며 이 각도를 스텝 각(step angle)이라 한다.

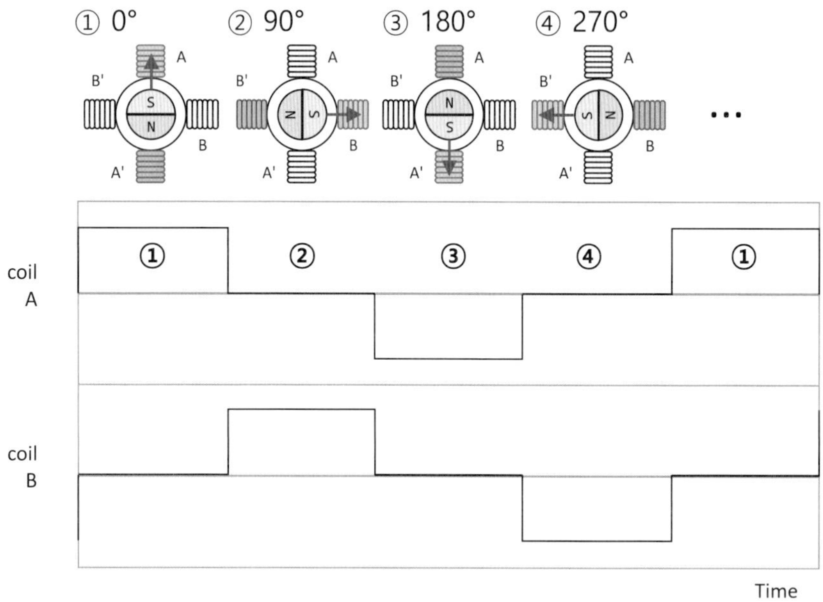


**그림 19-2** ▸ 풀 스텝 구동

### 하프 스텝 구동

그림 19-3은 하프(Half) 스텝 구동의 예이다. 이 경우 모터의 1회전이 8개의 상태를 갖는다. 즉, (1)이 0°라면 (2), (3), . . . , (8)은 각각 45°, 90°, . . . , 315°가 된다. 8개의 모터 그림을 보

면 (1), (3), (5), (7)은 이전에 설명한 풀 스텝과 동일하다. (2), (4), (6), (8)은 2개의 코일이 동시에 작용하여 로터가 두 코일 자기력의 합력에 의하여 중간에 위치한다. 구동 파형의 점선인 부분은 동시에 두 코일에 전류를 FULL로 흘린 것이다. 그런데 코일 하나만 동작할 때보다 두 코일 FULL로 전류를 흘릴 때 자기장이 1.414배가 되기 때문에 회전에 따른 토크의 변동을 최소화하기 위하여 0.707배의 전류를 흘려야 하기 때문에 점선을 제거한 만큼의 전류를 인가해야 더 부드러운 회전이 된다. 풀 스텝 구동과 비교하면 스텝 각이 45°로 2배 정밀해졌고 대신에 같은 스텝 속도에 대하여 회전 속도가 절반으로 떨어졌다는 것을 알 수 있다. 여기서, 꼭 집고 넘어가야 할 사항은 두 개의 코일의 자기력 합벡터가 향하는 방향에 로터가 정렬된다는 사실과 합력의 크기가 일정하게 되려면 적절한 사인 함수와 위상으로 각 코일의 전류값을 계산할 수 있다는 것이다. 이를 확장하여 더욱 스텝 각을 줄이면 마이크로 스텝이 된다.

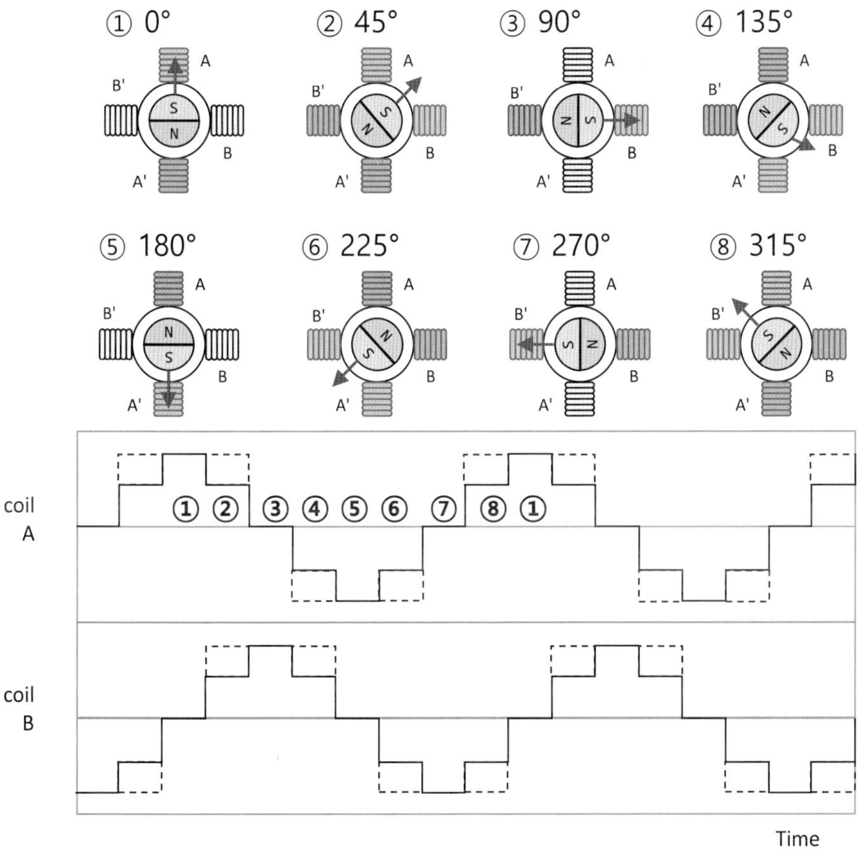


**그림 19-3** ▸ 하프 스텝 구동

## 마이크로 스텝 구동

앞서 하프 스텝 구동에서 설명한 바와 같이 두 코일 사이에서 로터는 두 코일에서 생성된 자기력의 합벡터에 정렬되고 합벡터의 크기도 일정하게 만들어야 토크의 변동을 줄일 수 있다. 이를 응용하면 부드럽게 회전할 수 있는 이상적인 스텝 모터에서는 모터가 회전해도 *F*벡터의 크기가 일정하도록 해야 하기 때문에 그림 19-4와 같이 *F*에 A 코일은 각도의 코사인, B 코일은 사인을 곱해 나가야 한다.

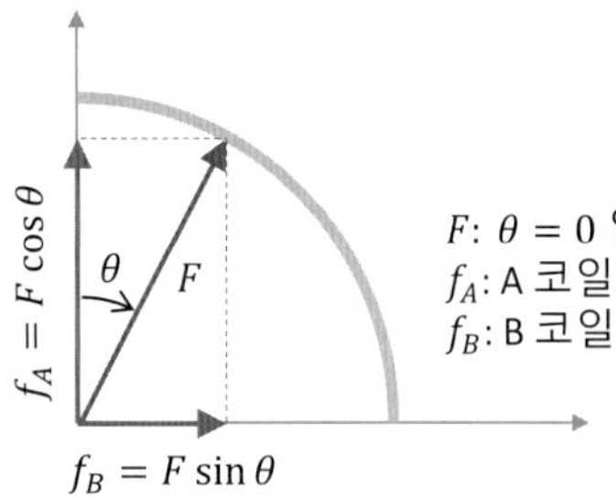


**그림 19-4** ▸ A, B 코일 자기력의 합벡터

이러한 원리를 적용하여 이상적으로 스텝 구동을 실현하면 그림 19-5와 같이 회전 각도에 따라 코사인과 사인의 파형으로 A, B상의 전류를 제어해야 한다.

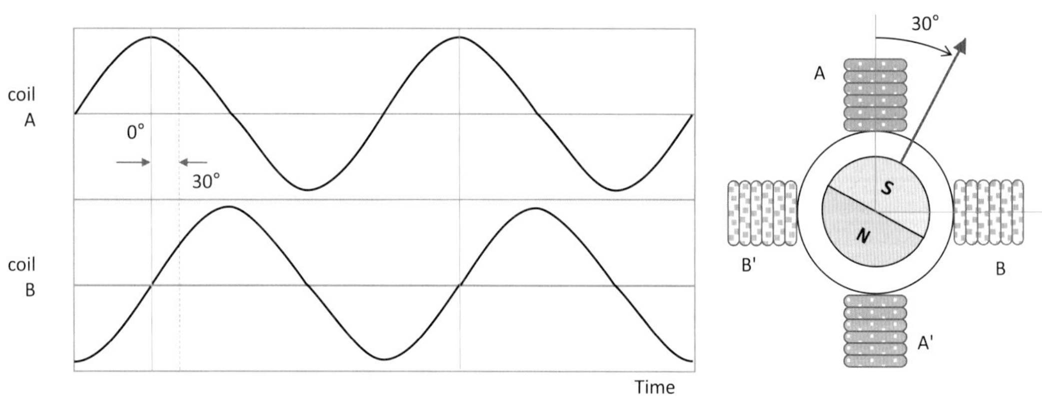


**그림 19-5** ▸ 이상적인 마이크로 스텝 구동

마이크로 스텝 구동의 기본적인 장점은 모터의 분해능이 향상되는 점과 모터가 스텝 각을 이동할 때 단속적으로 움직여 발생하는 토크 리플이 줄고 소음이 적어진다는 것이다. 그런데 현실적으로는 무한히 작은 스텝 각을 만들어 연속적인 사인, 코사인 값을 만드는 것에 한계가 있고 스텝 각이 작아질수록 MCU 프로세서의 한계로 속도도 느려지기 때문에 1 스텝의 1/2, 1/4, 1/8, 1/16, 1/32 ... 등으로 용도에 맞게 유한한 스텝 각을 사용하고 있다.

## 스텝 모터 드라이버 DRV8825

### 개요

이번 프로젝트에서는 소형 모터 제어에 편리한 Texas Instrument사의 스텝 모터 드라이버 칩인 DRV8825를 탑재한 모듈을 사용한다.

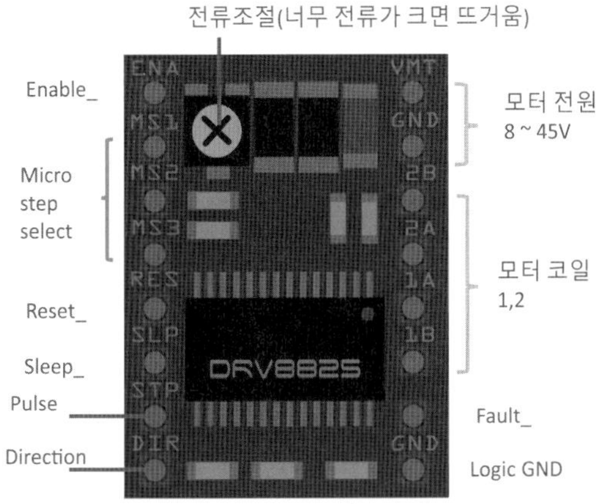


**그림 19-6** ▸ DRV8825 모듈의 주요 핀

그림 19-6의 DRV8825 모듈은 좌측 하단의 Pulse, Direction핀이 핵심이 되는데 Direction핀은 모터의 방향을 HIGH/LOW로 지정하고 Pulse핀에 펄스가 하나 들어올 때마다 모터가 1스텝씩 회전한다. 따라서 방향을 정하고 이 핀에 펄스를 1000개를 입력하면 그 방향으로 1000스텝만큼 회전을 한다. 그리고 펄스가 빠르게 들어오면 회전 속도가 커지고 느리게 들어오면 낮은 속도로 회전한다. 그림 19-1에서 두 모터 코일을 A, B로 표현하였지만 그림 19-6의 모듈에서는 1, 2로 표현하였기 때문에 1A-1B와 2A-2B가 각각 한 코일이라는 점에 주의를 요한다.

그림 19-7을 보면 2상 바이폴라 모터와 DRV8825모듈의 모터 코일 핀과의 연결을 보여주고 있다. 그림처럼 중간 탭이 있어 6선이 나온 경우 탭을 제외하고 연결하면 된다. 여기서 주의할 점 중에 하나는 같은 1번 코일 1A, 1B를 반대로 연결해도 모터는 회전을 하지만 단지 반대로 회전할 뿐이며 2A, 2B도 마찬가지이다. 따라서 극성을 맞춰보려고 노력할 필요는 없고 연결하여 돌려보고 원하는 방향이 아니면 코일 하나의 두 핀을 바꾸기만 하면 된다. 그러므로 모터의 4선 또는 6선 중 어떤 선이 두 개의 코일을 구성하는지를 찾는 것이 중요하다. 그런데 어렵게 구한 스텝 모터가 선만 나와 있고 데이터 시트도 없다면 두 개의 코일을 찾는 것이 문제일 것이다. 이 경우 멀티미터(Multi-meter)를 이용하여 수 Ω 단위의 낮은 저항을 갖는 쌍을 찾으면 1개의 코일을 찾은 것이고 6선의 경우 대략 저항이 절반이 되는 것과 아닌 것으로 찾으면 된다.

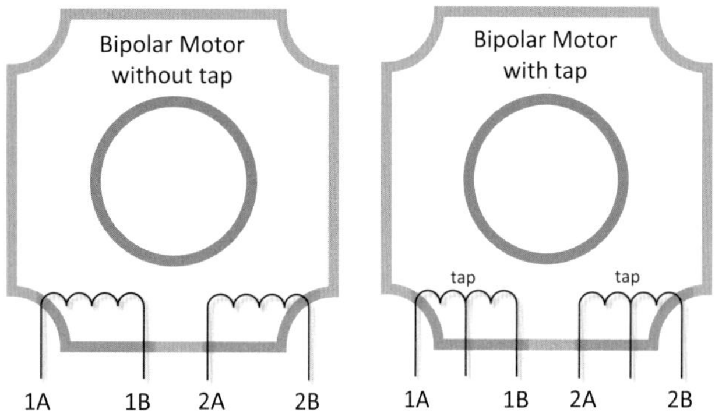


**그림 19-7** ▸ DRV8825와 2상 바이폴라 모터와의 결선

DRV8825 모듈의 기타 다른 핀에 대한 설명은 표 19-1에 요약하였다.

**표 19-1** ▸ DRV8825 모듈의 핀들의 정의

| 핀 이름 | 입출력 | 설명 | Active |
|---|---|---|---|
| Enable_ | 입력 | • Low를 입력하면 모터 구동을 활성화함<br>• 내부 풀다운으로 기본이 활성화 상태 | Low (pulldown) |
| Fault_ | 출력 | • 과전류, 칩의 과열, 저전압 등이 발생하면 칩이 Low를 출력하여 Fault를 알림 | Low Output |
| Reset_ | 입력 | • Low를 입력하면 오류 상태를 지우고 드라이브를 초기화<br>• Fault 발생시 복구용<br>• 내부 풀다운으로 기본이 리셋 상태 | Low (pulldown) |
| Sleep_ | 입력 | • Low를 입력하면 저전력모드로 진입<br>• 내부 풀다운으로 기본이 저전력모드 | Low (pulldown) |
| 전류 조절 POT | 입력 | • 스크류 드라이버로 모터에 인가될 기준 전류 조절<br>• 모터의 용량에 따라 조절 필요 | |

### 마이크로 스텝 설정

원하는 마이크로 스텝 분해능을 설정하기 위해서는 표 19-2을 참조하여 모듈 좌측의 마이크로 스텝 선택핀 Ms1~Ms3을 표의 논리대로 0(GND) 또는 1(5V)로 설정하면 된다. 여기서 분해능이란 1 스텝을 얼마나 작게 분할하여 사인 코사인 테이블 값을 적용하는가의 의미가 되는데, 예를 들어 스텝 각이 1.8°인 모터에서 1/8을 선택하면 1.8/8 = 0.225°의 분해능으로 더 정밀한 각도로 제어할 수 있게 되는 것이다.

**표 19-2** ▸ DRV8825 모듈의 마이크로 스텝 설정

| Ms1 | Ms2 | Ms3 | Resolution |
|---|---|---|---|
| 0 | 0 | 0 | 1 |
| 1 | 0 | 0 | 1/2 |
| 0 | 1 | 0 | 1/4 |
| 1 | 1 | 0 | 1/8 |
| 0 | 0 | 1 | 1/16 |
| | all others | | 1/32 |

하지만 앞서 설명한 바와 같이 프로세서가 출력할 수 있는 펄스 속도가 제한되기 때문에 너무 분해능이 과다하면 정밀도는 좋아지지만 고속 회전이 불가능하다.

### 전원 관련 주의 사항

DRV8825 모듈의 전원과 모터 전류에 대한 다음 두 가지 사항에 주의해야 한다.

(1) DRV8825 모듈은 8V에서 45V 범위의 모터 전원을 요구하기 때문에 작은 모터를 사용하더라도 Mbed 보드에서 제공하는 5V 또는 3.3V의 전원은 동작이 안되고 별도 전원을 공급해 줘야 한다. (2) 스텝 모터는 정지 시에도 코일에 설정한 만큼의 전류를 흘리고 있기 때문에 모터가 뜨거워질 수 있다. 모터의 사양에 따라 좌측 상단의 반고정 저항을 돌려 적절한 전류가 흐르도록 조정해 주어야 한다. 즉 이 값이 너무 작으면 모터가 돌지 않고 돌아도 쉽게 탈조가 난다. 반면에 이 값이 너무 크면 모터가 뜨거워진다.

## 19.2_ 스텝 모터 구동 클래스 설계

스텝 모터를 실습의 목표대로 구동하기 위하여 실습에서 사용하고 있는 DRV8825 드라이버에 맞도록 DRV8825 클래스를 그림 19-8과 같이 설계하였다.

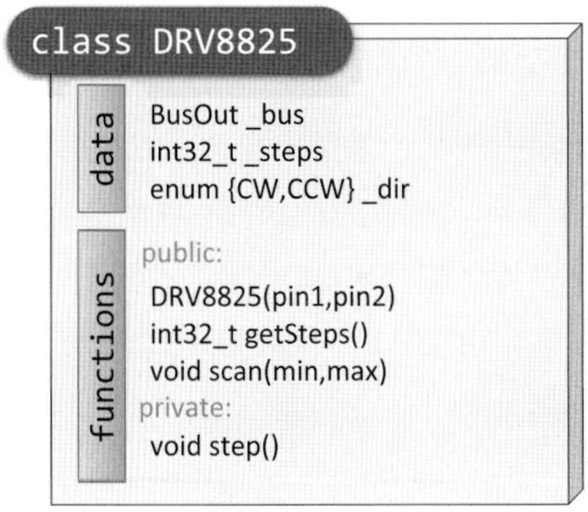


**그림 19-8** ▸ DRV8825 클래스의 설계

제작하려는 클래스의 멤버 데이터와 함수는 다음과 같이 구성하였다.

### 멤버 데이터

- _bus: BusOut 객체이며 생성 시 DRV8825의 Pule, Direction핀을 지정한다.
- _steps: 모터의 회전 스텝 수를 의미하고 결국 모터 회전 각도와 마찬가지이다.
- _dir: 회전 방향을 나타내는 enum 객체이며 CW 또는 CCW 값을 갖는다.

### 멤버 함수

- DRV8825(pin1, pin2): DRV8825 객체를 생성하는 생성자이고 pin1은 Direction핀, pin2는 Pulse핀을 지정한다.
- getSteps(): 현재 스텝 수를 반환하는 함수이다.
- scan(min, max): 스텝 수 min과 max 사이를 왕복하게 하는 함수이다.
- step(): 스텝 동작을 내부적으로 진행하는 함수로 Direction과 Pulse핀을 직접 바꿔나간다.

이 DRV8825클래스 내부에는 BusOut 객체 _bus가 멤버 변수로 정의되어 있는데 그림 19-9와 같이 하위 비트인 b0는 Pulse핀 그리고 상위 비트인 b1을 Direction핀으로 할당하고 있다. 객체 _bus를 통하여 _bus=0b01 이런 식으로 한꺼번에 Direction과 Pulse핀을 지정할 수 있어 편리하다.

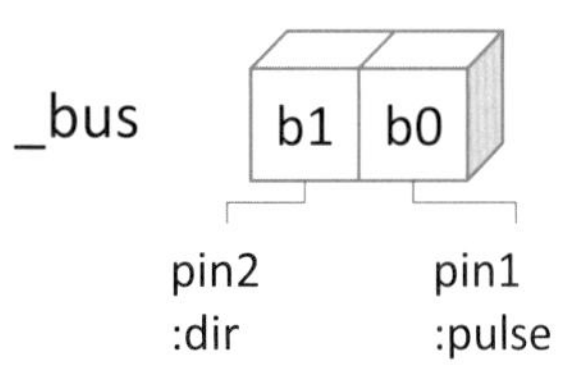


**그림 19-9** ▸ BusOut 객체 _bus의 비트 구성

### 클래스 코드

설계된 DRV8825 클래스의 코드는 코드 19-1과 같다. 먼저 생성자를 살펴보면 매개변수 pin1은 Pulse핀 그리고 pin2는 Direction핀으로 받아들였다. 여기서 눈여겨봐야 하는 부분이 멤버 데이터 _bus이며 생성자가 실행되기 전까지는 핀을 모르기 때문에 임시로 인수가 없이 선언되어 있다. 따라서, 생성자가 실행될 때 멤버 초기화 리스트에 적어 pin1, pin2로 확정지었다. 일종의 예약을 확정하는 것이라 볼 수 있다. 그리고 생성자에서는 _dir과 _steps를 초기화하였다. 다음으로 scan 함수를 살펴보자. 여기서는 step_min과 step_max를 파라미터로 받아 이

두 구간을 왕복하는 코드를 작성하는 것이다. 이 함수는 기본적으로 main 함수에서 일정한 주기로 호출되어야 하는 함수이다. 마지막 줄에 있는 step 함수는 모터를 한 스텝 회전시키는 함수이며 if문은 모터 스텝의 상한과 하한에 도달하면 방향을 바꾸는 함수이다. 마지막으로 실제 펄스와 방향 핀에 신호를 발생시키는 step 함수이다. 이 함수는 private 함수이므로 클래스 내부에서만 호출이 가능하다. 여기서 모터의 방향을 '?' 연산자로 판단하여 펄스 핀을 1us 동안 1로 만들고 다시 0으로 만드는 것이 핵심이다. 즉 방향이 CCW, 즉 1이라면 0b11을 1us 동안 유지하다가 0b10이 된다.

**코드 19-1** | DRV8825클래스의 코드

```
class DRV8825 {
    BusOut _bus;
    enum {CW=0,CCW=1} _dir;
    int32_t _steps;
  public:
    DRV8825(PinName pin1, PinName pin2): _bus(pin1,pin2){
        _dir =CW; _steps=0;
    }
    int32_t getSteps(){ return _steps;};
    void step(){
        _bus= _dir? 0b11:0b01;
        wait_us(1);  //minimum pulse width
        _bus= _dir? 0b10:0b00;
        _steps+= _dir? -1: 1;  // updating current steps
    }
    void scan(int32_t step_min,int32_t step_max){
        if (_steps>=step_max)
            _dir =CCW;
        else if (_steps<=step_min)
            _dir=CW;
        step();
    }
};
```

## 19.3_ 스텝 모터 구동 프로젝트

### 프로젝트 목표

아래과 같은 설정으로 스텝 모터를 일정한 속도로 각도 0°에서 180°까지 왕복하는 프로그램을 작성한다.

- 스텝 모터의 스텝 각은 0.9°로 한다(즉, 1회전당 400스텝).
- 마이크로 스텝은 1/32로 정한다.
- 모터의 회전 속도는 초당 50스텝으로 한다.
- Button을 누르면 동작을 시작하고 다시 누르면 정지하도록 한다.

### 프로젝트 장치

그림 19-10와 같이 Nucleo F401RE, DRV8825 모듈, Step motor(스텝 각 0.9°, 회전당 400 스텝)가 필요하다.

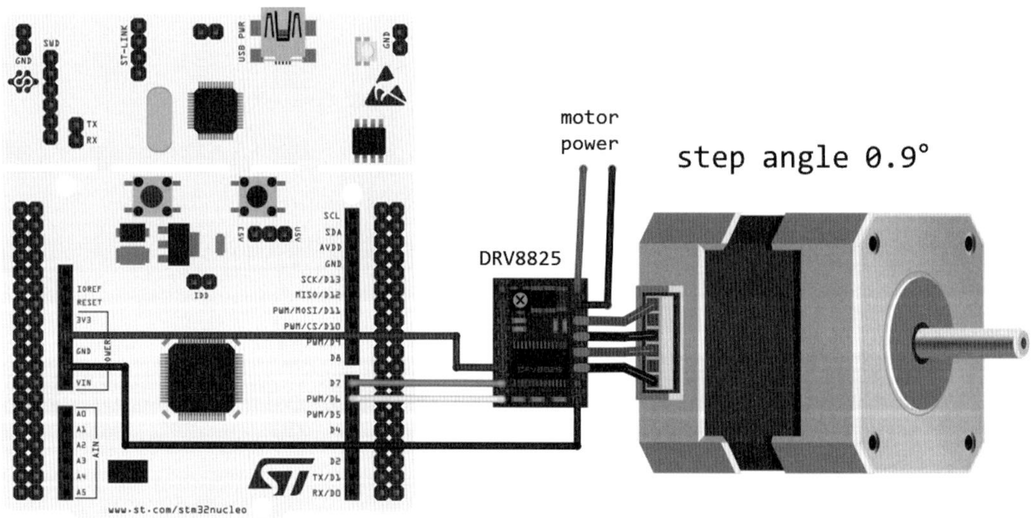


**그림 19-10** ▸ 프로젝트용 스텝 모터 구동 장치

- 결선

스텝 모터 구동 장치에서 DRV8825 모듈의 주요 결선은 표 19-3과 같다.

**표 19-3** ▶ DRV8825 모듈의 결선

| DRV8825 | Nucleo | Comment |
|---|---|---|
| GND | GND | |
| Direction | D6 | Nucleo → DRV |
| Pulse | D7 | Nucleo → DRV |
| Sleep | 5V | Nucleo → DRV |
| Enable | - | Nucleo → DRV |
| Fault | - | DRV → Nucleo |
| Reset | 5V | Nucleo → DRV |
| Ms1,Ms2,Ms3 | 5V | Micro-step Setup |

## 프로젝트 코드

DRV8825를 이용한 스텝 모터 구동 프로젝트의 프로그램을 크게 정의부와 main 함수부 코드로 나누어 설명한다.

● 정의부 코드

코드 19-2와 같이 먼저 DRV8825 클래스를 사용하기 위하여 해당 헤더 파일을 include하였다. 그 다음에 있는 전처리 명령 #define문들은 모터 관련 상수들을 지정하고 계산하기 위한 것이다. 먼저 MOTOR_STEPS_PER_REV는 말 그대로 회전당 모터의 스텝 수이다. 본 실습에서는 400스텝의 모터를 사용하였으나 일반적인 하이브리드 모터는 200이므로 그 경우 200으로 지정하면 된다. 그 다음의 MICRO_STEP_DIV는 DRV8825에 설정한 마이크로 스텝의 분할수이며 여기서는 32이다. 그림 19-11에서 보는 바와 같이 DESIRED_STEPS_PER_SEC는 원하는 속도에 해당하며 20ms에 1씩 즉 초당 50스텝의 속도로 지정하였다. 그런데 32 마이크로 스텝을 사용하였기 때문에 초당의 마이크로 스텝수는 32를 곱해야 한다. 따라서 초당 32*50=1600 마이크로 스텝이 나온다. 그 다음은 초당 1600개의 펄스를 내려면 몇 마이크로초 간격으로 펄스를 내야 하는지를 계산한 것이 SAMPLE_TIME이고 이는 625us로 계산된다.

**코드 19-2** 정의부 코드

```
#include "mbed.h"
#include "DRV8825.h"
#define MOTOR_STEPS_PER_REV 400      // 모터 회전당 기본 스텝수
#define MICRO_STEP_DIV 32            // 마이크로 스텝 분할수
```

```
#define MICRO_STEP_PER_REV (MOTOR_STEPS_PER_REV*MICRO_STEP_DIV)
//회전당 총마이크로스텝
#define DESIRED_STEPS_PER_SEC   (1000/20)                     //50
#define DESIRED_MICRO_STEPS_PER_SEC  (32*DESIRED_STEPS_PER_SEC) // 1600
#define SAMPLE_TIME (1000000L/DESIRED_MICRO_STEPS_PER_SEC)   //625
#define MAX_STEP (MICRO_STEP_PER_REV/2)   // Half revolution
Serial pc(USBTX,USBRX,115200);
InterruptIn bot(BUTTON1);
DigitalOut led(LED1);
volatile bool f_run=false;
Timer tmr;
DRV8825 stepper(D3,D2);
void botPress(){      // Stop by pressing button
    f_run=!f_run;
}
```

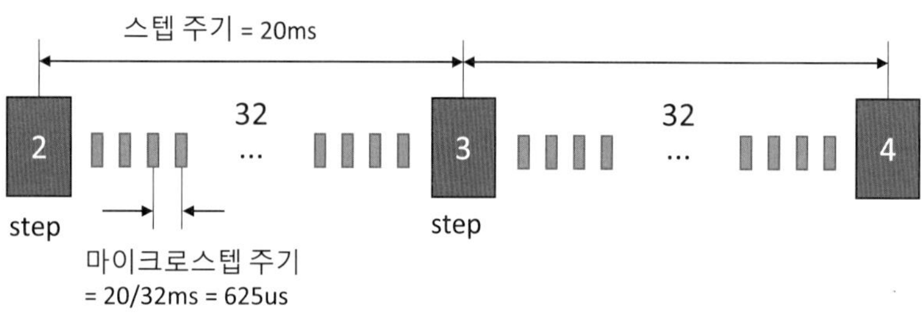


**그림 19-11** ▸ 스텝 주기와 마이크로 스텝 주기

다음은 Serial 객체 pc를 만들고 보오 레이트를 115200로 잡아 스텝을 20ms마다 전송하는데 무리가 없도록 하였다. InterruptIn 객체 bot를 만들어 기본 푸시 버튼 BUTTON1을 지정하였다. 이 버튼은 모터의 작동과 정지를 누를 때마다 반전되게 하는 역할이다. 기본 LED인 LED1을 DigitalOut 객체 led로 선언하였으며 bool형의 f_run을 모터의 작동 여부를 표시하는 플래그로서 선언하였다. 마이크로 스텝의 주기를 정확하게 측정하여 다음 단계로 넘어가기 위하여 Timer 객체 tmr을 생성하였다. 마지막으로 D2핀을 Pulse, D3핀을 Direction핀으로 지정하여 DRV8825 객체 stepper를 생성하였다. bot_press 함수는 버튼이 눌리는 순간 동작하는 콜백 함수로서 여기서 플래그인 f_run을 반전시킨다.

## ● main 함수부 코드

**코드 19-3** main 함수부 코드

```
int main() {
    bot.fall(&botPress);
    tmr.start();
    while(1) {
        if (tmr.read_us()>SAMPLE_TIME){
            tmr.reset();  // time = 0
            if (f_run){
                stepper.scan(0,MAX_STEP);
                int32_t steps=stepper.getSteps();
                if (steps%MICRO_STEP_DIV==0){
                    led=!led;
                    pc.printf("step= %d\n",steps/MICRO_STEP_DIV);
                }
            }
        }
    }
}
```

코드 19-3은 main 함수부의 코드인데 먼저 bot 객체의 fall 함수로 하강 에지에 대한 콜백 함수 bot_press를 지정하였다. 그리고 시간 측정을 위한 타이머인 tmr 객체를 start 함수로 시작하였다. while 루프에서는 그림 19-12와 같이 먼저 정확하게 SAMPLE_TIME마다 반복하여 마이크로 스텝이 진행되도록 if문을 이용하여 tmr 객체의 read_us 함수로 읽은 us 단위의 현재 시간이 SAMPLE_TIME을 초과하는지 확인한다. 이 시간을 초과하면 if문 내부로 들어오고 이때 곧바로 reset 함수를 이용하여 시간을 0으로 초기화를 한다. 따라서 이 시점부터 시간이 SAMPLE_TIME에 도달했을 때만 들어온다.

**그림 19-12** ▸ 일정한 샘플 시간마다 반복하는 코드

Timer 객체를 이용한 이 구조는 일정한 시간 간격을 유지하면서 작업을 할 때 매우 유용하다. 그 다음은 내부의 if문은 일정 시간(SAMPLE_TIME)마다 체크를 하는 경우가 되고 현재 작동 플래그 f_run에 따라 스텝을 진행할지 말지를 판단한다. 만일 f_run이 true라면 stepper 객체의 scan 함수를 구동시켜 매 샘플마다 마이크로 스텝이 진행되도록 한다. 이 실습의 샘플 주기가 625us이므로 모든 스텝을 프린트하면 너무 빠르다. 따라서 getSteps 함수로 현재 스텝값을 읽고 이 값이 32의 배수인 경우마다 찍게 하여 전송량을 줄였다. 그리고 전송되는 스텝값도 32로 나눈 값을 printf 함수로 찍었다.

## 프로젝트 결과

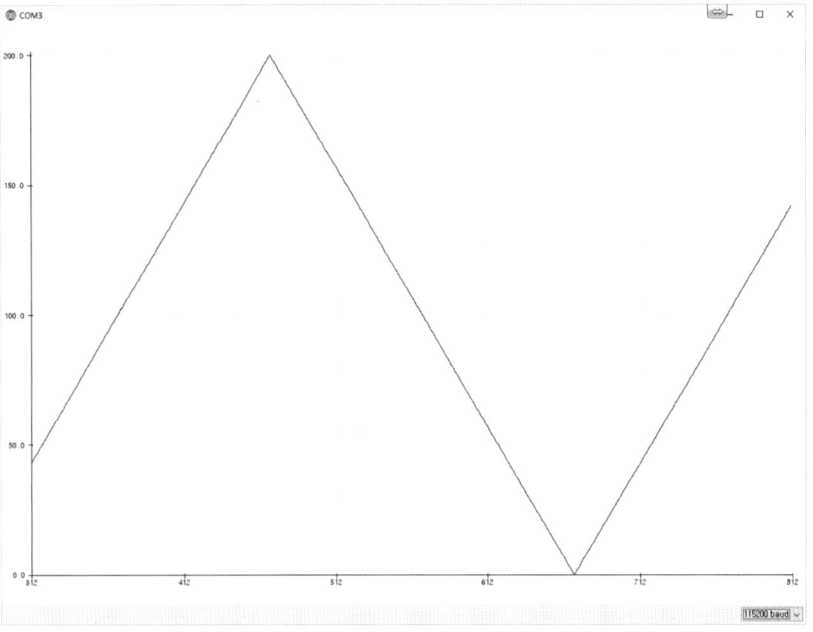


**그림 19-13** ▸ 스텝 모터 구동 스텝값

그림 19-13의 그래프는 아두이노 IDE의 Serial Plot 기능을 이용하여 스텝값을 플롯한 것이다. 스텝값이 0에서 200사이 즉 0°에서 180°사이를 정확하게 선형으로 왕복하는 것을 알 수 있다.

CHAPTER 20

# 인코더 읽기 프로젝트

이 장에서는 변위나 속도를 측정하는데 널리 사용되는 증분식 인코더(Incremental encoder)의 펄스를 읽는 Mbed용 카운터 라이브러리를 만들고자 한다. 라이브러리 제작에 앞서 기본적인 인코더의 분류와 원리를 설명할 것이다. 이 라이브러리를 이용하면 정밀한 속도 또는 위치 제어를 직접 Mbed에서 구현할 수 있게 된다.

## 20.1_ 인코더의 개요

직선운동이나 회전운동에 따라 디지털 펄스가 발생하도록 하고 이를 이용하여 직선 또는 회전의 변위와 위치를 측정하기 위한 센서이다. 인코더라고 불리는 배경은 운동이 발생하면 코드 휠이 회전을 하여 코드화된 정보가 나온다는 의미이지만 모션 센서로서의 인코더는 정보 분야에서 사용하는 암호화 또는 부호화를 하는 장치인 인코더와는 구별해야 할 것이다.

### 인코더의 분류

표 20-1과 같이 일반적인 인코더의 분류는 보는 4가지의 관점에 따라 24종류가 나올 수 있다.

**표 20-1** ▸ 4가지 관점에서 본 인코더의 분류

| View Point | Types | Comment |
|---|---|---|
| Linear / Angular<br>선형 / 회전형 운동 | Rotary | 회전변위 즉 각도 정보를 출력 |
| | Linear | 직선변위를 측정 |
| Reference of Quantity<br>출력의 기준 | Absolute | 절대 위치정보를 출력 |
| | Incremental | 초기 위치에 대한 상대위치정보를 출력 |
| Principles of measure<br>측정의 원리 | Optical | 빛을 이용하는 방법이며 LED와 광센서 사용 |
| | Magnetic | 자기력을 이용하고, 영구자석과 홀(Hall)센서 사용 |
| Type of output<br>출력의 형태 | Push-Pull | 출력을 0V 또는 5V의 펄스로 출력 |
| | Open collector | TR의 콜렉터 단자를 제공함으로 사용자가 직접 원하는 전압을 풀업(pull up)해서 사용 |
| | Line drive | High 상태는 5V이지만 Low에서는 플로팅 |

예를 들어 TTL 출력 Rotary incremental magnetic 인코더가 있다면 이를 해석해보자. 먼저 출력 펄스가 TTL 로직으로 나온다는 것을 알 수 있으며 직선이 아니고 회전각도를 측정하는 것이며 출력하는 위치는 초기 위치에 대하여 상대적이라는 것을 알 수 있다. 마지막으로 이 센서의 측정원리는 자기력을 사용하고 있다는 것을 알 수 있다.

### 절대식과 증분식

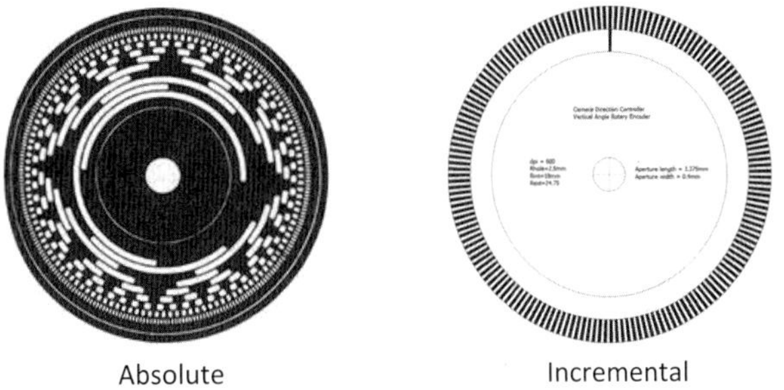


**그림 20-1** ▸ 절대식과 증분식 인코더의 코드 휠

그림 20-1은 광학식 인코더의 코드 휠(wheel)의 예이다. 절대식 코드 휠은 중심에서부터 원주 방향으로 선을 긋고 그 선을 따라 빛의 반사나 투과방식으로 코드를 읽는다. 흰색이 0 검은색이 1이라면 하나의 코드가 특정 각도에 대하여 읽혀지는데 이를 해석하면 해당 각도를 얻을 수 있다. 증분식의 경우 원주를 따라 반사식은 검은 띠, 투과식은 좁은 구멍인 슬릿(slit)이 배치되어 있는데 여기에 LED로 빛을 쏘고 광센서로 빛을 받는 구조로 되어있다. 투과식 인코더의 경우 자세한 원리를 다음 그림에서 확인할 수 있다.

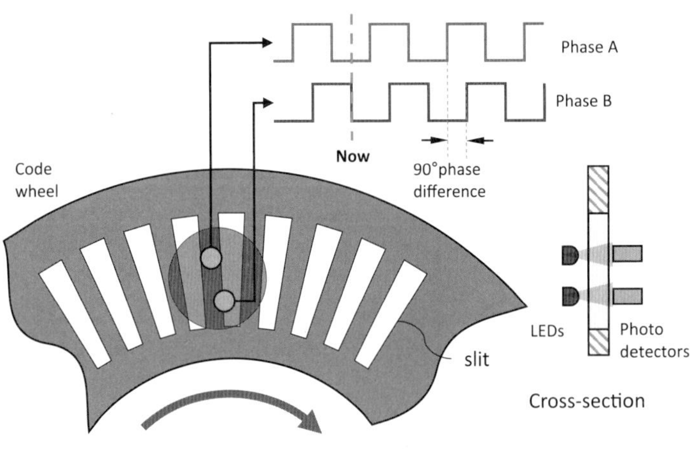


**그림 20-2** ▸ 광학식 증분 인코더(Optical Incremental Encoder)

그림 20-2와 같이 코드 휠의 후면에는 LED 그리고 전면에는 광센서가 짝으로 두 조가 설치되

어 있다. 축이 회전하면서 슬릿을 통하여 빛이 통과했다가 차단되면서 광센서에 펄스를 발생시킨다. 그런데 두 조가 슬릿을 기준으로 90° 위상만큼 차이가 나게 배치되어있다. 따라서 그림의 파형을 보면 코드 휠이 시계 방향으로 회전할 때 A상(Phase A)의 파형이 B상에 비하여 90° 위상만큼 앞서서 나온다. 여기서 매우 중요한 사실은 코드 휠을 반시계 방향으로 회전시키면 반대로 B상이 앞서 나오게 된다는 것이다. 이러한 회전 방향에 따른 A, B상 간의 위상차가 서로 달라지는 것을 이용하여 회전 방향을 감지한다. 이것이 위상차를 갖는 두 조의 광센서를 이용하는 이유이다.

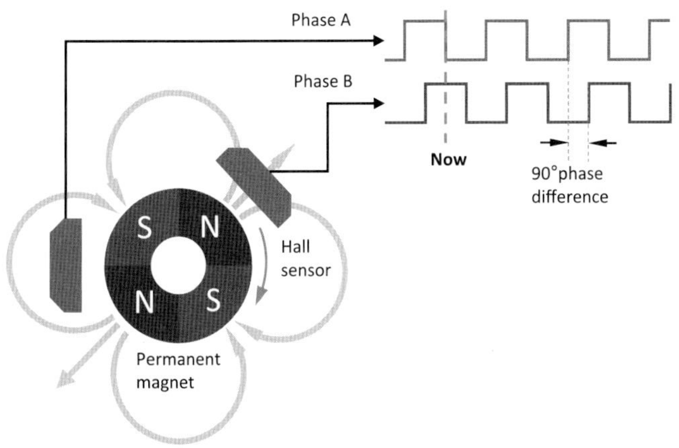


**그림 20-3** ▸ 자기식 증분 인코더(Magnetic Incremental Encoder)

그림 20-3은 광학식 인코더와 같은 기능을 하는 자기식 인코더다. 이때 그림처럼 코드휠은 자성이 회전각도에 따라 대칭적으로 바뀌는 영구자석을 사용하고 있다. 또한 광센서 대신에 홀센서(Hall effect sensor)를 2개를 이용하고 있다. 이 홀센서의 패키지 전면에서 후면으로 자기력선이 지나가면 HIGH가 출력되고 그렇지 않으면 LOW가 출력된다. 여기서도 A, B상의 파형이 광학식과 마찬가지로 90° 위상차를 가지려면 두 개의 홀센서가 45° 각도를 가져야 하지만 센서 설치의 간섭을 피하기 위하여 두 센서를 135° 각도로 배치하였다. 따라서 MCU 입장에서는 광학식이나 자기식이나 A, B상의 위상차로 방향을 얻고 두 상 중 하나를 카운트하면 되기 때문에 프로그램이 완벽하게 같다.

**참고**

### 홀 효과(Hall effect)

그림 20-4와 같이 금속판에 일정한 직류 전류를 흘린다. 이 때 전자들이 금속판의 정중앙으로 흘러가기 때문에 전류 흐름과 직각방향의 양끝단의 전위차 $v_h$는 0이 된다. 그런데 이 판에 자기력선 B를 가하면 판을 흐르는 전자의 진행 경로가 바뀐다. 이런 전자의 편향 때문에 전류방향에 수직한 금속판 양단에 전위차 $v_h$가 발생하며 이를 이용하여 자기력선의 세기와 방향을 알 수 있다.

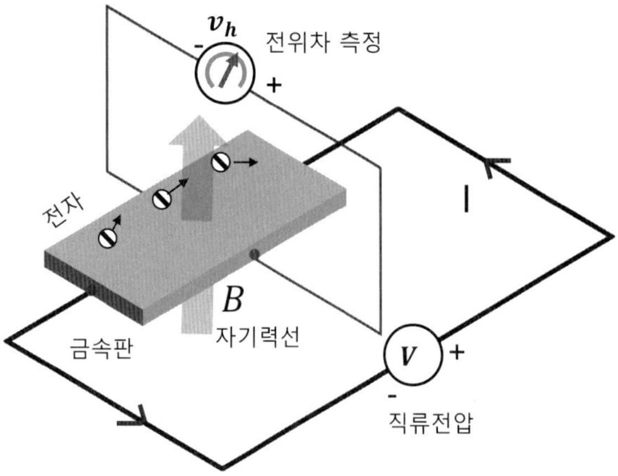


그림 20-4 ▸ 홀 효과(Hall Effect)

### 인코더 펄스 해독 방법

인코더에서 출력되는 A, B상의 신호만을 가지고 회전 방향과 카운트 값을 산출하는 알고리즘을 설명하고자 한다.

> **팩트**
>
> "두 개의 디지털 신호선이 가질 수 있는 어떤 시점의 상태는 항상 4종류이다."
>
> 각각의 신호선이 디지털이기 때문에 어떤 순간에도 0과 1만을 가질 수 있다. 그러므로 이 두선의 상태의 조합은 언제나 00, 01, 10, 11 중에 하나가 된다.

위의 사실에 의하여 인코더의 A, B상이 가질 수 있는 모든 조합을 살펴보자.

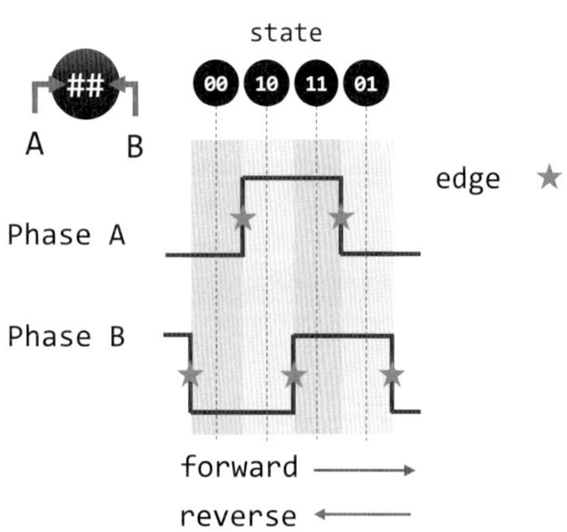


그림 20-5 ▸ A, B상 신호가 가질 수 있는 4개의 상태

그런데 그림 20-5의 파형을 관찰하면 인코더가 정방향(forward)으로 회전하면 (AB)코일의 상이 (00) (10) (11) (01)로 순차적으로 바뀌고 역방향으로 회전하면 이 상태가 반대로, 즉 (01) (11) (10) (00) 순으로 바뀐다는 것을 알 수 있다. 물론 이 순서는 계속 순환하면서 반복한다. 이런 규칙이 깨지는 경우, 예를 들어 (00)에서 곧바로 (11)로 바뀌는 것은 정상적으로 있을 수 없는 상황이고 처리 속도, 잡음 또는 신호선의 문제가 발생한 경우가 된다. 실제 인코더 카운트를 MCU로 구성한 경우 처리능력에 비하여 인코더의 펄스 발생 속도가 너무 빠르면 이 오류가 너무 많아 하드웨어 칩을 이용해야 한다.

**표 20-2** ▸ 에지로 판단하는 AB상의 변화

| 회전 | A상 에지 | B상 에지 | 변화(좌 → 우) | |
|---|---|---|---|---|
| 정방향 | 상승 | | 00 | 10 |
| | | 상승 | 10 | 11 |
| | 하강 | | 11 | 01 |
| | | 하강 | 01 | 00 |
| 역방향 | | 상승 | 00 | 01 |
| | 상승 | | 01 | 11 |
| | | 하강 | 11 | 10 |
| | 하강 | | 10 | 00 |

표 20-2에서는 인코더의 신호만 보고 이 4가지 상태가 바뀌는 시점을 어떻게 알 수 있는지를 정리하였다. 예를 들어, 현재 A, B상의 상태가 00인데 B상에 상승 에지가 발생했다면 당연하게 01 상태로 가는 것이며 역방향 회전이라는 것을 알 수 있다. 지금까지 설명한 방법은 펄스의 1주기를 90° 간격으로 분할한다는 개념이므로 이를 쿼드러춰 디코딩(Quadrature decoding)이라 부른다.

## 상태도

그림 20-6의 상태도는 A, B상의 4개의 상태를 원으로 표시하였으며 두 신호는 항상 이 중 하나에 존재하는 것을 알 수 있다. 상태가 바뀌는 것을 천이(Transition)라고 하는데 이것은 화살표로 표시하였다. 사각형 박스는 그때 해야할 일을 표시한 것이다. 코드 휠이 정방향으로 회전한다고 가정하면 앞의 파형에서 설명한 바와 같이 인코더 count 값이 상태 하나가 바뀔 때마다 1씩 증가해야 한다. 이를 사각형 ++로 표시하였다. 반대방향으로 회전하면 count값을 1씩 감소시켜야 하기 때문에 사각형 --로 1 감소시키는 것을 표현한 것이다. 그림에서 보면 2

개의 상태를 한꺼번에 넘어가는 경우가 있는데 항상 90° 위상차를 갖도록 제작된 인코더에서는 정상적으로는 불가능한 천이이므로 오류로 처리한다.

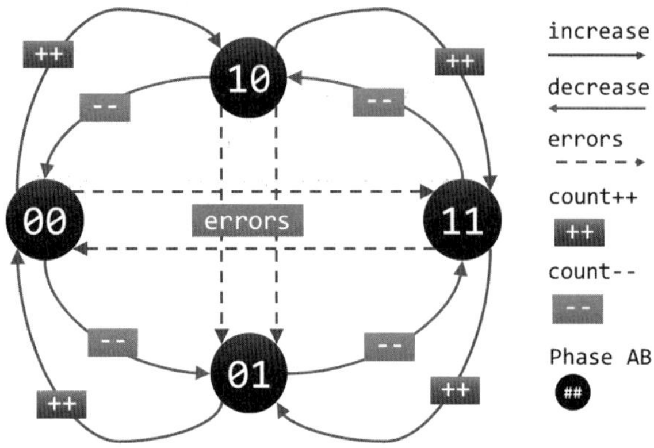


**그림 20-6** ▸ 인코더 펄스 해독의 상태도

## 인코더 파형의 예

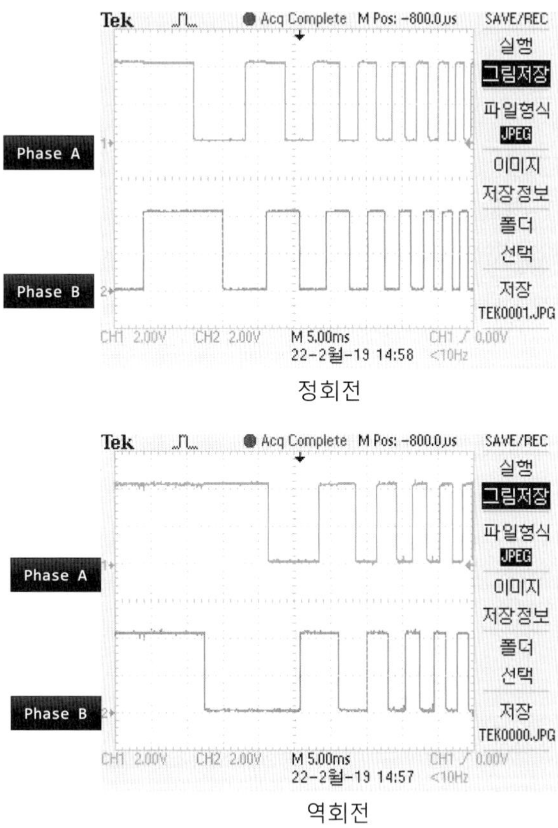


**그림 20-7** ▸ 인코더 A, B상 파형의 예

그림 20-7의 파형을 보고 파악할만한 포인트는 정회전의 경우 항상 A상이 B상에 비하여 90° 만큼 위상이 앞서는 것이며 역회전은 그 반대인 것이다. 앞서 설명한 것처럼 이 정보로 방향을 알게 되고 펄스의 개수로 각도를 알게 된다. 그리고 펄스의 주기가 점점 짧아지는 것은 회전 속도가 빨라지는 것이다.

## 20.2_ 인코더 라이브러리 만들기

### 클래스의 설계

그림 20-8과 같이 인코더의 펄스를 카운트하는 QEncoder 클래스를 설계하였다.

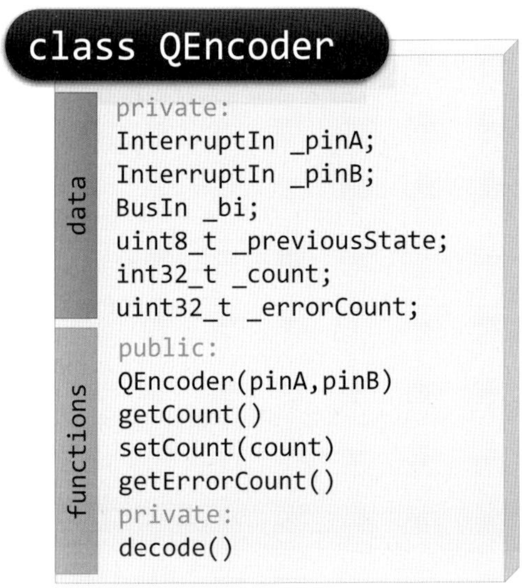


**그림 20-8** ▸ QEncoder 클래스

### 멤버 변수

- InterruptIn _pinA: 인코더 A상의 에지를 감지하기 위한 InterruptIn 객체이다.
- InterruptIn _pinB: 인코더 A상의 에지를 감지하기 위한 InterruptIn 객체이다.
- BusIn _bi: 인코더 A, B상의 현재 상태를 버스 형태로 한꺼번에 읽기 위한 객체이다.
- uint8_t _previousState: 이전의 AB상의 상태를 정수형으로 보관한다.
- int32_t _count: 인코더 펄스를 카운트한 값을 보관한다.
- uint32_t _errorCount: 인코더 오류 발생 횟수를 누적하여 보관한다.

여기서 _pinA, _pinB는 인코더의 A, B상에 대한 에지를 감지하는 객체이다. 그리고, 여기서는 특별하게 상태도에서 배웠던 상태 (00), (01) 등을 직접 핀으로부터 한꺼번에 버스의 형태로 읽어 사용하고자 BusIn 클래스의 객체 _bi를 사용하고 있다. _previousState는 이전의 상태를 보관하는 변수이다.

### 멤버 함수

- QEncoder(pinA, pinB): 클래스의 생성자로서 인코더 A, B상의 핀을 할당한다.
- getCount(): 현재의 카운트 값을 반환하는 함수이다.
- setCount(count): 현재의 카운트 값을 강제로 지정하는 함수이다.
- getErrorCount(): 발생 인코더 오류의 총 횟수를 반환하는 함수이다.
- decode(): 내부적으로 상태 해석을 통하여 카운트를 하는 함수이다.

생성자인 QEncoder는 A, B상 각각에 대한 Mbed 보드 핀을 할당하며 객체를 생성한다. 현재 인코더 카운트 값을 읽는 함수는 getCount 함수이고 32비트 정수로 카운트 값을 반환한다. getErrorCount는 인코더를 읽을 때 발생한 오류의 총 횟수를 반환한다.

## 클래스의 코드

### 생성자와 초기화 함수

QEncoder 클래스의 생성자와 초기화 함수의 코드는 코드 20-1과 같다.

**코드 20-1** | QEncoder 클래스의 생성자와 초기화 함수

```
/* Qencoder Version 1.0 */
#pragma once  //instead of safe include guard
#include <mbed.h>
extern DigitalOut led1;
class QEncoder {
    public:
    QEncoder(PinName pinA, PinName pinB)
     : _pinA(pinA), _pinB(pinB),_bi(pinA,pinB){}
    void init()    {  //assign callbacks for all edges
        _pinA.rise(callback(this, &QEncoder::decode));
        _pinA.fall(callback(this, &QEncoder::decode));
        _pinB.rise(callback(this, &QEncoder::decode));
        _pinB.fall(callback(this, &QEncoder::decode));
        _previousState = _bi;
        _count = 0;
        _errorCount=0;
    }
```

이 코드에서 주의 깊게 봐야할 코드 중에 하나는 생성자이다. 멤버 객체로서 InterruptIn 객체 _pinA, _PinB와 BusIn 객체 _bi를 가지고 있는데 구체적으로 핀 할당이 되지않은 일종의 가계약 상태이다. 따라서 생성자의 멤버 초기화 리스트 즉, ':'에서 '{' 사이에서 이들을 확정시켜야 한다. QEncoder 클래스의 객체를 생성할 때 인수로서 A, B상에 해당하는 pinA와 pinB를 지정하였기 때문에 이를 이용하여 각각의 객체에 핀을 할당하였다. 그 다음에 init 함수를 살펴본다. 본격적 동작을 시작하기 위해 설정을 하는 부분이며 먼저 _pinA, _pinB 객체에 각각 fall, rise 멤버 함수를 이용하여 A, B상의 상승 및 하강 에지 발생 시 호출될 콜백 함수를 지정하는 4개의 문장이 있다. 콜백 함수로 모두 decode를 지정하였으며 A, B상 핀에 상승 또는 하강 에지가 발생되면 상태의 변화가 일어났다는 판단을 하고 상태 변화를 해석하여 카운트 값의 증감을 하겠다는 것이다. 이전 상태를 보관하는 _previousState 변수에 현재 A, B상을 _bi 객체를 통하여 읽어 대입시켜 초기 상태를 저장시키는 것이다. 그 다음에는 카운트 값 _count와 오차의 총 누적 수인 errorCount값을 모두 0으로 초기화하였다.

### 읽기 함수와 멤버 데이터

QEncoder 클래스의 읽기 함수와 멤버 데이터의 선언은 코드 20-2와 같다.

**코드 20-2** | QEncoder클래스의 읽기 함수와 멤버 데이터의 선언

```
    int32_t getCount()     {
        return _count;
    }
    void setCount(int32_t EncoderVal){
        _pinA.disable_irq (); _pinB.disable_irq ();
        _count = EncoderVal;
        _pinA.enable_irq ();_pinB.enable_irq ();
    }
    int32_t getErrorCount()     {
        return _errorCount;
    }
  private:
    InterruptIn _pinA;
    InterruptIn _pinB;
    BusIn _bi;
    uint8_t _previousState;
    volatile int32_t _count;
    volatile uint32_t _errorCount;
```

코드의 첫 번째 함수 getCount는 현재 카운트 값 _count를 반환하는 것이고 setCount는 인

수로 전달된 EncoderVal값으로 카운트 값을 강제로 설정하는 함수이다. 이 함수 내에서 disable_irq를 이용하여 인터럽트를 중지시키고 _count값을 변경하는데 인터럽트로 decode 함수가 실행되어 동시 접근에 의한 오류를 방지하기 위한 것이다. 값을 지정한 후 곧바로 enable_irq를 사용하여 인터럽트를 다시 활성화시킨다. 마지막으로 getErrorCount 함수는 인코더의 오류발생 횟수를 반환한다. 이를 체크하여 이 값이 증가한다면 근본적으로 인코더 펄스 속도가 MCU 처리 속도를 초과하는 상태이거나 접촉 불량 또는 잡음에 영향을 받고있는 것이므로 이에 대한 적절한 대처가 필요하다.

### 해독(decode) 함수

인코더의 상태 변화를 해독하여 카운트 값을 가감시키는 코드는 코드 20-3과 같다.

**코드 20-3** | 해독(decode) 함수

```
    void decode()    {
        uint8_t newState = _bi;
        switch((_previousState << 2) | newState) {
        case 0b0001: // 0x01 PREV|CURR
        case 0b0111: // 0x07
        case 0b1110: // 0x0E
        case 0b1000: // 0x08
            _count --; break;
        case 0b0010: // 0x02
        case 0b1011: // 0x0B
        case 0b1101: // 0x0D
        case 0b0100: // 0x04
            _count ++; break;
        default:
            _errorCount++; break;
        }
        _previousState = newState;
        led1=!led1;
    }
};
```

코드 20-3의 decode 함수는 콜백 함수로서 A 또는 B상 변화가 일어났을 때 호출되는데 그 코드를 살펴보자. 먼저 현재의 A, B상을 _bi객체로 읽어 newState에 저장하였다.

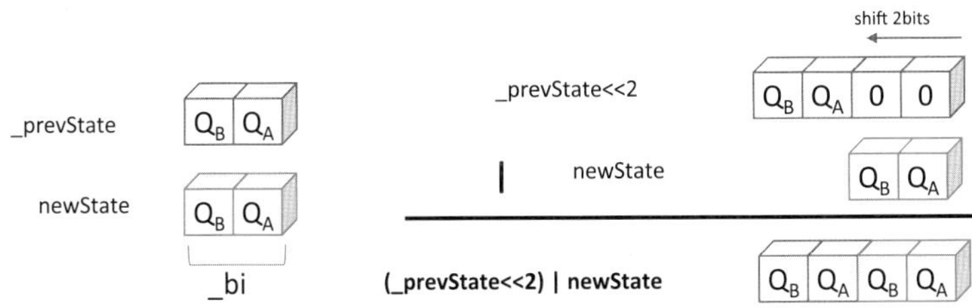


**그림 20-9** ▸ (_prevState<<2) | newState의 계산

이때 그림 20-9는 (_prevState<<2) | newState 부분의 계산을 도식적으로 설명하고 있다. _prevState는 이전의 상태를 의미하는데 이를 좌로 2비트만큼 이동시키고 newSate와 비트별 OR를 하여 4개 비트의 값을 만든다. 이 결과를 가지고 switch문을 이용하여 4비트로 표시된 과거와 현재의 상태의 조합에 따라 카운트 _count를 증가 또는 감소를 결정한다. 상태도에서 언급했던 것처럼 그 이외의 조합은 모두 오류로 처리하여 오류 카운트 _errorCount를 증가시킨다. 여기서 중요한 코드 중에 하나는 맨 마지막에 _prevState 변수에 현재 상태 newState를 대입함으로써 다음 번에 이 함수가 호출될 때 _prevState가 이전 상태를 반영되도록 한다.

## 20.3_ 인코더 프로젝트: 한 개의 인코더 읽기

### 프로젝트 목표

하나의 인코더를 QEncoder 라이브러리를 사용하여 읽어서 그 카운트 값과 누적 오류 횟수를 PC의 터미널에 출력한다.

### 프로젝트 장치

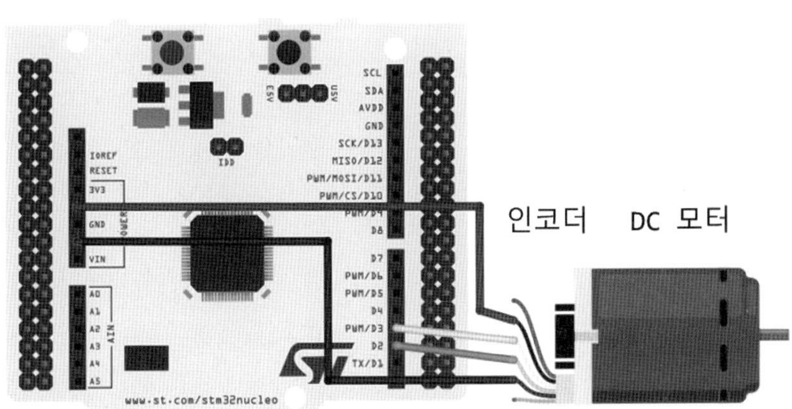


**그림 20-10** ▸ 한 개의 인코더 읽기 프로젝드 장치

### 재료

그림 20-10과 같이 이 프로젝트는 Nucleo F401RE 보드와 자기식 인코더 DC 모터가 필요하다. 프로젝트에 사용할 인코더 모터의 외관과 핀은 아래 그림 20-11과 같다. 이 모터의 영구자석 코드 휠은 1회전당 7개의 펄스가 나오도록 제작되어 있다. 커넥터에 인코더 전원이 2, 5번 핀이고 3, 4번핀에서 각각 A, B상의 펄스가 TTL 방식으로 나온다.

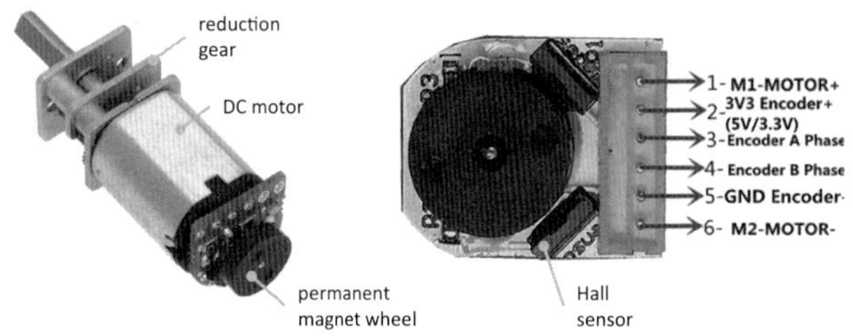


**그림 20-11** ▸ 프로젝트에 사용된 자기식 인코더 모터

### 결선

프로젝트 장치의 Nucleo F401RE 보드와 자기식 인코더의 결선은 표 20-3과 같다.

**표 20-3** ▸ 프로젝트 장치의 결선

| Encoder 핀 | NUCLEO F401핀 | 용도 |
|---|---|---|
| 2 | 5V | 전원 5V |
| 5 | GND | 그라운드 |
| 3 | D2 | A상 |
| 4 | D3 | B상 |

## 프로젝트 코드

프로젝트에 사용된 main 함수 코드는 코드 20-4와 같다. 먼저 QEncoder.h를 포함시켜 라이브러리를 사용할 수 있도록 하고 동작을 표시하기 위하여 DigitalOut 객체 led1을 생성시켰다. 그리고 QEncoder 객체인 enco를 인코더 A, B상의 핀인 D2, D3를 지정하여 생성시켰다. main 함수에서는 init 함수로 객체 enco를 초기화시키고 초기 카운트 값을 setCount 함수로 0으로 설정하였다. 그리고 while 루프에서는 현재의 카운트 값을 getCount 함수로, 오류 횟수를 getErrorCount 함수로 읽어 PC로 출력한다. while루프 내에서 10ms의 주기를 만들기 위하여 wait 함수를 사용하여 시간 지연을 만들었다.

**코드 20-4** | 프로젝트 코드

```
#include "mbed.h"
#include "QEncoder.h"
DigitalOut led1(LED1);
QEncoder  enco(D2,D3);
int main() {
    enco.init();
    enco.setCount(0);
    while(1) {
        printf("count= %d , %d\n",enco.getCount(), enco.getErrorCount());
        wait(0.01);
    }
}
```

## 프로젝트 결과

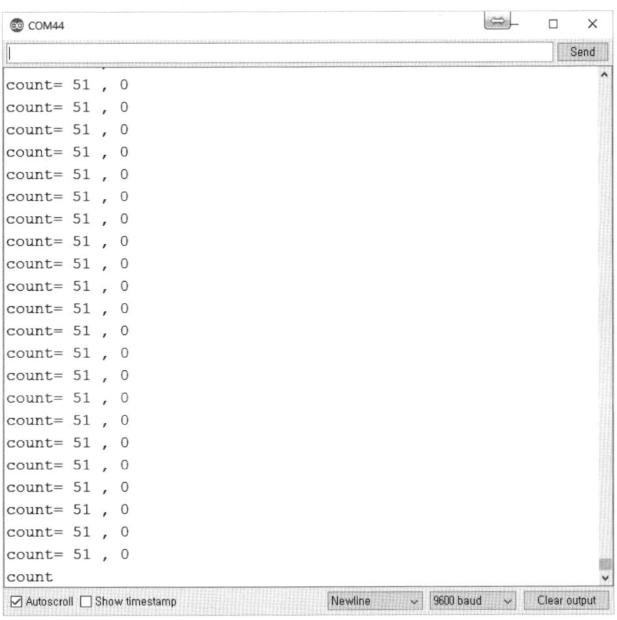


**그림 20-12** ▸ 프로젝트 실행 결과

그림 20-12는 한 개의 인코더 읽기 프로젝트의 실행 결과로서 인코더의 카운트 값과 오류의 누적수를 출력하고 있다.

## 20.4_ 인코더 프로젝트: 두 개의 인코더 읽기

### 프로젝트 목표

QEncoder 라이브러리를 사용하여 두 개의 인코더의 카운트 값을 각각 읽어 PC에 적절한 plot 소프트웨어를 이용하여 그래프로 표시한다.

### 프로젝트 장치

#### 프로젝트 재료

그림 20-13과 같이 Nucleo F401RE 보드와 자기식 인코더 DC 모터 2개가 필요하다.

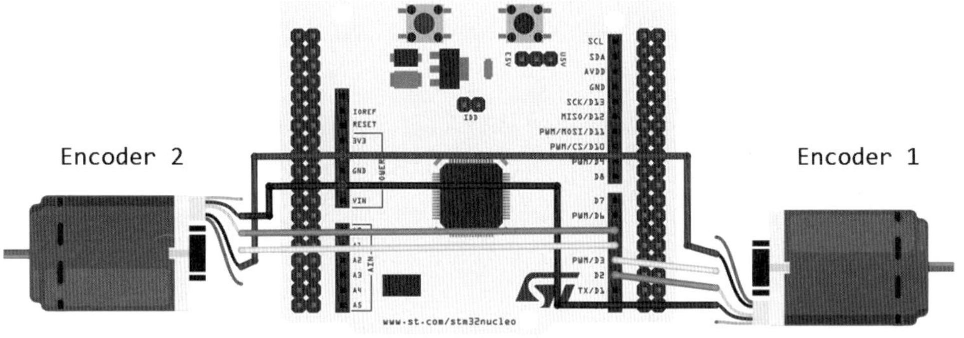


**그림 20-13** ▸ 두개의 인코더 읽기 프로젝트 장치

#### 결선

보드와 두 개의 인코더 사이의 결선은 표 20-4와 같다.

**표 20-4** ▸ 두 개의 인코더 읽기 프로젝트의 결선

| Encoder | 용도 | Encoder 핀 | NUCLEO F401핀 |
|---|---|---|---|
| Encoder1 | 전원 5V | 2 | 5V |
| | 그라운드 | 5 | GND |
| | A상 | 3 | D2 |
| | B상 | 4 | D3 |
| Encoder2 | 전원 5V | 2 | 5V |
| | 그라운드 | 5 | GND |
| | A상 | 3 | D4 |
| | B상 | 4 | D5 |

## 프로젝트 코드

**코드 20-5** | 두 개의 인코더 읽기 프로젝트의 코드

```
#include "mbed.h"
#include "QEncoder.h"
QEncoder enco1(D2,D3);  // encoder1
QEncoder enco2(D4,D5);  // encoder2
DigitalOut led1(LED1);
int main() {
    enco1.init();enco2.init();
    enco1.setCount(0);enco2.setCount(0);
    while(1) {
        printf("A= %d, B= %d \n", enco1.getCount(), enco2.getCount());
        wait(0.01);
    }
}
```

코드 20-5에서 보는 바와 같이 두 개의 인코더의 프로그램도 한 개의 경우와 거의 비슷하다. 차이는 enco1, enco2 두 객체를 만들어 각각 encoder1과 encoder2에 대응시켰으며 핀도 결선 방법과 같이 할당하였다. main 함수에서 두 개의 객체를 모두 초기화하고 카운트 값도 전부 0으로 강제 설정하였다. while 루프에서는 각각의 객체로부터 카운트 값을 읽어 출력하였다.

## 프로젝트 결과

두 개의 인코더 읽기 프로젝트를 실행하고 아두이노의 시리얼 플롯으로 출력되는 두 개의 인코더의 그래프는 그림 20-14와 같다.

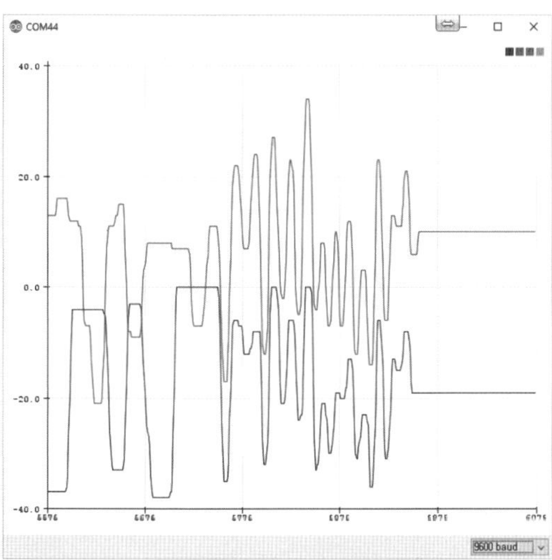


**그림 20-14** ▸ 아두이노 시리얼 플롯을 이용한 두 인코더 카운트 값

**스마트한 Mbed로 시작하는 Cortex-M 프로그래밍:**
기초부터 프로젝트까지

CHAPTER 21

# Lidar 스캐닝 프로젝트

이 장에서는 TFmini Lidar 센서를 살펴보고 이전에 프로젝트들을 통하여 만들었던 라이브러리를 활용하여 전방의 물체들까지의 거리를 연속적으로 측정하여 레이더처럼 그래픽으로 표시하는 스캐너를 제작하고자 한다.

## 21.1_ 라이다 센서

### 라이다 센서의 개요

라이다(Lidar: Light Detection And Ranging)는 레이저를 투사하여 거리를 알고자 하는 물체에 반사되어 돌아오는 빛을 감지하여 빛의 체공시간(Time of Flight)으로 거리를 측정하는 장치이다.

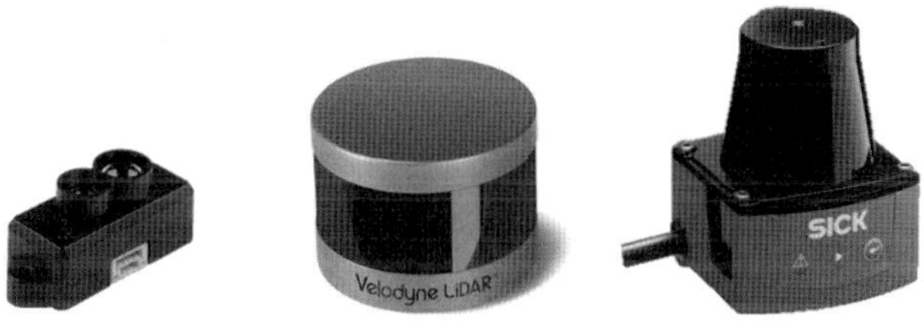


1점 측정 라인 스캔과 면 스캔형

**그림 21-1** ▸ 라이다 (velodynelidar.com, sick.com)

그림 21-1에서 보는 바와 같이 하나의 거리를 측정하는 간단한 형태와 수평 라인 또는 면을 스캔하는 형태도 널리 사용되고 있다. 특히 자율주행 자동차나 이동 로봇의 주위 환경 인식에 필수적으로 사용되고 있는 센서 중에 하나이다.

### TFmini 라이다 센서

이 장의 프로젝트에 사용될 라이다는 그림 21-2와 같은 Benewake사의 TFmini이며 1점 측정용 초소형 센서로서 10%의 반사율을 갖는 물체의 경우 5m까지의 거리를 측정할 수 있다.

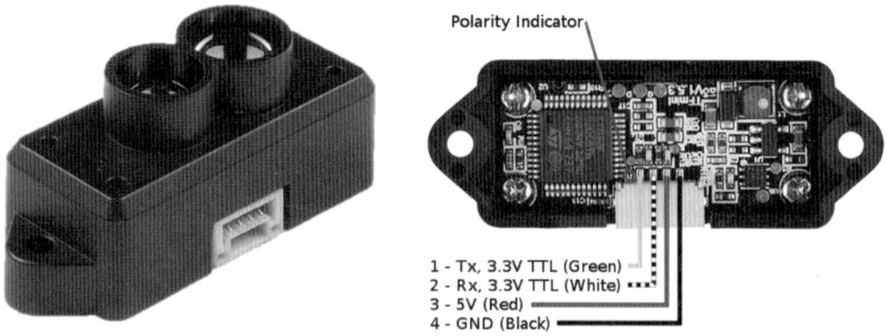


**그림 21-2** ▸ 프로젝트용 TFmini 라이다 센서

이 프로젝트에서 사용할 TFmini 라이다의 주요 사양은 표 21-1과 같다.

**표 21-1** ▸ TFmini 라이다 센서의 주요 사양

| 항 목 | 사 양 |
|---|---|
| Operating range | 0.3m – 12.0m |
| Maximum range @ 10% reflectivity | 5m |
| Applicable voltage range | 4.5V-6.0V |
| Acceptance Angle | 2.3° |
| resolution | 5mm |
| Frequency | 100Hz |
| Accuracy | 1% (< 6m), 2% (6 ~12m) |
| Wavelength | 850nm |
| interface | UART |

표를 참조하면 센서의 분해능은 대략 5mm가 되고 측정 주기는 100Hz이며 인터페이스는 UART를 사용하고 있다.

### TFmini의 인터페이스

TFmini는 TTL 레벨의 UART를 통하여 측정결과를 얻을 수 있는데 그 기본 통신 사양은 Baudrate = 115200, Data bit = 8, Stop bit = 1, Parity = None 이다. 이 사양의 의미는 11.1절을 참조하면 된다.

## TFmini의 프로토콜

TFmini의 측정값을 읽기 위한 UART통신의 Packet 구성은 다음 그림 21-3과 같다.

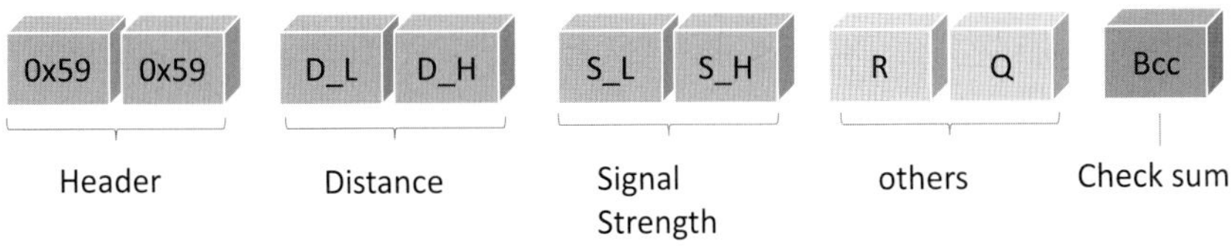


**그림 21-3** ▸ UART 통신의 Packet 구성

그림 21-3의 모든 블록 하나는 1바이트를 의미하며 총 9바이트의 데이터를 센서가 전송한다. 각 블록의 의미는 다음과 같다.

- Header: 0x59, 0x59로 변함이 없으며 패킷의 시작을 동기화시키기 위한 용도로 사용된다. 즉, 연속으로 0x59가 2개 나오면 패킷이 시작된다는 의미이다.
- Distance: 2바이트로 측정한 mm 단위의 거리 정보이며 D_L는 하위 바이트, D_H는 상위 바이트이다. 이렇게 하위 바이트가 먼저 오는 것을 리틀 엔디안이라고 한다.
- Signal Strength: 2바이트로 표현된 신호의 세기이다. 대상 물체의 반사율과 거리에 따라 신호의 강도가 달라지기 때문에 이 값이 크면 측정 데이터의 신뢰도가 높다는 뜻이 된다.
- Check sum: 수신한 패킷에 오류가 있는지 확인하기 위한 한 개의 바이트이다. 이런 방법의 총칭을 BCC(Block Check Code)라고 하고 여러가지 방법이 있으나 이 프로토콜에서는 Header에서부터 Q까지 8개 바이트를 모두 더하고 그 결과의 하위 1바이트만을 취한 것이 Check sum이다.

**참고**

### 리틀 엔디안(Little endian)

Little endian은 데이터를 메모리에 쓸 때 바이트의 순서를 정하는 방식 중 하나이며 주소가 낮은 곳에 하위 바이트(little end)부터 저장하는 방식을 말한다. 0x1234라는 두 바이트 데이터가 있을 때 하위 바이트가 '34'이므로 메모리 주소의 앞에서부터 '34', '12' 순으로 기록한다. Intel 계열의 CPU가 여기에 해당된다. 반면에 빅 엔디안(Big endian)의 경우는 상위부터 쓰기 때문에 '12', '34' 순으로 저장되며 RISC계열의 CPU와 네트워크에서 사용된다. 특히 통신의 경우 이를 정확하게 확인하지 않으면 데이터가 완전히 달라지기 때문에 주의를 요한다.

## 21.2_ Lidar 라이브러리 제작

TFmini 라이다를 손쉽게 활용할 수 있는 Lidar 클래스를 설계하고자 한다. UART로 데이터를 받아야 하기 때문에 Mbed에서 제공하는 Serial 클래스로부터 상속을 받아 자식 클래스로 설계를 한다. 또한 데이터의 손실을 최소화하기 위하여 CircularBuffer 클래스를 이용한 버퍼를 내부에 둔다.

### Lidar 클래스 설계

TFmini에 대응하는 Lidar 클래스는 그림 21-4와 같이 정의하였고 이 라이다는 기본적으로 UART통신으로 인터페이스되기 때문에 Lidar 클래스를 Serial 클래스를 상속받는 형태로 만든다.

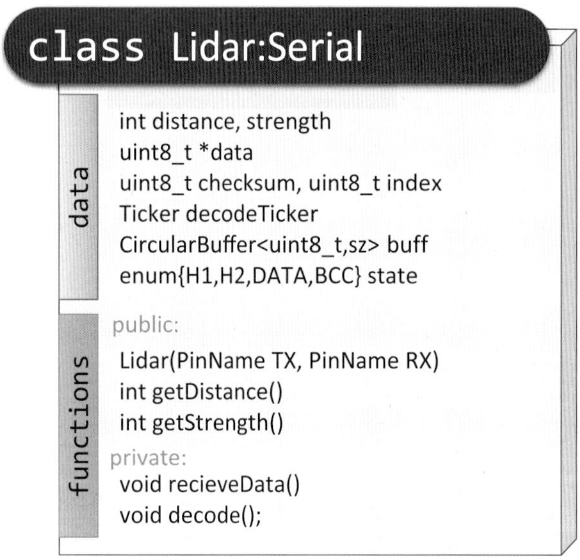


**그림 21-4** ▸ Lidar 클래스의 구조

다음은 멤버 데이터와 멤버 함수에 대한 간략한 설명이다.

● 멤버 데이터

- distance: mm 단위의 측정 거리를 저장한다.
- strength: 신호의 세기이며 거리가 멀거나 반사율이 낮아지면 떨어진다.
- data: 수신된 핵심 데이터를 임시로 보관하는 배열이다.
- decodeTicker: Ticker 객체로서 일정 시간 간격으로 수신 데이터를 해독한다.

- buff: CircularBuffer로서 수신 데이터가 처리될 때까지 완충 공간을 제공한다.
- state: enum 변수로서 현재 수신된 데이터가 패킷 내부의 어떤 컨텐츠에 해당되느냐에 따라 HEADER1, HEADER2, DATA, BCC로 상태를 변경시킨다.

● 멤버 함수

- Lidar(TX, RX): TX와 RX핀을 할당하고 객체를 생성한다.
- getDistance(): 현재 측정된 거리를 mm 단위의 정수로 반환한다.
- getStrength(): 현재의 신호 강도를 반환한다.
- recieveData(): Serial 포트로 데이터가 수신되면 실행되는 콜백 함수로서 수신된 데이터를 버퍼에 넣는 역할을 한다.
- decode(): 주기적으로 buff에서 데이터를 읽고 그 내용과 현재의 상태에 따라 순차적으로 해석을 진행한다.

### Lidar 클래스 코드

**코드 21-1** Lidar 클래스 코드: 헤더파일

```
#include "mbed.h"
#define RING_BUFFER_SIZE 36
#define HEADER_FIRST_BYTE 0x59
#define HEADER_SECOND_BYTE 0x59
#define SENSOR_FREQ 10000   // [us] 10ms
#define DEFAULT_BAUD 115200
class Lidar: public Serial {
    public:
        Lidar(PinName serialTX, PinName serialRX);
        int getDistance();
        int getStrength();
    private:
        void recieveData();
        void decode();       // decode buffered data
        enum {HEADER1, HEADER2, DATA, BCC} state;
        uint8_t index;
        uint8_t checkSum;
        Ticker decodeTicker;// decode every 500us
        int distance;
        int strength;
        CircularBuffer<uint8_t,RING_BUFFER_SIZE> buff;
```

```
        uint8_t *data;       // store decoded data
};
```

코드 21-1의 라이브러리 헤더 파일에서는 먼저 링 버퍼의 크기, 헤더 바이트의 내용, 라이다 센서의 측정 주기를 의미하는 센서의 주파수 그리고 라이다의 기본 보오 레이트가 상수로서 정의 되었다. 그리고 Lidar 클래스가 정의되는데 ': public Serial'이 뒤에 붙어서 Serial 클래스를 상속받는다는 것을 표시한다. 이렇게 상속을 받는 이유는 직접 클래스에서 정의하지 않아도 Serial 클래스의 멤버 함수와 상수 등을 사용할 수 있게 되기 때문이다. 그 다음에는 앞에서 설계된 클래스의 멤버 변수와 함수들을 정의하고 있으며 별도의 CPP 파일에서 함수들을 구체적으로 구현할 것이다.

**코드 21-2** Lidar 클래스 코드: CPP파일 [1/2]

```
#include "Lidar.h"
extern DigitalOut led1;
Lidar::Lidar(PinName serialTX, PinName serialRX):
    Serial(serialTX, serialRX, DEFAULT_BAUD),  // Father Class
    distance(0), index(0), checkSum(0)       {
    data = new uint8_t[6];
    Serial::attach(callback(this, &Lidar::recieveData));  //Father method
    decodeTicker.attach_us(callback(this, &Lidar::decode), SENSOR_FREQ/20);
    state=HEADER1;
}
void Lidar::recieveData() { //whenever data arrived
    if (readable()){
        uint8_t b=getc();
        if (!buff.full())
            buff.push(b); // to the circular buff
    }
}
```

헤더 파일에서 정의된 멤버 함수들은 코드 21-2와 같이 별도의 CPP 파일에 구현되었다. extern DigitalOut led1은 개발 편의상 측정 주기 등을 표시하기 위한 것으로 extern은 외부에 선언된 것을 쓰겠다는 것이고 따라서 main 파일에서 led1의 선언이 필요하다. 그 다음 생성자에서는 직렬통신 TX와 RX핀을 인수로 받고 멤버 초기화 리스트를 통하여 부모 클래스의 생성자를 실행시켜 반영하였으며 변수 distance, index, checkSum을 모두 0으로 초기화하였다. 생성자 몸체에서는 data 배열에 6바이트의 메모리를 할당하였다. 이어서 부모 클래스인 Serial

의 attach 함수에 콜백 함수인 recieveData를 할당하였다. 사실 이미 부모의 attach라는 함수를 이미 상속받았기 때문에 그냥 attach(...);라고 써도 된다. 다음은 Ticker 객체인 decodeTicker의 콜백 함수와 호출 주기를 attach_us로 지정하였다. 호출 주기는 한번 측정하는 주기에 대하여 20번을 호출하기 위하여 SENSOR_FREQ/20, 즉 500us 간격으로 지정하였다. 그리고 초기 상태를 HEADER1으로지정하였다. 다음은 recieveData 멤버 함수인데 시리얼 수신에 대한 콜백 함수이다. 먼저 유효한 데이터가 있는지 확인하고 1바이트 b를 getc 함수로 읽는다. 그리고 버퍼가 꽉 차지 않았다면 버퍼에 방금 읽은 b값을 넣는다.

**코드 21-3** | Lidar 클래스 코드: CPP파일 [2/2]

```
void Lidar::decode() {
    uint8_t b;
    if (!buff.empty()){
        buff.pop(b);
        switch (state){
            case HEADER1:
                if (b==HEADER_FIRST_BYTE) state=HEADER2;
                break;
            case HEADER2:
                if (b==HEADER_SECOND_BYTE) {
                    state=DATA; index=0;
                    checkSum = HEADER_FIRST_BYTE + HEADER_SECOND_BYTE;
                }else state=HEADER1;
                    break;
            case DATA:
                data[index++]=b; checkSum += b;
                if (index==6)
                    state=BCC;
                break;
            case BCC:
                if (b==checkSum){
                    distance = ((data[1]<<8)|data[0]);
                    strength = ((data[3]<<8)|data[2]);
                    led1=!led1;
                }
                state=HEADER1;
        }
    }
}
int Lidar::getDistance() { return distance;}
int Lidar::getStrength(){ return strength;}
```

코드 21-3의 decode 함수는 Ticker 객체의 콜백 함수로서 500us마다 버퍼를 체크하고 유효한 데이터가 있으면 한 바이트씩 읽어서 패킷을 구성하고 이를 해석해서 멤버 변수 distance, strength에 반영하는 역할을 한다. decode 함수의 자세한 코드 설명 전에 그림 21-5 패킷 해독에 대한 상태도를 참조하여 패킷을 해독해가는 과정을 먼저 설명한다. 그림 21-3에서 보는 바와 같이 라이다의 패킷은 먼저 0x59 두 개가 헤더를 구성하고 있다. 처음 HEADER1 상태에서 시작하는데 0x59를 받으면 HEADER2 상태가 되고 다시 0x59가 들어오면 DATA 상태가 된다. 그런데 임의의 시점에서 통신을 시작할 수 있기 때문에 0x59 한 개만 들어오고 그 다음에 다른 데이터가 들어오는 경우가 있는데 이때는 HEADER2에서 다시 HEADER1으로 돌아간다. 그래서 항상 2개의 헤더가 정확하게 들어온 경우만 패킷의 시작으로 인정하는 것이다. 패킷의 시작이 확인되면 DATA 상태가 되는데 이때부터 index를 1씩 증가시키면서 data 배열에 데이터를 저장한다. index가 6에 도달하면 BCC 상태가 되는데 지금까지 checkSum 변수에 모아 놓은 값과 이 모드에서 수신받은 b값을 비교하여 일치하는 경우에만 data를 distance와 strength에 반영한다.

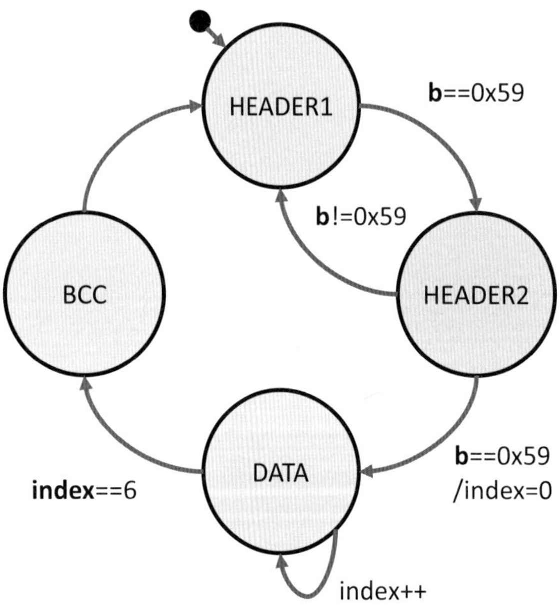

**그림 21-5** ▸ 패킷 해독의 상태도

코드에서도 이와 같은 상태도를 기반으로 먼저 버퍼에 유효한 데이터가 있는지를 empty 함수로 확인하고 비어있지 않으면 버퍼에서 팝을 하여 b에 담는다. 그 다음 enum 변수인 state를 기준으로 switch문을 사용하여 각 상태 HEADER1, HEADER2, DATA, BCC로 분류하고 처리하는 구조이다. 생성자에서 state가 HEADER1으로 설정되었기에 제일 먼저 HEADER1으로 들어오고 헤더가 0x59가 맞으면 HEADER2로 상태를 바꾸고 함수를 빠져나간다. 다음 번에 들어오면 HEADER2에서 시작되고 다시 0x59이면 상태를 DATA로 바꾸지만 그렇지 않으면 처음부터 다시 하기 위하여 상태를 HEADER1으로 바꾼다. 상태를 DATA로 바꿀 때 index를 0으로 하고 checkSum에 지금까지 받은 헤더, 즉 HEADER_FIRST_BYTE + HEADER_SECOND_BYTE를 초기값으로 넣는다. 그다음 DATA상태에서 데이터 b를 index를 바꾸며 data 배열에 담고 checkSum에도 데이터 값을 누적시킨다. 이 과정을 계속하다가 index가 6에 도달하면 데이터를 다 받은 것이기 때문에 상태를 BCC로 바꾼다. 마지막으로 BCC 상태에서는 지금까지 누적한 checkSum과 수신한 BCC인 b값을 비교하여 일치하면 data를 distance와 strength에 대입하게 된다.

여기서 주의해야 할 점은 그림 21-6에서 보는 바와 같이 바이트 단위의 데이터 2개를 조합하여 2바이트 정수를 만들 때 리틀 엔디안인 점을 감안해야 한다는 것이다.

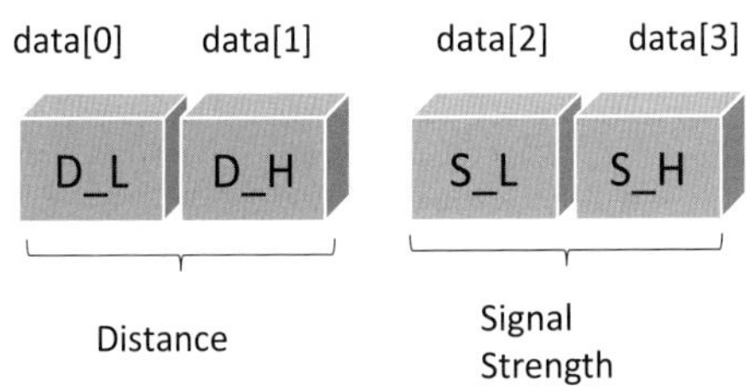


**그림 21-6** ▸ data 배열과 거리 및 신호 강도

패킷 내의 주요 데이터인 distance와 strength를 구하기 위하여 다음을 실행한다.

```
distance = ((data[1]<<8)|data[0]); strength = ((data[3]<<8)|data[2]);
```

상위 바이트인 data[1]과 data[3]은 '<<' 연산자로 8비트만큼 좌로 이동시키고 나서 하위 바이트 data[0], data[2]와 비트 단위 OR인 '|'를 실행하였다. 이 과정이 끝나면 패킷 해독이 끝난 것이기 때문에 다음 패킷을 위하여 상태 state를 HEADER1으로 바꾸어 놓아야 한다.

## 21.3_ 라이다 측정 예비 실험

### 실험 목표

TFmini Lidar를 이용하여 거리를 10ms마다 측정하여 화면에 플롯하는 프로그램을 작성한다.

## 실험 장치

### 재료

그림 21-7에서 보는 바와 같이 Nucleo F401RE보드와 TFmini 라이다 센서가 필요하다.

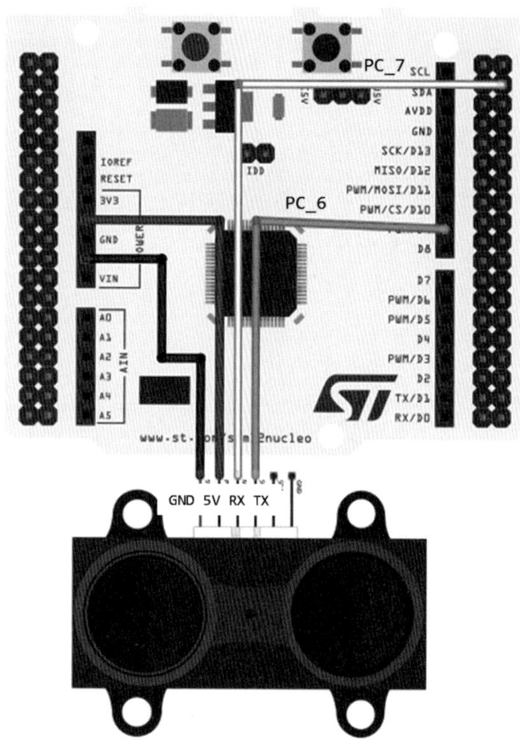


**그림 21-7** ▸ 라이다 측정 예비 실험 장치

### 결선

라이다 측정 예비 실험 장치의 회로 결선은 표 21-2와 같다.

**표 21-2** ▸ 라이다 측정 예비 실험 장치의 결선

| TFmini | Nucleo | Comment |
|---|---|---|
| GND | GND | |
| 5V | 5V | |
| RX | PC_6 | UART6_TX |
| TX | PC_7 | UART6_RX, D9 |

## 실험 코드

예비 실험 코드인 코드 21-4에서 보는 바와 같이 먼저 Lidar.h를 include하여 Lidar 클래스를 사용할 수 있도록 하고 led1은 라이브러리 내부에서 사용할 수 있도록 생성시킨다. Lidar의 객체 tf를 생성하는데 센서가 연결된 TX, RX핀을 각각 PC_6와 PC_7으로 할당하였다. 다음은 PC에 측정 데이터를 전달하고자 Serial 객체 pc를 선언하였는데 빠르고 원활한 표시를 위하여 통신 속도를 230400으로 올렸다. main 함수의 while 루프에서는 10ms 간격으로 distance와 strength를 읽어서 pc에 전송한다.

**코드 21-4** 라이다 측정 예비 실험 코드

```
#include "mbed.h"
#include "Lidar.h"
DigitalOut led1(LED1);
Lidar tf(PC_6, PC_7); \\TX, RX
Serial pc(USBTX, USBRX, 230400);
int main() {
    while (true) {
        pc.printf("%5d, %5d\n", tf.getDistance(), tf.getStrength());
        wait(0.01);
    }
}
```

## 실험 결과

라이다 측정 예비 실험의 결과는 그림 21-8과 같으며 측정 거리와 신호의 강도가 100ms 간격으로 원활하게 출력되고 있다.

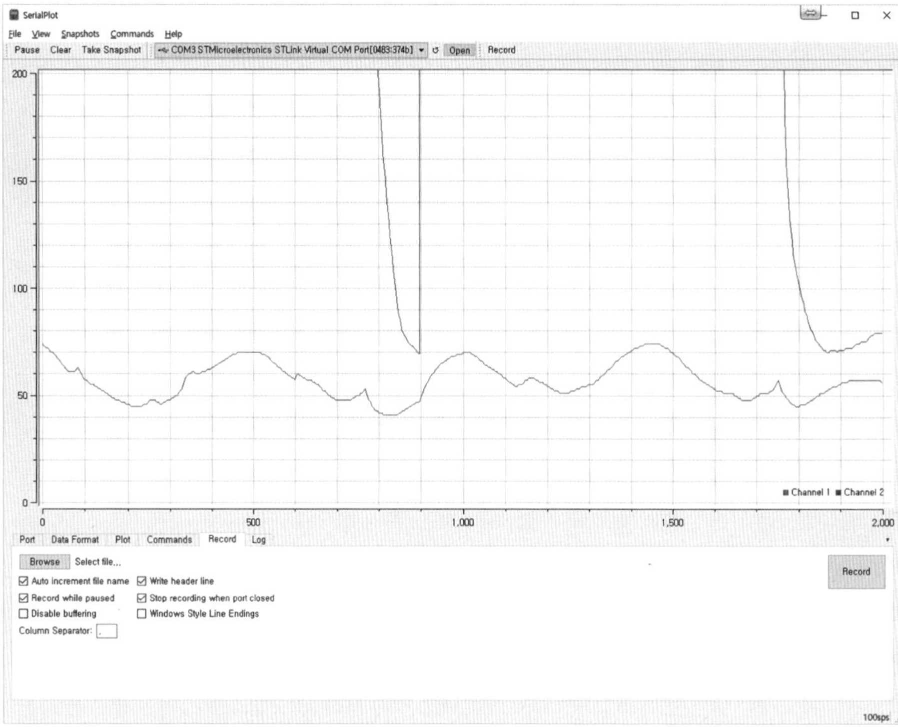


**그림 21-8** ▸ 라이다 측정 예비 실험 결과

# 21.4_ 라이다 스캐너 프로젝트

## 프로젝트 목표

스텝 모터로 라이다를 180°정도 회전하면서 거리를 측정하고 이를 PC에 전송하여 전방의 상황을 각도에 맞게 그림 21-9와 비슷한 레이더 스크린 형태의 그래픽으로 도시하는 프로그램과 장치를 만든다.

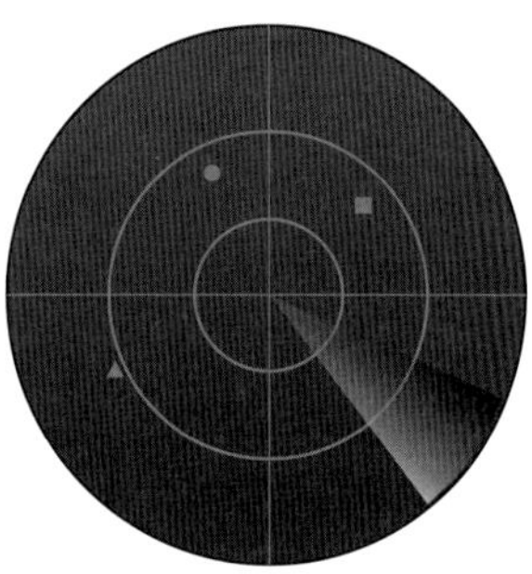

**그림 21-9** ▸ 레이더 스크린

## 프로젝트 장치

### 재료

그림 21-10에서 보는 바와 같이 TFmini 라이다, Step 모터, DRV8825 스텝 모터 드라이버 그리고 3D 프린터로 제작된 라이다 및 스텝 모터 마운트가 필요하다.

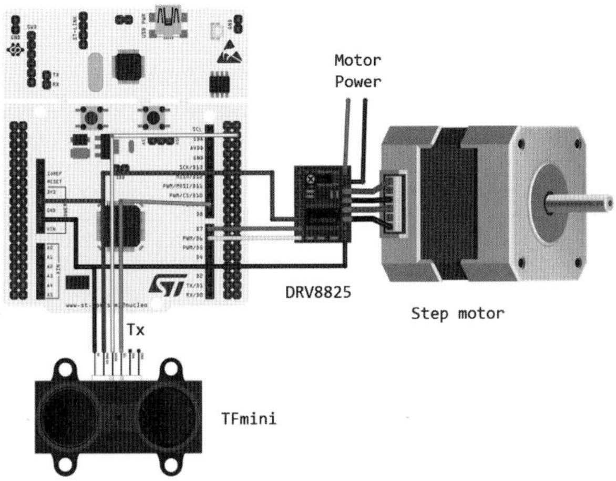


**그림 21-10** ▸ 라이다 스캐너 프로젝트 장치

### 결선

라이다 스캐너 프로젝트 장치의 Nucleo보드, TFmini 그리고 DRV8825 모듈 간의 주요 결선은 표 21-3과 같다.

**표 21-3** ▸ 라이다 스캐너 프로젝트 장치의 결선

| TFmini | Nucleo | Comment |
| --- | --- | --- |
| GND | GND | |
| 5V | 5V | |
| RX | PC_6 | UART6_TX |
| TX | PC_7 | UART6_RX, D9 |

| DRV8825 | Nucleo | Comment |
|---|---|---|
| GND | GND | |
| Direction | D6 | Nucleo → DRV |
| Pulse | D7 | Nucleo → DRV |
| Sleep | 5V | Nucleo → DRV |
| Enable | - | Nucleo → DRV |
| Fault | - | DRV → Nucleo |
| Reset | 5V | Nucleo → DRV |
| Ms1,Ms2,Ms3 | 5V | Micro-step Setup |

DRV8825와 스텝 모터 간의 자세한 결선에 대해서는 20.1절을 참조한다.

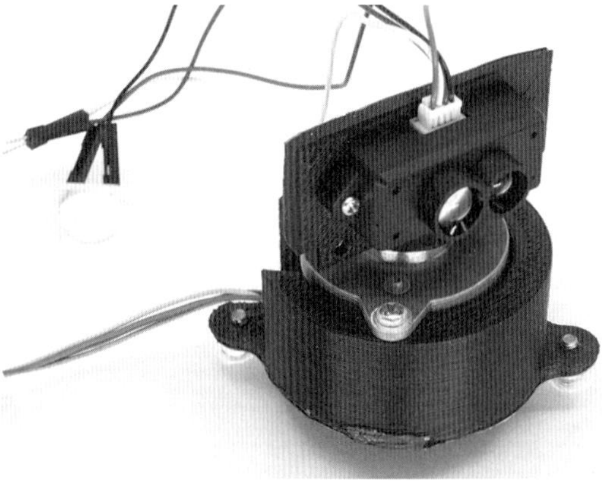

**그림 21-11** ▸ 3D 프린터를 이용하여 완성한 라이다 스캐너

그림 21-11은 라이다 센서와 모터의 홀더를 설계하여 3D 프린터를 이용하여 간단하게 제작하여 완성한 라이다 스캐너의 사진이다.

## 프로젝트 코드

### Mbed 코드

라이다와 스텝 모터를 사용하여 라이다 스캐너를 만들기 위하여 19장에서 스텝 모터 구동을 위하여 만든 DRV8825 라이브러리와 이 장에서 만든 TFmini 라이브러리를 같이 사용한다.

**코드 21-5** 라이다 스캐너 프로젝트 코드 [1/2]

```
#include "mbed.h"
#include "DRV8825.h"
#define MOTOR_STEPS_PER_REV 400                    // 모터 회전당 기본 스텝수
#define MICRO_STEP_DIV 32                          // 마이크로 스텝수
#define MICRO_STEP_PER_REV (MOTOR_STEPS_PER_REV*MICRO_STEP_DIV)     // 총
#define DESIRED_STEPS_PER_SEC   (1000/20)                           // 50
#define MICRO_DESIRED_STEPS_PER_SEC  (32*DESIRED_STEPS_PER_SEC)     // 1600
#define SAMPLE_TIME  (1000000L/MICRO_DESIRED_STEPS_PER_SEC)         // 625
#define MAX_STEP (MICRO_STEP_PER_REV/2)            // Half revolution 6400
#define SKIP 16
#include "Lidar.h"
InterruptIn bot(BUTTON1);
DigitalOut led1(LED1);
Lidar tf(PC_6, PC_7);
Serial pc(USBTX, USBRX, 230400);
DRV8825 stepper(D3,D2);
volatile bool f_run=false;
Timer tmr;
```

스텝 모터와 관련된 부분은 19장의 스텝 모터 프로젝트를 참조 바라며 여기서는 간략하게 설명한다. 코드 21-5와 같이 이 프로젝트에서는 회전당 400 스텝인 모터를 사용하였고 32 마이크로 스텝으로 드라이버를 설정하였다. 스텝 모터의 속도를 초당 50스텝으로 설정하여 대략 8초에 1회전에 해당하는 속도로 스캔을 하고자 한다. 마이크로 스텝으로 보면 1초에 50*32=1600마이크로 스텝이 된다. 그래서 스텝 모터의 샘플 시간은 1/1600초 즉 625us가 된다. 그리고 스캐닝을 180°를 왕복하려면 6400 마이크로 스텝까지 움직여야 한다. 상수 SKIP은 몇 마이크로 스텝마다 PC로 데이터를 전송할지를 정한 것이고 16으로 설정하여 180°까지 움직일 때 400번 전송하게 한 것이다. 부가적 기능으로 버튼을 누르면 스캔을 시작하고 다시 누르면 정지하도록 하기 위하여 BUTTON1 스위치를 할당하여 InterruptIn 객체 bot를 생성하였다. 그리고 센서 라이브러리의 테스트를 위한 led 객체를 선언하였고 Lidar 객체로 tf를 만들었다. PC에 데이터를 전송하기 위한 Serial 객체 pc를 선언하고 이어 스텝 모터 라이브러리인 DRV8825의 객체 stepper를 생성하였다. f_run은 스캐너의 실행을 결정짓는 플래그로서 선언되었고 마이크로 스텝의 정밀한 시간을 정하기 위하여 Timer 객체 tmr을 생성시켰다.

**코드 21-6** | 라이다 스캐너 프로젝트 코드 [2/2]

```
void botPress(){
    f_run=!f_run;
}
int main() {
    bot.fall(&botPress);
    tmr.start();
    while(1) {
        if (tmr.read_us()>SAMPLE_TIME){
            tmr.reset();
            if (f_run){
                stepper.scan(0,MAX_STEP);
                int32_t steps=stepper.getSteps();
                if (steps%SKIP==0){
                    pc.printf("%d,%d.",steps/SKIP, tf.getDistance());
                }
            }
        }
    }
}
```

코드 21-6을 보면 bot_press 함수는 푸시 버튼에 대한 콜백 함수로서 버튼을 누르면 실행되고 이 안에서 f_run 플래그를 반전시켜 동작을 정지 또는 실행하도록 한다. main 함수에서 먼저 bot의 콜백 함수를 지정하고 타이머인 tmr을 기동시킨다. while 루프에서는 정확한 샘플 시간 625us를 지키기 위하여 다음과 같은 과정을 따른다. read_us로 us 단위의 현재 시간을 구하고 이를 지정한 SAMPLE_TIME과 비교하여 작으면 수행없이 통과하고 크면 내부의 코드를 실행한다. 샘플 시간이 경과한 경우 곧바로 타이머를 reset 함수로 0으로 만들어 다음 샘플 시간을 위한 준비를 한다. 그 다음은 실제 스캐닝 동작 여부를 f_run 플래그로 판단을 하고 scan 함수로 스텝을 진행한다. scan 함수는 호출될 때마다 1 스텝씩 0과 MAX_STEP사이를 왕복하게하는 함수이다. 그 다음 getSteps 함수로 현재 스텝 수를 읽어서 라이다 센서가 향하는 각도를 알게 된다. 그리고 매 16스텝마다 라이다 측정값을 읽기 위하여 steps가 SKIP의 배수인지를 계산하여 배수인 경우 tf 객체의 getDistance 함수로 구한 거리와 현재 스텝 번호 즉 steps/SKIP을 pc에 전송한다.

### PC 코드

라이다 스캐너로 측정한 데이터를 화면에 각도에 맞도록 표시하기 위하여 PC에서 Processing(https://processing.org/)을 사용하여 프로그램을 작성하였다. 이 프로그램에서는 통신으로 받은 스텝 모터의 각도와 그 때의 라이다의 거리 값을 극좌표 형식으로 화면에 표시하였다. 실제 레이더와 같이 보이도록 지난 데이터들의 투명도(alpha)값을 서서히 높여서 잔상이 남는 효과를 적용하였다. 이 프로그램은 아래 링크의 Processing 프로그램을 참조하여 이 프로젝트에 맞게 수정을 하였다.

https://howtomechatronics.com/projects/arduino-radar-project/

### 프로젝트 결과

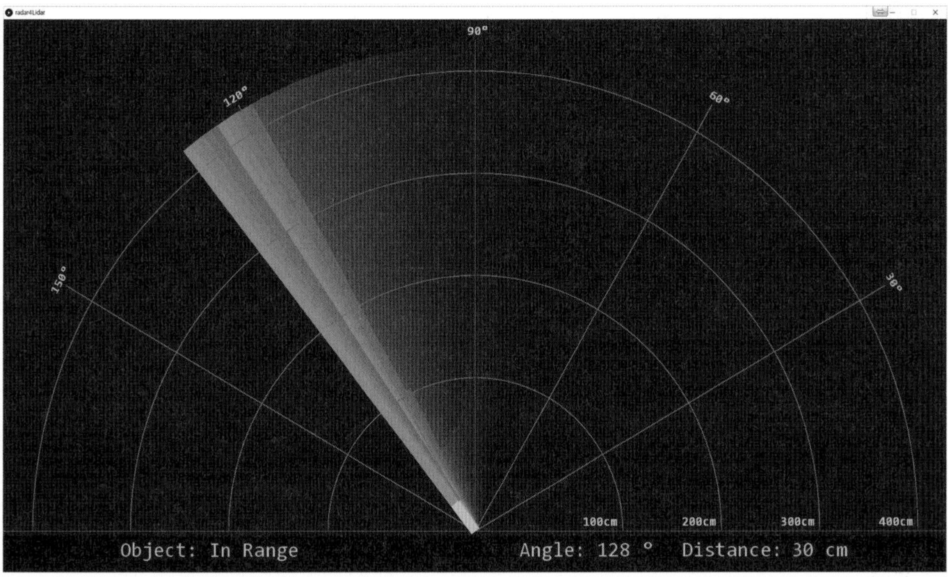


**그림 21-12** ▸ 라이다 스캐너 프로젝트의 Processing 화면

그림 21-12는 PC에서 Processing을 이용하여 PC에서 라이다 스캐너의 데이터를 표현한 화면이다.

**스마트한 Mbed로 시작하는 Cortex-M 프로그래밍:**
기초부터 프로젝트까지

CHAPTER 22

# MPU9250으로 AHRS 만들기

## 22.1_ AHRS 개요

### AHRS란?

AHRS는 자세방위시스템을 말하며 Attitude, Heading Reference System의 약자이며 항공기, 드론, 우주선, 이동 로봇 등에 널리 사용되고있다. 그림 22-1에서 보는 바와 같이 주로 IMU센서와 지자기 센서(Magnetometer)를 융합하여 자세와 절대 방위각을 찾을 수 있는 시스템을 의미하여 종종 MARG(Magnetic, Angular Rate and Gravity)라고도 불린다. AHRS가 부족한 정보인 공간상의 위치정보를 얻기 위한 고도계와 GPS를 추가적으로 융합시키면 관성항법시스템(INS: Inertial Navigation System)이 완성된다.

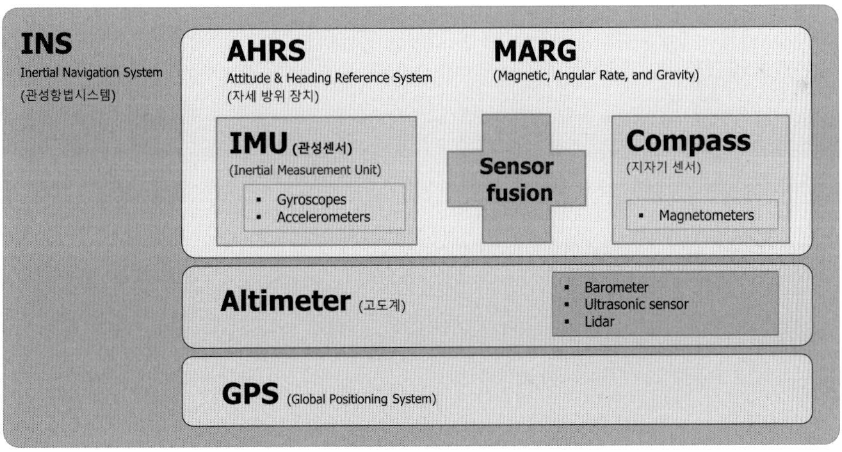


**그림 22-1** ▸ AHRS의 구성

### IMU 센서의 원리

질량체의 관성을 이용하는 센서라 관성 센서라 한다. 일반적으로 MEMS 기술을 이용하여 아주 작은 크기의 가속도 센서와 각속도 센서를 하나의 칩에 구성한다.

### 가속도 센서(Accelerometer)

가속도 센서의 원리를 살펴보기 위하여 그림 22-2와 같이 카트 내부에 스프링으로 묶여있는 질량체 m에 대하여 생각해보자. 카트가 가속을 받으면 가속력에 의하여 우측과 같이 스프링에 변위가 발생된다. 이를 정교한 변위 센서로 측정하면 수평 방향의 가속도를 비례적으로 알 수 있다.

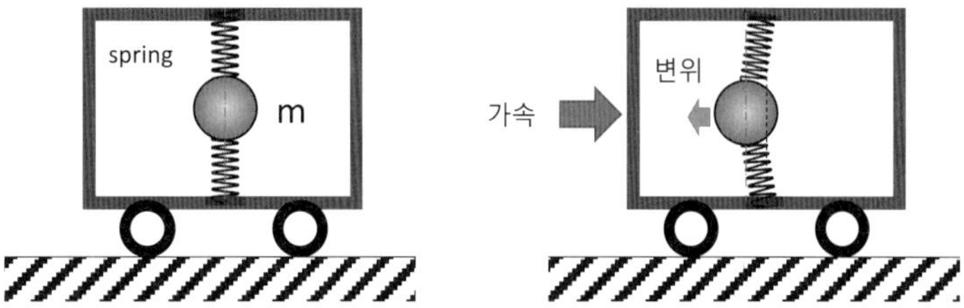


**그림 22-2** ▸ 카트 내부에 스프링에 묶여있는 질량체

실제로는 그림 22-3처럼 MEMS기술을 이용하여 웨이퍼 상에 질량체와 스프링을 한꺼번에 식각(etching) 등의 반도체 공정으로 가공하여 센서를 제작한다. 이때 변위에 해당하는 작은 갭 x는 두 개의 전극을 이루고 있어 이를 전기용량(Capacitive) 센서로 활용하여 변위 x를 측정하는 방법을 사용하고 있다.

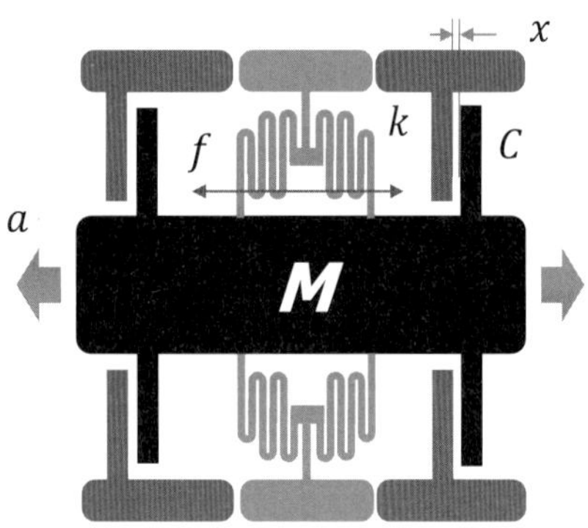


**그림 22-3** ▸ MEMS기술로 제작된 가속도 센서

### 각속도 센서(Gyro 센서)

각속도 센서는 어떤 질량체가 직선 왕복운동 중 회전속도가 생기면 코리올리(Coriolis) 힘이 발생하는 원리를 이용하고 있다.

$$f_c = -2m\omega \times v$$

여기서 $f_c$는 코리올리 힘 벡터, $\omega$는 회전속도 벡터 그리고 $v$는 선속도 벡터이므로 결과적으로 $f_c$는 $\omega$에 비례한다. 따라서 가속도 센서와 마찬가지로 스프링과 전기용량 변위 센서를 활용하여 회전속도에 비례하는 $f_c$를 전기신호로 변환시키고 있다.

### 지자기 센서(Magnetometer)

지자기 센서는 자기력을 측정할 수 있는 소자를 이용하여 지구의 자기력선의 방향과 세기를 측정하는 센서이다. 지구는 그림 22-4처럼 거대한 영구자석으로서 남극에서 자기력선이 나와 공중을 지나 북극으로 향한다.

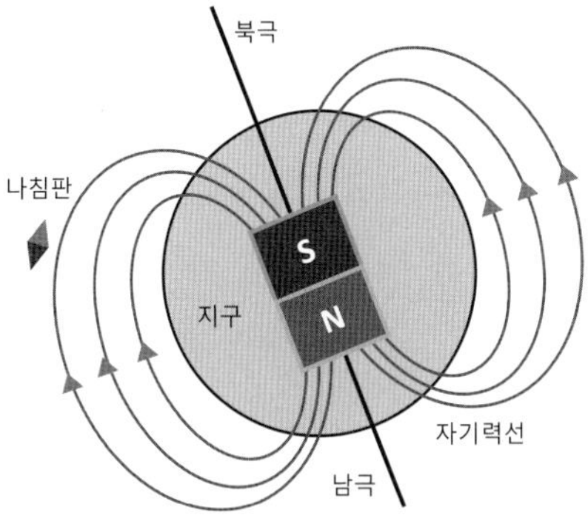


**그림 22-4** ▸ 지구와 자기력선 방향

자기력선의 방향과 세기를 측정하는 센서는 이방성 자기저항(AMR: Anisotropic Magneto Resistive) 소자와 홀 효과(Hall effect)를 이용하고 있다.

### 홀 효과(Hall Effect) 센서

그림 22-5와 같이 자기력선이 작용하는 금속판에 일정한 직류 전류를 흘리면 자기력의 세기에 따라 전류 방향과 직각 방향의 금속판 양끝 단에서 전위차가 발생하는 현상을 홀 효과라고 하고 이를 이용하면 자기 센서를 만들 수 있다. 이 홀 센서를 여러 개를 조합하여 지자기 센서를 만들 수 있다.

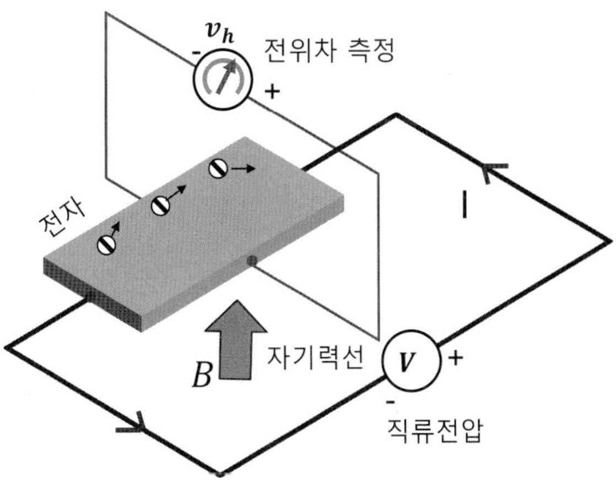


**그림 22-5** ▸ 홀 효과

### 이방성 자기저항(AMR: Anisotropic Magneto Resistive) 소자

자기력선의 방향에 따라 전기저항이 변화하는 이방성 자기저항(AMR: Anisotropic Magneto Resistive)소자 이용하여 지자기 센서를 만들 수 있다.

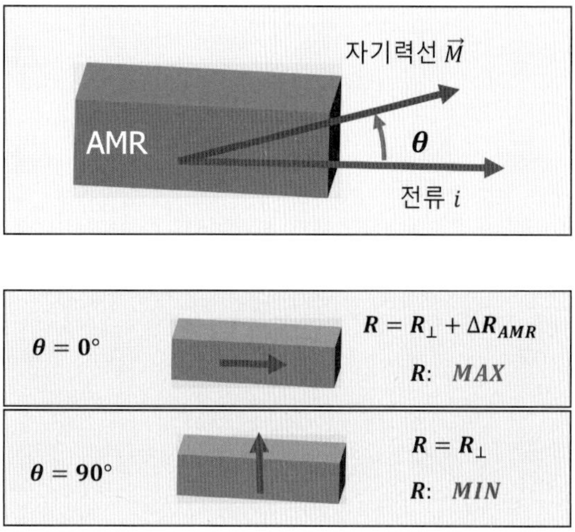


**그림 22-6** ▸ AMR소자의 전기 저항과 자기력선의 방향

이 소자의 전기 저항과 자기력선의 각도의 관계를 식으로 표현하면 다음과 같다.

$$R = R_{\perp} + \Delta R_{AMR}\cos^2\theta$$

여기서은 소자의 전기 저항이고는 자기력선이 전류 방향에 직각일 때의 저항이며는 전류 방향과 자기력선 사이의 각도이다. 그림 22-6에서 보는 바와 같이 각도가 90°에서 저항이 최소가 되고 0°일 때 최대가 된다. 자기력선의 방향에 따라 AMR소자의 저항이 바뀌는 원리를 적용한 휘스턴 브리지 회로를 이용하여 자기력선의 방향을 전압으로 측정할 수 있다.

## 센서 융합 방법

AHRS를 완성하기 위해서는 자세 정보를 알아야 하는데 가용한 가속도, 각속도, 지자기 센서로부터의 정보를 가지고 자세를 알아내야 한다. 이 경우 식의 개수가 미지수의 수보다 많은 연립방정식에 해당되므로 이를 풀기 위한 적절한 센서 융합 방법의 선택이 필요하다. 대표적인 센서 융합 방법은 다음과 같다.

### 상보 필터(Complementary Filter)

센서의 특성이 어떤 주파수를 경계로 서로 다른 경우 저역통과 필터와 고역통과 필터를 이용하여 역할 분담을 시키는 필터이다.

### Madgwick 필터

AHRS의 융합 문제는 미지수가 3개이고 식이 9개인 과잉결정식이 되므로 최적화의 개념이 도입되어야 한다. 이 방법에서는 경사 하강법(Steepest descent method)을 이용하여 실시간으로 최적의 롤, 피치, 요를 구해준다. 이 방법은 짐벌락(gimbal lock) 현상을 극복하기 위하여 사원수(Quarternion)를 이용하여 3차원의 회전각도를 표현하였다.

> **참고**
>
> Sebastian O.H. Madgwick, "Estimation of IMU and MARG orientation using a gradient descent algorithm", IEEE International Conference on Rehabilitation Robotics, 2011

### Kalman 필터

칼만필터는 확률적 사전 지식을 가지고 동역학적 모델으로 유도된 필터이다. 동역학 모델을 알고 있으면 시간 진행에 따른 상태의 예측이 가능한데 여기에 센서로 측정한 결과를 사용하여 보정을 진행하여 상태량을 추정한다.

> **참고**
>
> W. Li and J. Wang, "Effective Adaptive Kalman Filter for MEMS-IMU/ Magnetometers Integrated Attitude and Heading Reference Systems", THE JOURNAL OF NAVIGATION, 66, 99–113, 2013

## 22.2_ MPU9250의 주요 레지스터

### MPU9250 소개

MPU9250은 Invensens사의 칩으로서 그림 22-7에서 보는 바와 같이 6축 IMU 센서(MPU6500)와 지자기 센서 3축(AK8963)을 한 반도체 패키지에 내장시킨 센서이다. 이 센서는 드론, VR, 기타 모바일 기기나 웨어러블 장치에 많이 사용된다. 이 칩은 기본적으로 3.3V에서 동작하고 인터페이스는 I2C와 SPI 모두를 지원한다.

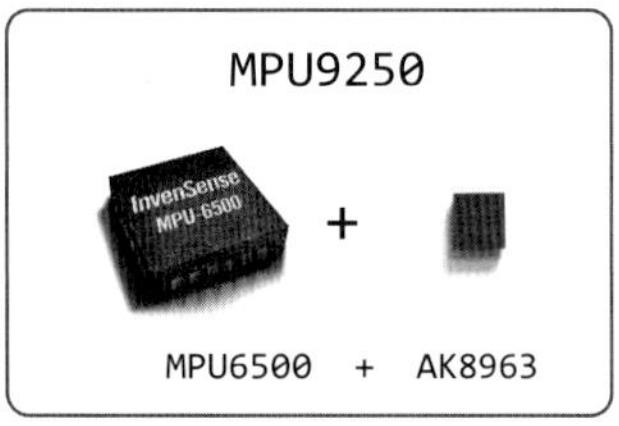


**그림 22-7** ▸ MPU9250 System in a Package

## MPU9250과 센서 융합

AHRS에서 3차원 공간상의 비행체의 자세를 표현하는 방법이 여러 가지 있지만 그림 22-8과 같이 롤(roll), 피치(pitch), 요(yaw)로 표현하는 것이 일반적이다.

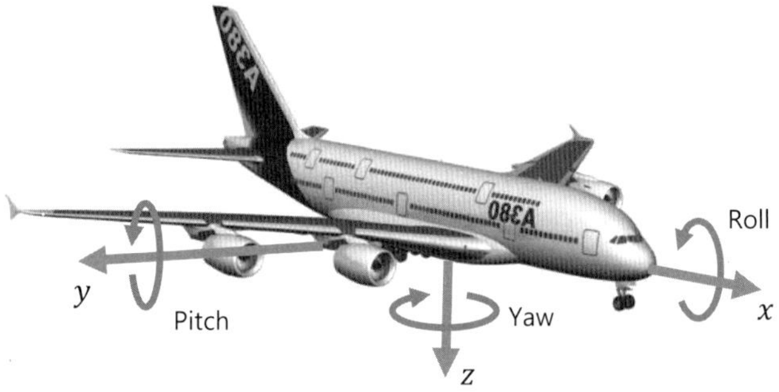


**그림 22-8** ▸ 롤(roll), 피치(pitch), 요(yaw)

그림 22-9와 같이 MPU9250로부터 3차원 $x$, $y$, $z$축의 가속도 $a_x$, $a_y$, $a_z$와 각속도 $\omega_x$, $\omega_y$, $\omega_z$ 그리고 자기력선 벡터 $m_x$, $m_y$, $m_z$를 얻을 수 있다. 이렇게 얻어진 9개의 성분으로부터 적절한 센서 융합(sensor fusion)방법을 통하여 3차원 공간상의 자세인 롤, 피치, 요 각도를 구하는 것이 AHRS의 목표이다.

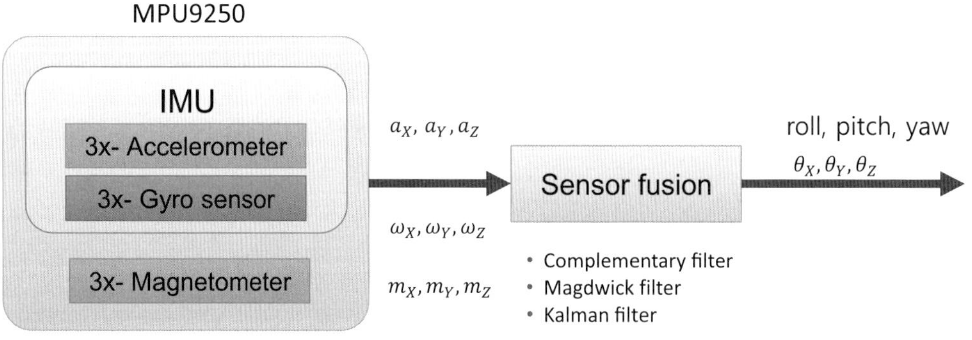


**그림 22-9** ▸ MPU9250과 센서 융합

일반적으로 어떤 칩을 통신에 의하여 사용하려면 칩 내부의 주요 레지스터에 대한 이해가 있어야 기능 설정과 데이터에 대한 접근이 가능하다.

## MPU9250의 설정 레지스터

표 22-1은 MPU9250의 기본적 설정에 필요한 레지스터를 보여주고 있다.

**표 22-1** ▸ 주요 설정 레지스터

<table>
<tr><th>Adr.</th><th>Register</th><th>Pur pose</th><th colspan="8">Descriptions</th></tr>
<tr><td rowspan="2">19</td><td rowspan="2">SMPLRT_ DIV</td><td rowspan="2">R/W</td><td colspan="8">측정 샘플속도 설정 (필터선정에 따라 영향을 받음.)</td></tr>
<tr><td colspan="8">SMPLRT_DIV[7:0]</td></tr>
<tr><td rowspan="2">1A</td><td rowspan="2">CONFIG</td><td rowspan="2">R/W</td><td colspan="8">Gyro 센서 저역필터 DLPF 주파수 설정</td></tr>
<tr><td></td><td></td><td colspan="3">EXT_SYNC_SET[2:0]</td><td colspan="3">DLPF_CFG[2:0]</td></tr>
<tr><td rowspan="2">1B</td><td rowspan="2">GYRO_ CONFIG</td><td rowspan="2">R/W</td><td colspan="8">Gyro 센서 측정 범위와 필터 설정</td></tr>
<tr><td></td><td></td><td></td><td colspan="2">FS_SEL [1:0]</td><td></td><td colspan="2">Fchoice_b[1:0]</td></tr>
<tr><td rowspan="2">1C</td><td rowspan="2">ACCEL_ CONFIG</td><td rowspan="2">R/W</td><td colspan="8">가속도 센서 full scale set</td></tr>
<tr><td></td><td></td><td></td><td colspan="2">AFS_SEL[1:0]</td><td></td><td></td><td></td></tr>
<tr><td rowspan="2">1D</td><td rowspan="2">ACCEL_ CONFIG2</td><td rowspan="2">R/W</td><td colspan="8">가속도 센서 DLPF 필터 선택, 필터 주파수</td></tr>
<tr><td></td><td></td><td></td><td></td><td colspan="2">ACCEL_FCHOICE_B</td><td colspan="2">A_DLPF_CFG</td></tr>
<tr><td rowspan="2">6A</td><td rowspan="2">USER_ CTRL</td><td rowspan="2">R/W</td><td colspan="8">I2C의 마스터기능을 활성화</td></tr>
<tr><td></td><td>FIFO_EN</td><td>I2C_MST _EN</td><td>I2C_IF _DIS</td><td></td><td></td><td></td><td></td></tr>
<tr><td rowspan="2">6B</td><td rowspan="2">PWR_ MGMT_1</td><td rowspan="2">R/W</td><td colspan="8">칩 리셋과 클락 선택</td></tr>
<tr><td>DEVICE _ RESET</td><td></td><td></td><td></td><td></td><td colspan="3">CLKSEL[2:0]</td></tr>
<tr><td rowspan="2">6C</td><td rowspan="2">PWR_ MGMT_2</td><td rowspan="2">R/W</td><td colspan="8">센서의 활성화와 비활성화: 1-비활성화, 0-활성화</td></tr>
<tr><td></td><td></td><td>DIS_XA</td><td>DIS_YA</td><td>DIS_ZA</td><td>DIS_XG</td><td>DIS_YG</td><td>DIS_ZG</td></tr>
</table>

표 22-1의 설정 레지스터의 주요 용법은 다음과 같다.

- SMPLRT_DIV 레지스터의 값으로 측정 샘플 속도를 결정한다.

  SAMPLE RATE = 1kHz/(1 + SMPLRT_DIV)

  SMPLRT_DIV가 양의 정수이므로 최대 샘플 속도가 1kHz가 된다.

- CONFIG 레지스터의 DLPF_CFG의 3개 비트와 GYRO_CONFIG의 Fchoice_b의 2개 비트에 따라 자이로 센서의 저역통과(Low Pass) 필터의 대역폭(Bandwidth)을 설정할 수 있는데 이 설정에 의하여 지연시간과 샘플링 주파수도 영향을 받는다. 표 22-2와 같이 레지스터의 설정에 따른 대역과 지연 그리고 가능한 측정 샘플 주파수를 확인할 수 있다. Fchoice_b의 _b는 역을 의미하므로 설정 시 반대로 지정해야 하는 것에 주의한다.

일반적으로 저역통과 필터를 사용하는 이유는 측정값의 고주파 잡음을 제거하고자 하는 것이다. 따라서 대역폭이 작으면 더 많은 고주파가 소멸되어 신호가 깨끗해지지만 신호의 위상 지연이 발생하여 센서가 느리게 반응한다. 따라서 적절한 조정이 필요하다.

**표 22-2** ▸ CONFIG와 GYRO_CONFIG 레지스터를 이용한 자이로 설정

| CONFIG | GYRO_CONFIG | Gyroscope Reading | | |
|---|---|---|---|---|
| DLPF_CFG | Fchoice | Bandwidth(Hz) | Delay(ms) | Fsample(KHz) |
| x | 0bx0 | 8800 | 0.064 | 32 |
| x | 0b01 | 3600 | 0.11 | 32 |
| 0 | 0b11 | 250 | 0.97 | 8 |
| 1 | 0b11 | 184 | 2.9 | 1 |
| 2 | 0b11 | 92 | 3.9 | 1 |
| 3 | 0b11 | 41 | 5.9 | 1 |
| 4 | 0b11 | 20 | 9.9 | 1 |
| 5 | 0b11 | 10 | 17.85 | 1 |
| 6 | 0b11 | 5 | 33.48 | 1 |
| 7 | 0b11 | 3600 | 0.17 | 8 |

- GYRO_CONFIG 레지스터의 FS_SEL 2개 비트는 자이로 센서의 측정 범위를 지정한다.

```
0b00: ±250 °/s, 0b01: ±500 °/s, 0b10: ±1000 °/s, 0b11: ±2000 °/s
```

이 측정 범위는 각속도가 16비트로 −32768에서 32767값을 가질 때의 실제 속도값을 의미한다. 즉 측정 범위가 ±500°/s라면 1비트 변화가 500/32767 = 0.015°/s를 의미한다.

- ACCEL_CONFIG 레지스터의 AFS_SEL 2개 비트는 가속도의 측정 범위를 지정한다.

```
0b00: ±2g, 0b01: ±4g, 0b10: ±8g, 0b11: ±16g
```

각속도와 마찬가지로 가속도가 16비트로 −32768에서 32767값을 가질 때의 실제 가속도값을 중력 가속도로 표현한 것이다. 만일 ±16g로 설정하였다면 1비트 변화는 16g/32767 = $4.88 \times 10^{-4}$g이다.

- 자이로 센서와 마찬가지로 가속도도 ACCEL_CONFIG2 레지스터의 ACCEL_FCHOICE 2개 비트와 A_DLPF_CFG 3개 비트를 설정하여 저역통과 필터의 대역폭, 지연, 샘플 주파수를 표 22-3을 참조하여 설정한다.

**표 22-3** ▸ ACCEL_CONFIG2의 가속도 센서 설정

| ACCEL_CONFIG2 | | Accelerometer Reading | | |
|---|---|---|---|---|
| A_DLPF_CFG | ACCEL_Fchoice | Bandwidth(Hz) | Delay(ms) | Fsample(KHz) |
| x | 0 | 1130 | 0.75 | 4 |
| 0 | 1 | 460 | 1.94 | 1 |
| 1 | 1 | 184 | 5.80 | 1 |
| 2 | 1 | 92 | 7.80 | 1 |
| 3 | 1 | 41 | 11.80 | 1 |
| 4 | 1 | 20 | 19.80 | 1 |
| 5 | 1 | 10 | 35.70 | 1 |
| 6 | 1 | 5 | 66.96 | 1 |
| 7 | 1 | 460 | 1.94 | 1 |

- USER_CTRL 레지스터의 I2C_MAST_EN비트는 I2C의 마스터 모드를 활성화한다. MPU9250은 SPI 이지만 다음 그림 22-10처럼 내부적으로는 지자기 센서인 AK8963과 I2C 통신을 하기 위하여 I2C 마스터로 설정이 필요하다.

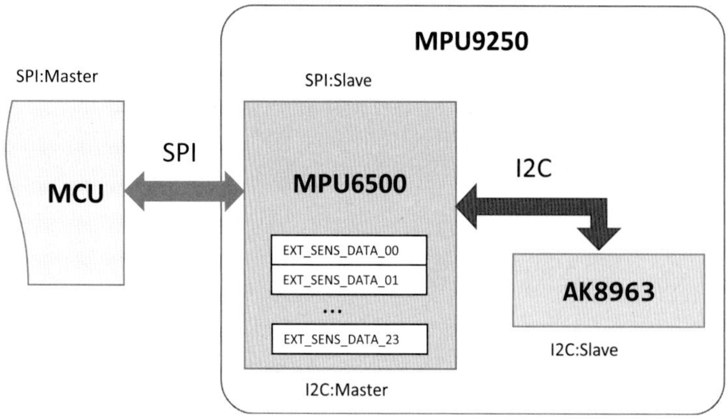


**그림 22-10** ▸ MPU9250 내부 인터페이스

- PWR_MGMT_1 레지스터의 DEVICE_RESET 비트는 장치의 리셋이고 CLKSEL 3비트는 기준 클럭을 지정하는데 1~5 중 어떤 수를 정해도 자동 설정이 된다.
- PWR_MGMT_2 레지스터의 6개 비트를 이용하여 각 센서들을 활성화시킨다. 다만, 해당 비트가 1이면 비활성화이고 0이면 활성화이다.

## 슬레이브와 인터럽트 관련 설정

그림 22-10과 같이 내부적으로 MPU6500이 I2C 마스터가 되고 AK8963이 슬레이브가 되어 통신을 하여 설정을 하거나 데이터를 읽어오는 구조이다. 그래서 MCU는 SPI를 통해 관련 레지스터를 변경하고 읽어서 이러한 통신을 수행하는 방식을 사용한다. I2C 슬레이브와 관련된 설정과 인터럽트에 해당하는 레지스터는 표 22-4에 설명되어 있다.

**표 22-4** ▸ 슬레이브와 인터럽트 설정 레지스터

| Adr. | Register | Purpose | Descriptions |
|---|---|---|---|
| 24 | I2C_MST_CTRL | R/W | I2C마스터 기능의 클럭 속도 설정<br>[ ] [ ] [ ] [ ] [I2C_MST_CLK[3:0]] |
| 25 | I2C_SLAVE0_ADDR | R/W | I2C 슬레이브0 주소 지정<br>[I2C_SLV0_RNW] [I2C_ID_0 [6:0]] |
| 26 | I2C_SLAVE0_REG | R/W | I2C 슬레이브0 레지스터 주소 지정<br>[I2C_SLV0_REG[7:0]] |

| | | | |
|---|---|---|---|
| 27 | I2C_SLAVE0_CTRL | R/W | I2C 슬레이브0 데이터 설정<br>I2C_SLV0_EN \| I2C_SLV0_BYTE_SW \| I2C_SLV0_REG_DIS \| I2C_SLV0_GRP \| I2C_SLV0_LENG[3:0] |
| 63 | I2C_SLV0_DO | R/W | I2C 슬레이브0에 보내는 송신 데이터<br>I2C_SLV0_DO[7:0] |
| 37 | INT_PIN_CFG | R/W | INT 핀에 대한 설정<br>(빈칸) \| (빈칸) \| LATCH _INT_EN \| INT_ANYRD2_CLEAR \| (빈칸) \| (빈칸) \| (빈칸) \| (빈칸) |
| 38 | INT_ENABLE | R/W | 인터럽트 활성화<br>(빈칸) \| (빈칸) \| (빈칸) \| (빈칸) \| (빈칸) \| (빈칸) \| (빈칸) \| RAW_RDY_EN |
| 75 | WHO_AM_I | R | 칩 식별번호<br>0x68 |

- I2C_MST_CTRL 레지스터의 I2C_MST_CLK 4비트는 I2C 마스터 클럭의 속도를 의미한다.
- I2C_SLAVE0_ADDR 레지스터의 I2C_ID_0 7비트는 I2C 슬레이브 0 디바이스 주소 지정한다.
- I2C_SLAVE0_REG의 I2C_SLV0_REG 8비트는 I2C 슬레이브 0 디바이스의 레지스터 주소를 지정한다.
- I2C_SLAVE0_CTRL 레지스터의 각각의 비트의 의미는 다음과 같다.
  - I2C_SLV0 _EN이 1이면 자동 슬레이브 데이터 읽기 활성화
  - I2C_SLV0_BYTE_SW는 슬레이브로부터의 데이터 바이트 순서 앞뒤 교환
  - I2C_SLV0_REG_DIS 비트가 1이면 쓰기 금지
  - I2C_SLV0_LENG는 4개의 비트로서 데이터의 바이트 수를 지정
  - 슬레이브의 데이터는 EXT_SENS_DATA_00~23의 24바이트의 레지스터에 저장된다.
- I2C_SLV0_DO 레지스터는 슬레이브로 보낼 데이터를 쓰는 레지스터이다. SPI로 여기에 데이터를 쓰면 I2C를 통하여 슬레이브로 전송된다.
- INT_PIN_CFG 레지스터는 INT핀에 관련된 설정을 한다.

- LATCH_INT_EN 비트가 1이면 인터럽트 status 비트가 0일 때까지 INT핀이 레벨을 유지하고 0이면 INT핀이 50us 동안만 펄스를 출력한다.
- INT_ANYRD2_CLEAR 비트가 1이면 아무 바이트나 읽으면 인터럽트 상태가 해제되고 0이면 INT_STAUS 레지스터를 읽었을 때만 해제된다.

- INT_ENABLE 레지스터는 어떤 사건에 의하여 인터럽트를 발생시킬지를 선택한다. RAW_RDY_EN 비트가 1이 되면 센서가 측정을 마치고 데이터 준비가 완료되었을 때 인터럽트를 발생시킨다.
- WHO_AM_I 레지스터는 칩의 식별번호(0x68)가 저장되어 있어 통신 오류나 칩의 존재 유무를 확인할 때 사용된다.

### 데이터 레지스터

여러가지 설정을 마친 후 MPU9250이 읽은 가속도, 온도, 각속도의 16비트 데이터는 표 22-5와 같이 14개의 레지스터에 저장된다.

**표 22-5** ▸ 데이터 레지스터

| Adr. | Register | Purpose | Descriptions |
|---|---|---|---|
| 3B | ACCEL_XOUT_H | read | Acceleration x in 16bit |
| 3C | ACCEL_XOUT_L | read | |
| 3D | ACCEL_YOUT_H | read | Acceleration y in 16bit |
| 3E | ACCEL_YOUT_L | read | |
| 3F | ACCEL_ZOUT_H | read | Acceleration z in 16bit |
| 40 | ACCEL_ZOUT_L | read | |
| 41 | TEMP_OUT_H | read | Temperature in 16bit |
| 42 | TEMP_OUT_L | read | |
| 43 | GYRO_XOUT_H | read | Gyro data x in 16bit |
| 44 | GYRO_XOUT_L | read | |
| 45 | GYRO_YOUT_H | read | Gyro data y in 16bit |
| 46 | GYRO_YOUT_L | read | |
| 47 | GYRO_ZOUT_H | read | Gyro data z in 16bit |
| 48 | GYRO_ZOUT_L | read | |

가속도 3개, 온도 1개, 각속도 3개 총 7개의 데이터는 각각 2개의 레지스터에 저장되는데 주의할 점은 빅 엔디안(Big Endian)으로 상위 바이트가 하위 바이트보다 낮은 번호에 있다는 것이다.

### AK8963의 레지스터

MPU9250의 내부에 있는 지자기 센서 AK8963은 내부적으로 I2C 슬레이브로 동작하는데 주요 레지스터는 표 22-6과 표 22-7에 수록하였다.

**표 22-6** ▸ AK8963의 레지스터-1

| Adr. | Register | Purpose | Descriptions |
|---|---|---|---|
| 0 | WIA Device ID(0x48) | R | 칩 식별번호<br>[0x48] |
| 1 | INFO Device info | R | [ ] |
| 2 | ST1 status1 | R | DRDY:1- Data Ready, DOR: 1- data over-run<br>[ \| \| \| \| \| \| DOR \| DRDY ] |
| 3 | HXL low byte of X | R | low byte of X data |
| 4 | HXH high byte of X | R | high byte of X data |
| 5 | HYL low byte of Y | R | low byte of Y data |
| 6 | HYH high byte of Y | R | high byte of Y data |
| 7 | HZL low byte of Z | R | low byte of Z data |
| 8 | HZH high byte of Z | R | high byte of Z data |

- 표 22-6의 WIA 레지스터는 칩의 식별 번호(0x48)를 보관하고 있어 칩의 유무 또는 통신이상을 확인할 때 사용된다.

- ST1 레지스터는 칩의 상태를 표시하면 DOR비트가 1이면 데이터 오버런이 일어났다는 뜻이고 DRDY는 데이터가 준비되었다는 것을 표시하는 플래그다.
- 나머지 HXL에서 HZH까지는 2바이트씩 각각 x, y, z 방향의 자기력 벡터 성분이다. 리틀 엔디안으로서 하위 바이트가 앞에 있다는 것이 주의해야 한다.
- 표 22-7의 ST2는 상태 레지스터로서 BITM은 현재 센서 ADC의 비트 수이며 1이면 16, 0이면 14비트이다. HOFL 비트는 1이면 센서의 오버플로우를 의미한다.
- CNTL1 레지스터의 BIT는 현재 센서 ADC의 비트 수를 설정하는데 1이면 16비트이고 0이면 14비트이다. 그리고 MODE의 4개 비트를 가지고 다음과 같은 설정이 가능하다.
  - 0000: Power-down 모드
  - 0001: 1회 측정 모드
  - 0010: 연속 측정 모드 1
  - 0110: 연속 측정 모드 2
  - 0100: 외부 트리거 신호에 의한 측정 모드
  - 1000: 자기(Self) 테스트 모드
  - 1111: 퓨즈 ROM 접근 모드

**표 22-7** ▸ AK8963의 레지스터-2

<table>
<tr><th>Adr.</th><th>Register</th><th>Pur pose</th><th colspan="8">Descriptions</th></tr>
<tr><td rowspan="2">9</td><td rowspan="2">ST2<br>status 2</td><td rowspan="2">R</td><td colspan="8">HOFL: 1- Magnetic sensor overflow, BITM: 1- 16bit/0- 14bit</td></tr>
<tr><td></td><td></td><td></td><td>BITM</td><td>HOFL</td><td></td><td></td><td></td></tr>
<tr><td rowspan="2">A</td><td rowspan="2">CNTL1<br>control 1</td><td rowspan="2">R/W</td><td colspan="8">BIT: 출력 비트수 설정, 1-16비트/0-14비트. MODE: 측정 모드</td></tr>
<tr><td></td><td></td><td></td><td>BIT</td><td colspan="4">MODE[3:0]</td></tr>
<tr><td rowspan="2">B</td><td rowspan="2">CNTL2<br>control 2</td><td rowspan="2">R/W</td><td colspan="8">SRST: 1- 소프트 리셋</td></tr>
<tr><td></td><td></td><td></td><td></td><td></td><td></td><td></td><td>SRST</td></tr>
<tr><td rowspan="2">C</td><td rowspan="2">ASTC<br>self test<br>control</td><td rowspan="2">R/W</td><td colspan="8">SELF: 1- 셀프 테스트를 위한 자기장 발생</td></tr>
<tr><td></td><td>SELF</td><td></td><td></td><td></td><td></td><td></td><td></td></tr>
<tr><td rowspan="2">F</td><td rowspan="2">I2CDIS<br>I2C Disable</td><td rowspan="2">R</td><td colspan="8"></td></tr>
<tr><td colspan="8"></td></tr>
<tr><td rowspan="2">10</td><td rowspan="2">ASAX<br>Sensitivity<br>Adjustment</td><td rowspan="2">R</td><td colspan="8">ROM의 X 축 감도 조정값</td></tr>
<tr><td colspan="8">Magnetic sensor X-axis sensitivity adjustment value</td></tr>
</table>

| | | | |
|---|---|---|---|
| 11 | ASAY Sensitivity Adjustment | R | ROM의 Y 축 감도 조정값<br>Magnetic sensor Y-axis sensitivity adjustment value |
| 12 | ASAZ Sensitivity Adjustment | R | ROM의 Z 축 감도 조정값<br>Magnetic sensor Z-axis sensitivity adjustment value |

- CNTL2 레지스터의 SRST 비트가 1이 되면 AK8963칩을 리셋시킨다.
- 마지막에 있는 ASAX, ASAY, ASAZ 레지스터는 AK8963 칩을 생산하고 난 후 개별 칩에 대한 감도 데이터를 ROM에 보관하는데 그 데이터를 읽어들이는 레지스터들이다. 각각의 레지스터 값 ASA과 측정된 각축의 자기력값를 가지고 다음 식으로 보정된 값을 얻는다.

$$H_{abj} = H\left(\frac{(ASA + 128) \times 0.5}{128} + 1\right)$$

## 22.3_ MPU9250 라이브러리 만들기

### MPU9250 클래스 설계

MPU9250의 기능을 SPI 인터페이스로 구현하는 클래스를 MPU9250_SPI라고 하고 그 주요 멤버 변수와 멤버 함수를 그림 22-11과 같이 설계하였다.

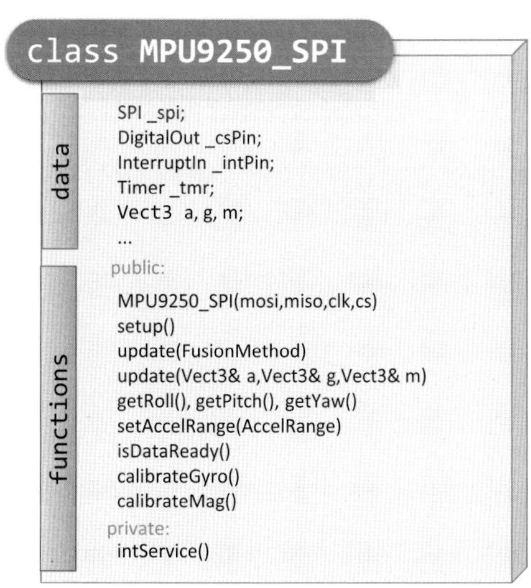


**그림 22-11** ▸ MPU9250_SPI 클래스의 구조

● 멤버 변수

- SPI _spi: SPI 클래스의 객체 _spi를 생성한다.
- DigitalOut _csPin: SPI의 chip select 핀을 DigitalOut 객체 _csPin으로 생성한다.
- InterruptIn _intPin: INT핀에 대한 InterruptIn 객체 _intPin으로 생성한다.
- Timer _tmr: 샘플 시간 측정용 Timer 객체 _tmr을 생성한다.
- Vect3 a, g, m: 가속도, 자이로, 자기력선의 3차원 벡터를 구조체 Vect3로 생성한다.
  - struct Vect3 {float x, y, z;};

● 멤버 함수

- 생성자
  - MPU9250_SPI(mosi, miso, clk, cs, intr): 클래스의 객체를 SPI의 핀인 mosi, miso, clk, cs 그리고 interrupt핀을 지정하면서 생성시키는 역할을 한다.
- 장치 초기화 설정
  - setup(): 사용하기 전에 MPUS9250 칩을 초기화 한다.
- 데이터 업데이트
  - update(Vect3& a, Vect3& g, Vect3& m)
    - 측정된 데이터인 가속도 a, 자이로 각속도 g, 자기력 m 벡터를 반환한다.
  - update(FusionMethod): 측정값으로부터 내부적으로 AHRS 센서 융합 알고리즘을 실행하여 roll, pitch, yaw를 계산한다.
    - FusionMethod: 센서 융합 방법 MADGWICK/COMPLEMENTARY 중 하나를 선택한다.
- 데이터 읽기
  - getRoll(), getPitch(), getYaw(): 데이터 업데이트 후 계산된 roll, pitch, yaw를 반환하는 함수들이다.
- 데이터 상태 확인
  - isDataReady(): data_ready interrupt 상태를 읽는다. 1이면 유효한 데이터가 있음을 의미하고 0이면 유효한 데이터가 없다는 뜻이다.
- 인터럽트 서비스 함수
  - intService(): InterruptIn 객체 _intPin의 콜백 함수이다.

- 센서 검정(Calibration)
  - calibrateGyro(), calibrateMag(): 각각 자이로 센서, 지자기 센서의 교정을 실시하는 함수이다.

### MPU9250 클래스 주요 동작

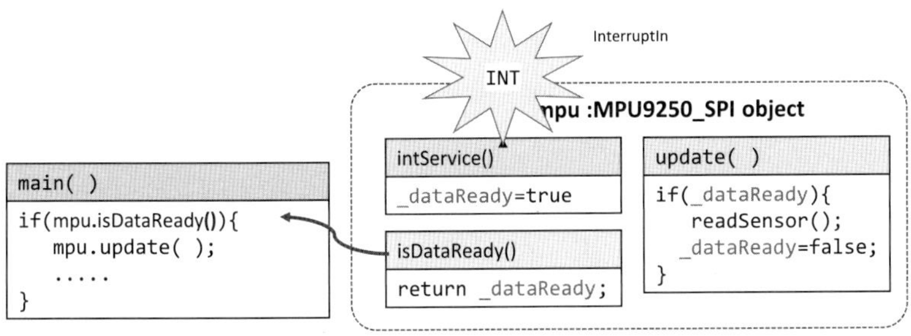


**그림 22-12** ▸ MPU9250 클래스 주요 동작

주요 동작을 보면 MPU9250이 측정을 마치고 데이터 준비를 완료하면 INT핀에 펄스가 발생되는데 이를 InterruptIn 객체로 상승 에지를 감지하여 콜백 함수로 지정된 intService 함수가 동작되고 여기서 _dataReady를 true로 만든다. main 함수에서 isDataReady 함수로 데이터 준비 상태를 확인하고 _dataReady가 true인 경우만 update 함수로 센서 데이터를 읽도록 하여 준비가 되지 않은 경우 불필요하게 읽기 작업을 하지 않도록 하여 효율을 높였다. 그리고 센서 값을 readSensor 함수로 읽은 경우는 _dataReady를 false로 되돌려 놓아 다음 데이터가 준비될 때를 기다릴 수 있게 하였다. 현재는 main 함수에서 update 함수를 주기적으로 호출하는 구조이지만 Ticker 객체를 사용하면 객체 내부에서 모든 과정을 수행하도록 할 수도 있을 것이다.

### 동작 파형 확인

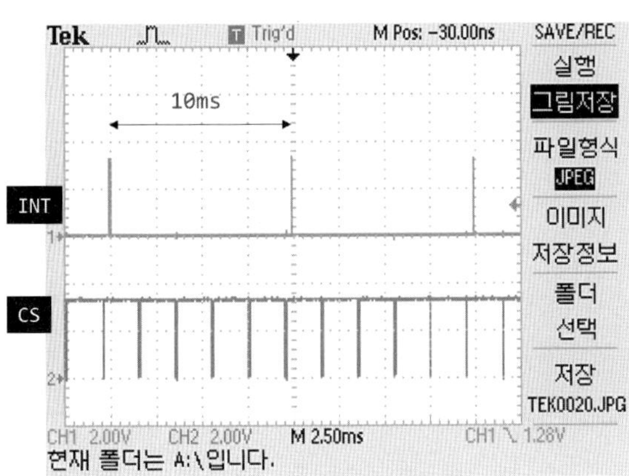


**그림 22-13** ▸ MPU9250의 INT핀과 CS핀의 파형

그림 22-13은 MPU9250의 INT핀과 SPI의 CS핀의 오실로스코프 파형이다. INT핀은 정확하게 10ms 간격마다 센서가 측정을 마치고 데이터가 준비되면 아주 짧은 펄스로 알리고 있는데 100Hz의 샘플 속도를 정확하게 지키고있다는 것을 볼 수 있다. 그리고 Nucleo 보드는 측정데이터를 읽기 위하여 CS를 사용하여 MPU9250과의 SPI통신을 2ms마다 활성화하는 것을 관찰할 수 있다.

## 22.4_ MPU9250 AHRS 프로젝트

### 프로젝트의 목표

MPU9250을 이용하여 AHRS 알고리즘을 적용하고 이를 PC의 그래픽 프로그램으로 롤, 피치, 요 각도가 적절하게 표현되도록 한다.

### 프로젝트 장치

● 재료

그림 22-14에서 보는 바와 같이 Nucleo F401RE 보드와 MPU9250 모듈이 필요하다.

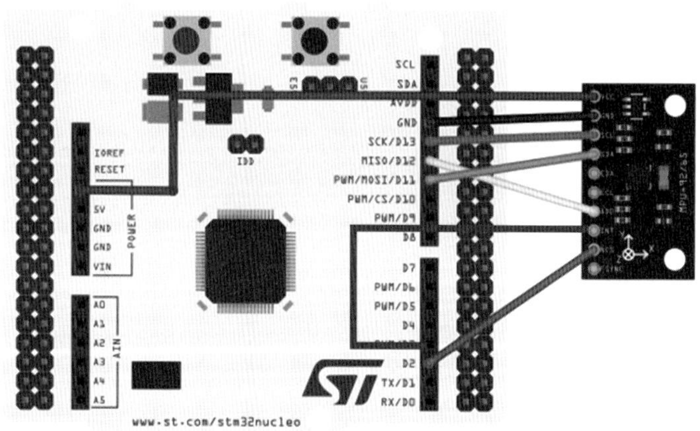


**그림 22-14** ▸ MPU9250 프로젝트 장치

● 결선

프로젝트 장치의 결선은 표 22-8을 참조하여 연결한다.

**표 22-8** ▸ 프로젝트 장치의 결선

| Nucleo F401RE | MPU9250 Module | Descriptions |
|---|---|---|
| D13 [SCK] | SCL | 클럭 |
| D11 [MOSI] | SDA | 마스터 데이터 |
| D12 [MISO] | ADO | 슬레이브 데이터 |
| D2 [GPIO pin] | NCS | 칩 선택 |
| D3 [GPIO pin] | INT | 인터럽트 |

## MPU9250 라이브러리 코드

● 라이브러리 구조

MPU9250을 SPI로 인터페이스하여 데이터를 읽고 센서 융합 방법을 적용하여 AHRS시스템을 구축하기 위한 라이브러리의 파일들은 그림 22-15와 같다.

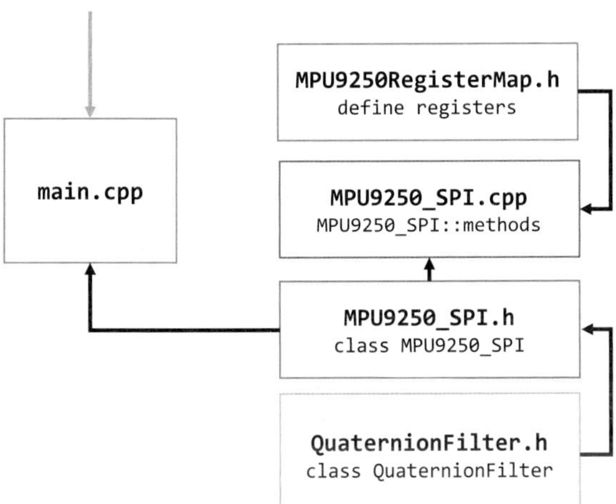


**그림 22-15** ▸ MPU9250 AHRS라이브러리 파일의 구성

라이브러리에 관련된 파일의 역할은 다음과 같다.

- main.cpp: 라이브러리의 클래스를 사용하는 main 함수가 있는 파일이다.
- MPU9250_SPI.h: MPU9250_SPI 클래스를 정의하는 헤더 파일이다.
- MPU9250RegisterMap.h: MPU9250의 내부 레지스터의 주소와 설정 상수들을 정의한다.
- QuaternionFilter.h: Madgwick 필터 함수가 정의되어 있다.
- MPU9250_SPI.cpp: MPU9250_SPI 클래스의 멤버 함수들이 정의되어 있다.
- drawPlane2 폴더: PC용 Processing언어의 3차원 그래픽 프로그램의 코드이다.

## 소스 코드 링크

https://github.com/AlexParkSeoultech/mBed_MPU9250_SPI

코드 22-1, 코드 22-2 그리고 코드 22-3은 프로젝트의 main.cpp파일의 코드이다.

**코드 22-1** 프로젝트의 main.cpp 코드 [1/3]

```
#include "mbed.h"
#include "MPU9250_SPI.h"
//#define CALIBRATION_MODE
//#define RAW_DATA
MPU9250_SPI mpu(D11, D12, D13, D2,D3); // mosi, miso, sclk, cs, intr
//DigitalOut led1(LED1);  // be careful it is D13 too
Timer tmr;
Serial pc(USBTX,USBRX, 115200);
float dt;
void getDt();
void calibrationProcess();
void applyCalbratedValue();
int main(){
    mpu.setup();
    mpu.setMagneticDeclination(8.5);
    mpu.setSampleRate(SR_100HZ);
    mpu.setGyroRange(GYRO_RANGE_2000DPS);
    mpu.setAccelRange(ACCEL_RANGE_16G);
    mpu.setDlpfBandwidth(DLPF_BANDWIDTH_184HZ);
    mpu.enableDataReadyInterrupt();
    #ifdef CALIBRATION_MODE
    calibrationProcess();
    #endif
    applyCalbratedValue();
```

코드 22-1의 앞 부분을 보면 전처리문으로 CALIBRATION_MODE를 정의하면 자이로와 지자기 센서의 교정을 실행하게 되고 주석을 하면 정상적 측정을 실행하도록 한다. 그 다음에 RAW_DATA를 정의하면 AHRS를 실행하지 않고 원시 데이터인 가속도, 자이로 그리고 자기력 벡터를 구하는 모드이고 이를 주석 처리하면 AHRS를 실행한다. 다음에는 MPU9250_SPI클래스의 객체 mpu를 생성하면서 SPI핀들, CS핀 그리고 INT핀을 지정한다. 다음은 일정한 샘플 시간을 만들기 위하여 Timer 객체를 선언하였다. 또한 Serial 객체 pc를 생성하여 PC에 출력이 가능하도록 만들었고 통신 속도를 115200으로 설정하였다. main 함수에서는 먼저 mpu의 초기화와 함께 센서 샘플 주파수, 자이로 측정 범위, 가속도 측정 레범위, 센서의 저주파 필터 대역폭, 인터럽트 활성화를 하였다. 그리고 #ifdef를 이용하여 CALIBRATION_MODE의 정의 여부에 따라 센서 교정(calibration)을 할지를 정하고 applyCalbratedValue 함수를 이용하여 항상 교정된 값이 반영되도록 하였다.

**코드 22-2** 프로젝트의 main.cpp 코드 [2/3]

```
    tmr.start(); tmr.reset();
    while(true){
        if (mpu.isDataReady()){
            getDt();
        #ifndef RAW_DATA
            mpu.update(MADGWICK); //  MADGWICK  /COMPLEMENTARY
            pc.printf("YPR,%5.2f,%5.2f,%5.2f\n", mpu.getYaw()*RAD_TO_DEG,
                   mpu.getPitch()*RAD_TO_DEG, mpu.getRoll()*RAD_TO_DEG );
        #else
            Vect3  a, g, m;  // acc/gyro/mag vectors
            mpu.update(a,g,m);
            pc.printf("%5.2f, %5.2f, %5.2f,  %5.2f, %5.2f, %5.2f,
                      %5.2f, %5.2f, %5.2f\n", a.x, a.y, a.z, g.x, g.y,
           g.z,m.x, m.y, m.z);
        #endif
        }
    }
}
void getDt(){
  dt=tmr.read_us()/1000000.0;
  tmr.reset();
}
```

코드 22-2를 보면 Timer 객체인 tmr을 기동시키고 0으로 초기화하였다. while루프에서는 isDataReady 함수를 통하여 센서 측정 데이터가 갱신되었는지를 확인한다. 데이터가 준비되었다면 RAW_DATA 정의에 따라 Madgwick 또는 Complementary 필터를 이용한 AHRS 알고리즘을 선택하거나 원시 데이터인 a, g, m 벡터들을 읽을 수도 있다. AHRS를 선택한 경우 MADGWICK 또는 COMPLEMENTARY를 선택하여 roll, pitch, yaw값을 계산하게 할 수 있고 그 결과를 각도 °단위로 바꾸어 PC에 전송한다. PC에서는 darawPlane2라는 Processing 코드를 이용하여 이 데이터를 받아 3차원 애니메이션을 실행하여 보드의 자세를 그래픽으로 살펴볼 수 있다. 반면에 RAW_DATA를 정의한 경우에는 a, g, m 벡터들을 PC 화면에 출력하거나 플롯을 할 수 있다.

**코드 22-3** | 프로젝트의 main.cpp 코드 [3/3]

```
void calibrationProcess(){
  mpu.calibrateGyro();
  mpu.calibrateMag();
  pc.printf("Calibration Completed !!!!!!!!\n");
    while(true);   //stop here
}
void applyCalbratedValue(){
  Vect3 gBias ={ 1.881,    -2.630  ,   0.226};
  mpu.setGyroBias(gBias);
  Vect3 mBias ={12.885,   314.122  , -594.508};
  mpu.setMagBias(mBias);
  Vect3 mScale={ 1.852,     1.176  ,   0.621};
  mpu.setMagScale(mScale);
}
```

코드 22-3의 calibrateGyro(), calibrateMag() 함수는 각각 자이로 센서, 지자기 센서의 교정을 실시하는 함수이다. 여기서 참고할 내용은 우리가 사용하고있는 Nucleo 보드는 내부에 EE-PROM이 없기 때문에 교정값을 저장하여 사용할 수 없어 교정 후 직접 applyCalibratedValue 함수에 하드 코딩으로 입력시켜야 한다.

## 프로젝트 결과

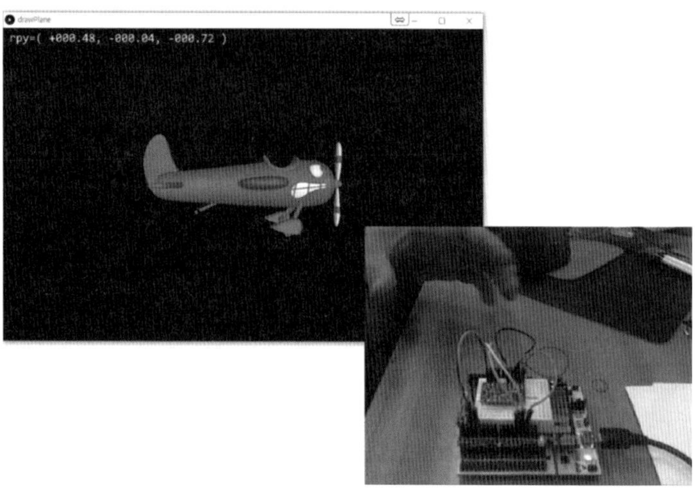


**그림 22-16** ▸ 실습 장치와 Processing 실행 결과

AHRS를 적용한 프로젝트의 코드를 실행하고 PC의 Processing프로그램을 이용하면 그림

22-16의 좌측과 같은 화면을 얻을 수 있고 보드의 자세를 3차원적으로 바꾸면 화면 중앙에 있는 비행기의 롤, 피치, 요값이 보드와 일치하게 바뀐다. 그런데 보드의 움직임과 비행기의 움직임에 차이가 크면 센서의 교정이 필요하며 실행에 앞서 교정을 하는 것이 바람직하다.

### 교정 절차

MPU9250의 자이로와 지자기 센서를 교정하려면 다음과 같은 절차를 따른다.

1. 코드 22-1의 main.cpp 파일 상단의 //#define CALIBRATION_MODE에서 주석 '//'를 지워 교정 작업을 실행 할 수 있도록 한다.
2. 보드를 안정적인 테이블에 올려 놓고 코드를 컴파일한 후 업로드하여 실행시킨다. 실행이 되면 PC에서 시리얼 모니터로 출력되는 지시를 따른다.
3. 먼저 자이로 센서 교정 단계로서 각속도를 측정하여 보정값을 찾는 과정이므로 절대로 보드를 만지거나 진동을 주지 않도록 한다.
4. 자이로 센서 교정이 끝나고 시리얼 모니터에 "Wave device in a figure eight until done!" 지시가 나오면 지자기 센서 교정이 시작되는데 20초 정도 그림 22-17처럼 8자를 그려준다.

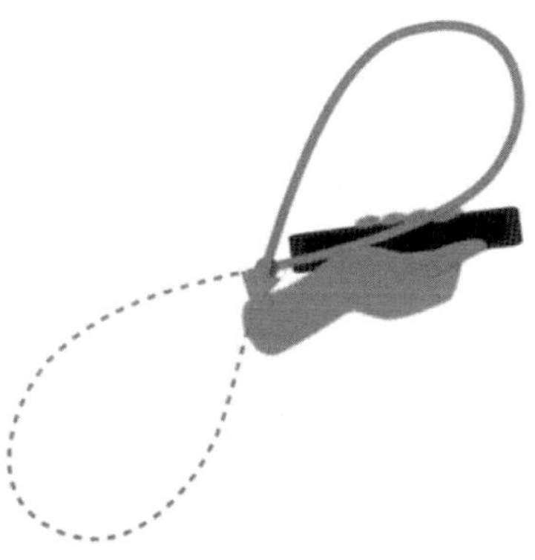

**그림 22-17** ▸ 지자기 센서 교정을 위한 8자 운동

5. 지정한 시간이 지나면 Mbed는 그림 22-18와 같은 교정 결과값을 출력하고 실행을 종료한다. 출력에 표시된 자이로 센서의 바이어스값과 지자기 센서의 바이어스 값과 스케일을 메모장에 복사해 두고 main.cpp 파일의 코드 중 applyCalbratedValue 함수에 복사해둔 값을 반영한다.

```
Please, don't move!
Gyro Calibration done!
MPU9250 Gyro biases (deg/s)
    1.893,    -2.551,    0.227
Mag Calibration: Wave device in a figure eight until done!
Mag Calibration done!
AK8963 mag biases (mG)_numSamples
    12.885,    314.122,    -594.508
AK8963 mag scale (mG)
    1.852,    1.176,    0.621
Calibration Completed !!!!!!!!
```

**그림 22-18** ▸ 교정 결과의 출력

**6.** 교정된 결과를 가지고 AHRS를 실행하기 위하여 소스에서 #define CALIBRATION_MODE의 앞에 '//'를 붙여 다시 주석처리 한다.

# 부록

학습목차

**A** C++ 복습
**B** 소요 부품 목록
**C** 유용한 도구 소개

# 부록 A C++ 복습

이 부록에서는 이 책을 학습하며 필요하다고 생각되는 C++의 특징과 개념을 살펴보도록 한다.

## A.1_ C++ 복습 개발 환경

이 부록에서는 프리 버전의 C++ IDE인 Dev C++을 사용하여 간단한 학습용 코드를 실행해볼 것이다. Dev C++은 매우 가볍고 심플하며 포터블 버전도 제공하여 USB 메모리에 넣어서 임의의 컴퓨터에서도 작업이 가능하다는 장점이 있다. 코드 작성뿐만 아니라 컴파일러가 내장된 버전을 선택하면 컴파일과 실행을 할 수 있다. 다운로드는 http://orwelldevcpp.blogspot.com/ 에서 할 수 있다. 이미 마이크로 비주얼 스튜디오(MS Visual Studio)를 익숙하게 사용하고 있다면 거기에서 학습 코드를 실행해도 무방하다.

## A.2_ C언어와의 차이

먼저 C언어를 근간으로 발전된 언어가 C++ 이므로 그림 A-1과 같이 C++가 C를 포함하고 있는데 그 주요 차이점을 살펴보고자 한다.

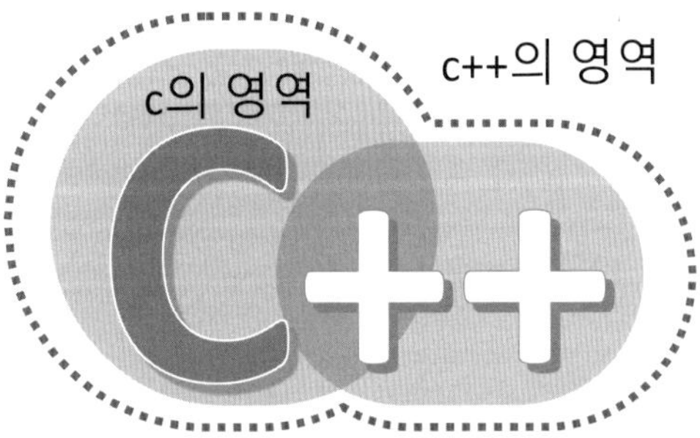


**그림 A-1** C와 C++의 포함 관계

### 기본적 차이

다음은 C와 C++ 언어의 주요한 차이점을 표 A-1에 수록하고 있다. 다음은 그 항목들을 설명한 내용이다.

### 설계 개념

설계 개념의 차이를 살펴보자. 먼저 C는 절차적 언어로서 함수를 기반으로 main 함수에서부터 기능적으로 분리된 많은 함수들을 호출하면서 원하는 프로그램의 동작이 구현된다. 이를 큰 개념에서부터 작은 개념으로 프로그램 작업이 진행된다는 의미인 Top-down으로 부른다. 반면에 C++은 객체 지향적 언어로서 먼저 구상하는 클래스를 구현하고 이 클래스의 객체로 생성시키고 이 객체를 기반으로 멤버 변수 및 멤버 함수를 동작시켜 원하는 프로그램의 목표를 달성하게 된다. 구체적인 객체를 생성하고 이를 기반으로 상위의 동작을 만들기 때문에 Bottom-up으로 표현한다.

**표 A-1** C와 C++의 기본적 차이

| 항목 | C | C++ |
|---|---|---|
| 설계 개념 | • 절차적<br>• function driven<br>• Top-down | • 객체 지향적<br>• object driven<br>• Bottom-up |
| 캡슐화 | • data와 function의 분리 | • data와 function의 통합 |
| 정보 은닉 | - | • 지원 |
| 오버로딩 | - | • function, operator |
| 상속 | - | • Class |
| 키워드의 수 | 32 | 52 |

### 캡슐화(encapsulation)

C에서는 데이터와 함수는 서로 관련없이 독립적으로 존재하지만 C++에서는 클래스라는 캡슐 안에 멤버 데이터와 멤버 함수들을 소속시켜 해당 클래스와 관련된 자료와 함수를 일괄적으로 관리할 수 있도록 한 점이 눈에 띄는 점이다.

### 정보 은닉(information hiding)

C에서는 자료의 공개를 막거나 하는 보안 장치가 없지만 C++에서는 자료나 함수가 클래스 안에 소속되었기 때문에 접근 한정자를 이용하여 적절한 정보 은닉과 보안의 기능을 가질 수 있다.

### 오버로딩(overloading)

C++이 갖는 강력한 개념 중에 하나가 다형성(polymorphism)인데 이를 잘 구현한 것이 오버로딩이다. 매개변수나 반환 값의 자료형만 다르면 같은 이름의 함수를 중복해서 만들 수 있

다는 개념이다. 다형성(polymorphism)과 연관하면 같은 이름의 함수가 다양한 자료형에 대응하는 형태를 갖을 수 있다는 것이다. 예를 들어 아두이노의 Serial 클래스의 print()함수는 정수, 실수, 문자열 등 다양한 자료형을 처리하는 함수로서 여러 함수가 같은 이름으로 오버로딩되어 있는 것이다. 확장하여 생각하면 이미 기본 자료형으로 정의된 연산자도 사용자가 정의한 자료형에 대한 연산자와 중첩하여 사용할 수 있도록 하는 연산자 오버로딩도 가능하여 보다 직관적이고 편리한 프로그래밍이 가능하게 한다.

### 상속(inheritance)

C++은 객체지향 언어로서 클래스의 도입이 핵심적인 내용인데 이 클래스의 생산성을 극대화하기 위하여 상속의 개념을 적용하였다. 이미 잘 정의된 클래스를 가지고 있는데 거의 비슷하지만 데이터나 함수가 몇 개 추가된 클래스를 처음부터 새롭게 정의하는 것은 매우 비생산적이다. 그래서 상속의 개념이 도입되었는데 이를 이용하여 기존의 클래스의 공통된 데이터와 함수 자산을 자식 클래스가 상속받고 여기에 자식 클래스만의 데이터와 함수만 추가로 작성하는 방식이다. 따라서 이 상속을 통하여 혁신적으로 생산성을 향상시킬 수 있다.

## 그 외의 차이

표 A-2에서 보는 바와 같이 C에 비하여 C++의 문법에서 추가적으로 지원하는 기능들이 있다.

### 이름공간(namespace)

C++ 에서는 대규모의 프로그램 작성 시 변수나 함수의 이름이 충돌되는 것을 방지하기 위하여 이름공간이 도입되었다. 작업자에 따라 또는 작업 레벨에 따라 적절한 이름공간들을 정의해주면 변수 또는 함수 이름들의 충돌 등을 걱정할 필요없이 프로그래밍이 가능하다.

### 메모리 할당(memory allocation)

일반 전역변수들은 정적 영역에 지역변수는 스택 메모리 영역에 컴파일할 때 할당된다. 반면에 그 크기가 런타임에 결정되는 변수들은 힙(heap)영역에 동적으로 할당되는데 이 때 C에서는 malloc 함수로 메모리를 할당하고 사용 후 free 함수로 반납한다. 반면에 C++에서는 new 키워드로 메모리를 할당하고 delete 연산자로 반납한다.

### 참조자(reference variable)

앰퍼샌드(&)를 붙여 참조자 변수를 생성하는데 이를 이용하여 변수나 객체의 별명을 만들 수 있다. 특히 함수에서 여러 개의 값을 반환하려 할 때 함수의 인수에 포인터 대신에 참조자를 적용하면 매우 효과적이다.

**표 A-2** C와 C++의 기능적 차이

| 항목 | C | C++ |
|---|---|---|
| 이름 공간 | - | 지원 |
| 메모리 할당 | malloc(), free() | • new, delete operator |
| 참조 변수 | - | • 참조자 & |
| 예외 처리 | - | • try ~ catch 블록 |
| 문자, 부울 자료형 | - | • Bool, String |
| 매개변수의 기본값 | - | 지원 |
| 인라인 함수 | - | 지원 |

### 예외 처리(exception handling)

프로그램을 하다 보면 예측할 수 있는 오류 또는 예외 상황들이 존재하는데 C에서는 예외 처리에 대한 기능을 제공하지 않지만 C++에서는 try ~ catch 블록을 이용하여 예외 처리를 할 수 있다. 특히, 통신을 하는 경우 사용자나 다른 장치의 실수로 형식에 맞지 않는 데이터가 들어온다면 오류를 피할 수 없는데 이 경우 적절한 예외 처리를 통하여 오류에 의한 실행 중단을 피하고 사용자에게 상황을 표시할 수 있다.

### string과 bool 자료형

문자열을 사용할 때 C에서는 char의 배열을 사용하고 이를 처리하기 위한 별도의 라이브러리를 구비하고 있다. 반면에 C++에서는 별도의 string 자료형을 가지고 있어 그 멤버 함수로 다양한 문자열 처리를 할 수 있다. 또한 C++에서는 논리 값을 저장할 수 있는 자료형 bool도 지원한다.

### 매개변수의 기본값(function argument default)

함수의 매개변수에 기본값을 지정하여 해당 인수를 생략할 경우에도 해당 매개변수가 기본값을 갖고 실행되도록 하는 기능을 가지고 있다.

### 인라인 함수(inline function)

C에서는 매크로 함수가 있어 이를 호출하는 모든 곳에 함수 코드가 삽입된다. 결과적으로 코드의 길이가 길어지지만 함수 호출에 대한 오버헤드가 감소하여 실행 속도를 높이는 효과를 얻을 수 있다. C++에서는 inline 키워드를 함수 정의에 있는 반환 자료형 앞에 붙임으로써 동일한 효과를 얻을 수 있다.

## A.3_ 참조자

### 참조자의 기본 정의

참조자는 지정한 어떤 변수와 동일한 주소를 갖는다. 따라서 변수의 별명을 만드는 것으로 이해하면 쉬워진다. 포인터로도 비슷하게 사용할 수 있지만 참조자는 주소가 아니고 지정된 변수의 값을 갖는다는 것이 다르다. 참조자의 간단한 용법은 그림 A-2와 같이 자료형 다음에 '&'를 붙여 정의한다. 아래 그림의 예를 보면 변수 a와 주소를 공유하는 참조자 ra를 생성하였고 a와 ra는 주소가 같기 때문에 한 값이 변경되면 나머지도 값이 같이 바뀐다.

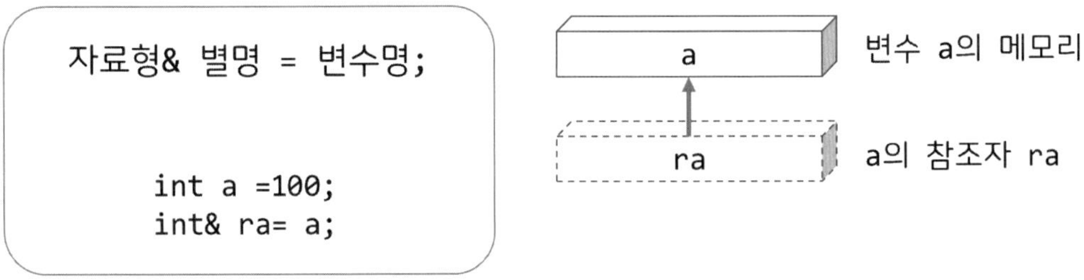


**그림 A-2** 참조자의 용법

주의 사항 중 하나는 참조자를 정의할 때는 꼭 초기화가 있어야 한다는 것이다. 대상이 없는데 그 별명을 지을 수는 없기 때문에 초기화가 필요한 것으로 이해하면 될 것이다.

**코드 A-1** 일반 변수, 참조자, 포인터의 비교 예제

```
#include <iostream>
using namespace std;

int main(void){
    int a = 20;
    int& ra = a; // a와 같은 주소를 공유
    int* pa = &a; // a의 주소를 보관하는 포인터
    cout << "a의  주소: " << &a << endl;
    cout << "ra의 주소: " << &ra << endl;
    cout << "pa의 값: " << pa << endl;
    cout << "a의  크기: " << sizeof(a) << endl;
    cout << "ra의 크기: " << sizeof(ra) << endl;
    cout << "pa의 크기: " << sizeof(*pa) << endl;
    cout << " === ra 변경 전 ===” << endl;
    cout << "a  값: " << a << endl;
    cout << "ra 값: " << ra << endl;
```

```
    cout << "pa 값: " << *pa << endl;
    ra = 3047;
    cout << " === ra 변경 후 ===" << endl;
    cout << "a  값: " << a << endl;
    cout << "ra 값: " << ra << endl;
    cout << "pa 값: " << *pa << endl;
    return 0;
}
```

코드 A-1은 일반 변수, 참조자 그리고 포인터를 비교한 예제이다. 먼저 a는 일반 정수 변수로서 20으로 초기화 되었고 참조자 ra는 a를 참조하여 선언되어 a의 별명이라고 이해하면 될 것이다. 그리고 pa는 정수형의 포인터이고 a의 주소로 초기화 되었다. 가장 먼저 확인한 내용은 a와 ra의 주소이다. 그리고 포인터 pa가 지칭하는 주소이다. 이 모두가 a의 주소이기에 일치할 것이다. 다음은 a, ra, *pa의 바이트 수를 sizeof 연산자로 출력하였다. 모두 정수 a의 크기와 같기 때문에 4가 출력될 것이다. 그 다음에는 a, ra, *pa의 값을 출력하였는데 모두 a 값을 의미하므로 전부 20이 될 것이다. 마지막으로 ra를 3047값으로 변경한 후 a, ra, *pa의 값을 출력하였는데 이 경우에는 모든 값이 3047이 될 것이다.

```
a의  주소: 0x6ffdfc
ra의 주소: 0x6ffdfc
pa의    값: 0x6ffdfc
a의  크기: 4
ra의 크기: 4
pa의 크기: 4
 === ra 변경 전 ===
a  값: 20
ra 값: 20
pa 값: 20
 === ra 변경 후 ===
a  값: 3047
ra 값: 3047
pa 값: 3047
```

**그림 A-3** 일반 변수, 참조자, 포인터의 비교의 결과

그림 A-3에서 보는 바와 같이 코드 설명에 예상한 대로 a와 ra의 주소는 pa의 값과 일치하고 ra값을 바꾸면 a값과 *pa값이 모두 변경된다는 것을 알 수 있다. 결론적으로 a와 ra는 이름만 다를 뿐 같은 변수로 생각하면 된다.

### 함수 매개변수로 사용된 참조자

참조자가 아주 유용하게 사용하는 용도 중 하나가 함수의 매개변수이다. 대개 함수의 반환 값이 하나 이상일 때 포인터를 사용하는데 참조자를 사용하면 포인터보다 가독성이 좋아지고 일일이 코드에 *를 사용할 필요가 없다는 장점이 있다. 표 A-3은 함수의 반환 값을 매개변수로 포인터를 사용하는 경우와 참조자를 사용한 경우를 비교한 것이다. 참조자를 사용하면 '*'와 '&'의 사용이 줄어 직관적이고 간단해진다.

**표 A-3** 함수 매개변수로 사용된 포인터와 참조자의 비교

| | 포인터 | 참조자 |
|---|---|---|
| 함수 정의 | `void f(float r, float* a, float* p){`<br>`    *a= r*r*3.141592;`<br>`    *p= 2*3.141592*r;`<br>`}` | `void f(float r, float& a, float& p){`<br>`    a= r*r*3.141592;`<br>`    p= 2*3.141592*r;`<br>`}` |
| 함수 호출 | `float r=2.0, a, p;`<br>`f(r, &a, &p);` | `float r=2.0, a, p;`<br>`f(r, a, p);` |
| 특징 | *, &연산자를 써서 복잡함 | 직관적이고 가독성이 좋음 |

코드 A-2는 함수의 매개변수에 적용한 참조자의 예이다. 코드의 cartToPol 함수는 직교 좌표를 극 좌표로 변환하는 함수로서 (x, y)가 입력되어 (r, th)가 출력되는 것이다. x, y는 일반 매개변수로 선언되었고 r, th는 참조자로 선언되었다. 이 r, th는 이 함수를 호출할 때 인수로 오는 변수들과 같은 주소를 공유하는 별칭이 되어 함수 내에서 계산된 값을 호출 시 사용한 인수로 전달받게 될 것이다.

**코드 A-2** 함수 매개변수에 적용한 참조자

```
#include <iostream>
#include <cmath>
#define PI (4.*atan(1.))
#define Rad2Deg (180./PI)
using namespace std;
void cartToPol(double x,double y, double &r, double &th){
    r=sqrt(x*x+y*y);
    th=atan2(y,x);
}
int main(void){
    double x=200., y=200., r, th;
    cout << "(x,y) = " << x << ","<< y <<endl;
```

```
    cout << " polar coordinate" << endl;
    cartToPol(x, y, r, th);
    cout << "(r,th) = " << r << "," << th*Rad2Deg <<endl;
    return 0;
}
```

```
(x,y) = 200,200
ploar coordinate
(r,th) = 282.843,45
```

### 함수의 반환 값으로 사용된 참조자

참조자는 함수의 반환 값에도 적용이 가능하다. 코드 A-3은 반환 값에 사용된 예이다.

**코드 A-3** 함수의 반환 값으로 사용된 참조자

```
#include <iostream>
using namespace std;
float a = 0;
float getA() {
    return a;
}
float& setA() {
    return a;
}
int main() {
    setA() = 1.23; // lhs가 a의 참조자
    cout << "a = " <<getA()<< endl;
}
```

코드에서 getA는 변수 a 값을 반환하는 함수이고 setA는 a의 값을 설정하는 함수로서 반환 값이 float형의 참조자이다. setA 함수를 호출하면 a에 대한 참조자를 반환하게 되는데 여기에 1.23을 대입하면 주소를 같이하는 a의 값이 1.23으로 변경된다. getA 함수로 a를 반환받아 출력해보면 변경된 것을 확인 할 수 있다. 코드 A-4는 이해를 돕기 위하여 main 함수의 setA 함수의 반환 값을 별도의 참조자 b로 받은 것이며 결과는 코드 A-3과 동일하다.

**코드 A-4** | 함수의 반환 값으로 사용된 참조자 수정

```
int main() {
    float& b=setA();
    b=1.23;
    cout << "a = " <<getA()<< endl;
}
```

결과적으로 다음이 출력된다.

```
a = 1.23
```

### 클래스에 사용된 참조자

클래스의 멤버 함수나 연산자 오버로딩에 참조자를 적용할 수 있다. 코드 A-5는 참조자를 클래스에 적용한 간단한 예이다.

**코드 A-5** | Number 클래스 예제

```
#include <iostream>
using namespace std;
class Number {
        int num;
    public:
        Number(int n) : num(n) {}
        operator int() { return num; }    // 형변환 연산자
        Number& operator =(int value) {
            num=value;
            return *this;
        }
};
int main() {
        Number n(0), m(0);
        n = 103; m = 11; // lhs가 참조
        cout << "n+m = " << n + m << endl;
}
```

먼저 Number라는 클래스를 정의하였는데 멤버 변수 num을 가지고 있다. 먼저 생성자에서는 매개변수 n을 받아서 멤버 초기화 리스트로 num을 n으로 초기화하였다. 그 다음에 정

수 형변환 연산자 int()를 정의하였고 이것은 객체가 명시적이든 자동이든 정수로 형변환이 되면 동작하는데 num 변수를 반환한다. 그 다음에는 대입 연산자 =의 오버로딩인데 객체에 대입연산이 일어나면 우측 피연산자 값이 value가 되는 것이다. 내부에서는 멤버 num에 value 값을 대입한다. 객체 자신의 포인터인 this를 이용하여 *this를 Number 클래스의 참조자로 반환한다.

main 함수를 보면 먼저 Number 객체인 n과 m에 각각 0을 대입하여 생성하였다. 그 다음에 객체 n과 m에 대입 연산자를 적용하여 103과 11을 대입하였는데 내부적으로 Number 클래스의 참조자가 생성되어 수정 후 대입된다고 이해하면 된다. 그 후 cout문에서 n과 m 객체가 정수형 변환이 일어나게 되는데 이 때 형변환 연산자 오버로딩에 의하여 내부의 num 값이 각각 반환된다. 결과적으로 다음이 출력된다.

```
n+m = 114
```

## A.4_ 연산자 오버로딩

C++에서는 다양한 연산자 오버로딩 기능을 제공하고 있다.

### 이항 연산자

피연산자가 2개인 이항 연산자를 오버로딩하는 것은 기본적 기능으로서 그 형식은 다음과 같다.

```
(리턴 타입) operator 연산자 (오른쪽 피연산자){ ... }
```

그 자세한 의미는 다음의 복소수 클래스 예제를 통하여 알아보고자 한다.

#### 복소수 클래스 만들기 예제

복소수의 사칙연산 (+, -, *, /)이 가능한 복소수 클래스를 만든다. 이 클래스의 구조는 그림 A-4와 같으며 중요 멤버 변수와 함수는 다음과 같다.

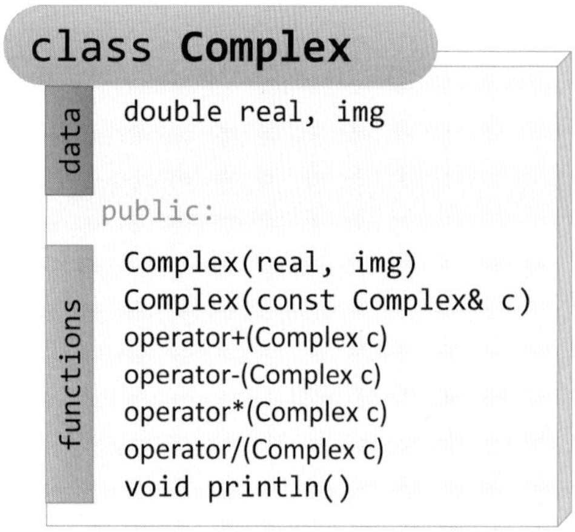


**그림 A-4** 복소수 클래스의 구조

- real, img: 각각 복소수의 실수부와 허수부를 저장하는 멤버 변수이다.
- Complex(real, img): 실수부와 허수부로 지정하여 복소수 객체를 생성한다.
- Complex(const Complex& c): 생성자로서 다른 Complex 객체를 이용하여 객체를 생성한다.
- operator+(Complex c): + 연산자 오버로딩으로 두 복소수의 합을 구한다.
- operator-(Complex c): - 연산자 오버로딩으로 두 복소수의 차를 구한다.
- operator*(Complex c): * 연산자 오버로딩으로 두 복소수의 곱을 구한다.
- operator/(Complex c): / 연산자 오버로딩으로 두 복소수의 나누기를 구한다.
- void println(): 복소수 형식으로 출력하는 멤버 함수이다.

### Complex 클래스 코드

**코드 A-6** Complex 클래스의 정의

```
#include <iostream>
using namespace std;
class Complex {
 private:
  double real, img;
 public:
  Complex(double real, double img) : real(real), img(img) {}
  Complex(const Complex &c) { real = c.real, img = c.img; } //복사
  Complex operator+(Complex c);
  Complex operator-(Complex c);
```

```
    Complex operator*(Complex c);
    Complex operator/(Complex c);
    void println() { std::cout << "( " << real << " , " << img <<
                     " ) " << std::endl; }
};
```

먼저 코드 A-6과 같이 클래스 Complex를 정의한다. 멤버 변수로서 real과 img가 선언되었고 생성자 두 개가 정의되어 있다. 이 중 하나는 매개변수로서 실수와 허수부를 받아서 대입하여 객체를 생성하는 경우이고 나머지는 이미 생성된 객체를 참조자로 받아 생성하는 경우이며 복사 생성자라고도 불린다. 그 다음에는 4개의 사칙 연산자에 대한 연산자 오버로딩이다. + 연산자에 대하여 살펴보면 Complex 자료형의 피연산자를 매개변수로 받아서 계산 결과를 Complex로 반환한다. 그림 A-5는 + 연산자 오버로딩의 동작을 보여주고 있는데 a와 c 모두 이 클래스의 객체라고 할 때 a + c를 계산하게 되면 첫 번째 피연산자 a 객체의 연산자 오버로딩이 동작을 하게 된다. 두 번째 피연산자 c는 인수로 들어가게 되며 계산 결과가 다시 Complex 자료형으로 반환된다. 나머지 -, *, /의 연산자 오버로딩도 비슷한 방식으로 적용된다. 마지막으로 println 함수가 정의되어 있는데 객체의 복소수 데이터를 출력하는 역할을 한다.

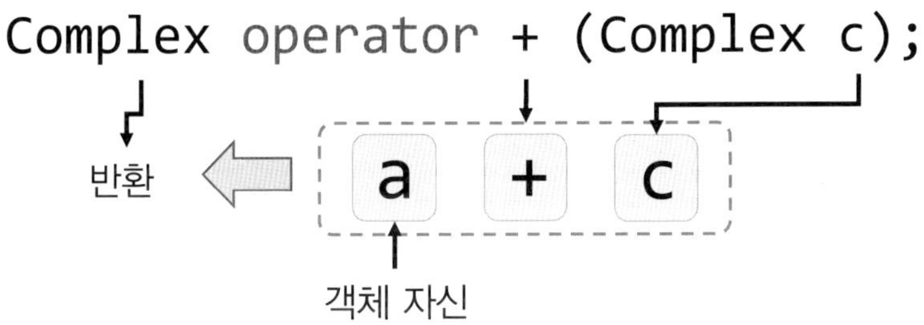


**그림 A-5** + 연산자 오버로딩의 동작

다음 코드 A-7은 클래스 정의에서 선언만 된 멤버 함수들을 구현하고있는데 사칙 연산의 연산자 오버로딩이 여기서 구체화된다. 함수가 클래스 외부에서 구현될 때는 함수 이름 앞에 클래스 이름을 범위지정 연산자 '::'로 지정해서 이 함수가 클래스에 소속되어 있다는 것을 표시해야 한다. 대표적으로 operator+를 보면 객체 c를 피연산자로 받고 복소수 계산을 한 결과를 사용하여 새로운 객체 temp를 생성하고 이 객체를 반환한다.

**코드 A-7** Complex 클래스의 멤버 함수 구현

```
Complex Complex::operator+(Complex c) {
```

```
    Complex temp(real + c.real, img + c.img);
    return temp;
}
Complex Complex::operator-(Complex c) {
    Complex temp(real - c.real, img - c.img);
    return temp;
}
Complex Complex::operator*(Complex c) {
    Complex temp(real*c.real-img*c.img, real*c.img+img*c.real);
    return temp;
}
Complex Complex::operator/(Complex c) {
    Complex temp(
        (real*c.real+ img * c.img)/(c.real * c.real + c.img * c.img),
        (img*c.real-real * c.img)/(c.real * c.real + c.img * c.img));
    return temp;
}
```

코드 A-8은 Complex 클래스를 이용하여 객체 a와 b를 1.0+2.0i와 3.0-2.0i로 각각 지정하여 생성하였다. 그리고 + 연산자 오버로딩을 이용하여 a+b를 계산하고 그 결과로 새로운 객체 c를 만들었다. 그 다음에 나눗셈 '/' 연산자 오버로딩으로 a/c를 계산하고 그 값을 c에 대입 연산을 하였다. 마지막으로 계산된 c값을 println 함수로 출력하였다. 참고로 대입 연산자는 별도로 오버로딩하지 않아도 좌우의 자료형이 같으면 디폴트 연산자가 동작하기 때문에 특별한 경우를 제외하고는 별도로 지정할 필요가 없다.

**코드 A-8** Complex 클래스의 사용

```
int main() {
    Complex a(1.0, 2.0);
    Complex b(3.0, -2.0);
    Complex c(a+b);
    c.println();
    c=a/c;
    c.println();
}
```

```
( 4 , 0 )
( 0.25 , 0.5 )
```

## A.5_ 정적(Static) 멤버

일반적인 멤버는 클래스의 객체에 소속되는데 반면에 정적 멤버는 클래스에 소속된다. 따라서 정적 멤버는 클래스에 소속되기 때문에 프로그램 내에서 한 개만 만들어지고 객체가 한 개도 생성되지 않아도 존재하고 함수는 실행도 가능하다.

### 정적 멤버

정적 멤버는 멤버 변수와 멤버 함수가 있는데 선언은 기존 선언 방법에서 앞에 static 키워드를 붙이면 된다.

#### 정적 멤버 변수

정적 멤버 변수는 클래스에 소속되어 클래스 변수라고 불리기도 하며 모든 객체가 공유하는 데이터를 사용할 때 필요하다. 일종에 클래스에 선언된 전역 변수로 생각하면 이해가 쉽다. 예를 들어 SalesMan이라는 클래스로부터 여러 판매원들을 객체로 만드는 경우를 생각해보자. 판매원들의 전체 판매 실적은 개개의 객체(판매원)에 대한 것이라기 보다는 전체 클래스(판매대리점)에 관련된 내용이므로 클래스에 한 개만 있는 것이 의미에 부합된다. 그 용법과 예는 다음과 같다.

```
static 자료형 멤버변수이름;
    ex)
        class SalesMan{
            public:
            static float total_sales;
            ...
```

여기서 주의할 점은 정적 멤버 변수는 클래스 내부에서 초기화할 수 없고 항상 클래스 밖에서 별도로 해야 한다. 아래와 같이 자료형을 쓰고 클래스의 이름과 범위 지정 연산자 '::'를 앞에 붙여서 소속을 분명하게 한 후에 초기값을 대입해야 한다.

```
자료형 클래스이름::정적멤버변수이름 = 초기값;
```

#### 정적 멤버 함수

멤버 함수는 클래스에 소속되어 클래스 함수라고도 불리며 그 선언 방법은 아래와 같이 기존 멤버 함수 선언의 반환형 앞에 static을 붙이면 된다.

```
static 반환형 멤버함수이름(...){ ...}
    ex)
        class SalesMan{
            static getTotalSales(){ return total_sales;}
    ...
        };
        total_sales = SalesMan::getTotalSales();
```

정적 멤버 함수는 클래스 소속으로 내부에서 정적 멤버 변수만 사용할 수 있으며 함수 내부에서는 정적 멤버 함수만 호출할 수 있다. 이 함수는 정적 변수의 값을 읽어올 때 필요하다. 이 함수를 호출할 때 주의할 점은 객체이름.함수이름() 형식이 아니고 클래스이름::함수이름();으로 소속된 클래스 이름을 명시해야 한다는 것이다.

### 정적 멤버 예제

**코드 A-9** 정적 멤버 예제

```
#include <iostream>
using namespace std;
class Counter{
    public:
    static int count;   //static
    Counter(int cnt){ count+=cnt;}
    void plus(int cnt){ count+=cnt;}
    void minus(int cnt){ count-=cnt;}
    static int getCount(){ return count;}
};
int Counter::count=0; // init static variable
int main() {
    Counter counter1(1000);
    Counter counter2(2000);
    counter1.plus(200); counter1.minus(57);
    counter2.plus(100); counter2.minus(225);
    cout<<"Total count is "<< Counter::getCount() <<endl;
    return 0;
}
```

코드 A-9에서는 정적 멤버에 관한 예로서 Counter 클래스를 만들었다. 이 클래스는 count라는 정적 멤버 변수를 가지고 있으며 이는 전체 카운트 값을 저장하는 클래스 소속의 변수이다. 이 클래스의 객체들은 생성자와 plus와 minus 함수로 어떤 값을 더하거나 빼서 count 변수에 누적 시키고 있다. getCount는 정적 멤버 함수로서 정적 멤버 변수인 count를 읽을 수 있도록 해준다. 전역 변수와 마찬가지로 main 함수 이전에 정적 변수를 초기화해야 하는데 일반 전역 변수와 달리 클래스 이름을 밝혀 소속을 명시해야 한다. main 함수에서 먼저 counter1과 counter2를 생성하면서 각각 1000과 2000을 추가하였다. 생성자에서 이 값이 counter에 누적되기 때문에 count값은 3000이 되었을 것이다. 그 다음에 counter1이 200을 더하고 57을 빼고 counter2도 100을 더하고 225를 뺐다. 마지막으로 정적 멤버 함수인 getCount 함수로 count 값을 반환하여 출력하였다. 이때 getCount 함수는 클래스에 소속되어 있기 때문에 범위 지정 연산자로 클래스 이름을 지정하였다. 실행 결과는 다음과 같다.

```
Total Inventory is 3018
```

## A.6_ 멤버 초기화 리스트

멤버 초기화 리스트(Member initializer list)는 클래스의 각 멤버를 생성자에서 초기화 할 때 생성자의 괄호 뒤에 콜론 연산자(:)를 사용해서 객체의 멤버를 초기화 할 수 있다.

**표 A-4** 멤버 초기화 리스트 사용 예

<table>
<tr><th>멤버 초기화 리스트를 사용 안함</th><th>멤버 초기화 리스트 사용</th></tr>
<tr><td><pre>#include <iostream>
using namespace std;
class Vector{
    float x, y;
public:
    Vector(float ix, float iy){
        x=ix;
        y=iy;
    }
};</pre></td><td><pre>#include <iostream>
using namespace std;
class Vector{
    float x, y;
public:
    Vector(float ix, float iy): x(ix), y(iy)
    {}
};</pre></td></tr>
</table>

표 A-4의 두 개의 코드를 살펴보면 멤버 변수 x, y의 초기화는 먼저 생성자의 함수 몸체에서 하는 경우와 멤버 초기화 리스트에서 하는 두 가지 방법이 있다. 이 두 경우 모두 문제가 없이 잘 실행된다. 그렇다면 왜 멤버 초기화 리스트를 사용하는가? 그 이유는 다음과 같다.

### 멤버 초기화 리스트가 필요한 경우

- const로 정의된 상수 데이터 멤버의 초기화를 하는 경우
- 멤버 참조자 변수를 초기화하는 경우
- 기본 생성자가 없는 다른 클래스의 객체가 멤버 변수일 때 이를 초기화하는 경우
- 부모 클래스의 파라미터가 있는 생성자를 실행하고자 하는 경우

### 상수 멤버 변수의 초기화 예제

코드 A-10은 상수 멤버 변수의 초기화 예로서 Student 클래스를 정의하였다. 이 클래스는 id와 name을 const 멤버 변수로 가지고 있는데 name은 이름을 저장하는 char 배열의 선두 주소를 담고 있는 포인터이다. 이 클래스의 생성자를 보면 인수로 64비트 정수인 id_와 상수로 주어진 포인터 name_ 을 받는다. 여기서 멤버 초기화 리스트를 사용하여 id와 name을 초기화한다. 문자열의 경우 선언할 때 초기화 해줘야 하기 때문에 꼭 여기에서 초기화되어야 한다. main함수에서는 Student 객체 s1과 s2를 생성하고 이를 show 함수를 통하여 출력하고 있다.

**코드 A-10** | 상수 멤버 변수의 초기화 예제

```
#include <iostream>
#include <stdint.h>
using namespace std;
class Student{
public:
    const uint64_t id; // const 멤버
    const char *name;  // const 멤버
    Student(uint64_t id_, const char* name_): id(id_), name(name_) { }
    void show() { cout<<"ID: "<< id <<", name: "<<name<<endl; }
};

int main(){
    Student s1(1811031,"Steve Jobs"), s2(2023074,"Sergey Brin");
    s1.show();  s2.show();
}
```

```
ID: 1811031, name: Steve Jobs
ID: 2023074, name: Sergey Brin
```

### 멤버 참조자 변수의 초기화 예제

코드 A-11은 멤버 참조자 변수의 초기화 예이다. Bank라는 클래스가 정의되었고 total이라는 참조자 변수가 멤버이다. 이 클래스의 생성자에서는 객체 생성 시에 인수로 넘겨받는 참조자 total_을 이용하여 멤버 초기화 리스트에서 total을 초기화한다. 참조자는 선언할 때 항상 어떤 변수를 지정해줘야 하기 때문에 멤버 초기화 리스트에서 초기화를 하지 않으면 오류가 발생한다.

**코드 A-11** 멤버 참조자 변수의 초기화

```
#include <iostream>
using namespace std;
class Bank{
public:
    int& total;        // reference 멤버
    Bank(int& total_) : total(total_) { }
    void show() { cout<<"Total amount: "<< total <<endl; }
    void earn(int g) { total+=g; }
};
int main(){
int total_amount=100;
    Bank b(total_amount);    // 객체 생성
    b.show(); b.earn(13); b.show();
    cout<<"Total amount in main: "<< total_amount <<endl;
}
```

```
Total amount: 100
Total amount: 113
Total amount in main: 113
```

이 클래스의 멤버 함수 earn은 g를 받아 total에 누적 합을 시킨다. main함수에서 b라는 Bank 객체를 만드는데 미리 선언된 변수 total_amount를 인수로 넘긴다. show함수를 통하여 total 값을 출력시키고 gain함수로 13을 추가한 후 다시 출력해 본다. 흥미로운 점은 Bank객체의 참조자 멤버 toatal이 main의 total_amount의 별명처럼 동작한다는 것이다.

### 다른 클래스의 객체가 멤버 변수인 경우에 초기화하는 예제

코드 A-12는 다른 클래스의 객체가 멤버 변수인 경우에 대한 예이다. 여기에는 먼저 Point 클래스와 Line 클래스가 있다. Point 클래스는 생성자에서 그 좌표 x, y를 받아 초기화를 하고 있

다. Line 클래스는 st, ed라는 두 개의 Point 객체가 멤버 변수로서 시작점과 끝점을 의미하여 선분이 정의될 수 있도록 한다. 이 클래스의 생성자는 4개의 정수를 받아 Point 객체 시작점, 끝점을 초기화하는데 멤버 초기화 리스트에서 초기화를 해야하는 경우가 된다. 각 Point 객체의 생성자를 여기서 호출하는 것이다. main함수에서는 Line의 객체 lin을 4개의 정수로서 생성하고 그 값들을 출력하도록 하고 있다.

**코드 A-12** 다른 클래스의 객체가 멤버 변수인 경우의 초기화

```
#include <iostream>
using namespace std;
class Point{
     int x,y;
  public:
     Point(int x_, int y_) { x=x_; y=y_; }
     void show(){
       cout<<"("<<x<<","<<y<<")"<<endl; }
};
class Line{
     Point st;
     Point ed;
  public:
     Line(int x1, int y1,int x2, int y2) :
     st(x1,y1), ed(x2,y2) { }
     void show() {
       cout<<"Line is"<< endl;
       st.show(); ed.show();
     }
};
int main(){
     Line lin(3,4, 8,7);
     lin.show();
}
```

```
(3,4)
Line is
(3,4)
(8,7)
```

# A.7_ 동적 할당

## 동적 할당의 필요성

일반적으로 배열의 크기는 선언할 때 정해지게 되는데 실행을 하고 나서야 그 크기를 알 수 있는 경우가 생기기 때문에 미리 정적인 크기를 매우 크게 잡을 수밖에 없다. 이는 매우 비효율적인 메모리 사용이 되므로 동적 할당이 필요하다. 동적 할당을 하는 경우 OS에서 지원하는 힙(heap)메모리 영역을 사용하기 때문에 아주 큰 크기도 문제가 없다. 다만, 동적 할당을 받아 사용하고 난 후에는 꼭 반납을 해야 한다. 그렇지 않고 할당만 계속하면 사용할 수 있는 메모리가 소진되어 프로그램이 중단된다.

## 동적 할당의 사용법

표 A-5는 동적 할당의 사용법을 간략하게 정리한 것이다. 크게 일반 수치 형식의 변수로 지정하는 방법과 배열 형식으로 지정하는 방식으로 구분하여 설명하고 있다. 항상 포인터로 관리하며 new 키워드로 생성시키고 포인터의 자료형과 new 이후의 자료형이 같아야 한다. 저장하고자 하는 자료가 배열 형식이면 new 이후에 자료형과 함께 크기를 대괄호로 지정한다. 동적 할당을 하여 사용한 후 반납할 때는 delete를 사용하면 되고 배열인 경우는 delete[]를 이용하여 포인터를 지정한다.

**표 A-5** 동적 할당의 사용법 정리

| 기능 | 용법 | 예제 |
|---|---|---|
| 수치 형식 | | |
| 생성 | 자료형 포인터;<br>포인터 = new 자료형; | `int* p;`<br>`p = new int;` |
| 반납 | delete 포인터; | `delete p;` |
| 배열 형식 | | |
| 생성 | 자료형 포인터;<br>포인터=new 자료형[크기]; | `int* d;`<br>`d = new int[100];` |
| 반납 | delete[] 포인터; | `delete[] p;` |

## 동적 할당 예제

코드 A-13은 내부적으로 동적 할당 기능을 갖고 있는 Array 클래스와 이를 테스트하는 main

코드로 구성되어 있다. Array 클래스는 멤버로서 정수 데이터를 저장하는 포인터인 data와 이 데이터의 개수인 ndata를 가지고 있다. 이 클래스의 생성자는 데이터 개수 nd와 데이터의 포인터 d를 인수로 받아 내부에서 new 키워드로 data에 동적 할당을 한다. 그 후 인수로 받은 포인터를 선두 번호로 ndata 만큼의 데이터를 받아 data에 저장한다.

**코드 A-13** 동적 할당 예제

```
#include <iostream>
using namespace std;
class Array{
    private:
        int* data;
        int ndata;
    public:
        Array(int nd, int* d ){
            ndata=nd;
            data = new int[ndata];
            for(int i=0;i<ndata;i++)
                data[i]=d[i];
        }
        ~Array(){
            delete[] data;
        }
        void changeElement(int n, int d){data[n]=d;}
        void show(){
            cout<< "== Array Data["<<ndata<<"] ==" << endl;
            for(int i=0;i<ndata;i++)
                cout<<data[i] << " - ";
            cout<< endl;
        }
};
main(){
    int data[10]={1,2,3,4,5,6,7,8,9,10};
    Array ar(10,data);
    ar.show();
    ar.changeElement(5,88);
    ar.show();
}
```

```
== Array Data[10] ==
1 - 2 - 3 - 4 - 5 - 6 - 7 - 8 - 9 - 10 -
```

```
== Array Data[10] ==
1 - 2 - 3 - 4 - 5 - 88 - 7 - 8 - 9 - 10 -
```

이 클래스에서 중요한 점 중 하나는 소멸자 ~Array를 꼭 사용해야 한다는 것이다. 클래스가 소멸될 때 delete[]를 사용하여 할당받았던 메모리를 반납한다. changeElement는 n번째 데이터를 변경하는 역할을 하고 show는 내부의 데이터를 모두 출력한다. main 함수에서는 Array 객체 ar을 생성하기 위해 데이터 개수 10과 미리 만들어둔 data를 인수로 사용하였다. 그 다음은 show 함수로 ar의 데이터를 확인하고 changeElement로 5번째 원소를 수정한 후 다시 확인해보는 코드이다.

부록

# B 소요 부품 목록

## B.1_ 기본 부품

이 책에서 Nucleo F401보드 이외에 사용되는 기본 부품은 표 B-1과 같다.

**표 B-1** 기본 부품

| 부품명 | 사양 | 개수 | 외관 사례 | 관련 장 |
|---|---|---|---|---|
| 저항 | 200Ω ~ 330Ω | 8 |  | 8,9,14 |
| 푸시 버튼 | 브레드보드용 | 2 |  | 5,8,9 |
| LED | 색상 무관 | 1 |  | 8,9,10 |
| RC 서보모터 | SG90 | 1 |  | 6,7 |
| 가변저항 | 1KΩ ~ 100KΩ | 1 |  | 7 |
| 브레드보드 | 400 또는 830홀 | 1 |  | 4,5,8,9 |

## B.2_ 통신 및 버스 입출력

I2C 통신과 BusIn, BusOut의 실습에서 사용한 부품들은 표 B-2와 같다.

**표 B-2** I2C 통신 및 버스 입출력에 사용된 부품

| 부품명 | 사양 | 개수 | 외관 사례 | 관련 장 |
|---|---|---|---|---|
| RTC 모듈 | PCF8563 | 1 |  | 12 |
| OLED 디스플레이 | SSD1306 0.91" | 1 |  | 12 |
| RGB LED | 공통양극타입 | 3 | 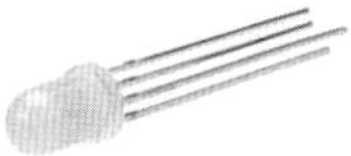 | 14 |
| FND 디스플레이 | 공통양극타입 | 1 |  | 14 |

## B.3_ 프로젝트용 부품들

프로젝트에서 사용된 부품들의 목록은 표 B-3과 같다.

**표 B-3** 프로젝트용 부품

| 부품명 | 사양 | 개수 | 외관 사례 | 관련 장 |
|---|---|---|---|---|
| MPU9250모듈 | MPU9250 | 1 | 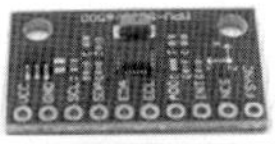 | 13,22 |
| 초음파 센서 | HC-SR04 | 1 |  | 17 |
| 라이다 모듈 | VL53L0x | 1 | 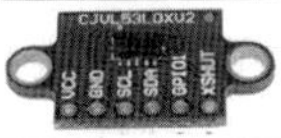 | 18 |
| 스텝 모터 | 바이폴라, 스텝 각 0.9° (1.8°도 사용가능) | 1 | 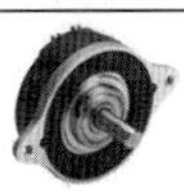 | 19, 21 |
| 스텝 모터 드라이버 모듈 | DRV8825 | 1 |  | 19, 21 |
| 인코더 모터 | magnetic 인코더 7ppr | 1 |  | 20 |
| 라이다 모듈 | TFmini | 1 | 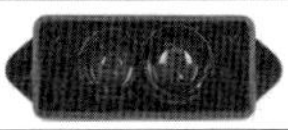 | 21 |

# 부록 C 유용한 도구 소개

## C.1_ Mbed Studio

기본적으로 Mbed 프로그래밍과 컴파일은 웹 기반으로 사용하지만 필요에 따라 자신의 컴퓨터에 설치하여 사용할 수 있도록 Mbed Studio가 개발되었다. 아직 베타 버전이지만 여전히 작업공간을 클라우드에 둘 수 있고 필요한 라이브러리를 Mbed 사이트에서 내려받아 사용할 수 있다. 웹 컴파일러와 다른 점은 컴파일된 바이너리 파일을 USB 드라이브에 복사하는 형식이 아니라 USB를 통한 직렬전송에 의하여 보드에 로딩된다. 이 프로그램은 다음 링크에서 다운로드 받을 수 있다.

```
[링크] https://os.mbed.com/docs/mbed-studio/current/installing/index.html
```

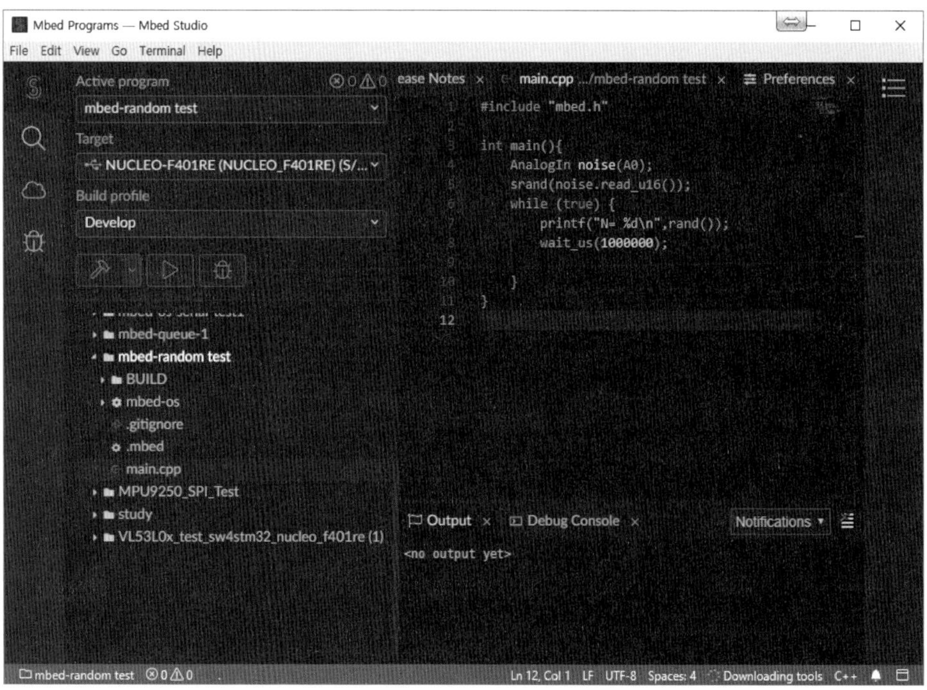

**그림 C-1** Mbed Studio

## C.2_ SerialPlot

MCU로부터 받은 데이터를 PC에서 그래프 형태로 플롯할 수 있는 프로그램이다. 여러 채널도 가능하고 콤마(,) 등으로 구분된 Text 기반의 데이터는 물론 적절한 설정을 하면 임의로 정한 이진 데이터도 처리할 수 있다. 상세한 사용법과 프로그램의 다운로드는 다음의 링크를 방문하면 된다.

```
[링크] https://bitbucket.org/hyOzd/serialplot/downloads/
```

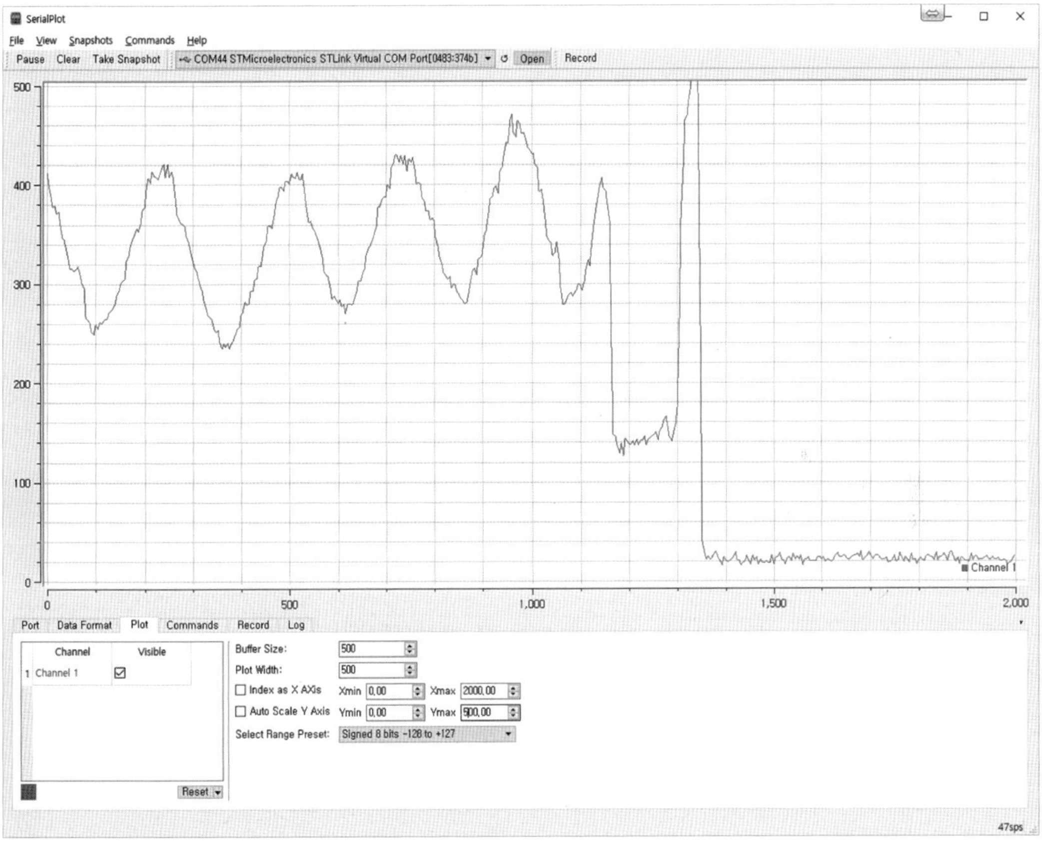


**그림 C-2** SerialPlot

## C.3_ CoolTerm

CoolTerm은 PC에서 직렬통신을 통하여 장치로부터 데이터를 받아 표시하고 장치로 데이터를 보낼 수 있는 도구이다. 받은 데이터를 파일로 저장할 수 있으며 Hex데이터로 표시도 가능하다. 상세한 내용과 다운로드는 다음 링크를 찾아가서 진행하면 된다.

```
[링크] https://freeware.the-meiers.org/
```

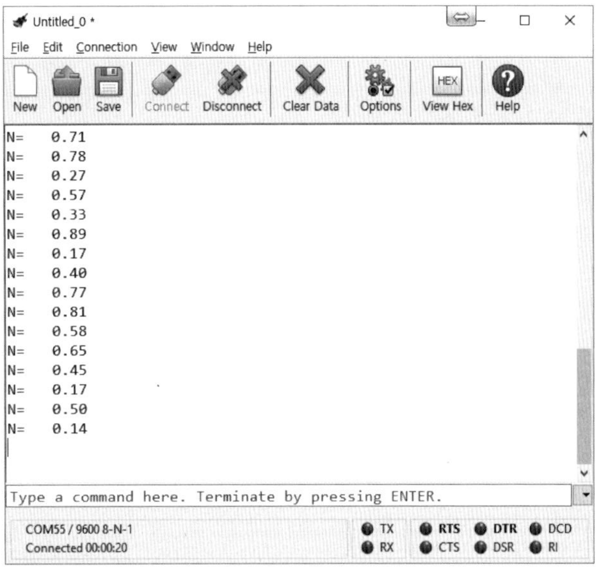


**그림 C-3** CoolTerm

# 찾아보기



**ㄱ**

가변저항 / 86
가속도 센서 (Accelerometer) / 354
각속도 센서 / 354
객체의 생성 / 39
객체지향 프로그래밍 / 38
관성항법시스템 / 353
광학식 증분 인코더 / 320

**ㄴ**

내부 풀다운 / 57
내부 풀업 / 57
니블(nibble) / 182

**ㄷ**

대입 연산자 오버로딩 / 48, 71
데이터 레지스터 / 364
데이터 비트 / 151
데이터(data) / 244
동적 할당 / 397
디버거 프로그래머 / 20
디지털 입력 / 57

**ㄹ**

라이다 센서 / 335
라이다 스캐너 / 346

**ㅁ**

마스터-슬레이브(Master-slave) / 171
마이크로 비주얼 스튜디오 / 378
마이크로 스텝 / 307
마이크로컨트롤러 / 5
마이크로프로세서 / 5
매개변수 / 381
메모리 할당(memory allocation) / 380
메서드 / 39
멤버 데이터 / 39
멤버 초기화 리스트(Member initializer list) / 106
멤버 함수 / 39
멤버 함수 호출 / 39
문맥전환(context switching) / 96

**ㅂ**

바운싱(debouncing) / 139
반이중(Half-duplex) / 172
보안(Security) / 33
부동소수 점연산기(FPU) / 19
분해능(resolution) / 83

**ㅅ**

상보 필터 / 356
상속(inheritance) / 380
선언부 코드 / 184
솔더 브릿지(Solder bridge) / 22
스레드 제어 / 248
스레드(thread) / 244
스케줄러(Scheduler) / 243
스택(stack) / 244
스텝 모터(Step motor) / 305
슬레이브 / 362
시리즈, PIC / 6

**ㅇ**

아날로그 디지털 변환(ADC) / 83
아두이노 / 21
어셈블리어 / 8
연결성(Connectivity) / 33
연산자 오버로드(Overload) / 46
연산자 오버로딩 / 71, 387
예외 처리(exception handling) / 381
오버라이딩(Overriding) / 46
오버로딩(overloading) / 379
오픈 콜렉터(open collector) / 57
외부 풀다운 / 57
이름공간(namespace) / 380
이방성 자기저항 / 356
인라인 함수(inline function) / 381
인코더 / 319
인터럽트 / 95, 362
인터럽트 서비스 루틴(ISR) / 96
인터럽트 활성화 / 101
읽기 함수 / 59
임베디드(embedded) / 5
입력 모드 / 58

**ㅈ**

자기식 증분 인코더 / 321
자세방위시스템 / 353
전송 속도 / 151
전이중(Full-duplex) / 172
절대식 / 320
접근 권한 반납 / 255
접근 권한 획득 / 254
정보 은닉(information hiding) / 379
정적 멤버 / 391
정적 멤버 변수 / 391
정적 멤버 함수 / 391

증분식 / 320
지연 함수 / 49
지자기 센서 / 355

**ㅊ**

참조자(reference variable) / 382, 380
채터링(chattering) / 139
초음파 거리 센서 / 285

**ㅋ**

캡슐화(encapsulation) / 379
컨텍스트 스위칭(context switching) / 243
코드(code) / 244
코어(Core) / 33
콜백 함수 / 97
클래스 / 38

**ㅍ**

패킷 해석 알고리즘 / 165
펄스 폭 변조 / 67
폴링 / 95
푸시(push) / 271
풀 스텝 구동 / 306
프로세스(process) / 244

**ㅎ**

하프 스텝 구동 / 306
함수 매개변수 / 384
해독(decode) / 328
형변환 연산자 float() / 86
홀센서(Hall effect sensor) / 321
홀 효과 / 355
확장 헤더핀(Morpho headers) / 20
힙(heap) / 244

**A**

Advanced RISC Machines / 7
AHRS / 353
AnalogIn / 36
AnalogIn 클래스 / 84
AnalogOut / 36
ARM 프로세서 / 7
Attitude / 353
AVR / 6

**B**

baud 함수 / 152
BCD / 182
BLE / 34
bool / 381
BusIn / 36
BusIn 클래스 / 222
BusInOut / 36
BusOut / 36
BusOut 클래스 / 219

**C**

Callback / 34, 35
CAN / 36
Circular 버퍼 / 271
CircularBuffer / 34, 35
CircularBuffer 클래스 / 273
CISC / 8
CMSIS / 33
Complex 클래스 / 388
CoolTerm / 404
Cortex / 7
Cortex-A / 8
Cortex-M / 7
Cortex-R / 8
CPHA / 201
CPOL / 201
CPU(central processing unit) / 5

**D**

Dev C++ / 378
DigitalIn / 36
DigitalIn 생성자 / 58
DigitalInOut / 36
DigitalOut / 36, 43
Drivers / 33
Drivers 그룹 / 35
DSP / 13

**E**

empty 함수 / 275
Espruino / 9
Ethernet / 34
Event / 37
EventFlags / 37
EventFlags 클래스 / 246
EventQueue / 37
EWARM / 17

**F**

Flexible Numeric Display / 232
float() / 72
FND / 232
FPU / 13
FPU(Floating Point Unit) / 14

**G**

get 함수 / 260
GND / 171

**H**

HAL(Hardware Abstract Layer) / 10, 53
Head / 271
Heading Reference System / 353
High-level Language / 8

**I**

I2C / 36
I2C 통신 / 171
I2CSlave / 36
IMU 센서 / 353
int() / 47, 59
Interrupt / 95
InterruptIn / 36

**J**

Javascript / 9

K

Kalman 필터 / 357

L

LED 점멸 / 119
Lidar 센서 / 295
Lidar: Light Detection And Ranging / 335
LoRaWAN / 34

M

Madgwick 필터 / 357
Mail / 37
Mail 클래스 / 246
main 함수 / 185
Mbed Studio / 402
MDK-ARM / 17
MemoryPool / 37
MemoryPool 클래스 / 246
MicroPython / 9
MPU / 5
MS Visual Studio / 378
Mutex / 37
Mutex 클래스 / 244, 254

N

NFC / 34
NORDIC / 15
Nucleo보드 / 17
NXP / 15

P

PIC 시리즈 / 6
Platform / 33
Platform 그룹 / 34
pop / 274
PortIn / 36
PortInOut / 36
PortOut / 36
Power Management / 35
pulsewidth / 70
Pulse Width Modulation / 67
put 함수 / 260
PWM / 67
PwmOut / 36
PwmOut 클래스 / 69

Q

Queue / 37
Queue 클래스 / 245, 259

R

RC 서보모터 / 73
read / 46
read 함수 / 100
readByte 함수 / 184
reset 함수 / 129
RGB LED / 225
RISC / 8
RTC / 35
RTOS / 13, 33
RTOS 그룹 / 37
RTOS(Real Time OS) / 243

S

SCL / 171
SDA / 171
Semaphore / 37
Semaphore 클래스 / 245
Serial / 36
Serial 클래스 / 151
SerialPlot / 403
Serial Preipheral Interface / 199
Sonar 클래스 / 288
SPI / 36
SPI 통신 / 199
SPISlave / 36
SSL / 34
start 함수 / 248
STMicroelectronics / 15, 17
stop 함수 / 128
Storage / 33
string / 381

T

template란 / 78
Thread / 37
Thread 클래스 / 243
Ticker / 36
Time / 34, 35
Timeout / 36, 127
Timeout 클래스 / 134
Timer / 36, 127
TLS / 34
TOF: Time of flight / 295
TTL / 5
TxIrq / 153

U

UART 통신 / 149
Universal Asynchronous Receiver Transmitter / 149
USB / 33

W

Wait / 35
WiFi / 34
write 함수 / 70
writeByte 함수 / 183

Z

Zerynth / 9

기타

8051 마이크로컨트롤러 / 6

## 저자소개

**박희재** 교수

서울대학교 기계설계공학과를 1984년에 졸업하고 동대학원에서 석사학위를 취득하고 1991년에 한국과학기술원에서 박사학위를 받았다. 1991년에는 삼성항공에서 선임연구원으로 산업용 제어장치들을 개발하였고 1995년부터 현재까지 서울과학기술대학교 기계시스템디자인공학과의 교수로 재직 중이다. 1997년에는 캐나다 UBC대학에 연구교수로서 영상처리 관련 연구를 진행하였다. 2017년부터는 K-MOOC 강좌 「로보틱스」와 「Drone – 원리부터 프로그래밍까지」를 현재까지 진행하고 있다. 저서로는 「로봇공학」(사이텍미디어, 2000), 「매트랩의 정석」(인피니티북스, 2016), 「메카트로닉스」(씨아이알, 2016) 등이 있다.


스마트한 Mbed로 시작하는

# Cortex-M 프로그래밍

기초부터 프로젝트까지


| | |
|---|---|
| 인 쇄 | 2020년 5월 28일 |
| 발 행 | 2020년 6월 4일 |
| 저 자 | 박희재 |
| 발 행 인 | 채희만 |
| 출판기획 | 안성일 |
| 영 업 | 한석범, 임민정 |
| 관 리 | 이승희 |
| 편 집 | 최은지, 한혜인 |
| 발 행 처 | **INFINITYBOOKS** |
| 주 소 | 경기도 고양시 일산동구 하늘마을로 158<br>대방트리플라온 C동 209호 |
| 대표전화 | 02)302-8441 |
| 팩 스 | 02)6085-0777 |

도서 문의 및 A/S 지원

| | |
|---|---|
| 홈페이지 | www.infinitybooks.co.kr |
| 이 메 일 | helloworld@infinitybooks.co.kr |
| I S B N | 979-11-85578-67-5 |
| 등록번호 | 제 25100-2013-152호 |
| 판매정가 | **28,000원** |